Sommerer

—

„Aber dies ist nichts für Deutschland, das weiß und fühle ich."

EPISTEMATA

WÜRZBURGER WISSENSCHAFTLICHE SCHRIFTEN

Reihe Literaturwissenschaft

Band 642 — 2008

Gerald Sommerer

„Aber dies ist nichts für Deutschland, das weiß und fühle ich."

Nelly Sachs –
Untersuchungen zu ihrem szenischen Werk

Königshausen & Neumann

Bibliografische Information der Deutschen Bibliothek

Die Deutsche Bibliothek verzeichnet diese Publikation in der Deutschen
Nationalbibliografie; detaillierte bibliografische Daten sind im Internet
über <http://dnb.ddb.de> abrufbar.

D 61

© Verlag Königshausen & Neumann GmbH, Würzburg 2008
Gedruckt auf säurefreiem, alterungsbeständigem Papier
Umschlag: Hummel / Lang, Würzburg
Bindung: Buchbinderei Diehl+Co. GmbH, Wiesbaden
Printed in Germany
ISBN 978-3-8260-3860-0
www.koenigshausen-neumann.de
www.buchhandel.de
www.buchkatalog.de

Für Rose Wosk, sel. A. (1914 – 2004)

Danksagung

Mein Dank gilt der Heinrich-Heine-Universität Düsseldorf und der Landesgraduiertenförderung NRW für die großzügige Förderung der Dissertation durch ein Promotionsstipendium.

Meinem Betreuer Professor Dr. Bernd Witte möchte ich für seine Gutachten, seinen fachlichen Rat, sein kritisches Interesse am Fortgang der Arbeit sowie für seine Geduld recht herzlich danken.

Dem Suhrkamp Verlag Frankfurt am Main, Helene Ritzerfeld(†) und Dr. Petra Christina Hardt sowie dem Nachlassverwalter Dr. Hans Magnus Enzensberger danke ich für die freundliche Erlaubnis in der vorliegenden Monographie erstmals aus dem unveröffentlichten Nachlass der Dichterin zitieren zu dürfen.

Für ihre freundliche und faire Kollegialität möchte ich mich besonders bei meiner Zweitgutachterin Prof. Dr. Gertrude Cepl-Kaufmann und den Prüfern der Disputation Prof. Dr. Sybille Schönborn, Prof. Dr. Dieter Birnbacher sowie Prof. Dr. Vivian Liska bedanken.

Hilfreiche Auskünfte, gezielte Ratschläge und moralische Unterstützung erhielt ich in allen Phasen der Textgenese. Besonderer Dank gebührt Dr. Karl Ivan Solibakke, Dr. Thomas Blech, Prof. Dr. Ehrhard Bahr, Dr. Ruth Dinesen, Prof. Dr. Anat Feinberg, Dr. Kristina Eriksson, Dr. Anders Burius, Margarete und Benqt Holmqvist, Dr. Jens André Pfeiffer sowie allen hier nicht namentlich genannten Mitarbeiterinnen und Mitarbeitern der zu Recherchezwecken kontaktierten Sendeanstalten, Theater, Bibliotheken und Archive.

Gerold Klein und Ingo Barion danke ich für ihr beharrliches und freundschaftliches Interesse am Fortgang der Arbeit.

Juanita Dilger danke ich in ganz besonderer Weise für ihre ausdauernde und motivierende Unterstützung sowie für ihre kritisch-fachliche Begleitung vom ersten Exposé bis zur Drucklegung. Ohne sie gäbe es diese Arbeit nicht.

Für die Gastfreundschaft und die persönlichen Gespräche über Nelly Sachs bedanke ich mich freundschaftlich bei Bertil Wosk.

Mein aufrichtiger Dank gilt Rose Wosk, sel. A. Ohne das Zusammentreffen mit der wohl intimsten Freundin und Mitarbeiterin von Nelly Sachs wäre so vieles vergessen geblieben.

Silvia, Pauline

Allen, die Vertrauen hatten: Danke!

Inhaltsverzeichnis

1. Einleitung

Von Beginn ihres schriftstellerischen Werks an verfasst die dem interessierten Literaturpublikum zumeist als Lyrikerin bekannte Nelly Sachs Dramentexte. Somit stellt sich die naheliegende Frage, warum die dramatischen Angebote der Nelly Sachs so gut wie keine Rezeption bei Publikum, Literaturwissenschaft oder Theaterschaffenden gefunden haben, zumal mit der Veröffentlichung der dramatischen Texte 1962 die Rezeptionsvoraussetzungen gegeben sind.[1] Mit dieser Feststellung kontrastiert auch die Tatsache, dass selbst in der Nobelpreisurkunde von 1966 ausdrücklich das (frühe) dramatische Schaffen neben ihrer Lyrik als gleichberechtigt preiswürdig erwähnt wird. Überaus bemerkenswert erscheint daher, wie präzise Nelly Sachs bereits 1957 in einem Brief an Alfred Andersch die Rezeptionshaltung des Landes analysiert, für dessen Menschen sie ihr szenisches Werk schreibt.[2] Das dem Thema der vorliegenden Monographie voranstehende Zitat aus einem Brief an Andersch „Aber dies ist nichts für Deutschland, das weiß und fühle ich." belegt dies augenfällig.[3] An ihm wird deutlich, zu welch frühem Zeitpunkt ihres dramatischen Schaffens wohlüberlegtes, einkalkuliertes Scheitern – begriffen als Signatur des modernen literarischen Textes – zu einem konstitutiven Moment ihres Schreibens wird. Dass sie mit ihrer Einschätzung im Hinblick auf die potentiellen Rezipienten auch Jahrzehnte nach ihrem Tod noch Recht behalten soll, bezeugt dabei recht eindeutig ein synoptischer Blick auf den literaturwissenschaftlichen Forschungsstand:

> Von ihrer Konzeption eines Totaltheaters von Mimus, Wort und Musik und ihren späteren szenischen Dichtungen sowie von ihrer Spätlyrik, auf die sich gewiß einmal ihre bleibende Bedeutung gründen wird, scheinen weder Literaturkritik noch Literaturwissenschaft einen klaren Begriff zu haben.[4]

> [...] die Theaterstücke der Nelly Sachs werden wohl auf längere Sicht Literatur für Eingeweihte bleiben.[5]

> Trotz der skizzierten, beachtlichen Aufmerksamkeit, die Werk und Dichterin in der Anfangszeit ihres Bekanntwerdens gezollt worden war, kann

---

[1] Nelly Sachs: Zeichen im Sand. Die szenischen Dichtungen der Nelly Sachs. Frankfurt a. M. 1962. [Im folgenden sigliert als *ZiS*]

[2] Ruth Dinesen, Helmut Müssener (Hrsg.): Briefe der Nelly Sachs. Frankfurt a. M. 1984, S.170. [Im folgenden sigliert als *Briefe*]

[3] Briefe, S. 170.

[4] Ehrhard Bahr: Nelly Sachs. München 1980, S. 9 f. [Im folgenden sigliert als *Bahr*]

[5] Anton Thuswaldner: Nelly Sachs. In: Heinz Ludwig Arnold (Hrsg.): Kritisches Lexikon zur deutschsprachigen Gegenwartsliteratur, München 1978 ff. (hier 1983).

von breiter, gar dauerhafter Wirkung und Präsenz schwerlich gesprochen werden.[6]

[...] ihre lyrischen Dramen sind bis heute nahezu unbekannt geblieben.[7]

(Von den szenischen Werken ist kaum ein Wort zu hören, sie warten wohl noch auf die Entdeckung.)[8]

Die szenischen Dichtungen sind - trotz Aufführungsrezensionen und kürzeren Aufsätzen - immer noch ein Stiefkind der Forschung.[9]

Die Theatertexte von Nelly Sachs wurden von der Forschung bislang weitgehend vernachlässigt. [10]

Wird das zum Titel erhobene Zitat von Nelly Sachs zusammen mit den hier angeführten aus der Literaturwissenschaft gelesen, so ist das literaturwissenschaftliche Forschungsdesiderat benannt, das die vorliegende Studie zu erfüllen gedenkt.[11] Zugleich wird auch die initiierende Motivation zu dieser Arbeit erwähnt, die eine basale Motivation germanistischer Philologie überhaupt ist: das Sichtbarmachen des aus dem kulturellen Gedächtnis verdrängten Anderen. Hier, einige Inhalte der szenischen Werke Nelly Sachs' vor Augen, ist es sogar notwendig angebracht vom ins Recht setzen des aus dem kulturellen Gedächtnis *eliminierten* Anderen zu schreiben. Um das Reservoir an geschichtlichem Wissen für das immer noch weithin unbekannte szenische Werk von Nelly Sachs ansatzweise – im Verein mit den spärlich vorliegenden literaturwissenschaftlichen Arbeiten – kritisch zu untersuchen, soll die Monographie durch Analysen und Interpretationen diskussionsauslösende interdisziplinäre Impulse für dieses Forschungsdesiderat setzen.

Existierte bis vor wenigen Jahren lediglich eine umfangreichere Arbeit von Jane Hegge Thompsen zu den szenischen Werken, so liegen mit den Monographien von Burga Fleischer und Dorothee Ostmeier nunmehr schon drei Forschungserträge vor, denen neben ihren wichtigen philologischen Ergebnissen vor

---

[6] Michael Kessler, Jürgen Wertheimer: Vorwort. In: Dies. (Hrsg.): Nelly Sachs. Neue Interpretationen. Mit Briefen und Erläuterungen der Autorin zu ihren Gedichten im Anhang;. Tübingen 1994, S. X. [Im folgenden sigliert als *NI*]

[7] Ehrhard Bahr: „Meine Metaphern sind meine Wunden". Nelly Sachs und die Grenzen der poetischen Metapher. In: NI, S. 10.

[8] Michael Krämer: „Wir wissen ja nicht, was gilt". Zum poetischen Verfahren bei Nelly Sachs und Paul Celan – Versuch einer Annäherung. In: NI, S. 39.

[9] Birgit Lermen, Michael Braun: Nelly Sachs – „an letzter Atemspitze des Lebens". Bonn 1998, S. 16.

[10] Annette Bühler-Dietrich: Auf dem Weg zum Theater. Else Lasker-Schüler, Marieluise Fleißer, Nelly Sachs, Gerlind Reinshagen, Elfriede Jelinek. Würzburg 2003 (=Epistemata. Würzburger Wissenschaftliche Schriften. Reihe Literaturwissenschaft Band 444). S. 150.

[11] Vgl. dazu auch Michael Braun: Phasen, Probleme und Perspektiven der Nelly-Sachs-Rezeption – Forschungsbericht und Bibliographie. In: NI, S. 375ff; Anita Riede: Zur Nelly-Sachs-Forschung. In: Dies.: Das „Leid-Steine-Trauerspiel": zum Wortfeld „Stein" im lyrischen Kontext in Nelly Sachs' „Fahrt ins Staublose" mit einem Exkurs zu Paul Celans „Engführung". Berlin 2001 [Berlin, Freie Univ., Diss. 2000], S. 1ff.

allem das Verdienst zukommt, die Nichtbeachtung und Stagnation im Umgang mit diesen überaus wichtigen Zeugnissen moderner Literatur beenden zu wollen.[12] Thompsens Arbeit thematisiert Analogien zwischen Sachs' Dramen und denen von Beer-Hofmann und Buber. Fleischer erkennt in dem szenischen Werk seinen „postmodernen Charakter", in dem „formal wie inhaltlich Versöhnung als eine ‚kultische Gebärde' erkennbar werden".[13] Die Monographie von Ostmeier analysiert die sprachlichen „Signifizierungsprozesse" der Dramen und bringt so „thematische, theatralische und linguistisch strukturelle Prinzipien der Texte in einen kritischen Diskurs miteinander".[14] Mit Annette Bühler-Dietrichs ausführlichem Kapitel über Sachs' *Simson*-Stück bekommt die Diskussion über die szenischen Texte erstmals eine notwendige und aktuelle Perspektive, die sich kritisch-feministisch situiert.[15]

Methodologisch gemeinsam ist allen diesen Arbeiten ihre jeweils nur punktuelle Auswahl der zu analysierenden Texte, ein Vorgehen, welches jedoch grundsätzlich mit dem Werkbegriff/Textbegriff bei Nelly Sachs unvereinbar erscheint, denn isolierte Betrachtungen setzen die Konstruktion voneinander abgrenzbarer Schaffensperioden voraus. Die Annahme einer periodischen, themenabschließend behandelnden Arbeitsweise bei Nelly Sachs ergibt jedoch keinen Sinn, weil sie eine wohlüberlegte Intention der Autorin außer acht lässt: Die namenlose Demütigung des Individuums und sein sinnloses Hingemordetwerden während des Nationalsozialismus sollen im literarischen Text als Medium kultureller-geschichtlicher Erinnerung aufgehoben werden, um das Erinnern an die vergessenen Opfer zu einer Aufgabe von Kunst nach Auschwitz überhaupt zu machen. Nur so, das lässt sich dem aus Texten der Vergangenheit erschriebenen szenischen Werk von Nelly Sachs entnehmen, bleibt die Hoffnung auf einen anderen Zustand der Welt vorstellbar. In Abwandlungen sind thematische Fixpunkte feststellbar, die immer wieder aktualisiert und literarisch produktiv behandelt werden. Dazu zählen vor allem der Holocaust, die jüdische Mystik (Chassidismus, Kabbala und Sohar) und *Israel* als Chiffre einer Zukunft ohne Verfolgung. Diese und weitere Themen – Täter-Opfer-Konstellationen, Kommunikationsprobleme, Selbstbefragung des dichterischen Schreibverfahrens nach Auschwitz – tauchen kontinuierlich in ihren lyrischen Texten sowie in den Dramentexten auf. Daher ist die methodologische Prämisse einer periodischen, themenabschließend behandelnden Arbeitsweise bei Sachs zu kritisieren. Ehrhard Bahr schlägt alternativ als Arbeitsbegriff für eine Charakterisierung des Werkes das Bild der *Spirale* vor, „die sich in wachsenden Ringen über die Kernthematik

[12] Jane Hegge Thompsen: The theme of rebirth in 5 dramas of Nelly Sachs. Diss. North Carolina at Chapel Hill 1980. Burga Fleischer: Gebärde der Versöhnung. Die dramatische Dichtung der Nelly Sachs. Eitorf 1996. [Im folgenden sigliert als *Fleischer*] Dorothee Ostmeier: Sprache des Dramas – Drama der Sprache. Zur Poetik der Nelly Sachs. Tübingen 1997. [Im folgenden sigliert als *Ostmeier*]

[13] Fleischer S. 125.

[14] Ostmeier, S. 3.

[15] Bühler-Dietrich, a.a.O., S. 150.

erhebt".[16] Der Begriff der *Textspirale* verstanden als als ambivalentes inter- und intratextuelles Verweisgeflecht[17] wird hier von Bahr übernommen, da er das Prinzip des literarischen Textes bei Nelly Sachs – in sich, in seinem Bezug zum gesamten Werk und zu Texten fremder Autorschaft– als eines fortzuschreibenden, prozesshaften deutlich macht, welcher sich einer endgültigen Einordnung in bestimmte Schaffensperioden verweigert.

Die aus dem Vorgenannten abzuleitende Aufgabe des Philologen besteht darin, sich dem prinzipiell unabschließbaren Text kreativ und produktiv zu nähern und die schwierige Herausforderung anzunehmen, die vielen im szenischen Werk verarbeiteten Sinn- und Verweisebenen (Vergangenes, Gegenwärtiges, in die Zukunft Gerichtetes) freizulegen und kritisch zu kommentieren. Mit dieser Annahme vom literarischen Text als eines offen-fragmentarischen wird deutlich, dass sich jede kommentatorische Auseinandersetzung mit ihm notwendigerweise wiederum offen-fragmentarisch im Sinne eines Diskussionsbeitrages zu verstehen hat, weil sie Ausdruck individueller Erkenntnisse im jeweiligen geschichtlichen und gesellschaftspolitischen Kontext ist, ebenso wie der literarische Text selbst. Im vorstehenden Sinne charakterisiert den dramatischen Text deshalb nicht ein eventuelles Abzielen auf Wirklichkeit, sondern er transportiert einen in die Zukunft weisenden Wahrheitskern, der von jedem interessierten, gutwilligen Leser/Zuschauer aufs neue rekonstruiert werden muss, um mit seiner Hilfe Auskunft über den jeweiligen momentanen geschichtsphilosophischen Standort zu erlangen.

Von großem Interesse für den methodologischen Ausgang der vorliegenden Monographie ist zu begreifen, wie das zeitgenössische deutschsprachige Theater als (damaliges) wirkmächtiges Leitmedium tendenziell auf die Schrecken der jüngstvergangenen Geschehnisse, insbesondere auf die szenische Vergegenwärtigung des Schicksals der gemordeten Juden Europas, reagiert. Kapitel 2 wird daher als theatergeschichtlicher Exkurs angelegt, der anhand sehr erfolgreicher Nachkriegsdramen von Günter Weisenborn, Carl Zuckmayer und Wolfgang Borchert exemplarisch diese wichtige theatergeschichtliche und gesellschaftspolitische Sachfrage analysiert.

Vor dem Hintergrund einer ersten wichtigen gesellschaftspolitischen Diskussion der Nachkriegszeit, der Diskussion um die *Schuldfrage*, interessieren innerhalb des theaterwissenschaftlichen Exkurses besonders die dezidierten theoretischen Überlegungen der Philosophen Carl Jaspers und Theodor W. Adorno. Durch die kollektive Abwehr der differenzierten Klärung der Fragen nach der Verantwortlichkeit für die Geschehen, so ein frühes Argument des Philosophen Jaspers, gelingt kein alle gesellschaftlichen Gruppen umfassender (Bewusstseins-)Wandel von der politischen Diktatur hin zu einer von freiwilliger Übernahme von Verantwortung geprägten demokratischen Gesellschaft.

---

[16] Bahr, S. 68.

[17] Vgl. dazu Matias Martinez: Dialogizität, Intertextualität, Gedächtnis. In: Heinz Ludwig Arnold und Heinrich Detering: Grundzüge der Literaturwissenschaft. München 1997, S. 441ff.

Die für eine künftige Literaturpraxis daraus zu ziehenden Schlüsse sowie die Konfrontation des Publikums auf dem Theater mit ebendiesen, so die hier vertretene These, wird nur ansatzweise gewagt. Die Wirkmächtigkeit aller mentalen Konditionierung durch das Kaiserreich, die abgelehnte Weimarer Republik und die Machtübergabe an die Nationalsozialisten hat sich zum armierten kollektiven Bewusstsein verfestigt, das nur den Drang nach dem eigenen physischen und psychischen Überleben kennt. Da erscheint es nur als konsequent, dass (nicht nur auf dem Theater) das Schicksal der ermordeten europäischen Juden gar nicht behandelt wird. Die tatsächlich vorhandene Identifikationsmöglichkeit für ein Theaterpublikum ist, so scheint es vorerst, in allen drei zu untersuchenden Dramen inhaltlich wie auch formal so angelegt, dass sich trotz der singulären Verbrechen der jüngsten Vergangenheit im kollektiven Gedächtnis der Deutschen eine unüberwindliche Mauer der Leugnung und Ablehnung ausbildet. Ergänzt wird diese Haltung durch eine Selbstwahrnehmung als Opfer, die ihre Argumente auch aus den zu besprechenden Dramen ziehen kann, namentlich aus ihrem ausgeprägten Hang zu einer Ästhetik des nationalen Kataklysmus. Die Splitter von Fakten, die als semantische Andeutungen an den Holocaust in ihnen durchaus vorkommen, werden zusammen mit den subjektiven Erfahrungen der Rezipienten als Opfer der Bombenangriffe und/oder der Vertreibung so in die eigene Erinnerung integriert, dass sie den konstituierenden Gründungsmythos für den friktionslosen Neuanfang, die *Stunde Null*, im kollektiven Gedächtnis der Deutschen bilden. Die bestimmende psychosoziale Kraft, vergessen und verdrängen zu können um der eigenen unbelasteten Zukunft willen, kann den Überlebenden des Völkermordes die Anerkennung als Opfer nicht zugestehen. Konfrontiert mit dem Vorwurf der Schuld sowie mit dem Verlust bis zuletzt verbittert verteidigter kollektiver Identitätsbezüge bleibt nur die Flucht in die Verdrängung der eigenen Geschichte und des eigenen Anteils an ihr.

Nelly Sachs' Paradigma des literarischen Totengedenkens intendiert, die soziopolitische Identität der Erinnerungsgemeinschaft der Verfolgten im literarischen Text zu erschreiben. Der dramatische Text wird als öffentlichste Gattung begriffen, in der das kulturelle Gedächtnis bewahrt und zugleich immer weiter fortgeschrieben wird.[18] Zugleich zeugt ihr ästhetisches Schreiben von der Manifestation ihres langsamen und tastend akzeptierten – von den Nationalsozialisten erzwungenen – säkularen Judentums, eines Judentums im Sinne von Kulturteilhabe. Im Begriff *Israel* mit seinen unterschiedlichen Konnotationen und Bedeutungsebenen (geschichtlichen, religiösen, ideellen) kulminiert dieses neuzuentdeckende Wissen, das erste Grundlagen aus den Schriften Martin Bubers zum Chassidismus bezieht.[19]

Von zusätzlicher Bedeutung ist es zu erfragen, wie sich für Nelly Sachs als dreifach Marginalisierter, als deutsche Exilantin, als Jüdin und als (unverheiratete) Frau, die Exilsituation in Schweden darstellt. Denn unter solchen radikal ver-

---

[18] Jan Assmann: Das kulturelle Gedächtnis. Schrift, Erinnerung und politische Identität in frühen Hochkulturen. München 1997.
[19] Martin Buber: Die Chassidische Botschaft. Heidelberg 1952.

änderten Lebens- und Arbeitsbedingungen entsteht Nelly Sachs' frühestes Drama: *Eli. Ein Mysterienspiel vom Leiden Israels*. Das Stück verhandelt die Problematik, dass durch den Holocaust die jahrtausende während Beziehung der Juden zu Gott gewaltsam abgebrochen wurde. Mit seinen genuin jüdischen Inhalten in ihren säkularen, religiösen oder mystischen Ausprägungen ist *Eli* der szenische Versuch, eine Antwort auf die Theodizee-Frage nach dem Holocaust zu finden. Fragen und Thesen zur Rezeptionsgeschichte sowie zum literaturwissenschaftlichen und geschichtsphilosophischen Ort des Dramenerstlings komplettieren Kapitel 3.

Mit *Abram im Salz. Ein Spiel für Wort – Mimus – Musik* (Kapitel 4) versucht Sachs ihre Dramentheorie des *Totaltheaters*[20] ästhetisch zu etablieren. Hierbei handelt es sich um ein intermediales triadisches Konzept, in welchem *Wort*, *Mimus* (Tanz) und *Musik* als dramaturgisch gleichberechtigt und daher zueinander komplementär anzusehen sind. Seiner Intention nach ist das *Totaltheater* als intermedialer Gegenentwurf zu traditionellen dramenästhetischen Poetiken gedacht, als der Versuch, einem unausdeutbaren *Anderen* in seiner Vieldeutigkeit Ausdruck zu geben und es damit ins Recht zu setzen.[21] Anhand der epochalen Kollision von mythischem Geschichtsverständnis und jüdischem Ursprungsmythos entwirft das Stück eine differente Auffassung von Geschichtsdenken mit der Hoffnung auf eine Zukunft, in der Verfolgung und Exil aufgehoben sein werden.

Nachtwache. Ein Albtraum in neun Bildern heißt das Drama, dessen Entstehung, Form und Inhalt Thema des 5. Kapitels sind. Es befragt und bewertet die Weiterführung der Poetik des *Totaltheaters* und stellt Thesen zur Diskussion, die motivisch unter den dialektischen Stichworten *Schuld* und *Lager* sowie *Opfer* und *Täter* zu fassen sind. Die Erfahrungen des Lagers, so zeigt das Stück, sind planmäßig darauf ausgerichtet das menschliche Individuum mit seinem Verstand und die von ihm geschaffenen sinnstiftenden Zukunftsmöglichkeiten zu negieren. Im Rekurs auf Jean Améry sollen die Grundkonstellationen der Opfer- und Täterexistenz und die daraus sich ergebende Unmöglichkeit einer auf traditionellen moralischen Maßstäben basierenden Katharsis untersucht werden. Auf Grundlage der musikalischen Bearbeitung des Stückes durch den Komponisten Jörg Herchet lassen sich abschließend Ausführungen und Thesen zu intermedialen Bezügen herstellen.

Das 6. Kapitel betrachtet das Drama *Simson fällt durch Jahrtausende. Ein dramatisches Geschehen in vierzehn Bildern*. Ein exkursorischer Abschnitt über Theaterparadigmen der fünfziger und sechziger Jahre skizziert die ästhetischen Kontexte, innerhalb derer sich das Stück situiert. Bei kursorischer Betrachtung der ersten fünfzehn Jahre europäischen Nachkriegstheaters erhalten z. B. die Konzeptionen des absurden Theaters eines Beckett sowie die existenzialistischen Stücke Sartres paradigmatischen Charakter. Die Sinnlosigkeit jeden solidarischen

---

[20] Den Terminus *Totaltheater* prägt Sachs in einem Brief an den Komponisten Moses Pergament. Vgl. dazu Bahr, S. 165, Anmerkung 215.

[21] Vgl. dazu: Irina O. Rajewsky: Intermedialität. Tübingen und Basel 2002, S. 6ff.

Handelns ist Resultat der stattgefundenen radikalen kollektiven Erfahrungen. Menschliche Zeit wartet auf Sinngebung durch Erinnerung. Aber Sprache als Medium, in dem sich Geschichte manifestiert, ist kein konstruktives Kommunikationsmittel mehr, sondern sie zeigt sich als Herrschaftsinstrument, das, statt Gewalt im diskursiven Prozess abzuwenden, sie immer wieder legitimiert. Im Rekurs auf Schriften von Foucault und Adorno soll gezeigt werden, dass es der ausgegrenzte Protagonist des Stückes ist, an dessen abnormes Verhalten die Hoffnung auf einen gewaltlosen Geschichtsverlauf geknüpft ist. Gesellschaftliche Reaktionen auf sein Denken und seine Taten geraten daher zur Probe auf die kollektive Fähigkeit zu einem erinnernden Aufbau humaner Strukturen im Kunstwerk.

Kapitel 7 untersucht die sogenannten *mimischen Szenen*.[22] Diese Kürzestdramen geben präzise Auskunft über die produktive Umsetzung und Weiterentwicklung der avancierten Theaterpoetik von Nelly Sachs. Die Kürze der Stücke sowie deren augenscheinlich hermetisch-fragmentarischer Charakter verweisen auf das fortwährende Bemühen Sachs', ihr intermediales Konzept vom *Totaltheater* als Trias gleichberechtigter Handlungsträger durch Änderungen ihres Schreibverfahrens kritisch zu hinterfragen. Ebenso lassen sich, unter Einbezug von Texten Walter Benjamins, an ihnen verschiedene Neuorientierungen im intertextuellen Schreibverfahren aufzeigen, wobei Verbindungen zu Texten aus der jüdischen Mystik ebenso nachweisbar sind wie solche zu Texten der Literarischen Moderne. Deskription und ausgesuchte Kommentare zu den *mimischen Szenen Der Magische Tänzer, Viermal Galaswinte* sowie *Der Stumme und die Möve* werden zur Diskussion gestellt. Dabei sollen, ausgehend von Hegels Ästhetik, heuristische Ausführungen zu *Tanz* und *Musik* als Handlungsträger in den *mimischen Szenen* zum tieferen Verständnis beitragen. Der Versuch, die konfliktreiche innere Gefühlswelt von Traumatisierten in tänzerischen und musikalischen Ausdruck zu überführen kann als besonders häufig anzutreffendes Motiv der späten Dramen bezeichnet werden. Dennoch erhalten Tanz und Musik ihren szenischen Sinn letztendlich aus sprachlich-narrativen Inhalten. Die kritischreflexiven Verweisebenen in den *mimischen Szenen* äußern sich nicht im Medium der tänzerischen Gebärde. Die Rückgebundenheit an traditionelle Sprachstrukturen bleibt nachweisbar, aber der textgebundenen Dramenästhetik werden Tanz und Musik als komplementäre ästhetische Praxis des Körpers beiseite gestellt. Das Risiko dieser dramatischen Werke liegt darin, dass sie mit besonders vielen literarischen (und damit auch gesellschaftlichen) Konventionen und Erwartungen brechen. Sie verweisen auf eine Zukunft, in der aus Texten, Bildern und Bewegungen zusammenhängende Bedeutungen synthetisierbar werden. Daher, so eine These zu Sachs' Schreibverfahren, liegt in der Überwindung aller Gattungsgrenzen gleichzeitig Annäherung, Distanz und Hoffnung.

Werke von Nelly Sachs sind von verschiedenen Komponisten vertont worden. Kapitel 8 wird Thesen über *Musik* als gleichberechtigtem Handlungsträger

---

[22] Vgl. dazu Bahr, S. 161ff.

in ihren Dramen diskutieren. Bei den Rezipienten auf dem Theater soll durch Nach- und Erhören des musikalischen Sediments kein Moment der Verklärung evoziert, sondern die Möglichkeiten der Erinnerung an die Toten erweitert werden. Musik überwindet die Grenzen der Subjektivität, weil sie, anders als bei Hegel, explizit für die Anschauung arbeitet, und so zu etwas objektiv Äußeren im dramaturgischen Konzept der *mimischen Szenen* wird. Exemplarisch wird die musikalische Bearbeitung der *mimischen Szene Der Magische Tänzer* durch Heinz Holliger kommentiert werden. Das kompositorische Verfahren inkludiert u. a. eine avancierte Szenentechnik und die Beschallung des Aufführungsortes nach modernen Raumkonzeptionen. Eine hohe semantische Bedeutung erhalten dabei die Ausdehnung der Töne in der Zeit, ihr Ausgang von der spezifischen Tonquelle, ihre Bewegungen sowie das klangliche Gesamtvolumen.

Eine von Nelly Sachs avisierte, jedoch nicht zustande gekommene künstlerische Zusammenarbeit ist jene mit dem italienischen Komponisten Luigi Nono. Ein Blick auf die Analogien mit Nonos Musiktheaterwerk soll das Interesse Sachs' an seinen szenischen Arbeiten verdeutlichen. Darüber hinaus, so eine in der literaturwissenschaftlichen Forschung noch nicht vertretene These, kann Nonos Werk als unbewusste ästhetische Gelenkstelle zwischen Sachs' dramatischem Schreibverfahren und der nicht weniger avancierten Theaterpoetik Heiner Müllers gelesen werden, dessen Zusammenarbeit mit Nono näher betrachtet werden wird.

In den Werken beider Autoren finden sich intertextuelle Referenzen auf jüdische geschichtsphilosophische Kategorien und Denkmuster, die, ausgehend von den Arbeiten Gershom Scholems (bei Nelly Sachs) und Walter Benjamins (bei Heiner Müller), ihren Weg in die Poetiken gefunden haben. Durch die enge Freundschaft Scholems mit Benjamin ist deren dauerhaftes, gegenseitiges produktives Einwirken belegt, dessen intertextuelle Bezüge ihren Niederschlag bei Sachs und Müller finden.[23] Dass hier keine willkürliche Analogiefindung oder Parallelisierung beider Autoren stattfindet wird beispielsweise daran deutlich, dass Schreibverfahren Anwendungen finden, die die im Mythos aufgehobene kollektive Erfahrungen, welchen eine überdauernde Wirkmächtigkeit zugesprochen wird, im aktuellen Text neuschreiben. Mit diesem intertextuellen Verfahren werden die Texte der Vergangenheit bewusst als aktualisierbare Folie verwendet, auf der im neugeschriebenen literarischen Text Auskunft über das Gefüge der realen Gesellschaft und ihrer Geschichte erlangt wird. Als weiteres gemeinsames konstitutives Merkmal in den szenischen Arbeiten von Sachs und Müller kann die radikale Auflösung der Gattungsgrenzen und die Sprengung überlieferter dramaturgischer Traditionen und Regeln gelten: In beider Werk, so die hier vertretene Arbeitshypothese, wird das wohlüberlegte Bemühen sichtbar, durch neue

---

[23] Vgl. dazu u. a.: Gershom Scholem: Tagebücher 1913-1917, Frankfurt am Main 1995; Ders.: Tagebücher 1917-1923. Frankfurt am Main 2000; Ders. (Hrsg.): Walter Benjamin, Gershom Scholem: Briefwechsel 1933-1940. Frankfurt am Main 1980; Ders.: Walter Benjamin und sein Engel. Vierzehn Aufsätze und kleinere Beiträge. Frankfurt am Main 1983.

ästhetische Formgebung Gewohnheiten und Sicherheiten im Publikum zu zerstören, um so in ihm ein kritisch-reflexives Moment zu etablieren.

Am Beispiel von Heiner Müllers *synthetischem Fragment Bruchstück für Luigi Nono* wird das Vorgenannte exemplarisch und ausführlich dargestellt. Die konsequent intermedial angelegten formalen szenischen Neugestaltungen in Müllers *synthetischen Fragmenten* werden – ähnlich wie bei den *mimischen Szenen* – zu einer Aussage über die prinzipielle Machtlosigkeit ästhetischer Sprache überhaupt.

Das unveröffentlichte szenische Spätwerk der Nelly Sachs war bis heute nicht Gegenstand literaturwissenschaftlicher Diskussionen. Aus ihm kann in der vorliegenden Arbeit mit Erlaubnis des Nachlassverwalters Hans Magnus Enzensberger und dem Rechteinhaber am Gesamtwerk, dem Suhrkamp Verlag Frankfurt am Main, erstmals und ausführlich zitiert werden. In der Stockholmer Kungliga Biblioteket lagert der Hauptteil des Nachlasses von Nelly Sachs. Späte szenische Projekte bezeugen die trotz schwerer Krankheit nicht nachlassende intensive Produktivität nach der Veröffentlichung ihrer dramatischen Dichtungen von 1962. Obwohl Nelly Sachs in den Jahren nach 1962 weiterhin szenische Texte verfasst, publiziert sie von 1962 bis zu ihrem Tod 1970 nurmehr Gedichte.[24] Angesichts von Fülle und Verweisvielfalt des nachgelassenen szenischen Materials wird es die komplizierte wie komplexe Aufgabe der Editoren einer zukünftigen historisch-kritischen Ausgabe der Texte sein, ausführliche abschließende Erläuterungen über Sachs' Arbeitsweise, zur Textüberlieferung, zur Textgrundlage und –konstitution zu finden. Zur Genese der Texte und ihrer Varianten im Kontext ihrer Entstehungsgeschichte kann an diesem Ort verständlicherweise nur heuristisch und deskriptiv-propädeutisch eingegangen werden. Die bloße Anzahl der Projekte macht es ebenfalls notwendig, dass nur auf einige Aspekte weniger unpubliziert gebliebener Dramenprojekte kommentierend eingegangen werden kann:

In Erweiterung zum thematisch wie personell verwandten publizierten Drama *Nachtwache* universalisiert Sachs in *Der Stein und das Blut. Ein Albtraumspiel von den Überlebenden* durch Schnittmengen aus geschichtlicher Realität, biblischem Urtext und indischer Mystik ihr dramatisches Ausdrucksrepertoire.

Der große Anonyme. Ein Spiel für Wort Tanz Musik zeigt allegorische Orte, die fortwährend die Schrecken der Vergangenheit evozieren. Die Möglichkeit von Hoffnung zu denken, von anderen, menschenwürdigeren Weltläuften ist u. a. Thema des unveröffentlicht gebliebenen Dramentextes.

Eisgrab oder Wo Schweigen spricht versucht die fast vollständige Abkehr von Fabel und Handlungsdynamik, einer aristotelischen idealen, strengen, übersichtlichen Form des Dramas. Bewusste Unabgeschlossenheit sowie andeutungsvolle Unhintergehbarkeit treten anstelle der tradierten Vermeidung von Konfusion.

---

[24] Mit Ausnahme des Abdrucks von *Nur eine Weltminute*, das in der vom Verleger des Suhrkamp Verlags, Sigfried Unseld, besorgten Sammlung *Aus aufgegeben Werken* 1968 publiziert ist.

Ziel der Untersuchung von Sachs' szenischen Werken ist es, auf einige der intertextuellen und intermedialen Verweisebenen hinzuweisen, die bisher in der literaturwissenschaftlichen Forschung keine Resonanz gefunden haben. Daher bündelt der Verfasser in einer Schlussbetrachtung zum szenischen Werk der Nelly Sachs seine Ergebnisse und stellt die aus dem Arbeitsprozess gewonnenen Resultate, Thesen und Analysen als zukünftige interdisziplinäre Forschungsdesiderate zur Diskussion.

2. Tendenzen des deutschsprachigen Dramas nach 1945

> The addition to our vocabulary of the very word *Auschwitz* means that today we know things that before could not even be imagined.[25]

Nach der Machtübergabe an die Nationalsozialisten flohen ungefähr 4000 deutschsprachige Theaterfachleute in ein sicheres Asylland. Ab 1945 kehren etwa 60 Prozent dieser Emigranten zurück, darunter als größte Gruppen Juden und Kommunisten.[26] Viele waren prominent, was ihnen in einigen der mehr als 40 Asylländer nicht immer hilfreich gewesen war. Die meisten von ihnen versuchten nach den Entbehrungen des Exils, in ihrem alten Beruf neu Fuß zu fassen. Direkt nach Kriegsende remigrieren aus dem sowjetischen Exil der Bühnenautor Friedrich Wolf, der Regisseur Gustav von Wangenheim und Fritz Erpenbeck, der bis 1962 die in der SBZ/DDR führende Fachzeitschrift *Theater der Zeit* als Chefredakteur leiten wird. Mit Erpenbeck kehrt auch seine als Schauspielerin bekannte Frau Hedda Zinner in den Osten des geteilten Landes zurück. Manche Exilierte kehren erst nach einer Zeit des Beobachtens und der Abwägungen, besonders ihrer prinzipiellen politischen Präferenzen, zurück. Der unter sowjetischer Besatzung stehende Teil des Landes gilt dabei vielen Remigranten als der für ihre künstlerischen Intentionen vielversprechendere, sympathisierten doch schon lange vor dem Krieg viele Künstler mit dem sowjetischen Politikkonzept. Doch bleibt trotz der politischen Nähe zur Sowjetunion bei vielen eine abwartende Distanz erkennbar, für welche der Besatzungszonen sie sich entscheiden. Bertolt Brecht und Helene Weigel etwa kommen Ende 1948 aus dem Exil in den USA, und bevor Brecht als Gast nach Ostberlin reist, besorgt er sich einen österreichischen Pass. Vorbehalte und Vorurteile zumeist politischer Art gab es jedoch auch gegen manchen Rückkehrwilligen. So kommt der berühmteste Exponent des politischen Bekenntnistheaters, Erwin Piscator, erst 1951 aus den Vereinigten Staaten in die junge Bundesrepublik, und man wählt ihn erst 1962 zum Intendanten der Westberliner Volksbühne, eine seinen Verdiensten und seinem Können entsprechende Position.[27]

Viele der jüdischen Theaterkünstler überdauerten die Zeit der Verfolgung und des Krieges in den USA, einige von ihnen bleiben verständlicherweise noch jahrelang skeptisch gegenüber einer Rückkehr in das besiegte Land der Verfolger. Aber bereits unter den ersten Rückkehrern finden sich berühmte Namen wie die der Schauspieler Ernst Deutsch und Curt Bois oder der des Regisseurs Fritz Kortner.

---

[25] Alvin H. Rosenfeld: A Double Dying. Reflections on Holocaust Literature. London 1980, S. 13. [Hervorh. im Original]

[26] Zahlen, Namen und Daten, wenn nicht anders angegeben, zitiert nach: Friedrich Michael, Hans Daiber: Geschichte des deutschen Theaters. Frankfurt am Main 1990. Hier bes. Kap. 9: Auferstanden aus Ruinen, S. 136ff.

[27] Erwin Piscator: Das politische Theater. Reinbek bei Hamburg 1963, S. 9 und 17f.

Die Liste der oben genannten Remigranten lässt sich um weitere berühmte Namen erweitern, die Theaterinteressierten auch heute noch bekannt sind: Die Schauspielerinnen Tilla Durieux und Therese Giehse, die Regisseure Berthold Viertel und Arnolt Bronnen, die Schauspieler Ernst Busch und Albert Bassermann, sie alle flüchteten vor den Nazis und kehren zurück, um im besiegten Deutschland an der kulturellen Reorganisation mitzuwirken. In der großen Schar der zurückkehrenden Theaterkünstler fehlen jedoch auch Namen wie z. B. der des Regisseurs Max Reinhardt, der vor dem Krieg zu den prominentesten Theatermachern gehörte. Er starb 1943 in New York.

Standen Kunst und Kultur während der Nazizeit unter Kuratel der faschistischen Ideologie, so kommt mit der Befreiung durch die Alliierten Bewegung in die kulturelle Öffentlichkeit. Sie wird in erheblicher Weise von den historischen Ereignissen der Nachkriegszeit ausgelöst, und ihre Prägungen lassen sich deutlich bei einem so unmittelbar öffentlichen Medium wie dem Theater erkennen. Geschehnisse, die unter dem Kürzel *Kalter Krieg* zusammengefasst sind, haben zwangsläufig direkte Auswirkungen auf das Theater, da das besiegte Deutschland genau im Fokus dieser Ereignisse liegt. Innerhalb weniger Monate sind aus den mächtigsten Staaten der Anti-Hitler-Koalition einander verfeindete Staaten, ja antagonistische Systeme geworden. Deutlich wird dies an der Neuausrichtung der US-Politik, die mit dem bevorstehenden Sieg über Nazideutschland vom Antifaschismus zum Antikommunismus umschlägt. Der Marshall-Plan, die Gründung von Bizone und Trizone, die Währungsreform, der Eintritt der Teilstaaten in das jeweilige Verteidigungsbündnis ihrer Schutzmächte, schließlich die Gründung von BRD und DDR sind Etappen der polarisierenden Auseinandersetzung zwischen der kapitalistisch orientierten Demokratie und dem Kommunismus stalinistischer Prägung.

Für die literaturwissenschaftliche Betrachtung der in dieser Zeitspanne verfassten und aufgeführten Theaterstücke bedeutet der Verweis auf den jeweiligen geschichtlichen Kontext, dass sie ihren Ausgang in besonderem Maße interdisziplinär ausrichten muss, denn es handelt sich doch

> bei der Umerziehung, am Ende der nationalsozialistischen Herrschaft und am Ende eines vom nationalsozialistischen Deutschland verschuldeten Weltkriegs, um ein nicht nur verständliches, sondern historisch unvermeidliches und notwendiges Unternehmen der politischen Pädagogik [...] bei dem sich die Besatzungsmächte – nicht allein die USA – als Beauftragte der Vereinten Nationen in einem politischen Entwicklungsland fühlen durften. Da die Besatzungsmächte in Deutschland die Regierungsgewalt ausübten oder doch kontrollierten, war ihre Kulturpolitik außerdem gar keine auswärtige Kulturarbeit im strengen Sinne des Wortes mehr, sondern eine Mischform aus auswärtiger Kulturarbeit und einer gleichsam innenpolitischen Aktivität.[28]

---

[28] Hansjörg Gehring: Amerikanische Literaturpolitik in Deutschland 1945-1953. Ein Aspekt des Re-Education-Programms. Stuttgart 1976. S. 111.

Dieser historische, kulturpolitische Aspekt ist kennzeichnend für das Theater der Besatzungszeit in Ost und West. Darüber hinaus wirken die hier sich manifestierenden kulturpolitischen Bedingungen in modifizierter Form insgesamt auf die Geschichte des deutschsprachigen Dramas bis zum Fall der Mauer. Die Jahre bis zur Gründung der Bundesrepublik und der DDR charakterisieren das, was Lange als „Spezifik" beschreibt, die Abhängigkeit von alliierter Kulturpolitik und Prägung durch die Ereignisse des Kalten Krieges:

> In einem militärisch besetzten Land kann von einer freien Entfaltung bzw. Fortsetzung der Kultur keine Rede sein. Ihre Entwicklung muß in jedem Fall in ihrer Abhängigkeit von der Kulturpolitik der Besatzungsmächte gesehen werden, die ihrerseits von dem entscheidenden Ereignis der Nachkriegszeit, dem sogenannten Kalten Krieg, geprägt wurde.[29]

2.1 Karl Jaspers und Theodor W. Adorno: Thesen zur Schuldfrage

Schon kurz nachdem die Truppen der Alliierten des Zweiten Weltkrieges die Vernichtungsmaschinerie und das Lagersystem des nationalsozialistischen Deutschland zerschlagen haben gibt es erste kritisch-kontroverse Auseinandersetzungen mit der jüngsten Vergangenheit. Die intellektuelle und künstlerische Aufarbeitung des Vergangenen wird seither unter dem Begriff *Vergangenheitsbewältigung* gefasst und diskutiert. Karl Jaspers Beitrag zur Klärung der Schuldfrage ist eine der frühesten Schriften, die angesichts der erhobenen Kollektivschuldvorwürfe und deren vehementer Ablehnung durch die große Mehrzahl der deutschen Bevölkerung das Geschehene thematisiert.[30] Der Philosoph beschäftigt sich mit der Frage, wie sich nach der bedingungslosen Kapitulation und dem Zusammenbruch des Dritten Reichs das sich selbst aus der Völkerfamilie ausgeschlossen habende Deutschland zu einer auf ethischen Grundlagen basierenden Nation restituieren kann. Der Philosoph Jaspers erarbeitet eine Differenzierung des Schuldbegriffes (kriminelle, politische, moralische und metaphysische Schuld), auf deren Grundlage kollektiv und individuell die Vergangenheit selbstkritisch betrachtet werden soll. Von zentraler Bedeutung sind für ihn die juristische Bestrafung überführter Täter sowie der Versuch der materiellen Wiedergutmachung:

> Reinigung ist die Bedingung auch unserer politischen Freiheit. Denn erst aus dem Schuldbewußtsein entsteht das Bewußtsein der Solidarität und Mitverantwortung, ohne die Freiheit nicht möglich ist. Politische Freiheit beginnt damit, daß in der Mehrheit des Volkes der einzelne sich für die Politik seines Gemeinwesens mit haftbar fühlt – daß er nicht nur begehrt und schilt.[31]

---

[29] Wigand Lange: Die Schaubühne als politische Umerziehungsanstalt betrachtet. Theater in den Westzonen. In: Jost Hermand, Helmut Peitsch und Klaus R. Scherpe (Hrsg.): Nachkriegsliteratur in Westdeutschland 1945-49. Schreibweisen, Gattungen Institutionen. Berlin 1982. S. 6-35, hier S. 12.

[30] Karl Jaspers: Die Schuldfrage. Heidelberg 1946. Zur Kollektivschuldfrage siehe S. 47ff.

[31] Ebd., S. 104.

Durch die kollektive Abwehr der differenzierten Klärung der Schuldfragen, so Jaspers Argument, gelingt kein alle gesellschaftlichen Gruppen umfassender (Bewusstseins-)Wandel von der politischen Diktatur hin zu einer von freiwilliger Übernahme von Verantwortung geprägten demokratischen Gesellschaft. Wichtig ist hierbei, dass Jaspers einen wesentlichen Unterschied zwischen juristisch verfolgbarer Schuld (kriminelle und politische) auf der einen Seite macht und auf der anderen Seite Schuldzusammenhänge aufzeigt, die rein das individuelle Gewissen betreffen (moralische und metaphysische Schuld). *Moralische Schuld* kann juristisch nicht geahndet werden, sie benennt die Anpassung an nazistisches Alltagsverhalten, die auch der *innere Emigrant* Jaspers vollzogen hat. Dazu zählt Jaspers alles, das den „Schein des Dabeiseins brachte", nämlich die alltägliche Übernahme nazistischer Umgangsformen (Hitlergruß, Teilnahme an Veranstaltungen u. a.), gerade auch dann, wenn diese Anpassungsleistung Systemkonformität lediglich vortäuschte:

> Nur der Vergeßliche kann sich darüber täuschen, weil er sich täuschen will.
> Die Tarnung gehörte zum Grundzug unseres Daseins.[32]

Die sozialen und politischen Prioritäten im Nachkriegsdeutschland sind jedoch, wie oben bereits angedeutet, anders gewichtet, so dass vom Gegenteil von *Vergangenheitsbewältigung* gesprochen werden kann.[33] Theodor W. Adorno hat angesichts der weit verbreiteten „Schlußstrich"-Mentalität[34] auf eine bewusste Abwehr von Schuld geschlossen. Diese Erkenntnis erwächst ihm daraus, dass das kollektive Gedächtnis der Deutschen sich vehement gegen Versuche rationaler Argumentation sträubt, Aufklärung über das nationalsozialistische Regime zu erlangen:

> Es [das kollektive Gedächtnis, d. Vf.] verklärt zäh die nationalsozialistische Phase, in der die kollektiven Machtphantasien derer sich erfüllten, die als Einzelne ohnmächtig waren und nur als eine solche Kollektivmacht überhaupt sich als etwas dünkten. Keine noch so einleuchtende Analyse kann die Realität dieser Erfüllung hinterher aus der Welt schaffen und die Triebenergien, die in sie investiert sind.[35]

Adorno ist überzeugt, dass „der Faschismus nachlebt; daß die vielzitierte Aufarbeitung bis heute nicht gelang und zu ihrem Zerrbild, dem leeren und kalten Vergessen, ausartet [...]".[36] Die Ursachen für sein Weiterbestehen liegen einerseits in der subjektiven Disposition des Einzelnen, die als Sehnsucht nach dem

---

[32] Ebd., S. 58.
[33] Vgl. dazu Theodor W. Adorno: Was bedeutet: Aufarbeitung der Vergangenheit. In ders.: Gesammelte Schriften. Hrsg. von Rolf Tiedemann, Frankfurt am Main 1977, Bd. 10.2, S. 555-572. [Im folgenden sigliert als GS, Bandnummer, Seite]; Hannah Arendt: Eichmann in Jerusalem. Ein Bericht von der Banalität des Bösen. München 1986; Wolfgang Fritz Haug: Der hilflose Antifaschismus. Frankfurt 1970.
[34] GS, 10.2, S.555.
[35] Ebd., S. 562f.
[36] Ebd., S. 566.

„Schmelztiegel des Kollektiv-Ichs" beschrieben wird, und andererseits dem ungebrochenen Fortbestehen der „ökonomischen Ordnung [bzw.] Organisation".[37] Für Adorno gehören diese beiden Faktoren zu den gesellschaftlichen Voraussetzungen, „die den Faschismus zeitigten".[38]

Wie angesichts dieses realen sozialpsychologischen Klimas die wenigen Überlebenden der KZ im Deutschland des Jahres 1945 und die deutsche Bevölkerung aufeinander reagieren, schildert Primo Levi in *Atempause*, seinem autobiographischen Bericht über das Europa nach Auschwitz:

> Es war, als müßten wir etwas sagen, ungeheuerliche Dinge, jedem einzelnen Deutschen, als müßte uns jeder Deutsche etwas sagen; wir hatten das Bedürfnis, die Summe zu ziehen, zu fragen, zu erklären, zu kommentieren, wie Schachspieler am Ende einer Partie. Wußten diese Menschen von Auschwitz, vom verschwiegenen täglichen Massenmord, direkt vor ihren Türen? Wenn ja, wie konnten sie auf der Straße gehen, in ihre Häuser zurückkehren, ihre Kinder ansehen, die Schwelle einer Kirche überschreiten? Wenn nicht, dann sollten sie eben, mußten sie zuhören, alles erfahren, von uns, von mir, alles und unverzüglich: Die tätowierte Zahl auf meinem Arm brannte wie eine Wunde. [...] Mir war, als müsse jeder uns Fragen stellen, uns an den Gesichtern ablesen, wer wir waren, demütig unseren Bericht anhören. Aber niemand sah uns in die Augen, niemand nahm die Herausforderung an; sie waren taub, blind und stumm eingeschlossen in ihre Ruinen wie in eine Festung gewollter Unwissenheit, noch immer stark, noch immer fähig zu hassen und zu verachten, noch immer Gefangene der alten Fesseln von Überheblichkeit und Schuld.[39]

Wie zur vorweggenommenen Bestätigung der späteren wissenschaftlichen Erkenntnisse Adornos wird deutlich, dass ein nicht mehr zu überwindender Riss fortan die Geschichte der Überlebenden und die der Angehörigen der Verfolgernation bestimmen wird. Levis Erinnerungen und seine genaue Beobachtungsgabe zeugen hier für die bis heute feststehende Konstellation, die zur Basis jeder dramatischen Vergegenwärtigung des deutsch-jüdischen Verhältnisses geworden ist. Die Wirkmächtigkeit der mentalen Konditionierung durch Kaiserreich, die abgelehnte Weimarer Republik und die Nationalsozialisten hat sich zum armierten Bewusstsein verfestigt, das nur den Drang nach dem eigenen physischen und psychischen Überleben kennt. Konfrontiert mit dem Vorwurf der Schuld und mit dem Verlust bis zuletzt verbittert verteidigter kollektiver Identitätsbezüge bleibt nur die Flucht in die Verdrängung der eigenen Geschichte und des eigenen Anteils an ihr. Die bestimmende soziale Kraft, vergessen und verdrängen zu können um der eigenen unbelasteten Zukunft willen, kann den Überlebenden des Völkermordes selbst die Anerkennung als Opfer nicht zugestehen, ganz zu schweigen von einer kritischen Reflexion auf die eigene Verstrickung ins System der Mörder. Stolz und Trotz, Verzweiflung und Empörung, Rache und

---

[37] Ebd., S. 567.
[38] Ebd., S. 566.
[39] Primo Levi: Atempause. Hamburg 1964, S. 233f.

Verachtung bilden die kollektiven Gefühle, aus denen die übergroße Mehrheit der deutschen Bevölkerung ihren Blick auf die jüngstvergangene Geschichte und ihre Opfer speist.[40] Völlig zu recht resümiert daher die Formel „[they] put their soul on ice" die grundlegende Disposition der Menschen im besiegten Deutschen Reich gegenüber ihrer jüngsten Geschichte.[41] Aus dem Klima der totalen Niederlage und den deutlich bemerkbar werdenden machtpolitischen Auswirkungen des Kalten Krieges erwachsen Staatswesen, in denen besonders moralische Erwägungen, noch vor allen juristischen oder politischen, in den Hintergrund treten. Die historische Zäsur von 1945 ist ohne gesellschaftliche Kontinuität nicht denkbar, denn es sind dieselben Menschen, die zwölf Jahre lang die nationalsozialistische *Volksgemeinschaft* bildeten. Nun jedoch stehen diese Menschen vor der Aufgabe, grundlegend andere Gesellschaftsmodelle zu akzeptieren.

Die immer noch ihrer Individualität beraubten Häftlinge aus Auschwitz erscheinen in Levis Zitat als machtlos, unsichtbar und der ständigen Gefahr ausgesetzt, - am letzten Satz des Zitats wird dies deutlich - erneut und unvermittelt zu Opfern zu werden. Er ist sich vollkommen bewusst, dass nur die bedingungslose Kapitulation Deutschlands ihn in die Lage versetzt, der Nachwelt zu berichten, denn auch er war dazu bestimmt, ermordet zu werden. Unübersehbar ist das drängende Verlangen nach einer Erklärung des Vergangenen. Erinnerung und Suche nach Antworten wird zur überlebenswichtigen Voraussetzung für ein Weiterleben. Aber es wird ebenso schwierig werden Gehör zu finden für das, was nach Meinung des Autors unbedingt jeder erfahren muss.

Die dramatische Form, als öffentlichste unter den literarischen Gattungen, unterliegt angesichts der vorgenannnten historischen Ausgangslage Bedingungen, vor denen die überlieferten stilistischen Mittel und die entwickelten ästhetischen Formen notwendig versagen. Die geschehenen Verbrechen haben als historisches Faktum ein solches Ausmaß angenommen, dass die bisherigen Kunstauffassungen dem nichts Gültiges mehr entgegenzusetzen vermögen. Zu leicht wären alle solche Versuche dem Urteil ausgesetzt, das Vergangene apologetisch und/oder exkulpatorisch zu vermitteln. Die fundamentale Problematik, welcher alle dramatischen Versuche sich zu stellen haben, liegt deshalb darin, ob die Darstellung des *univers concentrationnaire*[42] Anspruch auf Gültigkeit erheben darf. Wie aber ist dies erreichbar? Die Ausrottung der Juden ist ein Geschehen von universeller Bedeutung, das die gesamte Menschheit in Frage stellt. Tatsächlich steht die gesamte bisherige Entwicklung der westlichen Zivilisation zur Debatte, denn der Versuch Auschwitz zu begreifen und dann im Drama ästhetisch vermitteln zu wollen stellt das menschliche Vorstellungsvermögen vor bisher nicht gekannte Probleme. In *Auschwitz denken* schreibt Enzo Traverso zur „Notwendigkeit und Unmöglichkeit, Auschwitz zu begreifen":

---

[40] Vgl.dazu: Jaspers, a.a.O., S. 15.

[41] Andreas Huyssen: The Politics of Identification: *Holocaust* and West German Drama. In: New German Critique. No.19/1980. S. 117-136, hier S. 121.

[42] Vgl. dazu: David Rousset: L'Univers concentrationnaire. Paris 1965, (1946).

Ein Glaube kann dabei helfen, die Würde zu wahren und den Widerstand aufrechtzuerhalten, die Leidenschaft kann ,die Vernunft anstacheln', doch Glaube und Leidenschaft ersparen einem nicht die Mühen des Begreifens. Und gerade bei dem Versuch zu verstehen, erfährt die Vernunft ihre Ohnmacht. Sie vermag es zwar, die Menschenausrottung zu *erklären*. Man kann die Ursachen und den historischen Hintergrund des Genozids erfassen, seine Etappen beschreiben und die innerer Logik der fortschreitenden Radikalisierung aufdecken, die zur völligen Vernichtung eines Volkes führte. Auch lässt sich die sonderbare Verbindung von archaischer Mythologie und moderner Rationalität herausarbeiten, die für den Genozid so charakteristisch war. Das alles aber heißt noch nicht, ihn auch zu *begreifen*.[43]

Die Radikalität der Ereignisse zwingt die dramenästhetische Vermittlung zur Neubestimmung all ihrer Inszenierungssemantik. Würde das Theater des Nachkriegs, wie bis dahin überliefert, mimetisch die Wirklichkeit darstellen, so wäre mindestens die Gefahr der Relativierung des Geschehenen die Folge. Wie alle Kultur, so ist auch das Theater durch Auschwitz in eine ausweglose Situation geraten. Das Denken insgesamt muss seine (Bildungs-)Geschichte überprüfen und die Kulturgeschichte neu interpretieren. Innerhalb dieser Revision der westlichen Zivilisation kommt der Literatur und dem Theater als ihrem öffentlichsten Organ die Funktion zu, die Katastrophe zu bezeugen und an die hingemordeten Opfer zu erinnern.

2.2 Günther Weisenborn: *Die Illegalen*

Eines der frühesten Zeugnisse, das die unmittelbare Vergangenheit dramatisch vergegenwärtigt und damit am Beginn einer langsam einsetzenden kritischen Aufarbeitung steht, ist Günther Weisenborns *Die Illegalen*.[44] Anders als wissenschaftliche, methodologisch auf objektivierende Distanz verpflichtete Arbeiten über die Zeit des Nazi-Regimes, etwa des Philosophen Jaspers oder des Soziologen Kogon, ergreift Weisenborns ästhetisches Werk engagiert und in aller Eindeutigkeit Partei. Seine Form und sein Inhalt stellen die Subjektivität der Zuschauer durch die direkte Konfrontation in der Bühnensituation vor eine Wahl, die nicht ausschließlich vom Verstand, sondern auch vom eigenen Gewissen entschieden werden will. Als das Stück im Frühjahr 1946 am wiedereröffneten Berliner Hebbel-Theater uraufgeführt wird, ist es allein durch seine zeitnahe Thematik ein Ereignis. Das Stück über in Nazi-Deutschland agitierende antifaschistische Widerstandsgruppen gewinnt seine Glaubwürdigkeit und Authentizität auch durch die Biographie seines Autors, der seit 1942 wegen Verbindung zur Widerstandsorganisation *Rote Kapelle* in verschiedenen Zuchthäusern eingekerkert war und schließlich 1945 von der Roten Armee befreit wurde.[45] Den 41 sze-

---

[43] Enzo Traverso: Auschwitz denken. Die Intellektuellen und die Shoah. Hamburg 2000, S. 256. [Hervorhebungen im Original]

[44] Günther Weisenborn: Die Illegalen. Berlin: Aufbau 1946. Im folgenden zitiert nach Günther Weisenborn: Dramatische Balladen. Berlin 1955. S. 163-239.

[45] Michael Töteberg: Günther Weisenborn. Kritisches Lexikon zur deutschsprachigen Gegenwartsliteratur. Hrsg. von Heinz Ludwig Arnold. München 1978ff.

nischen Bildern, verteilt auf drei Akte, ist der Einfluss des frühen Brecht auf Weisenborn anzumerken, besonders in den didaktischen Passagen, die in Balladen- oder Monologform ausgeführt werden.

Inhaltlich geht es in dem formal realistisch angelegten Stück um die inneren Konflikte junger, konspirativ agierender Antifaschisten. Die persönlichen Liebesgefühle der beiden Hauptdarsteller *Lill* und *Walter* stehen in Konflikt mit der auf Konspiration angewiesenen Arbeit im Widerstand. Die Entsagung und persönliche Opferbereitschaft *Walters* geht soweit, dass er, um seine Kameraden zu retten, lieber stirbt, als verhaftet und der Gestapo überstellt zu werden. Das Selbstopfer *Walters*, der mit Hilfe eines illegalen Senders seine Landsleute zum Widerstand gegen die Nazis wachrütteln will, kontrastiert dadurch, dass es vor der Öffentlichkeit verborgen bleibt, mit dem Widerstand des 20. Juli. Dieser ist durch die bürgerlichen und adeligen Eliten charakterisiert, was zu einem gewissen Maß dazu beiträgt, dass ihre Intentionen in einem Teil der Bevölkerung Verbreitung finden. Das weit von jeder Publizität entfernt bleibende Selbstopfer des Protagonisten, eines einfachen Bürgers, ist daher ein klares Identifikationsangebot Weisenborns an die Masse der Zuschauer. Als Zugeständnis an die Konventionen des Massengeschmacks ist auch die Figur der *Mutter Walters* erkennbar, die neben ihrem Mann auch ihren Sohn *Walter* im politischen Kampf verlieren wird:

> Eure ganze Weltverbesserung ist ein ganz gottverdammter Unsinn! Diese Welt lässt sich nicht verbessern! Mein erster Mann wollte sie auch verbessern! Darauf haben sie ihn beim Hamburger Streik ins Fleet geschmissen, nur seinen Hut haben zwei Kinder sonntags gefunden. [...] Das, was unter dem Hut war, Frollein, das konnte man anfassen! Das ist weg! Die Weltverbesserung hat es mir weggenommen! Und immer wieder stehen solche unruhige Menschen im Land hinter Türen und flüstern und verführen die Unschuldigen. Verstehen sie jetzt, warum ich davon nichts wissen will?[46]

Die *Mutter* ist durch den Verlust ihres Mannes selbst zum Opfer politischer Kämpfe geworden, doch sie will von einer differenzierten Schuldzuweisung nichts wissen, sondern negiert fortan politisches Engagement als aussichtslos. Mit dem Recht aller, denen Ähnliches angetan wurde, verbittet sie sich daher die politischen Belehrungen durch die junge, idealistische Widerstandskämpferin *Lill*. Tatsächlich aber lässt sich die nachvollziehbare passive Haltung der *Mutter* auch als Alibi auf das eigene Verhalten der Zuschauer übertragen. Die Position des „Unpolitischen" ist, wie schon in Jaspers Schrift deutlich zum Ausdruck kommt, eine vorgeschobene Schutzbehauptung, um eigene Anpassungsleistungen und Loyalitätsbekundungen zu verdrängen.

Im Verlauf von Weisenborns Stück wird die allgegenwärtige Passivität der Bevölkerung in heiterer Weise als Rechenexempel reflektiert.[47] Schließlich endet das Exempel mit der Überzeugung, mehr als nur eine kleine, isolierte Gruppe

---

[46] Weisenborn, a.a.O., S. 179.
[47] Ebd., S. 185.

Widerständiger innerhalb der Homogenität der nationalsozialistischen *Volksgemeinschaft* zu sein:

> Wenn wir also von 4 Millionen Menschen nur sieben sind, so kommt Ihnen das vielleicht ein bißchen wenig vor. Aber irgendwo in Berlin müssen noch andere sein, das wissen wir.[48]

Diesem unsichtbaren und mithin unbemerkt gebliebenen Kollektiv der *anderen* Deutschen, derjenigen, die nicht nur nicht *unpolitisch*, sondern Antifaschisten *sans phrase* waren, kann sich nach dem Kriege jeder anschließen, wenn es irgend opportun erscheint. So liefert Weisenborns Stück völlig unbeabsichtigt denjenigen ein weiteres Argument, die grundsätzlich in Opposition zu den Thesen der *Schuldfrage* stehen.

Beklemmend und als unüberwindbar gestaltet Weisenborn die szenische Vergegenwärtigung des Verfolgungs- und Unterdrückungsapparates der Nazis. Obwohl szenisch kaum präsent – Akteure im Stück sind fast ausnahmslos die Illegalen und ihre Angehörigen – lenkt die Verfolgung durch Polizei und Gestapo die Handlung auf einen durch sie bestimmten Ausgang hin, die Zerschlagung der Widerstandszelle. Als Resultat aus dieser Zwangsläufigkeit besetzen die Illegalen nur die Rollen der ausweglos kämpfenden Opfer, sie bleiben fremdbestimmt. Aus dieser Perspektive ergibt es sich, dass ihnen als einziger Hoffnungsträger, ihren Entsagungen und letztlich ihrem Tod Sinn verleihend, die Selbststilisierung zum Ausgangspunkt einer noch fernen besseren Zukunft verbleibt:

> Wir Illegalen sind eine leise Gemeinde im Land. Wir sind gekleidet wie alle, wir haben die Gebräuche aller, aber wir leben doppelt zwischen Verrat und Grab. Wir werfen keine Schatten, wir gehören der Zukunft, von der wir Wurzeln sind, vereinsamte Wurzeln der Zukunft.[49]

Durch *Walters* Untergrundsender werden die Adressaten dieses Vermächtnisses direkt angesprochen und der Anruf an das kritische Bewusstsein und die Zivilcourage der Bevölkerung beginnt mit der Phrase „Deutschland erwache!".[50] Eine dem heutigen Leser unverständliche wie geschmacklose Entlehnung aus dem Nazi-Jargon, doch scheint sie weder beim damaligen Publikum noch bei den alliierten Zensurbehörden Anstoß erregt zu haben. Der Grund hierfür mag darin liegen, dass die oft pathetische Berufung auf die Nation ohne Unterschied in der politischen Ausrichtung quer durch alle Widerstandsgruppen ging, ein Appell an das *andere* Deutschland, das die Macht der Nationalsozialisten brechen würde.[51]

---

[48] Ebd.

[49] Ebd., S. 207.

[50] Ebd., S. 210ff., hier S. 210.

[51] Vgl. hierzu: Peter Steinbach/Johannes Tuchel (Hrsg.): Widerstand gegen den Nationalsozialismus. Berlin 1994. Der Widerstand linker Gruppen und Parteien, denen Weisenborn sich verpflichtet fühlte behandeln die Aufsätze von Klaus-Michael Mallmann: Kommunistischer Widerstand 1933-1945. Anmerkungen zu Forschungsstand und Forschungsdefiziten. S. 113-125 sowie Hartmut Mehringer: Sozialdemokratischer und sozialistischer Widerstand. S. 126-143.

Daneben ist allemal zweifelhaft, warum den Deutschen unterstellt wird, unbewusst und unwissend zu handeln, wie es im Zitat heißt. Auch hier geht es im Stück um die Produktion einer Geschichtslegende, die besagt, dass die Bevölkerung verführt und geblendet und sich deshalb nicht im Stande der politischen, juristischen, moralischen und/oder metaphysischen Schuldhaftigkeit (Jaspers) befand, als sie über ganz Europa Krieg und Vernichtung brachte:

> Günther Weisenborn versucht, das Gewissen zum Schweigen zu bringen, indem er das ehrenhafte Verhalten einer Minderheit betont, die sich im Schatten und anonym gegen Hitler stellte und damit die Existenz eines ‚positiven‘ Gedächtnisses begründete.[52]

Zur Genese des „positiven" Gedächtnisses trägt in diesem beispiellosen historischen Fall auch die kollektiv imaginierte Angst vor Vergeltung durch die Alliierten maßgeblich bei. Die Imagination solcher Angst, die es schließlich erlaubt, sich nun in Verkehrung aller historischen Kausalitäten selbst als Opferkollektiv zu wähnen, versucht Weisenborn durch die Metaphorisierung der Gaskammern zu gestalten:

> Und über dem ganzen Volk erheben sich lautlose Wälder von Rauch aus den Gaskammern als fahle Anklage. [...] Das ganze Volk wird in den Abgrund stürzen mit Mann und Maus, und mit ihm der Rattenfänger aus Braunau, der Schimärenbläser aus der Reichskanzlei! Auf den totalen Krieg wird der totale Untergang folgen! Soll das sein, Deutsche? Besinnt euch! Erwacht![53]

Deutlich wird, dass die eigentliche Katastrophe, die das Stück dramatisch umsetzen will, der Untergang Deutschlands ist. Bereits im Vorwort schreibt Weisenborn, seine Zuschauer zusammenführend, dass es ihm um eine szenische Ehrenerklärung für „unser leidgezeichnetes geliebtes Deutschland" geht.[54] Es ist daher nur konsequent, wenn es in Weisenborns dramatischer Vergegenwärtigung der Nazi-Zeit nur am Rande und in Andeutungen um die eigenen Verbrechen gehen kann, und dies mit der Funktion, mit der zitierten pathetischen Mahnrede die Täter zu prospektiven Opfern zu erklären.

Die bis ins kleinste Detail hinein administrativ geplante und bis zur militärischen Niederlage kompromisslos ausgeführte, sinnlose Ermordung der europäischen Juden ist jedoch völlig ungeeignet als metaphorische Folie für die tatsächliche Haltung der Alliierten gegenüber der deutschen Bevölkerung. Der „totale Untergang", den Weisenborn in seinem Stück prophezeien lässt, ist faktisch weit von dem entfernt, was jemals Politik der Anti-Hitler-Koalition während des

---

[52] Bernard Genton: Die Kultur des schlechten Gewissens. Drei Werke aus dem Berlin des Jahres 1946. In: Mittelweg 36. Zeitschrift des Hamburger Instituts für Sozialforschung. Heft 3, Juni/Juli 1996, S. 31-43, hier S. 39.

[53] Weisenborn, a.a.O., S. 211.

[54] Ebd., S. 165.

Krieges war, und dem, was zur Zeit der Aufführung des Stückes bereits alltägliche Realität im besiegten Deutschland ist.[55]

Gerade weil das Stück an keiner Stelle auf die konkreten Opfer der Massenmorde eingeht, sondern sie als anklagende „lautlose Wälder von Rauch" metaphorisiert, erhalten die Täter und die Mitläufer Gelegenheit zur Autosuggestion als eigentliche Opfer, jedoch, so Rosenfeld,

> [...] there are no metaphors for Auschwitz, just as Auschwitz is not a metaphor for anything else. Why is that the case? Because the flames were real flames, the ashes only ashes, the smoke always and only smoke. If one wants "meaning" out of that, it can only be this: at Auschwitz humanity incinerated its own heart.[56]

Das identitätsstiftende Entschuldungspotential der *Illegalen* resultiert daher zuerst aus der vollkommenen Abwesenheit des jüdischen Schicksals bei gleichzeitiger Instrumentalisierung seiner historischen Fakten.

Dieses taktische Verhältnis zum Gewesenen, das im Stück lediglich Erwähnung findet, um gesellschaftliche Widersprüche verschweigen zu können, hat in den angewandten dramenästhetischen Verfahren seine formale Entsprechung. Der Neubeginn auf dem Theater setzt nämlich paradoxerweise auf künstlerische Ausdrucksweisen, die dem überlieferten ästhetischen Kanon entstammen. In Weisenborns *Die Illegalen* werden, wie oben betont wurde, überdeutlich Anleihen aus etablierten Dramenverfahren der zwanziger Jahre genommen. Das düstere Pathos in *Walters* mahnendem Aufruf zur Umkehr belegt Weisenborns Kenntnis der expressionistischen Formensprache. Der Tradition des Agit-Prop verwandt zeigt sich beispielsweise die erste Szene des Stücks, in der der illegale Funktionär und Anführer der Widerstandsgruppe, *Der gute Nachbar* genannt, das Publikum mit Gedanken zu Freiheit, Gewalt und Widerstand polemisch belehrt.[57] Mit diesen bewährten Stilmitteln gewährleistet Weisenborn, dass dem Stück Massentauglichkeit zukommt. Am beispielhaften und herausragenden Verhalten weniger, dargebracht mit gestrigen dramenästhetischen Mitteln, wird die Selbstwahrnehmung innerhalb der Gesellschaft in harmoniestiftender Weise vereinheitlicht. Damit aber vergibt das Stück ohne Not die Chance, den Rezipienten die Provokationen einer widerspruchsvollen Realität zuzumuten.

---

[55] Vgl. dazu das Potsdamer Abkommen vom 2. August 1945, wo es heißt: „Es ist nicht die Absicht der Alliierten, das deutsche Volk zu vernichten oder zu versklaven. Die Alliierten wollen dem deutschen Volk die Möglichkeit geben, sich darauf vorzubereiten, sein Leben auf einer demokratischen und friedlichen Grundlage von neuem wiederaufzubauen. Wenn die eigenen Anstrengungen des deutschen Volkes unablässig auf die Errichtung dieses Ziels gerichtet sein werden, wird es ihm möglich sein, zu gegebener Zeit seinen Platz unter den freien und friedlichen Völkern der Welt einzunehmen [...]". Zitiert nach: Reinhard Kühnl/Eckart Spoo (Hrsg.): Was aus Deutschland werden sollte. Konzepte des Widerstands des Exils und der Alliierten. Heilbronn 1995, S. 233.

[56] Rosenfeld, a.a.O., S. 27.

[57] Weisenborn, a.a.O., S. 169f.

2.3 Carl Zuckmayer: *Des Teufels General*

Ein weiteres frühes Stück, das sich explizit mit der jüngsten Vergangenheit auseinandersetzt, ist Zuckmayers *Des Teufels General*. Der Exilant Carl Zuckmayer verfasst sein Stück in den Jahren 1944-45 in den Vereinigten Staaten. Als Zivilangestellter des US-amerikanischen Kriegsministeriums kehrt er 1946 nach Deutschland zurück. Im Dezember 1946 wird *Des Teufels General* in Zürich uraufgeführt.[58] Das Stück versucht eine Art Ehrenrettung der vorgeblich unpolitischen Wehrmacht und ihrer Soldaten. Die Figur des Fliegergenerals *Harras* (gestaltet nach dem äußerst populären Wehrmachtsflieger Udet), der mit den Nazis nur paktiert, um seiner Flugleidenschaft nachgehen zu können, bietet dem deutschen Publikum die Möglichkeit Legenden und Mythen unhinterfragt zu lassen. Psychologisch ist sie dergestalt konzipiert, dass sich die Mehrzahl der Gesellschaft in *Harras'* grundsätzlich rechtschaffendem Charakter wiederfinden kann: „Ein Nazi bin ich nie gewesen [...]. Immer nur ein Flieger."[59] Das Ignorieren der eigenen Involviertheit in den Eroberungskrieg macht deutlich, dass *Harras* sein Tun als gänzlich unpolitisch versteht und seine Auftraggeber nur zufälligerweise die nationalsozialistischen Machthaber sind. Sein das Soldatentum verklärender Freitod am Ende des Stückes erscheint dem Publikum als stellvertretendes Sühneopfer einer im Grunde schuldlosen deutschen Bevölkerung. Noch ehe der komplizierte und komplexe Prozess der Vergangenheitsbewältigung wie Jaspers ihn einfordert, Gelegenheit bekommt auf das öffentliche und private Bewusstsein zu wirken, spiegelt und unterstützt die Botschaft des Stückes den sich entwickelnden gesellschaftlichen Konsens darüber, dass es kein kollektives schuldhaftes Verhalten während des Dritten Reiches gegeben hat.

Die Tendenz zur Enthistorisierung und Verklärung in *Des Teufels General* stößt bei den amerikanischen Besatzungsbehörden auf Widerspruch und sie verweigern dem Stück die Aufführungsgenehmigung, weil sie sich, wie Zuckmayer rückblickend schreibt, vor einer „rückschrittlichen politischen Wirkung" und der Förderung einer „Generals- und Offizierslegende" fürchten.[60] Von der 1947 erteilten Erlaubnis zur Aufführung bis zur Theatersaison 1949/50 ist *Des Teufels General* eines der meistgespielten Stücke an deutschen Theatern. In 77 Inszenierungen erlebt das Stück 3238 Aufführungen.[61] Der große Erfolg verwundert nicht, da bereits im Titel des Stückes anklingt, wer die Ereignisse der jüngsten Geschichte zu verantworten hat. Mit der Zuschreibung der Schuld auf einen großen Verbrecher, der zudem noch in die Sphäre transzendenter dämonischer Mächte enthoben wird, kann die breite Öffentlichkeit die Auseinandersetzung mit der Frage nach den Verantwortlichen für den Krieg und die Verbrechen

---

[58] Carl Zuckmayer: Meisterdramen. Frankfurt am Main 1966. S. 335-459.

[59] Ebd. S.352.

[60] Carl Zuckmayer: Als wär's ein Stück von mir. Horen der Freundschaft. Frankfurt am Main 1966, S. 560.

[61] Anat Feinberg: Wiedergutmachung im Programm. Jüdisches Schicksal im deutschen Nachkriegsdrama. Köln 1988. S. 135, Anm. 11.

blockieren. Auch Jaspers benutzt das Bild der dämonischen Macht, wenn er 1945 schreibt:

> Mit uns ist durch zwölf Jahre etwas geschehen, das wie eine Umschmelzung unseres Wesens ist. Mystisch gesprochen: die Teufel haben auf uns eingehauen und haben uns mitgerissen in eine Verwirrung, das uns Sehen und Hören verging. [62]

Beide, Jaspers und Zuckmayer idealisieren das Gegenbild des *anständigen, humanistischen* Deutschland und verklären in ihren schriftlichen Erinnerungen die tatsächlichen gesellschaftlichen Begebenheiten der Vergangenheit, deren Weiterwirken auf die Gegenwart doch verhindert werden soll.

Zu den zweifellos positiven Zügen in *Harras'* Charakter gehört seine Beziehung zur Figur des jüdischen Doktors *Bergmann*, den *Harras* trotz eigener Gefährdung rettet. Jedoch verharrt das Stück im Vagen, Ungefähren, wenn es darum geht, den Antisemitismus ohne Umschweife zu benennen. Verstärkt wird diese Tendenz z. B. dadurch, dass von der Verfolgung *Bergmanns* in indirekter Rede berichtet wird. [63] Zunächst scheint Zuckmayers zögerndes Verfahren in dieser Frage ein Zugeständnis an die mentalen Befindlichkeiten seiner Zuschauer zu sein, deren verordnete Toleranz bei Aufführungsbeginn gerade zwei Jahre dauert. Nach Meinung von Feinberg erscheint hier jedoch deutlich Zuckmayers ambivalente Haltung zum jüdischen Schicksal, die sie, angesichts des Entstehungsdatums des Stückes, als „oberflächlich" und „erschreckend naiv" kennzeichnet. [64] Durch die träumerische Rede von *Harras'* Geliebter *Diddo Geiss* charakterisiert Zuckmayer die Judenvernichtung, als – das Stück spielt im Spätherbst 1941, vor dem Beschluss zur *Endlösung* auf der Wannsee-Konferenz im Januar 1942 – zwar erzwungene, dennoch wehmütig betrachtete und verheißungsvolle Emigration:

> [...] Ich möchte raus [...] Aber manchmal denk ich, wenn ich genau so alt wäre, wie ich bin, und wäre jüdisch, und hätte auswandern müssen – vielleicht wäre es garnicht so schlimm? Vielleicht wäre es besser sogar? Die Welt sehen – Mein Gott! New York! Einmal ganz oben auf einem Wolkenkratzer, und dann sein Taschentuch runterfallen lassen, und hinterherschauen wie's immer kleiner wird, wie eine Schneeflocke, über all dem Verkehr! Und das Meer – und die Häfen – vielleicht China – oder Rio de Janeiro – mir wär's gleich, ich könnte alles tun, Geschirr waschen, Kinder lausen, Fabrikarbeit – nur frei sein – draußen! Manchmal beneide ich die Juden – wahnsinnig. [...] [65]

In diesem Zitat, wie auch in *Harras'* solidarisch gemeinter Selbststilisierung als Jude „honoris causa"[66] und seiner Verwendung von Jiddizismen[67] klingt die Auf

---

[62] Jaspers, a.a.O., S. 32.
[63] Zuckmayer, a.a.O., S. 370 und 411.
[64] Feinberg, a.a.O., S. 17.
[65] Zuckmayer, a.a.O., S. 406.
[66] Ebd., S. 418.

hebung der Unterscheidung zwischen Tätern und Opfern an, und es erscheint dadurch gleichgültig und zufällig, wer zum Täter oder zum Opfer wird. Damit aber bleibt unkenntlich, was die einen zu *Volksgenossen* und Wehrmachtsgeneral macht, und was die anderen zu Opfern macht. Der wesentliche Unterschied hierbei ist nicht, dass *Harras* und *Diddo* sich entscheiden können, ob sie in Nazi-Deutschland bleiben oder auswandern, sondern der wesentliche Unterschied ist der, dass Juden niemals wählen können, ob sie zu Tätern oder Verfolgten zählen wollen. Weil es diesen wesentlichen historischen Unterschied nicht reflektiert, wirkt Zuckmayers unzweifelhaft wohlwollend motivierte Annäherung an das jüdische Schicksal unpassend.

2.4 Wolfgang Borchert: *Draußen vor der Tür*

Anders als Carl Zuckmayers *Des Teufels General* erschafft Wolfgang Borchert 1946 mit seinem Drama *Draußen vor der Tür* ein dem expressionistischen Dramenstil nahestehendes Stück, das eine differenziertere unmittelbarere Betrachtung versucht, indem es einen gewöhnlichen Soldaten als Protagonisten einführt.[68] Der Mythos von der *Stunde Null* wird in Borcherts Stück dadurch entlarvt, dass der Kriegsheimkehrer *Beckmann* eine Gesellschaft vorfindet, in der trotz allen Elends immer noch die alte soziale Ungleichheit existiert:

> OBERST: Donnerwetter, gibt es denn schon wieder Bettler? Ist ja ganz wie früher.
>
> BECKMANN: Eben, Herr Oberst, eben. Es ist alles ganz wie früher. Sogar die Bettler kommen aus denselben Kreisen.[69]

Indem Borcherts Stück zu den psychologischen und moralischen Perspektiven wie in *Die Illegalen* und in *Des Teufels General* zusätzlich eine kritische sozialökonomische Betrachtung der Nachkriegsgesellschaft einfügt, thematisiert sein Stück hier die Auswirkungen dessen, was in den darauffolgenden Jahren als *Wirtschaftswunder* Einzug in das kollektive Bewusstsein finden wird:

> Unter der Ägide der Vereinigten Staaten von Amerika wurde der Staat weitgehend entästhetisiert, das irrationale Gesamtkunstwerk des Führerstaats wich dem demokratischen Werkzeug der Vernunft, die quasikultisch hergestellte Volksgemeinschaft der rational geprägten Sozialpartnerschaft – und diese Säkularisierung wirkte um so glaubhafter, als das amerikanische Kapital im selben Maß die Warenproduktion anzukurbeln vermochte. [...] Mit einem Schlag schien die Welt wieder vernünftig organisiert zu sein: die Arbeitskraft vom Kapital aufgesogen, die Kaufkraft gestärkt, die Waren sich beständig vermehrend, die Demokratie gesichert – und sogar einen vernünftigen Staatsfeind konnte man nun an die Stelle eines unvernünftigen setzen, den Kommunismus an die Stelle des Judentums. Es sah wirklich ganz nach einem Wunder aus: Der dämonische Geist des Tauschwerts, der in der Weltwirtschaftskrise um 1930 gewütet hatte,

---

[67] Vgl. z. B. S. 341: „Wir haben auch nicht alle Tage Schabbes."
[68] Wolfgang Borchert: Das Gesamtwerk. Reinbek 1947, 137. Tsd. aller Auflagen, S. 99ff.
[69] Ebd., S. 153.

war exorziert – und zurück blieb das Geld als der vernünftige Mittler der Bürger, Garant der Kultur und Schmieröl für den lautlosen Lauf der Demokratie. [70]

Im Stück selbst wird Kritik an der weiterwirkenden alten ökonomischen Grundkonstellation jedoch aufgefangen und neutralisiert. *Beckmanns* Versuch, mit den Mitteln der Kunst zur Wahrheit über das Zeitalter zu gelangen, scheitert an der sich ebenfalls wieder etablierenden überlieferten Kunstauffassung, die geprägt ist durch den Massengeschmack und Profitstreben:

DIREKTOR: [...]Positiv! Positiv, mein Lieber! Denken Sie an Goethe! Denken Sie an Mozart![...]

DIREKTOR: [...] Dies ist schon ganz brav, wie gesagt, aber es ist noch keine Kunst.

BECKMANN: Kunst, Kunst! Aber es ist doch Wahrheit!

DIREKTOR: Ja, Wahrheit! Mit der Wahrheit hat die Kunst doch nichts zu tun! [...] Damit machen sie sich nur unbeliebt. [71]

Deutlich stellt Borchert hier zudem auf den paradoxen Versuch ab, mit einer Anknüpfung an die Klassik und an vormoderne Theatertraditionen – „Wir brauchen einen Geist wie Schiller, der mit zwanzig seine Räuber machte." [72] – jene positiven Werte zu finden, die die historische Entwicklung nach den Katastrophen des 20. Jahrhunderts aufklären und *bewältigen* können. Erst durch die Vereinnahmung der Klassiker verschafft sich der völkische Geist seit dem 19. Jahrhundert historisch-kulturelle Legitimation, dem Dritten Reich wurde sie zur weihevollen Fassade ihrer Verbrechen. Die Nationalsozialisten vollendeten mit enormem propagandistischen Aufwand und der Hilfe der Geisteswissenschaften den Umschlag der grundlegenden Ideen der deutschen humanistisch-idealistischen Dichtung (Aufklärung, Moral und Toleranz) in Mythos, Pathos und Hörigkeit. Im neu beginnenden Theaterbetrieb nach 1945 wurde vorerst konsequent übersehen, dass die klassischen Vorbilder instrumentalisiert werden konnten und ihre Ideale Auschwitz nicht verhindert hatten. Der Glaube des Kultur- und Theaterbetriebs an die Wirksamkeit und Legitimität der gescheiterten Traditionsvermittlung wird zur Weigerung Realitäten anzuerkennen, zudem auch noch der hohl-pathetische Aufführungsstil aus nationalsozialistischer Zeit jahrelang weiterwest und charakteristisch für Klassikervorstellungen ist. 1947, während einer Reise durch Westdeutschland, findet der Theaterregisseur und Schriftsteller Berthold Viertel, die kanonbildende Inszenierungsästhetik noch vielerorts vor. Von ihm stammt die Charakterisierung dieser Spielweise als *Reichskanzleistil* sowie eine konzise Darstellung ihrer Wirkungsweise auf die Rezipienten:

---

[70] Gerhard Scheit: Verborgener Staat, lebendiges Geld. Zur Dramaturgie des Antisemitismus. Freiburg 1999. S. 509f.

[71] Borchert, a.a.O., S. 132 und 136.

[72] Ebd., S. 130.

Was sich hier herauskristallisiert und offenbar eingebürgert hatte, war eine seltene Mischung: eine wurzellose Ekstase oder eine kalt prunkende Rhetorik, die das Offizielle, Repräsentative der Darstellung betonte und überbetonte, in jäher Abwechslung mit einer sich ins allzu Leise, Private und Unterprivate flüchtenden Diskretion. Manie und Depression folgten einander ohne Übergang und ohne Zwischentöne. [...] Aber nicht nur schaltete diese Art Pathetik das selbstständige Denken des Zuhörers aus, wenn es sich darum handelte, ihm bestimmte Gedankengänge durch herausgeschmetterte, kolbenschlagartig wiederholte Begründungen beizubringen und ihm gewisse Texte und Formulierungen einzuhämmern, sie beeinträchtigte auch das Gefühl, indem sie es überrumpelte, überbot und überdröhnte. Aber dieser Paroxysmus, der dem Schauspieler Schaum auf die Lippen treten ließ, erregte tatsächlich die Bewunderung des Publikums, das die losknallenden Tiraden regelmäßig mit lebhaftem Beifall quittierte.[73]

Borcherts Rückgriff auf expressionistische Darstellungsmittel ist in diesem Zusammenhang als deutliche Abgrenzung zu der als vorherrschend empfundenen nazistischen Theaterästhetik und Inszenierungspraxis zu verstehen. Die Erkenntnis der Epochenkollision, die an *Beckmanns* subjektivistische Perspektive auf die ungesicherte und zerrissene Realität gekoppelt ist, verflacht jedoch nicht zum zeitentrückten Gefühlstheater, sondern impliziert einen allgemeingültigen politischen Kern. Die gesellschaftliche Sprachlosigkeit wird mit der Expressivität der Sprache *Beckmanns* konfrontiert und zielt so deutlich auf eine Veränderung der herrschenden Bewusstseinslage ab. Über diese befindet Borchert schon mit der Eigencharakterisierung seiner Arbeit, indem er voranstellt, ein Stück verfasst zu haben, „das kein Theater spielen und kein Publikum sehen will"[74]. Auf die Suggestivität seiner Sprache setzend, versucht der Text sein Publikum zum Bewusstseinswandel zu bewegen. Höhepunkt dieser Bemühungen ist *Beckmanns* Schlussmonolog, in welchem er das wirkungsästhetische Programm des Stückes in der suggestiv-wiederholenden Frage zum Ausdruck bringt:

Gebt doch Antwort

Warum schweigt ihr denn? Warum?

Gibt denn keiner Antwort?

Gibt keiner Antwort???

Gibt denn keiner, keiner Antwort???[75]

Am eindringlichen Duktus dieser Schlusssentenz wird jedoch auch sehr deutlich, dass Borcherts Stück von geringem analytischem Gehalt ist, und dass es zu einer kritischen Auseinandersetzung mit der Vergangenheit nur wenig Neues beizu-

---

[73] Berthold Viertel: Der Reichskanzleistil. In: Ders.: Die Überwindung des Übermenschen: Exilschriften. Studienausgabe in vier Bänden, Bd. 1, Hrsg. von Konstantin Kaiser u. a., Wien 1989, S. 275-277, hier S. 275f.

[74] Borchert, a.a.O., S. 99.

[75] Ebd., S. 165.

tragen weiß. Die Phänomene, auf die das Stück zurückgreift (u. a. Zerrissenheit des Individuums, Weltzerfall, Auflösung bisher garantierter Sinnzusammenhänge), sind, wie oben gezeigt, allesamt dem Fundus der expressionistischen Dichtung entnommen und unterschwellig kommt somit auch deren programmatische, religiös-symbolisch konnotierte Forderung nach Reinigung und Erneuerung zum Ausdruck. Hinzu kommt, dass im erwähnten Schlussmonolog die überaus komplexe Frage der Schuldproblematik eine unzulässige Verkürzung erfährt und so dem bereits angesprochenen Entlastungsbedürfnis vorarbeitet:

> Ich? der Gemordete, ich, den sie gemordet haben, ich bin der Mörder?
> Wer schützt uns davor, daß wir nicht Mörder werden? Wir werden jeden
> Tag ermordet, und jeden Tag begehen wir einen Mord! [76]

Diese Selbststilisierung zuerst als Opfer und dann erst als Täter verhindert, dass *Beckmann* sich Rechenschaft darüber ablegt, wer für die Barbarei verantwortlich ist. Seine Rede weicht ins Allgemeinmenschliche aus wodurch tendenziell die Parallelisierung von Opfer und Täter unterstützt wird. Das entlastende Selbstverständnis, das Borchert durch seinen Protagonisten den Rezipienten ermöglicht, findet seine Entsprechung auch im Umgang mit dem Antisemitismus. Auf der Suche nach seinen Eltern erfährt der Heimkehrer *Beckmann* von deren Selbstmord sowie vom Antisemitismus des Vaters. *Frau Kramer*, die die Wohnung der toten Beckmanns bewohnt, berichtet dem Sohn über das antisemitische Treiben seines Vaters während des Krieges. Aber ihr Bericht enthält wenig Konkretes, so dass nur vermutet werden kann, dass der Antisemitismus des Vaters über verbale Angriffe hinausging:

> Und dann war er ein bißchen doll auf die Juden, das wissen Sie doch, Sie,
> Sohn, Sie. Die Juden konnte Ihr Alter nicht verknusen. Die regten seine
> Galle an. Er wollte sie alle eigenhändig nach Palästina jagen, hat er immer
> gedonnert. [...] War ein bißchen sehr aktiv, Ihr alter Herr. Hat sich reich-
> lich verausgabt bei den Nazis. [...] Und als es nun vorbei war mit den
> braunen Jungs, da haben sie ihm mal ein bißchen auf den Zahn gefühlt. Na,
> und der Zahn war ja faul, das muß man wohl sagen, der war ganz ober-
> faul. [77]

Aber *Beckmanns* seelischer Konflikt wird nicht durch den wohl exzessiv ausgelebten Antisemitismus seines Vaters, dessen verhaltene Ausprägung ihm aus der Vorkriegszeit bekannt sein wird, gesteigert, sondern durch den Umstand des Todes der Eltern. Der Vater verliert den Arbeitsplatz und seine Pensionsansprüche, zusätzlich müssen die Eltern noch die Wohnung räumen, „da haben sie sich dann selbst endgültig entnazifiziert", berichtet *Frau Kramer* vom Suizid. [78] In *Beckmanns* nachfolgender Reaktion auf den Tod der Eltern liegt Borcherts Scheitern der dramatischen Vergegenwärtigung der jüngsten Geschichte. Es ist verständlich, dass Borchert *Beckmann* um seine Eltern trauern lässt, sogar wenn

---

[76] Ebd., S. 164.
[77] Ebd., S. 141.
[78] Ebd., S. 142

diesem bedeutet wurde, dass sie überzeugte Nazis waren. Unverständlich, wenn nicht peinlich, wird das Stück aber bei der Klage um die toten Eltern, in der diese ohne jede Pietät vor den tatsächlich Gemordeten zu Opfern werden:

> Zwei alte Leute sind in die Gräberkolonie Ohlsdorf abgewandert. Gestern waren es vielleicht zweitausend, vorgestern vielleicht siebzigtausend. Morgen werden es viertausend oder sechs Millionen sein. Abgewandert in die Massengräber der Welt.[79]

Die semantische Nähe zu den Verbrechen des Holocaust, die Borchert mit der Zahl *sechs Millionen* und mit der Selbsttötung der Eltern durch „Gas"[80] erschreibt, ermöglicht es, dass die Judenverfolgung in *Draußen vor der Tür* noch nicht einmal als Nebenhandlung, wie z. B. in Zuckmayers Stück, Erwähnung findet. Die unreflektierte Darstellung der jüngsten Vergangenheit gerät an dieser Stelle sogar zur exkulpierenden Darstellung der Täter, weil mit der parallelisierenden Übertragung des Gastods auf die Eltern den Juden selbst die Faktizität der Todesart im sinnlosen Hingemordetwerden relativiert wird.

In der bislang umfangreichsten Untersuchung zum jüdischen Schicksal auf deutschsprachigen Bühnen nach 1945 fasst Feinberg als Charakteristikum frühester dramatischer Vergegenwärtigungen zusammen:

> Obwohl die genaue Planung und das Ausmaß der Verbrechen gegen die Juden dem deutschen Volk erst nach dem Krieg bekannt wurden, [...], so fand diese Entdeckung erstaunlicherweise keinen Niederschlag in den wenigen Stücken, die sich mit der jüngsten Vergangenheit auseinandersetzen. Daran ändert auch nichts die Tatsache, daß jüdische Figuren durchaus dort vorkommen.[81]

Die vorangegangenen Ausführungen bestätigen Feinbergs Erstaunen und gehen darüber in den eigenen Schlussfolgerungen noch hinaus. Zuerst sei dazu auf die Tatsache hingewiesen, dass bei der Auswahl der angeführten und diskutierten dramatischen Texte bewusst Autoren herangezogen wurden, deren Biographien während der Nazi-Zeit unterschiedlich verlaufen. Weisenborns sehr früher aktiver politischer Widerstand gegen das Regime bringen ihn und seine Mitstreiter unmittelbar in Todesgefahr und er verbringt bis zum Kriegsende lange Zeit in Haft. Zuckmayer, der bürgerliche Erfolgsautor der Weimarer Zeit, flüchtet vor den Bedrohungen durch die Nazis in die Vereinigten Staaten und remigriert als Angehöriger der US-Streitkräfte. Borchert ist der einzige der hier diskutierten drei Autoren mit der unmittelbaren Erfahrung eines Wehrmachtssoldaten, der

---

[79] Ebd., S. 143.
[80] Ebd., S. 142f.
[81] Feinberg, a.a.O., S. 19. Feinberg verweist in diesem Zusammenhang auf Jaspers Arbeit zur Schuldfrage. Weitere früheste deutschsprachige Quellen zur Judenvernichtung: Eugen Kogon: Der SS-Staat. Das System der deutschen Konzentrationslager. München 1974 [1945]. Thomas Manns seit Oktober 1940 von der BBC übertragene Radiosendungen: Deutsche Hörer! Fünfundfünfzig Radiosendungen nach Deutschland. In: Thomas Mann: Gesammelte Werke in 13 Bänden. Bd. 11: Reden und Aufsätze. Frankfurt am Main 1974, S. 1051 und 1107f.

zudem wegen seiner kritischen Soldatenbriefe zeitweise in Haft genommen wird.[82]

Durch die aus den Biographien sich ergebenden unterschiedlichen Perspektiven auf das Vergangene wird die Repräsentativität der ausgewählten Texte deutlich, in denen sich der größte Teil – zumindest der männlichen – deutschen Bevölkerung wiederfindet. Die Konfrontation des Publikums mit der Schuldfrage wird in den drei Dramen nur im Ansatz gewagt. Da erscheint es nur als konsequent, dass das Schicksal der ermordeten europäischen Juden gar nicht behandelt wird. Und die damit gegebene Identifikationsmöglichkeit für die Rezipienten ist, dies wurde gezeigt, in allen drei Dramen inhaltlich wie auch formal so angelegt, dass sich trotz der singulären Verbrechen der jüngsten Vergangenheit im kollektiven Gedächtnis der Deutschen eine unüberwindliche Mauer der Leugnung und Ablehnung ausbildet. Ergänzt wird diese Haltung durch eine Selbstwahrnehmung als Opfer, die ihre Argumente auch aus den besprochenen Dramen ziehen kann, namentlich aus ihrem ausgeprägten Hang zu einer Ästhetik des nationalen Kataklysmus.

Für Genton folgt daraus eine harsche Kritik an der dramatischen Kunst der frühen Nachkriegszeit:

> Wenn der ‚Führer‘ kaum und die Vernichtung der Juden überhaupt nicht erwähnt werden, haben wir es dann nicht mit einem Beitrag der Kunst zur Schaffung eines Tabus zu tun, wird sie nicht selbst Ausdrucks dieses Tabus?[83]

Es ist kein Tabu, dass die besprochenen Dramen hier schaffen, sondern Sublimeres ereignet sich. Die Splitter von Fakten, die als semantische Andeutungen an den Holocaust in ihnen durchaus vorkommen, werden zusammen mit den subjektiven Erfahrungen der Rezipienten als Opfer der Bombenangriffe und/oder der Vertreibung so in die eigene Erinnerung integriert, dass sie den konstituierenden Gründungsmythos für den friktionslosen Neuanfang im kollektiven Gedächtnis der Deutschen bilden:

> Der Ermordung der Juden sollte ihre Tilgung aus dem Gedächtnis folgen. Die Tat blieb unvollendet. Proklamiert wurde sodann die Stunde Null.[84]

Erinnerung an den Holocaust ist damit zur alleinigen Sache der Opfer geworden.

---

[82] Borchert, a.a.O., S. 325f.

[83] Genton, a.a.O., S. 43.

[84] Tim Darmstädter: Die Verwandlung der Barbarei in Kultur. Zur Rekonstruktion der nationalsozialistischen Verbrechen im historischen Gedächtnis. In: Michael Werz (Hrsg.): Antisemitismus und Gesellschaft. Zur Diskussion um Auschwitz, Kulturindustrie und Gewalt. Frankfurt am Main 1995, S. 115-140, hier S. 115f.

3. Eli. Ein Mysterienspiel vom Leiden Israels

3.1 Besonderheiten des Exils in Schweden

Unter den skandinavischen Ländern gilt Schweden der Exilforschung als „Zentrum der politischen und kulturellen [deutschsprachigen, d. Vf.] Emigration"[85]. Ungefähr 500.000 Menschen fliehen vor dem Zugriff der nationalsozialistischen Machthaber von Deutschland aus in alle Teile der Welt. Statistisch betrachtet teilt sich diese riesige Flüchtlingsmenge in 10 Prozent politisch Verfolgte und in 90 Prozent rassistisch Verfolgte auf. Etwa 1 Prozent dieser Flüchtlinge findet Zuflucht in einem der skandinavischen Länder. Nach dem Überfall der Deutschen Wehrmacht auf Dänemark und Norwegen im April 1940 verlieren die in diese Länder Geflohenen ihren Schutz vor dem Zugriff der deutschen Okkupanten. Schweden verbleibt danach als eines der wenigen europäischen Exilländer, in denen deutschsprachige Exilanten noch Schutz vor ihren Verfolgern finden. Die Zahlen aller (auch aus anderen europäischen Ländern stammenden) nach Schweden exilierten Menschen beläuft sich in den Jahren 1944/45 nach verschiedenen Schätzungen auf zwischen 195.000 und 300.000.[86] Von ihnen gehören nur etwa 2 Prozent (4000 bis 6000) der Gruppe deutschsprachiger Exilanten an. Diese Anzahl Menschen wiederum unterteilt sich in ca. 40 Prozent politische Flüchtlinge und 60 Prozent rassistisch Verfolgte.

Das Exil in Schweden wird in der deutschsprachigen Forschungsliteratur häufig noch als ein Fluchtort politischer und intellektueller Eliten diskutiert. So wird auf Namen wie Willy Brandt, Herbert Wehner, Kurt Tucholsky[87], Bertolt Brecht oder Peter Weiss verwiesen, die zur Zeit ihres Exils bereits renommierte Persönlichkeiten auf ihren jeweiligen politischen oder literarischen Tätigkeitsfeldern sind. Dabei verstellt dieser Blick die Sicht auf die unbekannten Dimensionen der sozialen Zusammensetzung der Flüchtlinge und die objektiven limitierenden Regelungen schwedischer Flüchtlingspolitik. Der Exilforscher Lorenz konstatiert daher:

> Es waren gerade nicht die ‚prominenten' Flüchtlinge, die das Exil in Skandinavien prägten, sondern die ‚anonymen', ‚unbekannten' Flüchtlinge – hier kann man tatsächlich vom Exil der kleinen Leute sprechen. Die übersichtlichen Verhältnisse in Skandinavien machen es möglich, strukturelle

---

[85] Helmut Müssener: Deutschsprachiges Exil in Skandinavien: „Im Abseits..." – Die Gastländer Dänemark, Norwegen, Schweden. In: German Life and Letters, 51:2 April 1998, S. 302ff., hier S. 302.

[86] Einhart Lorenz: Exilforschung in Skandinavien. Geschichte, Stand, Perspektiven. In: Claus-Dieter Krohn u. a. (Hrsg.): Exilforschung. Ein Internationales Jahrbuch. Band 14: Rückblick und Perspektiven. München 1996, S. 119-132, hier S. 119.

[87] Tucholsky hatte bereits seit 1929 seinen ständigen Wohnsitz in der Nähe von Göteborg. Im Dezember 1935 beging er dort Selbstmord. Vgl. dazu auch Müssener, a.a.O, S. 319f.

Züge des Exils zu studieren, ohne die Exilierten zu Ziffern und Nummern zu degradieren.[88]

Wird im folgenden der Name Nelly Sachs im Zusammenhang mit der Exilsituation in Schweden genannt, so kann er aus mehreren Gründen nur in diesem Kontext von „Anonymität", nicht in dem von „Prominenz" angemessen gedacht werden.

Exilanten in Schweden unterliegen zu dieser Zeit neben der Pflicht, keinerlei politischer Tätigkeit nachzugehen auch dem Zwang, ohne jede staatliche Unterstützung für ihr ökonomisches Auskommen selbst Sorge zu tragen. Einige politisch Verfolgte können für diesen Zweck auf einen den schwierigen Umständen angepassten Grad an organisierter Unterstützung durch eine Reihe von Unterstützerkomitees zurückgreifen. Sozialdemokraten, Kommunisten und die den jeweiligen Parteien nahestehenden Verfolgten aus den Gewerkschaften haben Dank ihrer internationalen Beziehungen die aussichtsreichsten Möglichkeiten, Hilfe zu leisten oder zu erhalten. Weitaus geringere Chancen auf Hilfe und Asyl hat die große Gruppe der rassistisch Verfolgten, die – nach dem damals allgemein üblichen Sprachgebrauch – der euphemistischen Rubrik *Wirtschaftsflüchtlinge* zugerechnet wird. Für sie findet sich, wenn überhaupt, nur Hilfe bei kirchlichen, politisch-liberalen oder akademischen Kreisen. Jüdische Hilfskomitees versuchen darüber hinaus, für die von ihnen versorgten Flüchtlinge die Emigration nach Übersee zu organisieren, weil befürchtet wird, so Müssener, dass durch die Anwesenheit von Exilanten der Antisemitismus ihrer schwedischen Landsleute geweckt werde.[89] Auch Nelly Sachs und ihre Mutter haben den Status solcher Transmigranten. Ende 1944 geben sie ihre ursprüngliche Absicht, in die USA zu emigrieren, endgültig auf, und ersuchen beim schwedischen Staat um eine dauerhafte Aufenthaltsgenehmigung.

Obgleich die ökonomischen Belastungen, die durch die Exilanten anfallen, von selbstfinanzierenden Hilfskomitees getragen werden, erscheinen die Exilanten in der schwedischen Öffentlichkeit „eher als Belastung denn als Verpflichtung"[90]. In das allgemeine Bewusstsein der Schweden, denen Deutschland bislang als Vorbild und kulturelles Zentrum Europas galt, dringt nur langsam die Tatsache der radikalen politischen Veränderungen, welche durch die Herrschaft der Nationalsozialisten das Leben in Deutschland bestimmen. Tatsächlich existieren in Schweden, wie überall in Europa, antisemitische Tendenzen, denen sich vor allem Teile des Kleinbürgertums aber auch des Beamten- und Akademikerstandes zuneigen. Lokale Nazi Sympathisanten wissen diese Propaganda soweit unheilvoll zu schüren, dass sie ihren Nachhall in die bürgerliche veröffentlichte Meinung Eingang hinein findet.

Gestalten sich die Möglichkeiten einer existenzsichernden Arbeit im Exil nachzugehen im allgemeinem schon schwierig, so sind sie es im noch höheren

---

[88] Lorenz, a.a.O., S. 124.
[89] Müssener, a.a.O., S. 305.
[90] Ebd., S. 304.

Maße für diejenigen Flüchtlinge, die versuchen, sich durch ihre schriftstellerische Arbeit ökonomisch abzusichern. Dabei sind die Bemühungen um eine Anstellung der journalistisch arbeitenden Exilanten gegenüber den literarisch schreibenden weitaus erfolgreicher. Nach anfänglichen Zweifeln an der Authentizität ihrer Berichte über die Verhältnisse in Nazi Deutschland, gehören deutschsprachige Exiljournalisten spätestens ab 1939 zu wichtigen Meinungsbildnern in der schwedischen Öffentlichkeit.[91] Die kritischen Diskussionen der Schweden über die von der Exilpublizistik verbreiteten Stellungnahmen und politischen Vorschläge zum Umgang mit der drohenden Gefahr sind eine wichtige öffentliche Einflussnahme und stärken, so Müssener, „den Widerstandswillen Schwedens".[92] Müssener geht in seiner Monographie sogar so weit, der Exilpublizistik eine Wirkung zuzuerkennen, die den Schweden trotz aller Kenntnis der deutschen Verbrechen noch den Willen zu einer differenzierenden Betrachtungsweise belassen habe:

> Es ist zu vermuten, daß die Publikationen der Emigration, die den Standpunkt eines ‚anderen Deutschland' wahrten und betonten, wesentlich dazu beigetragen haben, daß eine pauschale Verteufelung Deutschlands in Schweden und in den skandinavischen Ländern nie die Ausmaße annahm, die sie in den USA und Großbritannien hatten.[93]

Gegenüber solcher Wirkmächtigkeit leiden die literarischen Arbeiten der deutschsprachigen Exilanten aus mehren Gründen weiterhin an relevanter Kenntnisnahme durch das schwedische Publikum: Ebenso wie ihre publizistisch arbeitenden Kollegen müssen die literarischen Schriftsteller ihre Arbeiten in einer fremden und neuen Umgebung einem fremden und neuen Publikum vorlegen.[94] Zu diesen schwierigen Ausgangsbedingungen zählt ebenfalls der Umstand, dass der Platz auf dem schwedischen Literaturmarkt ebenso limitiert und aufgeteilt ist, wie in den anderen europäischen Ländern. Betriebswirtschaftlich gesprochen bedeutet dies, dass die in Frage kommenden Verlage keine Absatzmöglichkeiten für deutschsprachige (Exil-)literatur sehen.

Zudem will das schwedische Literaturpublikum, ganz abgesehen von objektiven Sprachschwierigkeiten, diese fremde Literatur nicht lesen, da eine überaus lebendige schwedische Literaturlandschaft existiert und somit kaum Nachfrage nach anderssprachiger Literatur besteht. Unter dieser Marktlage ist von den exilierten Autoren kaum jemand in der Lage, sein Werk übersetzen zu lassen oder Kosten für den Druck aufzubringen. Die alternative Möglichkeit, literarische Werke in der fremden Sprache zu verfassen, hieße unter solchen Prämissen, das mühsam erarbeitete Schreibverfahren mit allen seinen formalen und sinnhaltigen Abstufungen in einen völlig neuen sprachlichen Gesamtkontext überzuführen und einzupassen.

---

[91] Ebd., S. 318f.
[92] Ebd., S. 318.
[93] Ebd.
[94] Ebd., 318f.

Nelly Sachs ist gezwungen, den Lebensunterhalt für ihre Mutter und sich durch Lohnarbeit zu sichern. Sie versucht dies zeitweise mit Übersetzungen schwedischer Lyrik ins Deutsche, die sie im Auftrag der schwedischen Hilfsorganisation *Samarbetskommittén för demokratiskt uppbyggnadsarbete* (SDU), dem Koordinationskomitee für demokratische Aufbauarbeit, anfertigt.[95] Dieses Komitee, das in seiner Programmatik dazu aufruft, den Deutschen nach Kriegsende beim Aufbau einer Demokratie nach schwedischem Muster behilflich zu sein, unterteilt sich in mehrere Sektionen mit unterschiedlichen Tätigkeitsfeldern.[96] Sachs findet Arbeit in einer Sektion des Komitees, die neben einer Anzahl einführender Schriften über die Geschichte Schwedens und Bücher mit gesellschaftspolitisch-erzieherischer Ausrichtung auch einige belletristische Werke schwedischer Autoren hervorbringt.

Die vorgenannten allgemeinen Aspekte zur Problematik der Exilsituation weisen unterschiedslos auf die schwierigen Lebensumstände aller Exilanten hin. Dies verdeckt jedoch die Tatsache, dass durch spezifische Umstände Erfahrungen des Exils bei Männern und Frauen signifikant unterschiedlich geprägt sind. Literarisches Schreiben im Exil, so wurde oben dargelegt, war eine marginalisierte Tätigkeit innerhalb einer marginalisierten Zwangsgemeinschaft. Dazu kommt aber, dass innerhalb dieser Gruppe, und zwar an deren äußerstem Rand, literarisch schreibende Frauen als absolute Ausnahmeerscheinungen vorkommen. Deshalb unterliegen sie auch im Exil den gleichen sozialen und ökonomischen Ausgrenzungsmechanismen, wie z. B. der Nichtwahrnehmung, mit denen sie im Herkunftsland bereits konfrontiert gewesen waren.[97] Jüdische Schriftstellerinnen im Exil sind demnach gleich mehrfach marginalisiert: als Jüdin, als Sprecherin der deutschen Sprache und als Frau, wobei es von zusätzlicher Bedeutung ist, ob sie verheiratet sind oder nicht. Diese mehrfache Marginalität zwingt Autorinnen zu besonderen Anstrengungen im Kampf um die Erhaltung ihrer schriftstellerischen Identität. C.G. Lorenz schreibt diesbezüglich, dass Frauen vor allem darin erfolgreich sind, sich der neuen Sprache und Umwelt anzupassen und vermutet dahinter richtigerweise die (typische) schon während der Erziehung sozialisierte Verantwortlichkeit von Frauen gegenüber ihren Familien einschließlich ihrer Ehemänner. Akzeptierte Rollenübernahme ist daher gleichzeitig ein häufig vorzufindendes Thema innerhalb der literarischen Produktion von Frauen, wogegen die Themen der männlichen Kollegen hauptsächlich die politischen Wirren und

---

[95] Vgl. dazu Helmut Müssener: Exil in Schweden. Politische und kulturelle Emigration nach 1933. München 1974, S. 262ff.

[96] So heißt es in einem Punkt des SDU Programms von Anfang 1944: „Eine Erziehung zu Demokratie, zu Weltbürgertum und zu dem Gefühl der Zusammengehörigkeit zwischen den Völkern ist notwendig, wenn es die Welt vermeiden will, noch einmal in solch vernichtende Krisen geworfen zu werden." Zit. nach Müssener (1974), a.a.O., S. 265.

[97] Vgl. dazu und zum folgenden: Dagmar C.G. Lorenz: Jewish women and the exile experience: Claire Goll, Veza Canetti, Else Lasker-Schüler, Nelly Sachs, Cordelia Edvardson. In: German Life and Letters 51:2 April 1998, S. 225-239.

den Kampf gegen den Faschismus umkreisen.[98] Soziale Kompetenz und die Beherrschung der Fähigkeiten des praktischen Alltagslebens können in vielen Fällen Schwierigkeiten des Exils mildern. Das gilt besonders in jenen Fällen, in denen schriftstellerisch arbeitende Frauen ihre Tätigkeit einschränken oder gar aufgeben:

> Men in exile who lacked the support of an active and adroit wife or other devoted women such as secretaries and lovers experienced major difficulties. [...] Women authors, on the other hand, whether married or unmarried, usually had no such support either from their partners or from society at large. Those who, [...], were married to intellectuals devoted themselves primarily to their husbands' careers and the necessities of daily life.[99]

Die unverheiratete Nelly Sachs ordnet ihre literarischen Ambitionen der fürsorglichen Verantwortung für die kranke Mutter unter. Wegen ihres kargen Verdienstes als Übersetzerin erleben die beiden Frauen das Exil unter ärmlichen sozialen Umständen. Gefühle der Entfremdung, ökonomischer Druck und Anonymität des Exils sind von Beginn an konstituierende Prägungen für das schriftstellerische Werk der Nelly Sachs. Welche Auswirkungen und literarischen Ergebnisse daraus resultieren zeigen die folgenden Ausführungen.

3.2 Entstehungsmythos als Rezeptionssteuerung?

Was kollektiv erinnert werden soll, erfordert einen konsensfähigen Ausdruck. Zweifellos bleibt dabei die Tatsache bestehen, dass die Erfahrung namenlosen Leidens und sinnloser Grausamkeit unhintergehbar bleibt. Sie ist durch keine Form der (literarischen) Repräsentation adäquat-authentisch darstellbar.[100]

Bei Nelly Sachs' Dramendebut *Eli. Ein Mysterienspiel vom Leiden Israels* handelt es sich um ein Werk, dessen Verbundenheit und Solidarität mit den jüdischen Opfern ihm bereits mit dem Titel eingeschrieben wurde. Die jüngste Vergangenheit, die im Entstehungszeitraum des Dramas noch Gegenwart ist, wird aus einer radikal anderen Sichtweise heraus auf ihr Fortwirken hin betrachtet.

Publiziert wird das Stück erst 1951, und zwar auf Initiative eines frühen Förderers und Freundes von Nelly Sachs, dem Exilforscher Walter A. Berendsohn. Er besorgt die Subskribenten für die auf 200 Exemplare begrenzte Auflage und verhilft Nelly Sachs so zur dritten Publikation ihrer Werke nach dem 1946 im Ostberliner Aufbau-Verlag erschienenen Gedichtband *In den Wohnungen des Todes*[101] sowie dem 1949 im renommierten Amsterdamer Exil-Verlag Querido verlegten Gedichtband *Sternverdunkelung*.

---

[98] Ebd., S. 228.

[99] Ebd., S. 231.

[100] Vgl. dazu: Anne Kuhlmann: Das Exil als Heimat. Über jüdische Schreibweisen und Metaphern. In: Claus Dieter Crohn (Hrsg.): Sprache-Identität-Kultur: Frauen im Exil. München 1999, S. 198-213.

[101] In den Westzonen fand sich kein Verlag für das Buch.

Lange Zeit ist der Entstehungszeitraum des *Eli* durch die von Sachs selbst vorgenommene Datierung auf das Jahr 1943 festgelegt gewesen[102]. Seit der Publikation der *Briefe* ist es jedoch möglich, die Datumsangabe zu präzisieren und darüber nachzudenken, warum Sachs ihrem Stück ganz offensichtlich eine fiktive Entstehungszeit zuschreibt.

Die hierzu versuchten Antworten sollen im folgenden dazu herangezogen werden, erste genauere Auskünfte über das Verfahren und Selbstverständnis der Dichterin zu erlangen. Dies erscheint um so wichtiger, da *Eli* nach den Gedichten der *Elegien von den Spuren im Sand*[103] zu den frühesten Arbeiten nach Sachs' existentieller biographischer Zäsur des schwedischen Exils gehört. In einem Brief zur Genese des *Eli* schreibt Nelly Sachs im Winter 1957 an Berendsohn:

> Ihn schrieb ich, oder vielmehr er offenbarte sich in drei Nächten unter solchen Umständen, daß ich mich zerrissen glaubte, und da ich nicht wagte, in dem einen Zimmer, das wir bewohnten, Licht anzuzünden, um die kostbare Nachtruhe meiner Mutter, die so selten war, zu stören, so versuchte ich im Kopf immer zu wiederholen, was sich da abspielte in der Luft, wo die Nacht wie eine Wunde aufgerissen war. Am Morgen schrieb ich dann das so behaltene, so gut ich konnte, nieder oder versuchte, was ich im Dunkeln aufgekritzelt hatte, zu entziffern, was viel schlechter ging. Auf diese Weise entstand der ,Eli'. Niemals hatte ich daran gedacht, daß dieses Nachtstück wirklich etwas mit richtiger Dramatik oder Kunst zu tun haben würde.[104]

Eine aufschlussreiche Sequenz, beinahe 12 Jahre nach der Entstehung des Stücks verfasst. Der Dichterin scheint viel daran gelegen zu sein, einen ungewöhnlichen, geradezu metaphysischen Entstehungsprozess ihres Werkes festzuhalten. In Ausdruck und Wortwahl erinnert das vorstehende Zitat an die längst vergangene spätromantische Inspirationstheorie des 19. Jahrhunderts. Demnach ist die Dichterin ein von höheren Wesen auserwähltes und gefügiges Offenbarungsmedium. In einer zeitlich ungewöhnlich konzentrierten Produktionsphase transponiert sie eruptiv das visionär Empfangene in Schrift, über dessen künstlerischen Rang sie sich erst später, wenn der Text bereits Anerkennung gefunden haben wird, selbst bewusst werden kann.

In den publizierten Korrespondenzen findet sich als früheste eindeutige Belegstelle zum *Eli*-Drama, für das zu diesem Zeitpunkt jedoch noch kein endgültiger Titel, sondern erst ein Arbeitstitel gefunden war, ein Brief vom 2. September 1944 an den schwedischen Komponisten Moses Pergament. Darin heißt es:

> Augenblicklich arbeite ich an einem Legendenspiel. Die ,Täterelegie' deutet schon leise den Inhalt an.[105]

---

[102] ZiS, S. 355.
[103] Bisher unveröffentlicht.
[104] Briefe, S. 157.
[105] Briefe, S. 39. Die „Täterelegie" ist bisher nicht ermittelt.

Dinesen zitiert in ihrer Biographie aus zwei unveröffentlichten Briefen. Zum einem berichtet Nelly Sachs ihrem Dichterkollegen Johannes Edfeldt am 2. April 1944, sie arbeite an „einer Art Legendenspiel"[106]. Die Vagheit dieser Selbstauskunft macht es jedoch zweifelhaft, ob Sachs zu diesem Zeitpunkt tatsächlich mit der schriftlichen Abfassung begonnen hat oder ob sie hier nicht konzeptionelle Vorarbeiten meint. Denn in einem zweiten von Dinesen zitierten Brief, er datiert vom 22. August 1944 und ist an die Freundin Gunhild Tegen gerichtet, heißt es recht unmissverständlich über den Stand der Arbeiten am Drama:

> In den Nächten bin ich nun bei meinem Legendenspiel, noch ist kein Wort niedergeschrieben.[107]

Konkret lässt sich aus den zitierten Briefstellen ablesen, dass Nelly Sachs erstmals im April 1944 Äußerungen über ein Dramenprojekt macht, das einmal ihr *Mysterienspiel* werden soll. Die schriftliche Ausarbeitung des Stückes beginnt nicht vor August 1944 und endet im November des folgenden Jahres. Erschöpft und bewegt noch von der Last der Schreibarbeit berichtet Nelly Sachs mit Datum vom 11. November 1945 der Schriftstellerkollegin Emilia Fogelklou-Nordlind:

> Geliebte Ili, Das Mysterienspiel ist fertig. Vorgestern ist das letzte Wort geschrieben, und ich erbebe noch davon. Ich wage kaum daran zu denken, daß ich mich an das Gewaltige gewagt habe, [...][108]

Der Entstehungszeitraum des *Eli* lässt sich hiernach so präzisieren, dass von der ersten belegbaren Erwähnung des Projektes über den Beginn seiner Niederschrift bis zum Abschluss der Arbeit mindestens zwanzig Monate vergehen. Warum also schreibt Nelly Sachs ihrem Stück eine fiktive Entstehungszeit zu, und warum behauptet sie noch lange Jahre später in dem oben zitierten Brief an Berendsohn, dass das Drama sich ihr *in drei Nächten offenbarte*? Dinesen legt dies so aus, dass für Sachs die Entstehungszeit mit in ihre Konzeption einer „Gesamtfiktion" gehörte. Eine korrekte Angabe der Entstehungszeit hätte Auswirkungen auf die 1951 bereits beachtliche schriftstellerische Reputation von Sachs befürchten lassen, weil die

> Leserschaft 1951 den ganzen Umfang des jüdischen Martyriums kannte[n] und erwartete[n], daß auch die Autorin 1944-45 von dem Massenmord gewußt haben mußte. Die Nachkriegszeit, in der der Verfasserin zufolge das Stück spielte, hatte nicht nur die totale Unmenschlichkeit industrialisierten Verbrechens offenbart. Kalter Krieg und politischer Mord hatten zudem die Hoffnung auf einen Neubeginn unter einer Form von göttlicher Gerechtigkeit, von der Eli getragen wird, dermaßen Lügen gestraft, daß die Vision des Werkes als einfältig und unzeitgemäß anmuten mußte,

---

[106] Ruth Dinesen: Nelly Sachs. Eine Biographie. Frankfurt am Main 1992, S. 154. [Im folgenden sigliert als *Dinesen*.]
[107] Ebd.
[108] Briefe, S. 43.

wenn nicht der Entstehungszeitpunkt hervorgehoben – und zurückdatiert wurde![109]

Dieser Erklärungsversuch der fiktionalen Datierung durch Nelly Sachs, verstanden als Rezeptionssteuerung, ist differenzierter zu bewerten. Es kann in Fragen der Datierung nicht allein auf eine durch die Dichterin zu erfüllende Erwartungshaltung der (deutschsprachigen) Leserschaft als hauptsächliches Motiv für ihr Tun verwiesen werden. Denn diese Motivanalyse zur Textgenese würde implizit unterstellen, dass Sachs intendiert hätte, vor ebendieser Leserschaft Rechenschaft über eine frühe Kenntnis vom Schicksal der europäischen Juden abzulegen, um besondere Authentizität für ihren Text beanspruchen zu können. Konkret zeugt jedoch die individuelle Biographie jedes Überlebenden von Kenntnis der Verfolgung und der Massenmorde. Dagegen lässt sich mit Recht darauf hinweisen, dass der Holocaust noch 1951, im Publikationsjahr des *Eli*, eine nicht ins gesellschaftliche Bewusstsein vorgedrungene historische Tatsache der intendierten potentiellen Leserschaft von Sachs ist. Und ohne Zweifel kann dies auch darauf zurückzuführen sein, dass es gerade in diesen frühen Nachkriegsjahren keinerlei dramatische Versuche gegeben hat, den Holocaust mit seinen Opfern zum Hauptthema zu machen, wie im vorangegangenen Exkurs zu Tendenzen der deutschsprachigen Dramatik nach 1945 ausführlich gezeigt werden konnte. Dass überhaupt ein solcher Versuch mit dem *Eli* unternommen wird, lässt die Frage nach der „Vision des Werkes" und seiner Bewertung an dieser Stelle zurückstehen.

Zunächst sollen einige differenzierende Bemerkungen angefügt werden, um den Motivzusammenhang zu ergänzen, der zur Fiktionalisierung der Textgenese beigetragen hat. Ziel und Intention der Rezeptionssteuerung, so die hier vertretene These, liegen vor allem darin, das eigene, grundsätzlich revidierte Schreibverfahren am künstlerischen Text exemplarisch zu manifestieren.

Wird der Terminus *Entstehungszeit* enggefasst, so dass darunter ausschließlich die konkret nachweisbare Produktion am Text verstanden wird, dann begann Sachs ihr Drama wohl frühestens im Frühjahr 1944. Dinesen weist jedoch anhand unveröffentlichter Gedichte aus den *Elegien* nach, dass diese die formalen und inhaltlichen Umbrüche im Werk vorbereiten: In ihnen wird versucht, die als geschichtliche Katastrophe verstandenen Ereignisse in Sprache zu fassen. Die Tatsache, dass Sachs sie unpubliziert ließ, weist auf ihren Status als frühe Erprobungsstufen von Form und Inhalt ihrer späteren Lyrik- und Dramenarbeit hin.[110] Im vorgenannten wie im weiter unten noch auszuführenden Sinne erhält die von Sachs vorgenommene kondensierte Angabe des Entstehungszeitraums durchaus Plausibilität und innere Logik.

---

[109] Dinesen, S. 156.
[110] Ebd., S. 123ff.

3.3 Grundlage der Poetik: Leid und Hoffnung *Israels*.

Nelly Sachs hat sich selten und spärlich dichtungstheoretisch geäußert. Die wenigen diesbezüglichen Erkenntnisse ihrer Reflexionen können daher nur aus den Briefen oder den beigefügten Anmerkungen zu den Dramen gezogen werden:

> Wir nach dem Martyrium unseres Volkes sind geschieden von allen früheren Aussagen durch eine tiefe Schlucht, nichts reicht mehr zu, kein Wort, kein Stab, kein Ton – (schon darum sind alle Vergleiche überholt) was tun, schrecklich arm wie wir sind, wir müssen es herausbringen, wir fahren zuweilen über die Grenzen, verunglücken, aber wir wollen ja dienen an Israel, wir wollen doch keine schönen Gedichte nur machen, wir wollen doch an unseren kleinen elenden Namen, der untergehen kann, nicht das Unsägliche, das Namenlose heften, wenn wir ihm nicht dienen können. Nur darum geht es, denke ich, nur darum, und deswegen unterscheiden wir uns von den früheren, denn der Äon der Schmerzen darf nicht mehr gesagt, gedacht, er muß durchlitten werden.[111]

In nuce gibt dieses Briefzitat von 1947 Auskunft über die poetologischen Erfordernisse an den neu zu begründenden künstlerischen Gestaltungsprozess. Drei Aspekte dieser im *Eli*-Drama zusammenfindenden basalen Anforderungen werden in diesem Zitat besonders betont: Die Umwertung dichterischer Formensprache, ein spezifisches Verhältnis zu *Israel* sowie die Selbstaneignung eines Dichterbildes aus dem Geist des Chassidismus.

Zentraler Ausgangspunkt der Überlegungen ist die irreversible Katastrophe, die alles früher Geäußerte unzureichend werden lässt. Für die Formensprache der Nelly Sachs bedeutet dies zwingend die Überwindung der gewohnten und bevorzugten tradierten Lyrikmuster, gekennzeichnet durch strenge Rhythmen, gebundene Gedichtformen und Endreime. Ihrem Förderer Berendsohn gegenüber teilt sie die neu gewonnene Einsicht in einem Brief vom September 1944 mit. Zu diesem Zeitpunkt arbeitet sie bereits seit kurzem an der Verschriftlichung des *Eli*:

> Ich habe mir erlaubt, einige der früheren Gedichte, die noch in Deutschland erschienen, beizulegen, und Sie werden den Unterschied sehen. Die Kritik sprach damals von Mozart, von Süße und Beschwingtheit, aber Sie werden verstehen: „Es soll ein Altar aus Schweigen errichtet werden, aber wenn es einer aus Steinen ist, also Worten, dann keine zugehauenen."[112]

Deutlich wird, dass es ihr hier um das dichterische Wort geht, und zwar um seinen Kerngehalt, dessen Wahrheit aus dem Zusammenkommen von Angemessenheit und Verbindlichkeit besteht.

Um den Konstitutionsprozess und die Forderung nach neuen Formen auch für ihre Leser transparent zu machen, hat Nelly Sachs ihre neue Dichtungsweise erstmals an exponierter letzter Stelle im einleitenden Gedichtzyklus – *Dein Leib*

---

[111] Briefe, S. 83f.
[112] Ebd. S. 41.

im Rauch durch die Luft – des ersten Gedichtbandes versifiziert.[113] Dieser Zyklus thematisiert den Holocaust, die instrumentelle Dimension des Mordens, das Leiden der Menschen und die Erinnerung an die Toten. Er schließt mit den folgenden Versen ab:

> O ihr Nachtigallen in allen Wäldern der Erde!
>
> Gefiederte Erben des toten Volkes,
>
> Wegweiser der gebrochenen Herzen,
>
> Die ihr euch füllt am Tage mit Tränen,
>
> Schluchzet es aus, schluchzet es aus
>
> Der Kehle schreckliches Schweigen vor dem Tod.[114]

Der „Nachtigall", ein Relikt und Kennwort aus dem Fundus obsolet gewordener Dichtungsauffassungen, versagt angesichts der grausamen Realität die gewohnte Sprache. Nurmehr Klagelaute statt idyllischen Gesangs sind zu vernehmen, denn, so lautet die Erkenntnis im oben angeführten Briefzitat, „nichts reicht mehr zu, kein Wort, kein Stab, kein Ton." In diesem Sinne gibt hier die doppelte Aufforderung des vorletzten Verses den trauernden Grundton vor, dessen ein der Toten gedenkendes Dichten sich zu bedienen hat. Das „Schluchzen" – hier als Ausdrucksform verstanden, die kunstvoll gebundener Lyriksprache diametral entgegensteht – verbleibt den geschundenen „Erben des toten Volkes" als einziger Artikulationsmodus, das „Schweigen vor dem Tod" zu durchbrechen: Im zitierten Brief schreibt Sachs von einem „Äon der Schmerzen", der im literarischen Text „durchlitten" werden muss. Dass aber Sachs hier nicht einer isolierten Selbstversenkung des Ich in esoterische Kunstauffassungen das Wort redet, zeigt die in Brief- und Gedichtzitat durchgängige Verwendung des Plural, so dass konstatiert werden kann, sie formuliert hier Texte mit bewusst gesellschafts- und kulturpolitischem Anspruch und Relevanz, deren Kernthese lautet: Nur als kollektive Erinnerung kann Dichtung nach Auschwitz gelingen.

In gewissem Sinne liegt in dieser für das Dichtungsverständnis von Nelly Sachs zeugenden zentralen Strophe bereits das Beharren auf die Fähigkeit zum kritischen Eingedenken vermittelt durch den literarischen Text. So zeugt sie bereits eindrucksvoll vom vorweggenommenen Einspruch gegenüber dem berühmt gewordenen Diktum Adornos, das in dem 1949 geschriebenen und 1951 publizierten Aufsatz *Kulturkritik und Gesellschaft* wie folgt lautete:

> [...] nach Auschwitz ein Gedicht zu schreiben, ist barbarisch, und das frißt auch die Erkenntnis an, die ausspricht, warum es unmöglich ward, heute Gedichte zu schreiben. Der absoluten Verdinglichung, die den Fortschritt des Geistes als eines ihrer Elemente voraussetzte und die ihn heute gänz-

---

[113] Siehe Anm. 2.

[114] Nelly Sachs: Fahrt ins Staublose. Gedichte. Frankfurt am Main 1988, S. 21. [Im folgenden sigliert als *Gedichte*]

lich aufzusaugen sich anschickt, ist der kritische Geist nicht gewachsen, solange er bei sich bleibt in selbstgenügsamer Kontemplation.[115]

Ganz wesentlich ist die Aussage Adornos als Reaktion auf die restaurativen Tendenzen in Politik, Gesellschaft und Kultur der frühen Nachkriegsjahre zu verstehen. Konservativismus, bildungsbürgerliche Ideale und beginnende wirtschaftliche Verbesserungen prägen allgemein das Bewusstsein der Mehrheit aller gesellschaftlich relevanten Gruppen. Zusammen mit der Sehnsucht, nicht an die jüngstvergangene Geschichte erinnert zu werden, resultieren diese Momente wiederum auch unmittelbar in den lyrischen Werken dieser Jahre als Ausblendung der Vergangenheit, wie sie beispielhaft an Benns 1948 in der Schweiz publizierten *Statischen Gedichte* mit ihrem wirkmächtigen Einfluss auf die bundesrepublikanische Literatur festzumachen ist.[116] Prosa, Lyrik und Drama, dies scheint ein Hauptgrund für Adornos strengen Satz zu sein, können unmöglich auf die hergebrachte Weise auf die Geschichte reagieren. Sie haben ihre Unzulänglichkeit und damit ihr Versagen unwiderleglich erwiesen. Zur Widerlegung dieses Verdiktes nimmt Hans Magnus Enzensberger Bezug auf die Gedichte aus *In den Wohnungen des Todes* und führt aus:

> Nur so ist Trost möglich, als Frage, als Dialog mit der Trostlosigkeit. Nur so kann Sprache zurückgewonnen werden, im Gespräch mit dem Sprachlosen. So hoch der Preis der Schönheit! Durch soviel Feuer ist ein Gedicht gegangen, das nach Auschwitz geschrieben worden ist, [...][117]

Adornos Essay *Engagement*, eine kritische Betrachtung engagierter Ästhetikkonzeptionen am Beispiel Sartres, Brechts und Schönbergs, greift nachmals Enzensbergers Eintreten für das Werk Nelly Sachs' wieder auf. Hier wiederholt Adorno zwar seinen Satz, doch will er ihn im Besonderen auf die engagierte Dichtung – als dem ästhetischen Paradigma jener Jahre – bezogen wissen, an deren Darstellungen des Leidens er auf Gefahren der Kunst nach Auschwitz, am Beispiel von Schönbergs *Survivor from Warsav* hinweist:

> Durchs ästhetische Stilisierungsprinzip, [...], erscheint das unausdenkliche Schicksal doch, als hätte es irgend Sinn gehabt; es wird verklärt, etwas von dem Grauen weggenommen; damit allein schon widerfährt den Opfern Unrecht, [...].[118]

Adorno versteht – ganz im Sinne dialektischen Denkens – sein Verdikt niemals als Verbot dichterischer Arbeit, so die heute noch allgemein geläufige Lesart des Satzes, sondern als eine zur äußersten kritischen Anstrengung verpflichtende Provokation, die jeder literarische Text nach dem Holocaust aushalten und wi-

---

[115] GS, Bd. 10/1, S. 30.
[116] Gottfried Benn: Statische Gedichte. Zürich 1948.
[117] Hans Magnus Enzensberger: Die Steine der Freiheit. In: Merkur 13 (1959), H. 7, S. 770-775, hier S. 773.
[118] GS, Bd. 11, S. 423.

derlegen muss. In diesem Sinne präzisiert er unter ausdrücklichem Einbezug von Enzensbergers Eintreten für die Werke von Nelly Sachs:

> Den Satz, nach Auschwitz noch Lyrik zu schreiben, sei barbarisch, möchte ich nicht mildern; negativ ist darin der Impuls ausgesprochen, der die engagierte Literatur beseelt. [...] Aber wahr bleibt auch Enzensbergers Entgegnung, die Dichtung müsse eben diesem Verdikt standhalten, so also sein, daß sie nicht durch ihre bloße Existenz nach Auschwitz dem Zynismus sich überantworte. Ihre eigene Situation ist paradox, nicht erst, wie man zu ihr sich verhält. Das Übermaß an realem Leiden erduldet kein Vergessen; [...].[119]

„Kein Vergessen" heißt aber auch notwendigerweise, dass jede Form der Repräsentanz kollektiver Erinnerungen an den Holocaust die Möglichkeit ihres Scheiterns mitreflektieren muss. Dass dieses kritisch reflektierte Bewusstsein bei Nelly Sachs sehr früh nachzuweisen ist, zeigt ihr oben angeführter Brief an der Stelle, wo sie schreibt „wir müssen es herausbringen, wir fahren zuweilen über die Grenzen, verunglücken", aber das mögliche Scheitern der Dichterin vor dem Unermesslichen wird notwendigerweise und bewusst zu einem mitgedachten konstitutiven Kennzeichen ihres Werkes. Nach Auschwitz steht daher gattungsübergreifend jede sprachkünstlerische Darstellung ständig dem Problem der Verbindlichkeit der Versifikation gegenüber; wie überträgt die Dichterin die Tatsache der singulären Massenmorde in Literatursprache, ohne sich dabei dem Vorwurf unreflektierter und relativierender Einfühlung auszusetzen?

Adornos Aufzeigen der Grenzen und Gefahren, denen sich Kunstwerke nach 1945 aussetzen, ist von Beginn ihres neuen Schreibverfahrens an eine zentrale Kategorie der dichterischen Konzeption von Nelly Sachs. Ihre vollgültige Anerkennung im Werk des Philosophen finden die oben als poetologisch gelesenen Verse von Sachs „Schluchzet es aus, schluchzet es aus/Der Kehle schreckliches Schweigen vor dem Tod", an jener Stelle der 1966 publizierten *Negativen Dialektik*, wo er revidierend schreibt:

> Das perennierende Leiden hat so viel Recht auf Ausdruck wie der Gemarterte zu Brüllen; darum mag falsch gewesen zu sein, nach Auschwitz ließe kein Gedicht mehr sich schreiben.[120]

Die notwendige Präzisierung, welche Adorno hier vornimmt, ist übertragbar auf alle schriftlichen Zeugnisse von Überlebenden, die nach der Verfolgung – direkt oder vielleicht erst Jahrzehnte später – verfasst wurden. Zum postulierten „Recht auf Ausdruck" gehört aber zusätzlich, dass das Geschriebene seine Adressaten erreicht, sonst verhallt es ungehört, die Toten wären wirklich tot. Authentizität und moralische Integrität ist es, was diese Texte unüberhörbar macht, oder, mit einem von Reemtsma in die Diskussion eingebrachten Terminus gesprochen, ih-

---

[119] Ebd. S. 422f.
[120] GS, Bd. 6, S. 355.

re mächtige „Deutungsautorität".[121] Er konzediert den „Texten und ihren Verfasserinnen *und* Verfassern"[122]:

> Wir sind der Überzeugung, daß sie etwas Verbindliches und Wichtiges zu sagen haben, und wir meinen, daß sie, weil sie über diesen entsetzlichen Ort – er heiße Judenhaus, Buchenwald oder Auschwitz – etwas zu sagen haben, uns etwas über die Welt mitteilen können, das für uns von Wichtigkeit ist, *und zwar über die ganze Welt.* [123]

Die Evidenz, mit der die dramatischen Texte von Nelly Sachs im oben zitierten Sinne gegen die Verdinglichung der Sprache stehen, ist vollgültiger Ausdruck einer Ästhetik, die Antworten versucht auf die fragwürdig gewordenen Formen des Dramas.

Aber wir wollen ja dienen an Israel, mit dieser Aussage aus dem bereits als zentrales Dokument für die neue Dichtungsauffassung von Nelly Sachs herangezogenen Brief kommt zum Ausdruck, dass und wie der Holocaust über seine historischen Daten hinaus weiter grundlegend auf das Werk der Dichterin Einfluss genommen hat. Mit Verwendung des Begriffs *Israel* wird eine zweite zentrale Thematik angeschnitten, die ganz wesentlich die geistige Entwicklung der Dichterin in den Jahren 1943-44 beeinflusst und prägt.

Der Flucht vor den Nationalsozialisten gehen Jahre diffamierender Angriffe voraus, die besonders darauf abzielen, allen deutschen Juden die Identifikationsmöglichkeiten mit Deutschland und seinen kulturellen Traditionen unmöglich zu machen. Für die akulturierte Familie Sachs und für alle jüdischen Menschen, deren selbstgewähltes bürgerliches Ideal darin liegt, sich seit Generationen der nichtjüdischen Umwelt wie selbstverständlich anzupassen, gehen diese Angriffe auf ihre deutsche Identität parallel einher mit dem administrativen Aufzwingen einer als fremd empfundenen jüdischen Identität. Ideologisch unterfüttert wird die gewalttätige Ausgrenzungspolitik vom nationalsozialistischen Wahn der Existenz eines jüdischen Volkes als wahrnehmbarer Entität. Tatsächlich jedoch ist die mit weniger als einem Prozent Anteil an der Gesamtbevölkerung große jüdische Minderheit kein geschlossener gesellschaftlicher Block, sondern in etliche Gruppen und Teilgruppen untergliedert. Zu diesen sich oftmals strikt voneinander abgrenzenden Gruppierungen gehören orthodoxe und liberale Gemeinden und Wohlfahrtsverbände ebenso wie Sportvereine, Kulturorganisationen und politische Vereinigungen verschiedenster Ausrichtungen. Die die spätere Vernichtung vorbereitende Identifikationswut – so zum Beispiel seit Oktober 1938 das Kennzeichnen der Reisepässe mit dem Stempeleintrag „J" für Jude und, seit Januar 1939, die Verpflichtung, dem eigenen Namen einen *jüdischen* Vornamen (*Sara* die Frauen, *Israel* die Männer) beizufügen – trifft Nelly Sachs daher in ihrer innersten persönlichen Integrität und Selbstwahrnehmung:

---

[121] Jan Phillip Reemtsma: Die Memoiren Überlebender. Eine Literaturgattung des 20. Jahrhunderts. In: Mittelweg 36, Heft 4/1997, S. 20-39, hier S. 22.

[122] Ebd. [Hervorh. im Original]

[123] Ebd. [Hervorh. im Original]

> Das Resultat war nicht eine, sondern zwei inhomogene Identitäten, die ihre Seele spalteten. Sie selbst befand sich weder hier noch dort, sondern im Leerraum zwischen deutsch und jüdisch.[124]

Angst und Terror stehen am Anfang ihrer abgezwungenen Identifikation mit dem Judentum. Darum verwundert es nicht, dass Sachs nur zögernd ein Zugehörigkeitsgefühl erkennen lässt, doch auf der Suche nach einer dem Leid angemessenen Möglichkeit des Ausdrucks erkennt sie, dass es durch eine offensive, bewusst-akzeptierende Identifikation mit dem ihr bis dahin weithin unbekannten Judentum möglich wird, den Opfern der Verfolgung sprachlichen Ausdruck zu verleihen. Dass das Erarbeiten der jüdischen Identität ausnahmslos und selbstverständlich auf der Basis ihres vorgeprägten kulturgeschichtlichen Wissens und mit der deutschen Sprache als ihrer Muttersprache erfolgt, kann dabei kein nationalsozialistisches Gesetz verhindern. Doch hieraus erwächst eine extrem dilemmatische Situation für Nelly Sachs, und sie wird vor dem Hintergrund des Geschehenen niemals mehr aufzulösen sein:

> Der Versuch, von einem zum anderen hinüberzureichen, die Brücke über die Kluft zwischen Nelly und Sara zu spannen, wird für den Rest ihres Lebens ihr ganz persönlicher Überlebenskampf und der Nährboden für ihre Dichtung.[125]

Im Judentum erkennt sie ein geschichtliches Wissen aufbewahrt, das schon seit biblischen Zeiten durch erfahrene Ausgrenzung und Verfolgung ebenso aber auch vom Widerstand und der Suche nach dem Sinn im Leid geprägt ist. Im Begriff *Israel* mit seinen unterschiedlichen Konnotationen und Bedeutungsebenen (geschichtliche, religiöse, ideelle) kulminiert dieses neuzuentdeckende Wissen. Doch ist mit der Übernahme dieses Begriffes in den Konstitutionsprozess ihres neuen Schreibverfahrens nicht ein bloßer Rückbezug auf die biblische Überlieferung gemeint, sondern auch die Verbindung zu Gegenwärtigem und Zukünftigem geschaffen. *Israel* ist, entsprechend seiner Wortverwendung in der Bibel, der Name für das Volk Gottes. In diesem gebräuchlichen, die Zugehörigkeit zur Religionsgemeinschaft der Juden benennenden Sinne verwendet ihn Sachs, neben vielen weiteren Namens- und Ortsentlehnungen aus dem Alten Testament, häufig in ihrem lyrischen Werk.[126] Die Verbindung zu Gegenwart und Zukunft schaffen ihre Texte, indem sie den biblischen Traditionszusammenhang aktivieren, um mit ihm die aktuelle Gegenwart der Massenmorde an den Angehörigen *Israels* festzuhalten, ohne dem Unfassbaren aber in irgendeiner Weise Sinn zuzuschreiben. In einem solchen Kontext steht beispielsweise auch eine Strophe aus dem oben bereits exemplarisch für das neue Dichtungsverständnis herangezogenen Gedicht. Dort heißt es:

---

[124] Dinesen 1992, S. 107.
[125] Ebd. Dinesen beschreibt, dass das letzte in Deutschland publizierte Gedicht mit „Nelly Sara Sachs" gezeichnet ist.
[126] Vgl. Bahr, S. 106.

Schwarzer Wald wuchs erstickend um Israel,

Gottes Mitternachtssängerin.

Sie verging im Dunkeln,

Namenlos geworden.[127]

Die jahrtausendewährende innige Verbundenheit zwischen Gott und den Juden, die in einem tiefen Glauben, durch alle Verfolgungen und Pogrome hindurch doch immer manifest blieb, wird in diesen Versen scheinbar suspendiert. Der Holocaust, so steht es hier im Gedicht, greift so unwiderruflich in dieses Verhältnis ein, dass jüdische Geschichte nicht weiter stattfinden kann. Bedrohung und Gefahr kennzeichnen seit jeher die Leidensgeschichte der Juden. Das Gedicht lässt dieses historische Bewusstsein im Eingangsvers erkennen

Lange schon fielen die Schatten.[128]

Jüdische Geschichte, mit ihrer als prägend empfundenen kollektiven Opfererfahrung, verfügt immer über die aus tiefer Religiosität gespeiste Kraft zur Hoffnung. Der Glaube an Gott und damit der Glaube an den Weitergang der Geschichte auf ein utopisches Ende hin ist das identifikationsstiftende Band. Geschichte war dadurch, trotz aller Schrecken, immer als sinnhaltig tradierbar bis sie durch die Massenmorde mit ihren unfassbaren Ausmaßen die Ebenen des vernunftmäßig wie metaphysisch Begreifbaren verlässt.

Diese kollektive geschichtliche Erfahrung setzt sich zusammen aus zahllosen konkreten Einzelerfahrungen. Nelly Sachs persönliches Schicksal geht in der allgemeinen Verbindlichkeit ihres Werks auf, nur selten und in Andeutungen kommt sie in ihrer Korrespondenz darauf zu sprechen:

Ich habe eine kranke Mutter hier. Krank vor Schreck und Entsetzen um alles was wir vorher erlebten, die geliebtesten Menschen sind mir von der Seele gerissen in Polen dahingegangen, und da waren es einige Nächte, wo ich ihr Sterben fühlte oder vielmehr zerrissen wurde vor Schmerz.[129]

Jener vielen, die „Namenlos geworden" sind, so die schonungslose Analyse im Vers, wird mit dem begrifflichen Repertoire der neuentdeckten Religion gedacht, um die schmerzhafte Wirklichkeit zu ordnen. Die Gedichte nehmen ihren Platz ein an der Seite der jüdischen Schicksalsgemeinschaft. Dies bedeutet aber keineswegs, dass Nelly Sachs' Identität gewissermaßen als Automatismus nun auch die religiösen Sitten und Gebräuche der jüdischen Kultusgemeinschaft mit aufgenommen hat. Vielmehr ist ihr Werk zu charakterisieren als Ausdruck eines langsam und tastend akzeptierten säkularen Judentums, präziser eines Judentums im Sinne einer Kulturteilhabe, bei dem die Befolgung religiöser Gebräuche für ihr Zugehörigkeitsgefühl keine Rolle spielt. Der Autor und Regisseur Erwin

---

[127] Gedichte, S. 21.
[128] Ebd.
[129] Briefe, S. 41.

Leiser, wie Nelly Sachs aus Berlin nach Schweden emigriert, gibt in seinen Erinnerungen einen lebendigen Eindruck davon, wie jene verschiedenen identifikationsstiftenden Traditionen im Alltag von Nelly Sachs sich darstellten:

> Wenn sie ihre Gedichte vorlas, schien sie zu wachsen und wirkte auf mich wie eine biblische Prophetin. Sie stand aber vor allem in einer deutschen Tradition und war mit den religiösen jüdischen Gebräuchen nicht vertraut. Später lud ich sie einmal ein, den Sederabend mit meiner Mutter und mir zu verbringen, und stellte dabei fest, daß sie noch nie diesen festlichen Auftakt des jüdischen Osterfestes erlebt hatte.[130]

Das Werk, so die Auskunft von Leiser, erhält durch den Vortrag der Dichterin die suggestive Wucht religiöser Texte, ohne jedoch religiöser Text zu sein. Um einen solchen schreiben zu können, fehlt es Sachs ganz offensichtlich an basaler Kenntnis der jüdischen Feiertagsriten. Dass, was sie sich darüber im Laufe der Jahre an Wissen aneignet, wird daher nicht mit der Intention ins Werk einfließen, Aspekte jüdischer Religion ausschließlich im Sinne ihrer spezifischen jüdischen Religiosität zu vermitteln, sondern geschieht durchweg aus anderen Gründen.

Israel dienen, diese Wendung benennt exakt die schriftstellerische Motivation von Sachs, meint in dieser frühesten Phase ihres neuen Schreibverfahrens hauptsächlich, dass durch Erinnerung an die Vergangenheit die Unterschiede zwischen Gestern und Heute erfahrbar werden. Im Werk der Nelly Sachs wird dieser Unterschied durch die Erfahrung des Todes ins Bewusstsein gebracht, die, laut Assmann, die „an den Toten sich knüpfende Erinnerung die Urform kultureller Erinnerung" darstellt.[131] Im Rekurs auf die Bibel als einen literarischen Urtext werden in den neugeschriebenen Texten der Gegenwart die Toten vergegenwärtigt und mitgedacht. Auf diese Weise erhalten sie konstitutive Funktion bei der Wiedererrichtung und Reetablierung jüdischer Gemeinschaft nach dem Holocaust.

> Totengedenken ist in paradigmatischer Weise ein Gedächtnis, „das Gemeinschaft stiftet" [...]. In der erinnernden Rückbindung an die Toten vergewissert sich eine Gemeinschaft ihrer Identität. In der Verpflichtung auf bestimmte Namen steckt immer auch das Bekenntnis zu einer soziopolitischen Identität.[132]

Jener vielen, die anonym hingemordet wurden, wird unter dem Namen *Israel* gedacht. Gleichzeitig soll durch Nelly Sachs' Paradigma des literarischen Totengedenkens diesem Namen die *soziopolitische Identität* der Erinnerungsgemeinschaft der Verfolgten eingeschrieben werden.

---

[130] Erwin Leiser: Gott hat kein Kleingeld. Erinnerungen. Köln 1993, S. 106.
[131] Jan Assmann: Das kulturelle Gedächtnis. Schrift, Erinnerung und politische Identität in frühen Hochkulturen. München 1997, S. 61.
[132] Ebd., S. 63.

3.4 Zur Form des Mysterienspiels

Ein Mysterienspiel vom Leiden Israels, so untertitelt Nelly Sachs ihr Drama *Eli.* Es lässt aufmerken, dass die Dichterin ihr Stück vordergründig an die Tradition der mittelalterlichen christlichen Dramengattung anfügt. Literaturgeschichtlich betrachtet gehört zur Hauptintention des geistlichen Spiels, dass es zusätzlich neben die im sakralen Raum stattfindende Predigt als neues und öffentlich-wirkmächtiges Medium eingesetzt wird, um in religiös belehrender Absicht die Massen anzusprechen. Direkte und unmittelbare Beeinflussung der Zuschauenden im Sinne der christlichen Lehre sind bei Predigt wie auch bei der Aufführung geistlicher Spiele absichtsvoll geplant. Alle eingesetzten formalen Mittel, die im Mysterienspiel – aber auch in Fastnachts- und Passionsspiel – verwendet werden, sind dem volkstümlichen Charakter der Aufführungen verpflichtet. Neben derber Komik finden sich eindringliche Ermahnungen an die Zuschauenden sowie Darstellungen von detaillierter Brutalität. Inhaltlich sind die Stoffe der geistlichen Spiele dem neutestamentarischen Geschehen entlehnt und handeln vorzugsweise von der Leidensgeschichte *Jesu.* Jedoch zeigt sich in ihnen das Bestreben der Spielleute nach thematischer Erweiterung, woran erkennbar wird, dass aktuelle Erwartungshaltungen des Publikums wichtig sind und ihnen flexibel nachgekommen wird. So treten Legendenstoffe sowie frei erfundene Handlungsstränge (auch mit lokalen Bezügen) zum biblischen Heilsgeschehen hinzu. Mit dem Bestreben nach thematischer Ausweitung durch die Integration volkstümlicher Elemente ins geistliche Spiel manifestiert sich ein wesentliches Charaktermerkmal der geistlichen Dramengattung: Das in der Bibel als geschichtliche Vergangenheit aufbewahrte kanonische Wissen kann so als zeitgenössisches erfahrbar werden. Biblische Geschichte und aktuelle Gegenwart, geistliches und profanes Geschehen gehen eine unauflösliche Verbindung ein. Ästhetische Erfahrung kann dadurch bruchlos auf die als krisenhaft erfahrene Welt mit ihren Unwägbarkeiten übertragen werden und vermeintliche Auswege daraus aufzeigen.

Jedoch werden die szenisch dargebotenen Auswege, alles Disparate der Gesellschaft versöhnende, immer auf Kosten derselben Gruppe vor dem Publikum dargeboten. Dies wird deshalb herausgestellt, weil zu den wesentlichen Elementen der Wirkungsintention des christlich-geistlichen Spiel – zur Absicherung und Bestätigung des sozialen Gefüges – durchweg die Ästhetisierung antisemitischer Klischees gehört. Präziser gesagt beginnt mit ihnen, wie Scheit literarhistorisch ausführt, die Tradition „den Haß auf die Juden ‚spielbar' zu machen":

> Die Juden ‚nachzumachen', ihre vermeintliche Ausdrucksweise im Sprachlichen und Gestischen zu imitieren, scheint für den Antisemitismus geradezu essentiell zu sein; es ist dies offenbar die Art und Weise, wie er im Alltag gelebt und weitergegeben wird – als Tonfall und als Handbewegung, als Jargonwort, Witz oder Anspielung; und zeugt jedenfalls vom Genuß, den der Antisemit empfindet: Er bannt darin seine Ängste und lebt sich

gleichzeitig aus, er artikuliert das Verbotene und bekundet zugleich seine Verachtung dafür [...].[133]

Ihrer inneren strukturellen Tendenz folgend, Juden und alles, was als speziell jüdisch imaginiert wird, negativ zu markieren, betreiben Mysterien-, Passions- und Fastnachtsspiele die konsequente Marginalisierung einer Minderheit durch Verspottung, Dämonisierung und Denunziation. Angesichts der wirkintentionalen Eindeutigkeit dieser strukturellen Merkmale ist der Weg vom fiktiven Bühnengeschehen hin zur realen Aktion gegen Besitz und Leben der Juden oftmals ein kurzer, so dass Scheit die geistlichen Spiele zu Recht als „Einstimmung auf Pogrome" kennzeichnet.[134]

Aus der mittelalterlichen Gattung des Mysterienspiels, in der christliche Spielleute für ein christliches Publikum die Rollen derer annehmen, welche sie verachten, verfolgen und oft genug töten, wird nicht nur durch den Austausch der Kernfabel – was bereits am Titel des hier zu diskutierenden Dramas beispielhaft erkennbar wird – der Versuch unternommen, künstlerische Autonomie über die eigene schicksalhafte Geschichte zu erlangen. Sachs durchbricht so durch eine radikale Neubestimmung des bisherigen Gattungsbegriffs eine verhängnisvolle Tradition.

In einem Brief von 1948 begründet Nelly Sachs rückblickend jenen poetologischen Grundansatz von der Notwendigkeit einer allgemeinen künstlerischen Neuorientierung:

> Unsere Zeit, so schlimm sie ist, muß doch wie alle Zeiten in der Vergangenheit in der Kunst ihren Ausdruck finden, es muß mit allen neuen Mitteln gewagt werden, denn die alten reichen nicht mehr aus. [135]

Um die „apokalyptische Zeit zu fangen", wie Sachs im selben Brief ihr Schreiben in ein biblisches Bild fasst, ist somit die konsequente Hinterfragung aller künstlerischen Überlieferung auf ihre Tauglichkeit der Katastrophe etwas künstlerisch Gültiges entgegenzusetzen erforderlich. Gleichzeitig ist es unverzichtbar, die historischen Fakten in die Konzeption miteinzubeziehen.

3.5 Quellen zum *Eli*

Wendet der Blick sich nun wieder dem hier zu betrachtenden Dramentext von Sachs zu, so wird die eingangs der Untersuchung geäußerte Verwunderung über die Traditionslinie des Stückes deutlicher. Ein traditionelles Mysterienspiel zu schreiben erscheint als künstlerisch überflüssig, ja, es mutet geradezu wie eine Verhöhnung der Opfer an. Tatsächlich und offensichtlich handelt es sich nicht um ein religiös-christliches Mysterienspiel von den Leiden *Jesu*, sondern um ein u. a. chassidische Motive adaptierendes und aktualisierendes Drama über das reale *Leiden Israels*.

---

[133] Scheit, a.a.O, S. 13. [Hervorh. im Original]
[134] Vgl. ebd., besonders S. 19ff., hier S. 37.
[135] Briefe, S. 98.

Chassidismus benennt hier eine osteuropäische Form jüdischer Mystik, welche ihre hohe Zeit besonders im Polen des 18. und 19 Jahrhunderts hatte. Begründet wurde sie um 1760 von Israel Baal Schem Tov, der von seinen Anhängern der *Bescht* oder *Baalschem* genannt wurde.[136] Der Chassidismus dieser Ausprägung ist im Gegensatz zum deutschen Chassidismus des 13. Jahrhunderts gekennzeichnet durch eine fromme Religionsausübung bei gleichzeitiger lebensfroher Weltzugewandtheit. Unter anderem drückt sich diese mystische Weltsicht darin aus, dass nicht hauptsächlich und zuerst die Ankunft des Messias im Mittelpunkt religiöser Betrachtungen und Riten steht, wie es in dem von der zahlenmäßig geringen rabbinischen Elite geprägten Judentum bis dahin üblich war. Das Hauptanliegen des *Baalschem* und seiner Anhänger besteht darin, den einfachen Juden die Befolgung der Gebote der Thora als freudvolle, lebensbejahende Aufgabe und nicht als lästige religiöse Pflicht begreifbar zu machen. Mit der neuen, auf volkstümliche Verständlichkeit angelegten Betrachtungsweise der Thora und ihrer Gebote wird eine das alltägliche Leben positiv bestimmende Lebenshaltung innerhalb einer für Juden sonst wenig friedvollen Welt angestrebt.

Weiteste Verbreitung im deutschsprachigen Europa erhielt das chassidische Gedankengut durch die Herausgeber- und Kommentatorentätigkeit der gesammelten chassidischen Legenden durch Martin Buber. Ende der dreißiger Jahre, kurz vor ihrer Emigration, kam Nelly Sachs durch die Vermittlung einer Freundin mit den von Buber publizierten Büchern zur chassidischen Mystik in Kontakt. Ihre Lektüreeindrücke haben zu diesem Zeitpunkt noch keinerlei nachweisbaren Einfluss auf ihre dichterischen Arbeiten. Erst im Stockholmer Exil werden Motive, Bilder und Gedanken der Chassidim nachdrücklich Gedichte und Dramen prägen. Die wiederaufgenommene Beschäftigung mit Bubers Sichtweise auf die chassidische Mystik geht zurück auf die Vermittlung durch Max Tau, der, ebenfalls ein Flüchtling aus Deutschland, die Leitung des Exilverlages Neuer Deutscher Verlag ausübt.[137] Ein an Tau adressierter Brief vom Juli 1944, also vor der nachweisbaren Entstehungszeit des Dramenerstlings *Eli*, belegt neben Sachs' Bemühen einen Publikationsort für ihre eigenen Arbeiten sowie ihre Übersetzungen zu finden auch die erste nachweisbare Erwähnung der Chassidim:

> Was meine eigenen Dinge betrifft, so brauche ich Ihnen, lieber Dr. Tau, ja nicht weiter zu sagen, um was es uns da geht. Sie wissen so gut wie ich, daß es sich da nicht um Herausgabe von Gedichten handelt. Ob ich es bin oder ein anderer, der diese letzten Seufzer aufzeichnete, wie gleich. – All die Sehnsucht, die wie in der Zeit der Chassidim die jüdischen Menschen wieder zu ihrem Gott aufbrechen ließ, ist neu lebendig geworden bei den wenigen, die vielleicht dies Entsetzen überleben dürfen.[138]

---

[136] Vgl. dazu: Norbert M. Samuelson: Moderne Jüdische Philosophie. Eine Einführung. Reinbek bei Hamburg 1995. S. 25ff.

[137] Dinesen, a.a.O., S 135ff.

[138] Briefe, a.a.O., S. 37.

Es lässt aufhorchen, dass im vorliegenden Zitat Trauer und – trotz allem – Hoffnung einander nicht ausschließen. Die sehnsüchtige Haltung der Chassidim, der sie sich hier anschließt und gleichzeitig im Begriff ist zu verinnerlichen, ist bereits ein integraler und vitaler Bestandteil ihres Denkens geworden. Dinesen erkennt darin erstmals „eine besondere chassidische Haltung": Nelly Sachs „bekräftigt eine geistige Verwandtschaft mit den Chassidim. Die Begeisterung rührt von dieser neuen Entdeckung her."[139]

Gershom Scholem zitiert in seinem ausführlichen Aufsatz *Martins Bubers Auffassung des Judentums* eine prägnante Stelle aus einer frühen Schrift Bubers über das Wesen des Chassidismus:

> Die chassidische Lebensanschauung entbehrt aller Sentimentalität; es ist eine ebenso kräftige wie gemütstiefe Mystik, die das Jenseits durchaus ins Diesseits herübernimmt und dieses von jenem gestaltet werden lässt wie den Körper von der Seele: eine durchaus ursprüngliche, volkstümliche und lebenswarme Erneuerung des Neoplatonismus, eine zugleich höchst gotterfüllte und höchst realistische Anleitung zur Ekstase. Es ist die Lehre von dem tätigen Gefühl als dem Band zwischen Mensch und Gott.[140]

In Bubers Deutung des Chassidismus finden sich deutlich diejenigen Aspekte wieder, die in Sachs' prekärer Situation ihr zur identitätsstiftenden Offenbarung werden. Zudem findet sie in Bubers Büchern Darstellungen, die für sie als jüdische Dichterin Maßstäbe einer neuen poetologischen Produktionsweise setzen. So erscheint ihr Werk als praktische Umsetzung der „Lehre von dem tätigen Gefühl", dem Versuch, das zerschnittene „Band zwischen Mensch und Gott" wieder aufzunehmen. Von der besonderen Stellung von Sprache und Schrift im Judentum handelt ein Zitat aus Bubers Werk, aus dem die Dichterin die besondere emphatische Weise entnommen haben kann, mit der sie in ihren Dramentexten mystische Stoffe aufgreift:

> Gott in aller Konkretheit als Sprecher, die Schöpfung als Sprache: Anruf ins Nichts und Antwort der Dinge durch ihr Entstehn, die Schöpfungssprache dauernd im Leben aller Kreaturen, das Leben jedes Geschöpfs als Zwiegespräch, die Welt als Wort, - das kundzugeben war Israel da. Es lehrte, es zeigte: der wirkliche Gott ist der anredbare, weil anredende Gott.[141]

Das Beharren, trotz aller beispiellosen Schrecken, auf einen auratischen, unhintergehbaren Kern des dichterischen Wortes, die Schöpfung als Sprache, das sind poetologische Schlüsse, die Nelly Sachs aus Bubers Schriften zum Chassidismus zieht. Um sie produktiv umzusetzen, muss der Dramentext auf völlig neuartige Weise geschrieben, aber auch aufgeführt und rezipiert werden, deshalb gibt Sachs in den Anmerkungen zum *Eli* u. a. folgenden Rezeptionshinweis zu ihren bisher erarbeiteten poetologischen Koordinaten:

---

[139] Dinesen, a.a.O., S. 138.
[140] Gershom Scholem: Martin Bubers Auffassung des Judentums. In: Judaica 2, Frankfurt am Main 1970, S 133ff., hier S. 156.
[141] Martin Buber: Die Chassidische Botschaft. Heidelberg 1952, S. 12.

Geschrieben in einem Rhythmus, der auch mimisch für den Darsteller die chassidisch-mystische Inbrunst anschaulich machen muß – jene Begegnung mit der göttlichen Ausstrahlung, die jedes Alltagswort begleitet. Immer darauf bedacht, *das Unsägliche auf eine transzendente Ebene zu ziehen, um es aushaltbar zu machen* und in dieser Nacht der Nächte eine Ahnung von der heiligen Dunkelheit zu geben, [...].[142]

3.6 Kommentar *Eli*

Die Handlung des Stückes, aufgeteilt in eine Abfolge von siebzehn Bildern, beginnt in einem kleinen polnischen Dorf. Eine Anzahl jüdischer Überlebender des Holocaust ist hierher zurückgekehrt, um ihre Häuser wiederaufzubauen und das gerettete Leben neu einzurichten. Der Alltag dieser Menschen ist trotz der Fülle aller notwendigen Wiederaufbauarbeiten dominiert von den persönlichen Erinnerungen eines jeden an die brutalen Ereignisse während der Besatzungszeit. In der Figur des Hirtenjungen *Eli* haben sich die Ereignisse beispielhaft verdichtet, sein hier erzähltes Schicksal ist Ausgangspunkt für die Handlung des Stücks. Eine *Wäscherin* betritt den von Ruinen umgrenzten Marktplatz, auf dem sich der restaurierte Brunnen der Stadt befindet. Vor dieser öffentlichen Kulisse berichtet sie im singenden Tonfall von dem Mord an dem Kind. Dessen Eltern wurden eines Nachts von Soldaten aus dem Schlaf gerissen und durch die Straßen der Stadt getrieben. *Eli* läuft im Nachthemd den Eltern und den marodierenden Soldaten hinterher. In seiner Hand hält er die Hirtenpfeife, mit der er sonst die Tiere auf der Weide ruft. In einem Moment höchster Verzweiflung und Angst hebt er die Pfeife, aber nicht in der ihm sonst üblichen Weise, sondern, wie die *Wäscherin* zu berichten weiß,

> den Kopf hat er geworfen nach hinten,
>
> wie die Hirsche, wie die Rehe,
>
> bevor sie trinken an der Quelle.
>
> Zum Himmel hat er die Pfeife gerichtet,
>
> zu Gott hat er gepfiffen, der Eli,[143]

Einer der Soldaten sieht das Kind, vermutet in seinem Pfeifen ein geheimes Signal zum Widerstand und erschlägt *Eli* mit dem Gewehrkolben. Der *Großvater*, der die Verbrechen hilflos mitansieht, verliert darüber seine Sprache und wird stumm.

In einem frühen in der ersten Gedichtsammlung erschienen Gedicht findet sich das gleiche Bild, allerdings wird dort näher darauf eingegangen, welcher Art die so geschaffene Tonfolge ist. Dort heißt es:

> Einer war,
>
> Der blies den Schofar –

---

[142] ZiS, S. 345. [Hervorh. v. Verf.]
[143] ZiS, S. 8.

Warf nach hinten das Haupt,

Wie die Rehe tun, wie die Hirsche

Bevor sie trinken an der Quelle.

Bläst.

Tekia

Ausfährt der Tod im Seufzer –

Schewarim

Das Samenkorn fällt –

Terua

Die Luft erzählt von einem Licht![144]

Hier wie dort verwendet die Dichterin für ihr Bild einen Vers aus dem zweiten Buch der Psalmen, worin es in Psalm 42,2 heißt

Wie der Hirsch lechzt nach frischem Wasser,/ so lechzt meine Seele, Gott, nach dir.[145]

Damit wird gleich zu Beginn des Stückes manifest, dass durch Rückgriff auf alttestamentarisches Gedankengut eine szenische Aneinanderreihung von Bildern über die jüngstvergangenen Schrecken folgt.

Der Schofar ist das Widderhorn, das zu Rosch Haschana, dem jüdischen Neujahrsfest, zur Erinnerung an Gottes Offenbarung vor dem Volk Israel am Sinai geblasen wird. Es ist ein Tag der ernsthaften Selbstbesinnung und Überprüfung sämtlicher Handlungen, deren Verantwortung nun vor Gott gerechtfertigt werden muss. An diesem Tag steht nicht der einzelne Mensch oder das Volk Israel, sondern die gesamte Menschheit im Zentrum der Gebete.[146] Der Beginn des neuen Jahres markiert einen ursprünglichen Zustand vor der Schöpfung, den Zeitpunkt, an dem Gott die Idee, die Konzeption zur Erschaffung der Welt erdacht hat. Entsprechend bedeutet dieser Tag für die Menschen ein Tag der selbsttätigen, bewussten Neuerschaffung

An jedem Rosch Haschana treten wir wieder ein in diesen ursprünglichen Zustand des Vor-der-Schöpfung-Seins, jener Zeit, die vor dem Beginn aller Zeiten stand. Die Welt wird hier – in ihrem Wesen – neu geplant. In der

---

[144] Gedichte, S. 14. [Hervorh. im Original]

[145] Die Deutschen Bischöfe (Hrsg.): Die Bibel. Vollständige Ausgabe des Alten und des Neuen Testaments in der Einheitsübersetzung. Stuttgart 1991.

[146] Vergl. zum folgenden: Leo Adler: Die Bedeutung der jüdischen Festtage. Eine Darstellung des Judentums im Zyklus seiner geheiligten Tage. Basel o. J.; Dina Coppersmith: Zurück auf „Los". An Rosch Haschana bekommen wir die Chance, uns selbst neu zu erschaffen. In: Jüdische Allgemeine Nr. 18/02 (Rosch Haschana 5763), S. 33; Manifest der Willensfreiheit. Botschaft der Rabbinerkonferenz in Deutschland zu Rosch Haschana 5763, ebd. S. 45.

Vergangenheit existieren wir garnicht, an diesem Tag gibt es keine Vergangenheit, denn die Welt war noch garnicht erschaffen![147]

Tekia, *Schewarim* und *Terura* heißen die speziellen, festgelegten Tonfolgen, welche auf dem Schofar geblasen werden. Das Gedicht unterlegt die Töne mit einem zyklischen Bildverlauf, der dem hier genannten Sinne des Neujahrsfestes entspricht: Tekia, ein langgezogener Ton, entspricht dem letzten seufzenden Atemzug vor dem Tod; Schewarim, drei aufeinander folgende Töne, stehen im Gedicht für den angesprochenen Zustand vor dem Beginn der Zeit; der Trillerlaut Terua entspricht im Gedicht dem Neubeginn der Welt am ersten Tag der Schöpfung.

Im Drama wird der Hirtenjunge zum Schofarbläser, die liturgische Dreiteilung der Töne des Schofar fallen in dem einen entsetzten Pfiff des Kindes zusammen. Durch das Verstummen der Pfeife/des Schofar ist aber ein Neuanfang „nach dem Martyrium" – so die Zeitangabe, die Nelly Sachs ihrem Stück voranstellt – nicht möglich.[148] Die eminent wichtige Ausführung dieser liturgischen Handlung fehlt der kleinen Gemeinde der Überlebenden zum Neuanfang. Die Beziehung zu Gott, „Basis aller menschenwürdigen Existenz"[149], welche durch den Schofar hergestellt wird, ist durch den Mord gewaltsam abgebrochen. Der pure, befreite Neuanfang ist nicht möglich. Sämtliche Szenen des Wiederaufbaus sind überschattet von der Last der Vergangenheit. Weber kommentiert den zentralen Moment des Pfeifens wie folgt

> In *Elis* Pfiff sind zusammengerafft die Qual, die Erwählung und die Erlösung – im abgründigen Schmerz der höchste Trost. Durch die Gestalt des Knaben bricht Gott herein und steht da in der Gasse.[150]

Gegen diese Deutung spricht, dass im Stück selbst deutlich von der Abwesenheit Gottes gesprochen wird. So erinnert die Figur *Bäckerin* – in diesem ersten Bild Dialogpartnerin der berichtenden *Wäscherin* –, dass das mörderische Geschehen „der Augenblick, den Er uns verlassen" hat, ist.[151] Der Konflikt zu Beginn des Stückes besteht demnach darin, dass die jahrtausende während Beziehung der Juden zu Gott gewaltsam abgebrochen wurde. Ein noch nie in der Geschichte der Menschheit dagewesener Zustand der Auslöschung allen Sinns wird von Nelly Sachs in dieser Szene konstatiert.

Die Figur des Hirtenjungen *Eli* konstruiert Sachs nach einer von Buber erzählten *Baalschem*-Legende.[152] Mit diesem intertextuellen Verfahren wird dem

---

[147] Coppersmith, a. a. O.

[148] ZiS, S. 6.

[149] Leo Adler, a.a.O., S. 67.

[150] Werner Weber: Nelly Sachs' Bericht vom Leiden Israels. In. Nelly Sachs: Das Leiden Israels. Eli. In den Wohnungen des Todes. Sternverdunkelung. Frankfurt am Main 1965. S. 163-174, hier S. 168. [Hervorh. im Original]

[151] ZiS, S. 10.

[152] Martin Buber: Werke. Dritter Band, Schriften zum Chassidismus. Heidelberg 1963, S. 185f.

Stück eine chassidische Bedeutungsebene eingeschrieben. In Bubers Erzählung versucht ein einfältiger Hirtenjunge während des Gottesdienstes mit seiner Pfeife die andächtige Stille der heiligen Gebete zu stören. Sein Vater kann ihn daran hindern bis religiöse Inbrunst das Kind ergreift:

> Nun aber erscholl das Endgebet. Der Knabe riß dem Vater die Tasche aus der Hand, riß das Pfeifchen aus der Tasche und pfiff einen gewaltigen Pfiff. Alle standen erschreckt und verwirrt. [...][153]

Der Hirte handelte nicht aus Lust am Stören, sondern es zeigt sich in seinem Verhalten eine gläubige Inbrunst, die aus dem Geiste der Profanität herrührt und nicht aus der Kenntnis liturgischer Verhaltensweisen. So bestätigt der *Baalschem* den Gläubigen auch, dass durch des Hirten weltliche, den Alltagsgepflogenheiten entlehnte Handlung das Gebet der Gemeinde ganz im Sinne chassidischer Auslegung vor Gott erst Gehör gefunden hat:

> Der Baalschem jedoch sprach das Gebet weiter, nur schneller, leichter als gewöhnlich: Hernach sagte er: „Der Knabe hat's mir leicht gemacht."[154]

Der Schuster *Michael* ist der Protagonist des Stückes, der sich aufmacht, den Mörder des *Eli* zu suchen, damit das zerrissene Band zu Gott wiederaufgenommen werden kann. Erst danach kann ein Neuanfang gelingen, das Verhängnis des gewaltsam unterbrochenen Geschichtsverlaufes gelöst werden. Die chassidische Mystik unterlegt den Beruf des Schusters mit der Fähigkeit, durch das Zusammennähen von Oberleder und Sohle symbolisch die getrennten Sphären innerhalb der Welt der Schöpfung zusammenzuführen und so Gott näher zu kommen. Das Obere und das Untere des Schuhs stehen aber auch in Analogie zur Wiedervereinigung von Körper und Seele.[155] In *Michaels* Händen evozieren sie darum Bilder, Stimmen und Töne von Gemordeten. Als er *Elis* Schuhe in Händen hält, ist der zerreißende Ton von dessen Hirtenpfeife zu hören. Es ist das Signal zu *Michaels* Aufbruch:

> Ich suche die Hand,
>
> ich suche die Augen,
>
> ich suche den Mund,
>
> ich suche das Stück Haut,
>
> darin die Fäulnis dieser Erde eingegangen ist,
>
> ich suche Elis Mörder![156]

---

[153] Ebd., S. 186.

[154] Ebd.

[155] Ehrhard Bahr: Shoemaking as a Mystic Symbol in Nelly Sachs' Mystery Play Eli. In: The German Quarterly. Vol. 45/1972, S. 480-483.

[156] ZiS, S. 26.

Durch mehrere Attribute ist die Figur des *Michael* von Sachs erkennbar konstruiert als einer der 36 *Zaddikim* oder Gerechten Gottes. Nach dieser in der chassidischen Erzähltradition weit verbreiteten Legende beruht auf den guten Taten der 36 Gerechten, so Gershom Scholem, „wenn sie auch unbekannt oder verborgen sind, das Schicksal der Welt".[157] Die Chassiden glauben, dass Gott die Welt erlösen wird, wenn auch nur einer dieser Unbekannten gerechte Taten vollbringt. *Michael* lebt, seinem Berufe nachgehend, unter den zurückgekehrten Überlebenden. Seine mystischen Fähigkeiten kommen im ersten Bild des Stükkes zur Sprache, wo es mit Verweis auf ein der Baalschemlegende entlehntes Motiv heißt:

> Hat doch der Michael den ungebrochenen Blick,
>
> nicht den unserigen, der nur Scherben sieht –
>
> – den Balschemblick hat er,
>
> von einem Ende der Welt zum andern – [158]

Mit dem Vertrauen auf seine seherischen Fähigkeiten setzt die kleine Gemeinde der Überlebenden all ihre verbliebene Hoffnung *Eli*s Mörder zu finden auf *Michael*. Es etabliert sich so innerhalb der als schmerzlich erfahrenen Realität der Überlebenden neben einem starken Moment der Widerständigkeit und des Willens zum Wiederaufbau auch der Anspruch, Autonomie über die eigene Geschichte zu erlangen. Die namenlose Trauer um die Gemordeten ist jedoch allgegenwärtig, das Aufscheinen eines versöhnlichen Lebens, eines getrösteten Daseins wird nirgendwo im Stück verhandelt.

Im achten Bild begeht die jüdische Gemeinde nach altem Ritus das Neujahrsfest. Es ist das fast flehentliche Bemühen Normalität zurückzugewinnen, das dieses Bild beherrscht:

> *Erster Beter*
>
> Die Luft ist neu –
>
> fort ist der Brandgeruch,
>
> fort ist der Blutgeruch,
>
> fort ist der Qualgeruch –
>
> die Luft ist neu!
>
> [...]
>
> *Einige Beter*
>
> Gutes Neujahr!

---

[157] Gershom Scholem: Die 36 verborgenen Gerechten in der jüdischen Tradition. In: Judaica 1, Frankfurt am Main 1963, S. 216-225, hier S. 216.

[158] ZiS, S. 10.; Martin Buber: Die Legende des Baalschem, Zürich 1955.

Möge der Augenblick, da er uns verlassen,

zu Ende sein! [159]

Das Hoffen auf eine Neuerschaffung der Welt mit einer Existenz ohne Angst spricht aus diesen Versen. Doch der gerechte Schustergeselle ist erst am Anfang seiner Mission, das Gebet ist von Gott noch nicht angenommen.

Die im folgenden neunten Bild hervortretende Zuversicht der jüdischen Gemeinde ist daher trügerisch. Im Bild versifiziert das Stück auf das genaueste, dass den alten Texten und Liturgien neue Texte hinzugefügt werden müssen, die die Last des Geschehenen auszudrücken vermögen. Ohne den ständigen Prozess der Erinnerung an den Holocaust ist die Basis für einen Neuanfang noch nicht gegeben. In diesem Sinne erklärt *Dajan* den hoffnungsfroh aufbauenden Maurern, dass sie die Grundfeste des Neubeginns nicht auf die althergebrachte Art und Weise fertigstellen können.

Ich fürchte, ihr schachtet nicht tief genug,

Die Grundmauern werden nur Leichtlebiges tragen!

Der neue Pentateuch, sage ich euch, der neue Pentateuch,

steht mit dem Schimmel der Angst geschrieben

auf den Wänden der Todeskeller! [160]

Der *Pentateuch*, über Jahrtausende hinweg geschichtliches Reservoir und identifikationsstiftendes Band jüdischer Gemeinschaft, wird hier mit all seiner kanonischen Autorität radikal in Frage gestellt. Denn *Dajan* fordert nichts weniger, als dass die Erinnerung an die jüngstvergangenen Leiden, die so unvergleichlich verschieden sind von den in der jüdischen Geschichte zuhauf registrierten, konstitutiv für das neuzugestaltende jüdische Gemeinwesen zu sein hat. Angesichts des Ausmaßes des Vergangenen ist Umschreiben und Neukommentieren der kanonischen Texte notgedrungen die Basis, um der irreversiblen Katastrophe näher zu kommen, ohne sie je abschließend begrifflich fassen zu können. Mit diesen Versen wird der oben angeführte Versuch im achten Bild die alte Neujahresliturgie zu begehen, also auf traditionelle Weise die innige Verbundenheit mit Gott zu erneuern, deutlich in Frage gestellt.

Michaels Suche führt ihn zur Grenze des Nachbarlandes, das Land der Mörder und ehemaligen Okkupanten. Bahr weist darauf hin, dass das Wort „deutsch" im gesamten Stück nicht vorkommt und zitiert einen unveröffentlichten Brief, den· Nelly Sachs mit Datum vom 14. Januar 1950 an ihren Förderer Walter A. Berendsohn schickte. Darin berichtet Sachs, dass sie sich nach intensivem Nachdenken dazu entschlossen hatte, keine direkten Hinweise auf Deutschland zu gebrauchen, da sie zwingend und allgegenwärtig im Text seien.[161]

---

[159] ZiS, S. 42f.
[160] Ebd., S. 51.
[161] Bahr, S. 166.

Innerhalb einer surrealistischen, allgegenwärtig von den Schreckensbildern der Vergangenheit gesäumten Traumwelt begegnet *Michael* den ruhelosen Opfern des Holocaust, die sich im Elften Bild als *Stimme aus dem Schornstein*, *Stimme eines Sterns*, *Ein Baum*, *Zweiter Baum*, *Die Spuren im Sande*, *Stimme der Nacht* und *Das Wesen* offenbaren. In der Figur *Das Wesen* erkennt *Michael* den *Schneider Hirsch* wieder. Zum Zwangsdienst in einem Krematoriumskommando gepresst, hat er täglich selbst um sein Leben fürchtend den Verbrechern helfen müssen. Nach der Befreiung aus dem Vernichtungslager fristet er nun aller Menschen seines früheren Lebens beraubt eine Existenz, die ihm keine Hoffnung mehr auf ein menschenähnliches Dasein zuteil werden lässt. Im *univers concentrationnaire* ging dem Tod die Entmenschlichung voraus, wer es überlebt hat, ist zu einem seinem ehemals heilen Selbst entfremdeten Wesen deformiert.

Und ich habe sie gebrannt,

und ich habe Rauch gegessen,

und ich habe ihn verheizt –

Und ich bin in den Wald gelaufen,

und es haben Himbeeren gestanden,

und ich habe Himbeeren gegessen,

nachdem ich ihn verheizt habe,

und ich habe nicht sterben können,

weil ich der Tod bin – [162]

Am Ende dieses Bildes wird *Michael* zum Sammler von Todesminuten, d. h. zum genauen Beobachter und Gedächtnis des Vergangenen.

Die Fußspuren im Sande

Sammle, sammle, Michael,

eine Zeit ist wieder da,

die sich abgelaufen hat –

hebe sie auf –

hebe sie auf –

Michael bückt sich, in den Fußspuren gehend:

Ein Todesminutensammler hat keine Körbe,

nur ein Herz zu füllen – [163]

---

[162] ZiS, S. 67.
[163] Ebd., S. 68f.

Im darauffolgenden Bild kontrastieren die soeben wiedergegebenen subjektiven Erfahrungen der Opfer auf das Schärfste mit der instrumentellen Vernunft der Mörder. Exponenten aus Wissenschaft, Lehre und Kultur haben sich im Nationalsozialismus bereitwillig den Machthabern angedient. Diese Tätergruppen erscheinen als *Finger* auf der Szene und führen *Michael* ihre jeweiligen Taten vor. Die zur Perfektion gereifte Technologie des Mordens in ihrer Verkürzung auf Stimmen und Finger gibt Auskunft über die „Täter im Prozeß der Vernichtung [...] – ohne die Täter selbst aus der Verantwortung zu entlassen", so Scheit.[164] An der fragmentarisierten und anonymen Form der Täter-Figuren als Kollektiv wird erkennbar, dass keine noch so intensive subjektive Anstrengung es vermag, als eine die Verbrechen kompensierende Gerechtigkeit einzugreifen.

In einem Dorf jenseits der Grenze sucht *Michael* Arbeit als Schuster. Der Ton der mitgeführten Pfeife *Elis* versetzt Kinder und Tiere in mystische Entrückung. Allen Männern des Dorfes, die im Kriege schuldig geworden sind, bereitet der Ton der Pfeife hingegen körperliches und seelisches Unbehagen. Als einer der Dorfbewohner seine Schuhe in die Schusterei bringt, erkennt *Michael* in ihm den Mörder: Es ist ihm nicht möglich, dessen Schuhe zu reparieren:

Die Sohle ist nicht mehr zu flicken,

ein Riß geht in der Mitte – [165]

In der absoluten „Gottesferne des Mörders"[166], hier im Bild des unwiederbringlich Zerstörten zum Ausdruck gebracht, liegt der Grund für die Unmöglichkeit von Versöhnung. Ablehnung der persönlichen Verantwortung und Nichteinsehen der Schuld für das Geschehene zeichnen den Mörder daher auch im finalen siebzehnten Bild aus, als er, in *Michaels* Augen blickend, gesteht

Wenn er den Kopf nicht nach hinten geworfen hätte,

so hätte ich ihn nicht erschlagen,

der Milchzahn wäre nicht mit der Pfeife herausgefallen!

Aber – das war gegen die Ordnung –

den Kopf nach hinten zu werfen –

das mußte zurechtgerückt werden.

Und wohin hat er gepfiffen?

Ein heimliches Signal?

Ein Zeichen durch die Luft –

außerhalb jeder Kontrolle –

[...]

---

[164] Scheit, a.a.O., S. 467.
[165] ZiS, S.81.
[166] Bahr, S. 169.

Es ist ein Irrtum, ein Irrtum,

ich zerfalle, zerfalle –

Ich bin ein Stumpf –

Sitze auf dem Sand,

der soeben noch mein Fleisch war – [167]

Das Geständnis des Mörders ohne Bewusstsein für die eigene Schuld belegt einerseits gesellschaftliche Rechtfertigungsstrategien nach 1945, andererseits kulminiert in dieser Szene die intensive Beschäftigung der Autorin mit Topoi chassidischer Mystik. So lautet eine der letzten Szenenanweisungen im Stück: „Die Luft hat sich in Kreisen geöffnet. Es erscheint im ersten Kreis DER EMBRYO im Mutterleib mit dem brennenden Urlicht auf dem Kopf."[168] Im Angesicht des göttlichen Urlichtes auf dem Kopf eines ungeborenen Kindes – nach jüdischer Mystik ein Zeichen der Gottesnähe, das nach der Geburt verschwindet – wird die Tat gesühnt. Der Gerechte sieht, dass der reuelos Geständige unter seinen Augen zu Staub zerfällt, das Urlicht heftet sich an *Michaels* Stirn und eine Stimme sagt zu ihm:

Deine Schuhe sind vertreten – komm!

Michael wird ergriffen und verschwindet. [169]

Der Zerfall des Kindermörders steht hier im deutlichen Gegensatz zur Apotheose des *Zaddik*.[170] So erscheint zum Ende des Dramas die verlorene Gott-Mensch-Beziehung wiederhergestellt. Diese Deutung unterstützt auch, dass *Samuel*, der über die Tat verstummte Großvater des *Eli*, seine Stimme wiederfindet und den Namen seines Enkels ruft.

Im Eli bildet das achte Bild mit der Neujahrsliturgie das Zentrum des Stückes, während das Schlußbild die sittlich-religiöse Wiedergeburt der Welt bringt, die für den Versöhnungstag charakteristisch ist. Neujahrs- und Versöhnungsfest sind Tage des Gerichts mitten in der Zeit. Nelly Sachs hat diese in der jüdischen Liturgie angelegte Struktur zur Verwirklichung der Handlung ihres Mysterienspiels vom Leiden Israels übernommen.[171]

Bahrs Auslegung des Stückes lässt die im neunten Bild deutlich hervortretenden Zweifel an einer „sittlich-religiösen Wiedergeburt der Welt" außer Acht. In der

---

[167] ZiS, S. 88f.

[168] Ebd., S. 89. [Hervorh. im Original] Vgl. dazu Briefe, S. 57, Sachs an Berendsohn, 23. Mai 1946: „[...] die Hinweisung auf den 36er fand ich in den Chassidischen Werken, von Buber übertragen. Dort auch begegnete mir das Bild vom Ungeborenen mit Gotteslicht auf dem Haupt. Es ist dem Buch Sohar entnommen. Auch der sogenannte ungebrochene Blick vom einen Ende der Welt zum andern, den einige Begnadete dem Urlicht zu danken haben."

[169] Ebd., S. 91. [Hervorh. im Original]

[170] Fleischer, S. 90.

[171] Bahr, S. 171.

Figur des *Dajan*, so konnte hier gezeigt werden, werden diese mehrfach und unzweifelhaft artikuliert. Zwar konnte der Gerechte durch sein Tun die Welt erretten, wie es die chassidische Legende von den *Zaddikim* erzählt, doch stehen im Text vielfach Hinweise darauf, dass das Stück keine bruchlos übertragene szenische Umsetzung jüdischer Mystik oder Liturgie ist oder auch nur sein will. Nach dem, was bisher über Intention und Arbeitsweise bei Nelly Sachs gesagt wurde, würde ein solches Verfahren angesichts der geschichtlichen Situation als völlig unzureichend erscheinen. Es ist dennoch das tiefe Bemühen auf der Basis eines tradierten geschichtlichen Reservoirs erkennbar schreibend eine Sprache zu finden, die solches zu leisten vermag und dabei sowohl aus identifikatorischen Gründen als auch aus vorgefundenen Realitäten auf ihr Thema kommt.

Das Ende des Stückes ist somit als ein offenes zu charakterisieren, da – wird dem Verlauf der *Zaddik*-Legende gefolgt – lediglich das bloße physische Überleben der Menschheit als gesichert angenommen werden kann. Aber gerade hierin ist das eigentliche Mysterium des Stückes zu sehen, denn, so Scheits richtige Analyse: „Die Mysterien, die hier gezeigt werden, geschehen in der Gegenwart: das Überleben erscheint als das größte."[172] Eine sittlich-religiöse Wiedergeburt der Welt verkündet der Text, wie Bahr meint, nicht, im Gegenteil, er konstatiert den allgegenwärtigen Autoritätsverlust und die offensichtliche Abwesenheit bisher gültiger sittlich-religiöser Konstanten. Was innerhalb des Textes und zugleich über ihn hinaus als zentrales Thema postuliert wird, ist das Erinnern an die Toten und ihr sinnloses Sterben

> Ich sah ein Kind lächeln,
>
> bevor es in die Flammen geworfen wurde –
>
> Wo bleibt das?
>
> Mein Gott, wo bleibt das?[173]

Hier, in den Versen *Dajans*, wird die Aufforderung zur Erinnerung beispielhaft konstatiert. Die Dopplung der Frage unterstreicht die absolute Notwendigkeit dauerhafter, weil nie abzuschließender Erinnerung. Die Errettung der physischen Welt durch den *Zaddik* und die Einsicht, dass der *Riß*, der durch sie geht, *nicht mehr zu flicken ist*, bilden für die Autorin den zentralen auf Gegenwart und Zukunft bezogenen *sittlich-religiösen Imperativ* für ihr Werk.

3.7 Zur Rezeption: *Eli* als Hörspiel und auf dem Theater

In der vorgestellten Perspektive gelesen zeigt die finale Szene einen symbolisch-mystischen Tod, keine nachholende Gerechtigkeit oder gar Rache. Um keine Missverständnisse mit ihrer künstlerischen Reaktion auf den Holocaust auszulösen, legt Nelly Sachs in der Folge besonders auf diese Rezeptionshaltung ganz ausdrücklich großen Wert. Jedoch zeigen die öffentlichen Reaktionen auf die

---

[172] Scheit, a.a.O., S. 464.
[173] ZiS, S. 52.

verschiedenen Bearbeitungen des Stückes teilweise das genaue Gegenteil, nämlich großes Unverständnis bis hin zur völligen Ablehnung.

Paradoxerweise beginnt die, um es vorwegzunehmen, kurze Aufführungsgeschichte des *Eli* mit seiner Umarbeitung zu einem Hörspiel. Walter A. Berendsohn, der 1951 die erste Publikation des Stückes organisiert, initiiert durch seine rastlosen Bemühungen um das Werk der Dichterin auch die Hörspielfassung des *Eli*. Er nutzt seine Kontakte zu Alfred Andersch, der in diesen Jahren die Redaktion der anspruchsvollen Sendereihe *Radio-Essay* im Süddeutschen Rundfunk leitet[174], und macht ihn auf Sachs aufmerksam. Mitarbeiter der Redaktion ist neben Hans Magnus Enzensberger auch der bereits mit Regiearbeiten vertraute Irmfried Wilimzig. Andersch, nachmals ein engagierter Förderer ihrer Werke, sichtet geeignete Texte von Nelly Sachs für das ambitionierte Literaturprogramm des Stuttgarter Senders. Nelly Sachs ist sofort von der Idee einer Hörspielbearbeitung ihrer Texte überzeugt, doch möchte sie Andersch lieber neuere Produktionen überlassen und nicht den *Eli*. Es sind nicht in erster Linie formale Bedenken, die sie zögern lassen, obwohl sie zuerst stark zweifelt, dass mit den Mitteln des Rundfunks überhaupt die tiefe Symbolik ihrer Bilder erfasst werden kann.[175] Vielmehr ängstigt sie, so Dinesen,

> daß Alfred Andersch etwas zustoßen könnte, wenn er sich der jüdischen Sache annimmt. Unter Hitler mußte sie erfahren, was der Name „Jude" in Deutschland bedeuten konnte. Seit *Sternverdunkelung* hatte sie ihre Schwierigkeiten, einen Verleger zu finden, in dieser Richtung gedeutet und fürchtete nun, daß der Antisemitismus auch Andersch treffen könnte.[176]

Als stets gut informierte Beobachterin der nachkriegsdeutschen Gesellschaft sind Nelly Sachs natürlich nicht die Folgen antisemitischer Propaganda in zahllosen freiverkäuflichen Schriften und durch die politischen Sammelbecken ehemaliger Nazis in der jungen Bundesrepublik verborgen geblieben. Besonders die offensichtliche Duldung der Herstellung und Verbreitung judenfeindlicher und revanchistischer Publikationen durch zuständige strafrechtliche Behörden machen die Sorgen um Andersch plausibel. Ein zeitgenössischer Bericht der Allgemeinen Jüdischen Wochenzeitung fasst bündig zusammen:

> Noch kein Gericht der Bundesrepublik hat eines jener zweifelhaften literarischen Machwerke für moralisch untragbar erklärt, in denen ehemalige Nazigrößen unverblümt nationalsozialistische Propaganda betreiben. Hunderte von Veröffentlichungen pronazistischer Art sind in den letzten

---

[174] Vgl. dazu im folgenden Uwe Naumann: Ein Stück der Versöhnung. Zur Uraufführung des Mysterienspiels Eli von Nelly Sachs. In: Exilforschung. Ein internationales Jahrbuch. Hg. von Thomas Koebner u. a., München 1986, S. 98-114.

[175] Dinensen, S. 232ff., hier S. 233.

[176] Ebd. [Hervorh. im Original]

Jahren in deutschen Verlagen erschienen. Nicht eines dieser Machwerke ist verboten worden.[177]

Es bedarf einiger Überzeugungsarbeit, um Nelly Sachs zu dem Versuch zu bewegen, sich mit ihrem Drama diesem weit verbreiteten gesellschaftlichen Klima aus Abneigung und Abwehr gegen alles Jüdische auszusetzen. Selbst als sie schließlich ihre Zustimmung erteilt hat, bleiben ihr massive Zweifel, ob ihr Werk die intendierte Wirkung entfalten kann. In diesem Sinne berichtet sie im Oktober 1957 an Andersch

> Prof. Berendsohn hat nun wirklich meinen Widerstand, den *Eli* zu senden, überwunden. Aber dies ist nichts für Deutschland, das weiß und fühle ich. Es ist mein Erstling und ganz im Feuer entsetzlichen Erleidens geschrieben [...].[178]

Wilimzig fährt auf Bitten Anderschs nach Stockholm, um gemeinsam mit Nelly Sachs eine für das Radio bearbeitete Fassung des Dramas herzustellen. Die beiden ändern nur unbedeutend wenig an der Abfolge der einzelnen Bilder sowie an den Dialogen. Kurze eingelesene Texte vor den jeweiligen Bildern sollen dem Hörerverständnis erläuternd entgegenkommen. Das Resultat von Wilimzigs Endredaktion beschreibt Naumann als „sachlich und schnörkellos", ein die „Konzentration der Hörer" auf den Text lenkendes Hörstück mit „sparsam" eingesetzter Hintergrundmusik, die von dem Komponisten Moses Pergament, einem Freund von Sachs, stammt.[179] Der Süddeutsche Rundfunk sendet *Eli* erstmals am 23. Mai 1958.[180] Vorab spricht Berendsohn eine kurze Einführung in Leben und Werk der vertriebenen Dichterin. Nachdem Nelly Sachs in Stockholm im Beisein des israelischen Kulturattachés Dr. Horowitz und einiger Freunde einen Bandmitschnitt der Ursendung vorgeführt bekommt, schreibt sie begeistert über ihre Eindrücke an Andersch

> Niemals hätte ich gedacht, daß dieses Gedicht so sehr immer wieder von der Erde in die Luft hineingebaut, sich für ein Hörspiel eignen könnte. Und nun war alles da – die Stöcke der Blinden – der Schädel im Gras – der Lindenbaum und der Honig – die Zähne und der Sand, der einmal Rumpf war. Es ist nun 15 Jahre her, als ich dieses schrieb, entstand gleichzeitig mit den „Wohnungen des Todes", konnte es nicht mehr berühren fast – und Sie wagten das auszusenden. Ich wage Ihnen nicht einmal zu danken [...] Herr Wilimzig hat die Stimmen wunderbar geordnet, die Musik an die

---

[177] Ralph Giordano (Hrsg.): Narben, Spuren, Zeugen. 15 Jahre Allgemeine. Düsseldorf 1961, S. 336. Vgl. dazu auch Erica Burgauer: Zwischen Erinnerung und Verdrängung – Juden in Deutschland nach 1945. Reinbek 1993. Burgauer zitiert, dass zwischen Januar 1948 und Mai 1957 insgesamt 176 judenfeindliche Angriffe (besonders auf Friedhöfe) registriert wurden. Ebd., S. 83.

[178] Briefe, S. 170.

[179] Ebd., S. 101.

[180] Der SDR wiederholt die Sendung am 26. Mai 1958. Sie ist in den Rundfunkarchiven des SWR und des NDR erhalten.

rechten Stellen eingesetzt und so vieles, was mir kaum lösbar schien, doch in das Gewebe leuchtend eingeschlagen. [181]

Die rundum gelungene Realisierung durch den Stuttgarter Sender versteht es in formaler Hinsicht den chassidisch-volkstümlichen Stil mit dem tiefen und ernsten sittlichen Anliegen des *Eli* im Medium Radio wiederzugeben. Dass Sachs zur Vermittlung ganz eindeutig auf die Wirkmächtigkeit ihrer lyrischen Sprache setzt, belegen die hervorgehobenen Sprechweisen des Ensembles sowie die Unaufdringlichkeit, mit der die Musik Pergaments zur Differenzierung bestimmter Szenen eingesetzt wird.

Nur mit dem dichterischen Wort, welches hier die Bedeutsamkeit des chassidischen Gebets erreicht, kann Einblick in und damit Auskunft über das hinter den äußeren Erscheinungen des Lebens verborgene göttliche Universum erfahrbar gemacht werden. Die Trennung der in Gott und Welt aufgeteilten Sphären wird im Chassidismus aufgehoben. So fungiert der Text – den Sachs charakteristischerweise in ihrem Brief an Andersch als Gedicht, „von der Erde in die Luft hineingebaut" bezeichnet – in diesem Fall als Gebet, dem die Fähigkeit eingeschrieben wurde, mit der chassidischen Botschaft der Welt neuen Sinn zu verleihen. Eine Wiederherstellung der suspendierten „Weltverbundenheit des Menschen in Gottes Angesicht", die nach Buber unterschiedslos von allen Menschen geleistet werden kann:

> In der chassidischen Botschaft ist die Trennung von „Leben in Gott" und „Leben in der Welt", das Urübel aller „Religion", in echter, konkreter Einheit überwunden. [...] Unter vollkommener Wahrung der Weltentrücktheit und Weltüberlegenheit des doch welteinwohnenden Gottes ist hier die breschenlose Ganzheit des Menschenlebens in ihren Sinn eingesetzt: ein Empfangen der Welt von Gott und ein Handeln an der Welt um Gottes willen zu sein. Empfangend und handelnd weltverbunden steht der Mensch, vielmehr nicht „der", sondern dieser bestimmte Mensch, du, ich, unmittelbar vor Gott. [182]

Durch die gelungene Hörspielrealisierung des *Eli* hofft Nelly Sachs ihren Hörern diese individuell erfahrbare *Unmittelbarkeit* vor Gott als möglichen Überlebensentwurf nach den Schrecken, als Identifikationsangebot näher zu bringen. In der Figur des *Zaddik*, dem Mittler zwischen Gott und Mensch scheint die Gottesverbundenheit und die Weltzugewandtheit exemplarisch auf. [183] Als „Verkörperung der Tora" manifestiert sich im *Zaddik* das zu Schrift gewordene Wort Gottes. Bei Nelly Sachs ist es der dramatische Text, der mit den wirkmächtigen mystischen Potenzen des *Zaddik* angereichert wird. Denn in beiden, in der mystischen Figur des *Zaddik*, und, so Sachs, im sphärenüberspannenden, *von der Erde in die Luft hineingebauten* dichterischen Wort findet Wahrheit zu sich

---

[181] Briefe, S. 191f. Auch hier datiert Nelly Sachs den Entstehungszeitpunkt ihres Dramas unkorrekt auf 1943 zurück.

[182] Buber: Die Chassidische Botschaft, a.a.O., S. 19.

[183] Buber: Die Legende des Baalschem, a.a.O., S. 322.

selbst. In beiden „kehrt die Welt zu ihrem Ursprung um", beide tragen „den unteren Segen empor und den obern herab", beide ziehen „den Heiligen Geist auf die Menschen nieder".[184] Sachs sieht durch ihr Werk auf die Welt wie sie wirklich ist, aber auch verdeckte, transzendente Wahrheiten werden sichtbar gemacht. Durch die Hereinnahme der Mystik als anachronistischen literaturgeschichtlichen Bedeutungszusammenhang wird das Stück bei aller Eindeutigkeit der geschichtlichen Fakten ins Unausdeutbare gerückt. Literarische Selbstbegründung setzt sich zusammen aus dem kanonischen Text der Heiligen Schrift und den chassidischen Legendentexten. Dem geschriebenen, gesprochenen Wort des fiktionalen Textes wird die ehemalige Funktion der alten Texte zugesprochen: nun das kulturelle Gedächtnis der ermordeten Juden Europas zu bilden.

Wie ernst es Sachs mit ihrer aus dem Geist der kanonischen Schriften und dem Chassidismus erschriebenen Auffassung vom dichterischen Wort ist, zeigt ihre Reaktion auf eine weitere Bearbeitung des *Eli*. Parallel zur Hörspielbearbeitung von Sachs und Wilimzig entsteht Moses Pergaments Opernfassung des Mysterienspiels, die vom schwedischen Rundfunk im März 1959 ausgesendet wird. Nelly Sachs verwahrt sich dem Freund gegenüber in strikter Deutlichkeit gegen seine Bearbeitung, die in Wirklichkeit einer Umarbeitung gleichkommt.[185] Pergament wandelt in seiner musikalischen Fassung alle Sprechstimmen in Gesangsstimmen. Die Rolle *Michaels*, des *Zaddik*, wird mit einem Heldentenor besetzt, der sich besonders durch die Gesangs- und Handlungsverläufe der Schlussszene als triumphierender Rächer präsentiert. Nelly Sachs sieht jedoch gerade in dieser zentralen Person ihres Stückes den „geheime[n] Gottesknecht", der „leise, fast flüsternd durch diese Legende geht."[186] Auch dass die Nebenfiguren, die lediglich mit „zarter Hintergrundsmusik" unterlegt werden sollten, in pathetischer Weise musikalisch dramatisiert werden, gibt Sachs Anlass zur Kritik an Pergament: „Dass die Mutter den Ausruf – Mein Kind ist tot – singend vorbringt, war mir schlimm."[187] Insgesamt sieht Sachs „alles [...] ertränkt mit Tönen" wie sie dem Dichterkollegen Johannes Edfelt nur drei Tage nach ihrem Brief an den Komponisten mitteilt.[188] Voller Verzweiflung darüber, dass ihr Werk derart missverstanden wurde, fährt sie in ihrem Brief an Pergament fort:

> Dies ist eine Dichtung, an die ich mich heute nicht mehr wagen würde. Dies ist heiliges Gebiet. Aller weltliche Erfolg ist mir gleichgültig – Die Botschaft soll hervorkommen. Darum waren sie im deutschen Rundfunk auch so vorsichtig mit jedem Wort – ja sie hüteten sie direkt – denn auch sie wollten dazu beitragen, daß den Deutschen eine Botschaft dargebracht wird. Eine Botschaft aus Göttlichem – aus Versöhnung. Nun ist hier das

---

[184] Ebd., S. 323.

[185] Vgl. zur Kontroverse um die Eli-Oper: Dinesen, S. 232ff.

[186] Brief an Moses Pergament vom 21.3.1959, Briefe, S. 205ff, hier S. 206. Die wenig heldenhafte Erscheinung Michaels beschreibt Sachs in der Szenenanweisung zum 4. Bild: „Michael, groß, mager, mit rötlichem Haar.", ZiS, S. 23.

[187] Ebd.

[188] Briefe, S. 208.

Entgegengesetzte eingetroffen: Die Menschen glauben, dieses wäre ein rächendes Gedicht.[189]

Was der Dichterin „heiliges Gebiet" ist, kann mit der den Worten zugesprochenen Fähigkeit zur Mittlerrolle zwischen Gott und Mensch übersetzt werden. Wenn den Worten nicht oberste Priorität innerhalb eines szenischen Kunstwerkes wie dem Mysterienspiel *Eli* zukommt, erkennen die Rezipienten nicht den transzendenten Gehalt, der in sie gelegt wurde, die „Botschaft aus Göttlichem".

Nach der völlig fehlgeschlagenen Aufnahme der *Eli*-Oper, die Pergament dennoch „endlich den Erfolg brachte, den er so notwendig brauchte, und mir unendliches Leid"[190], denkt Sachs daran, eine weitere Verbreitung ihres Stückes zu untersagen. Diesbezüglich richtet sie ein Schreiben an Berendsohn:

> [...] ich habe mit ‚Eli‘ abgeschlossen. Es sind 16 Jahre her, daß ich ihn schrieb, um ein ganz persönliches furchtbares Schicksal für mich ertragbar zu machen, ganz einfach um zu überleben. Beim Wiederhören habe ich jetzt einen solchen Schock bekommen, daß ich jahrelang nun nicht mehr den Namen hören kann. Ich bitte dich also, in dieser Hinsicht weder in Deutschland noch in Schweden irgendwelche Bemühungen zu machen betr. Bühne oder Radio. Andersch hat das ein für allemal hervorragend getan, und die Wirkung übertraf alles. [...] Hier in Schweden u. Deutschland lasse ich den ‚Eli‘ als *Drama nicht* mehr und in *keiner* Form mehr erscheinen – einfach weil ich keine Kräfte mehr habe. [...] Also lieber Walter, bitte, bitte laß nun ‚Eli‘ ruhen. In Deinen Vorträgen darf er vorkommen, da habe ich nichts dagegen, aber sonst ist für mich das Ganze abgetan – habe zuviel gelitten.[191]

Dass es dennoch beinahe drei Jahre später zur Uraufführung gerade dieses Stückes kommt, ist Ausdruck des Vertrauens, das Sachs in die Fähigkeiten des für die Uraufführung verantwortlichen Theaterleiters der Städtischen Bühnen Dortmund, P. Walter Jacob sowie den schon für die Hörspielfassung verantwortlichen Regisseur Imo Wilimzig hat.[192] Er ebenso wie die Stadt Dortmund, die sich in offiziellen Anfragen seit 1958 um die Dichterin und ihr Werk bemüht und seit 1961 den Nelly-Sachs-Kulturpreis vergibt, sind für Sachs Garanten für ein Gelingen des *Eli*-Projektes.[193] Im Rahmen der „Woche der Brüderlichkeit" kommt es am 14. März 1962 zur ersten offiziellen Uraufführung eines Bühnenwerkes von Nelly Sachs.

Bereits wenige Wochen vorher jedoch, im Februar des Jahres, führt eine studentische Theatergruppe in Frankfurt ihre Bearbeitung des *Eli* in einer Folge von fünf Vorstellungen auf. Da diesen Aufführungen nur geladene Gäste beiwohnen, bleibt eine Rezension seitens der Presse aus. Der Suhrkamp-Lektor Karlheinz Braun, dessen Engagement bei der Erarbeitung des Stückes in Neu-

---

[189] Ebd., S. 206.
[190] Ebd., S. 207.
[191] Ebd., S. 210f. [Hervorh. im Original]
[192] Vgl. dazu Naumann, a.a.O., 104ff.
[193] Ebd., S. 105f.

manns Aufsatz hervorgehoben wird, erhält für seine Arbeit einen Dankesbrief von Nelly Sachs, darin schreibt sie u. a.

> So haben die jungen Schauspieler mit ihrem Herzen den *Eli* gestaltet. Magnus Enzensberger, Marie-Luise Kaschnitz, Peter Hamm hatten mir von dem großen Eindruck, den sie hatten, schon berichtet. Nun bin ich wieder im Krankenhaus, um Ruhe zu finden zum Leben, zum Arbeiten. Wie schön sind die Bilder, die sie mir sandten. Und wie richtig das Angesicht des Michael.[194]

Deutlich ausführlichere Aussagen über Form und Qualität der Frankfurter Bearbeitung enthält eine Rezension der Zeitschrift *Theater heute*. Sie bezieht sich auf die Aufführung des Stückes während der „12. Woche der Studententheater" in Erlangen. Wolfgang Drews, der Rezensent, schickt seiner eigentlichen Bewertung des Stückes die Bemerkung voran, dass dem Stück gesellschaftspolitisches Konfliktpotential innewohnt, denn am *Eli* „schieden sich die Generationen".[195]

> Die Jugend war nicht gewillt, sich durch das schlechte Gewissen ihrer Väter und Großväter belasten zu lassen. Das Problem existiert nicht für sie; willig akzeptiert sie das Schaudern und überlässt sie Zerknirschung denen, die sich, hoffentlich, schuldig fühlen. Um so unbefangener konnte sie ihre Einwände vorbringen, gegen die Buchdichtung, gegen den respektablen, aber unglücklichen Versuch der Frankfurter Neuen Bühne, die sinnbildliche Form zu theatralisieren.[196]

An diesem Zitat ist zu erkennen, dass ganz offensichtlich das Thema Holocaust in der von Nelly Sachs dramatisch gestalteten Art das Publikum erheblich verstört. Eine ernsthafte Befassung seitens des Publikums mit den Gründen für diese Verstörung bleibt aber aus. Abwehr der Thematik durch die exculpierende Feststellung der eigenen Nichtzuständigkeit bildet stattdessen den Grund, *unbefangen Einwände* gegen die Buchdichtung und seine Theatralisierung vorzubringen. Jüdischsein in seinen säkularen, religiösen oder mystischen Ausprägungen bildet ein Rezeptionshindernis, da das Stück aus diesen Perspektiven seinen Stoff aufgreift. Der Rezensent berichtet aber auch von Widerständen gegenüber der szenischen Umsetzung und am Schauspiel des Ensembles, seiner übertriebenen Art der Darstellung

> Das ungeheure Thema, der furchtbare Stoff ergriff, der pathetische Vortrag mit verstellten Stimmen und unterstrichener Charakterisierung verstimmte. Es wurde outriert, daß die Ohren schmerzten, [...] Gibt es keine Sprechlehrer und Stimmbildner an den deutschen Universitäten?[197]

In weitaus sublimierterer Form wiederholt sich die Publikumsreaktion aus Verstörung und Abwehr auch nach der oben bereits angesprochenen offiziellen Ur-

---

[194] Zit. n. Naumann, a.a.O., S. 106.
[195] Theater heute, H. 9/1962, S. 30.
[196] Ebd.
[197] Ebd.

aufführung des *Eli* in Dortmund. Nelly Sachs, deren Widerstand gegen eine erneute Verwendung des Stückes offenbar überwunden scheint, deren Furcht vor einer weiteren Fehlrezeption aber seit der Pergament-Oper geblieben ist, macht vorausahnend steuernd ihren Einfluss auf die Umsetzung geltend. So instruiert sie P. Walter Jacob:

> Innige Grüße und innigen Dank für alles, was Sie für ELI tun. Darum bitte ich Sie, lassen Sie das Beigelegte auf dem Theaterzettel drucken, geben Sie es Ihren Schauspielern in die Hand. Man hat den *Eli* anscheinend mißverstanden – ihn als Rächer aufgefaßt. Aber er ist die stille, ganz undramatische Legendengestalt, die durch dieses Mysterienspiel alles durchleidend gleitet und keinesfalls ein aktiver Held, der handelt.

> Ich habe unendlich viel gelitten in den letzten Jahren und nun wieder, und all das Schöne, was ich durch die Veröffentlichung meiner Gedichte erfahren durfte, ist mit dem letzten Blutstropfen mit Leiden bezahlt. So möchte ich wenigstens das eine noch, daß mein Werk als ein Glied der Versöhnung der Menschen aufgefaßt wird und nicht durch jenen dunklen Willen, der nicht nur mich, sondern auch das, was ich schrieb, in die Zone des Hasses zu ziehen versucht, mißdeutet wird.[198]

Die Uraufführung, der Sachs aus gesundheitlichen Gründen fernbleibt, ist eingebettet in einen hoch offiziellen festlichen Akt, der der bisherigen geringen Aufmerksamkeit für Werk und Person der Dichterin merkwürdig entgegensteht. Zu Recht nennt Naumann daher die Tatsache der Anwesenheit des Bundespräsidenten Heinrich Lübke „makabre Ironie".[199] Der „stellvertretende Bauleiter von Konzentrationslagerbaracken",[200] den *Wohnungen des Todes* aus dem ersten Gedichtband, dankt Sachs telegrafisch „daß sie trotz des Ihnen während der nationalsozialistischen Gewaltherrschaft zugefügten Unrechts treu zu Ihrer Heimat stehen".[201] In unverkennbar politisch opportunistischer Haltung wird hier durch den obersten Repräsentanten der Bundesrepublik Deutschland die jahrelang missachtete Autorin ungefragt als Symbol deutsch-jüdischer Versöhnung vereinnahmt. Es ist hier von großer Bedeutung darauf hinzuweisen, dass die überaus positiven Reaktionen der politischen und literarisch-künstlerischen Öffentlichkeit der späten 50er und der 60er Jahre auf Werk und Person von Nelly Sachs viel mit bundesrepublikanischen Reputationsbestrebungen innerhalb wirtschaftlicher und außenpolitischer Ebenen zu tun haben. Bahr hat solche Vereinnahmungstendenzen daher richtig als „zynischen Beifall" innerhalb einer oftmals beinahe kultische Ausmaße annehmenden Rezeption benannt.[202] Durch freundliche Vereinnahmung wird ein extrem unangenehmes Thema besetzt und somit

---

[198] P. Walter Jacob: Nelly Sachs als Dramatikerin. In: Israel Forum. H.10/1965, S 7ff., hier S. 11. [Hervorh. im Original]

[199] Naumann, S. 106.

[200] Bahr, S. 57.

[201] Naumann, S. 106.

[202] Zur sehr wechselhaften Rezeptionsgeschichte der Werke Nelly Sachs' siehe Bahr, S. 9-28, hier S. 18.

erledigt. In jüngerer Zeit hat auf dieses Verfahren besonders Strobl mahnend hingewiesen und mit Nachdruck zur Lektüre der Werke aufgefordert

> Kaum eine Schriftstellerin dieses Jahrhunderts wurde so hoch geehrt wie Nelly Sachs. Und so wenig gelesen. Kaum eine Autorin der Weltliteratur wurde so mißverstanden und mißbraucht wie Nelly Sachs. Nelly Sachs, die Säulenheilige der Versöhnungsapostel. Kein Klischee wurde ausgelassen, um eine der größten Dichterinnen deutscher Sprache zurechtzubiegen auf Ausmaße, die dem verdrängenden Nachkriegsdeutschland genehm waren.[203]

Es wäre verfehlt, ungerecht und allen Intentionen der Autorin zuwiderlaufend, ihr bedingt durch die Tatsache, dass sie die vielen Ehrungen dankbar entgegennahm, eine Mitverantwortung an der überschwenglichen Reaktion der interessierten Öffentlichkeit zuzuweisen. Bei genauer Lektüre ihrer Briefe finden sich denn auch Zeugnisse von einigem (Selbst-)Zweifel an der ihr unvermittelt widerfahrenen Aufmerksamkeit. So schreibt sie Ende März 1962, nachdem sie sich durch die nun massenhaft anfallenden Rezensionen zum *Eli* gelesen hat, an Berendsohn:

> Lieber, guter Walter, ein bißchen Freude an Deinem Eli sollst Du haben. Dieser Knabe hat so herrliche Kritiken erhalten, daß ich dachte, ich sehe nicht recht. Otto Königsberger hat seine Recension mit einem Satz geschlossen, den ich einfach nicht wiedergeben kann, weil ich Armselige über etwas so Weltberühmtes gestellt werde. Aber auch ohne das reicht es.[204]

Die angesprochene und dem Brief an Berendsohn beigefügte Textstelle Königsbergers lautet

> Als T.S. Eliots Versdramen zu uns kamen, galten sie für unspielbar. Damals zeigte Gründgens den neuen Griff. Doch schenkte ich lieber alles von Eliot her, ehe ein Vers der Nelly Sachs verlorenginge.[205]

Ob der Rezensent *Eli* von G. Gründgens inszeniert sehen will, lässt der Text offen. Auffallend oft ist in den Rezensionen eine Diskrepanz zwischen der Kritik am eigentlichen Stück und der szenischen Umsetzung zu bemerken, woraus die Schlussfolgerung zu ziehen wäre, das Stück einem bedeutenderen Ensemble anzuvertrauen:

> Selbst der Hauptdarsteller versagte vor dem Anspruch seines Textes. Allzuoft verwandelte sich Poesie in banale Prosa, geriet die durchaus solide Inszenierung des vom Hörfunk kommenden Regisseurs Imo Wilimzig in die Nähe landläufiger Krippenspiele. Die durchaus plausible Absicht, das Grausige durch chassidische Heiterkeit in der Schwebe zu halten, sabotier-

---

[203] Ingrid Strobl: „Der Tod war mein Lehrmeister". Die Lyrikerin Nelly Sachs. In: Dies.: Das Feld des Vergessens. Jüdischer Widerstand und deutsche „Vergangenheitsbewältigung". Berlin u. a. 1994, S. 119-139, hier S. 119f.
[204] Unveröffentlichter Brief zit. n. Naumann, a.a.O., S. 110.
[205] Ruhr-Nachrichten, 16.3.1962. Zit. n. Naumann, a.a.O., S. 111.

te das Ensemble durch schwerfälliges Gehabe nach Art der Hirten auf dem Felde.[206]

Dem Kritiker der *Deutschen Zeitung* wäre hier entgegenzuhalten, dass zuvor noch gar kein Theater überhaupt ein Stück der Dichterin im Repertoire hatte; dass zudem bis heute auch kein Stück von Sachs Eingang in den festen Spielplan irgendeines Theaterhauses gefunden hat, unterstreicht gründlich die Evidenz von Bahrs Rezeptionsthese.

Weitere Gründe für die Kluft zwischen Belobigung und faktischem Verdrängen des Werkes finden sich beispielhaft in der ausführlichen Rezension des Theaterkritikers der Zeitschrift *Theater heute*, Ernst Wendt. Ihm gilt der *Eli* vorweg als Hörspiel, weil er seiner formalen Struktur nach ein „Gewirr aus lose gereihten Szenen, [ist, d. Vf.] die mehr als einmal in Gesang verschiedener *Stimmen* in Anrufung übergehen". [207]

> Denn dies ist eher ein Bildteppich, aus dunkel leuchtenden Metaphern gewirkt, denn ein *normal* gefügtes Stück. Es ist *Gedicht*, in dessen stillen, nachdenklich fragenden Versen nichts als eine leise Sprachmelodie, eine fremdartig schöne, zu klingen scheint; es ist zugleich Chronik des Leidens, die inbrünstig durchlittenen Schmerz benennt und die Qual eines Volkes zu mahnender Beschwörung formt; die aber nie in Bitternis umschlägt, sondern selbst da, wo sie bis zum Rand mit Schmerz angefüllt ist, noch die Klage zum Hymnus emporsteigt, durch Formgebärde sublimiert.[208]

Das Stück findet hier zweifellos das Lob des Kritikers, doch klingt in dem Zitierten die Distanz zur im Grunde fremden, weil mit jüdischen Inhalten angefüllten Art der Ästhetisierung durch. Dadurch erscheint dem Kritiker das Stück formal sowie in seiner Sprachgebung nicht „*normal*", sondern wenig zugänglich. (Dass er sich selbst durch Kursivierung in ironisierender Absicht von diesem Begriff distanziert steht nicht im Widerspruch zu dieser Beobachtung, sondern auffällig ist, dass ein renommierter Theaterkritiker diesen Begriff überhaupt gebraucht und ihn auf das von einer Jüdin geschriebene Stück über den Holocaust, in dem die Hauptfiguren Juden sind, anwendet.)

> Aber ist es ein Theaterstück, der Bühne zugänglich? Die Dortmunder Aufführung schien die Frage zu verneinen. Vor zwei zersplitterten, verkarsteten Kreissegmenten, hochragend hinter einer zum Halbrund geformten, an einer Seite ansteigenden Spielfläche, bewegte sich ein getragener, leidvoller Chor von „Stimmen", die nicht zu plastischen, lebenvollen Figuren sich formen wollten; sie blieben Schemen, aus dem Dunkel aufquellende Metaphern ohne sinnliche Präsenz (schon darum auch, weil die Bühne einmal wieder in schummrige Düsternis getunkt war).[209]

---

[206] Deutsche Zeitung, 20.3.1962. Zit. n. Naumann, a.a.O., S. 109.

[207] Ernst Wendt. Sachs Eli in Dortmund. Theater heute, H. 4/1962, S. 25f., hier S. 26. [Hervorh. im Original]

[208] Ebd.

[209] Ebd.

Die Kritik an der Formgestaltung und die Verstörung über „dunkel leuchtende Metaphern", das „fremdartig schöne der Sprachmelodie" betreiben in subtiler Dialektik die Ablehnung des Stückes in der von Sachs erarbeiteten szenischen Sichtweise, erarbeitet aus historischen Fakten sowie aus kanonischen und säkularen jüdischen Quellentexten. Wird das Stück aber in aller Subtilität dem deutschen Publikum als unzugänglich kritisiert, so fallen um so deutlicher die inszenatorischen Mittel und die Ensemblearbeit durch. Über diesen Umweg kann der Rezensent in aller Aufrichtigkeit die Frage nach der prinzipiellen Bühnentauglichkeit des *Eli* stellen. Damit steht aber die Frage, wie oder ob möglicherweise auf das Thema der Vernichtung szenisch reagiert werden kann, im Raum. Den realen Hintergrund der Metaphern, der doch überall im Stück anzutreffen ist, blendet der Rezensent völlig aus und spricht stattdessen von allgemeinen anthropologischen Erfahrungen wie Leid, Schmerz oder Qual. Dabei sind es gerade ihre Metaphern, über die Sachs ein intensives Nachdenken fordert, um nicht mit Sprachlosigkeit und Vergessen oder Phrasen und Klischees auf das Verbrechen zu reagieren. *Eli. Ein Mysterienspiel vom Leiden Israels* verschafft durch seine Darstellung des Holocaust den Zuschauern und den Rezensenten keinerlei Erleichterung durch moralische Empörung wie beispielsweise Hochhuths im Jahr 1963 uraufgeführtes Holocauststück *Der Stellvertreter*.[210]

> Vier Stücke über Auschwitz: ‚Eli', ‚Lager Tattenberg', ‚Die Ermittlung', ‚Der Stellvertreter': je mehr ‚Aufklärung', je weniger man von Kunst merkt, desto mehr Absolution, desto mehr Erfolg.[211]

Die Dialektik des Publikumserfolges von Holocauststücken, die Wünsche hier anspricht, zielt einerseits auf die in den 60er Jahren vorherrschenden Stücke mit – wie oben bereits gezeigt wurde – von Adorno kritisiertem, engagiertdokumentarischem Charakter und der Tendenz, die eigene Vergangenheit möglichst konfliktfrei zu bewältigen. Ein empirischer Beleg für die Plausibilität von Wünsches These kann exemplarisch an der Aufführungsstatistik zum *Stellvertreter* gezeigt werden: nachdem das Stück in zwei Spielzeiten in der Bundesrepublik 527 Vorstellungen in 11 Inszenierungen hatte, weist die Statistik des Deutschen Bühnenvereins für die Spielzeiten 1964/65 bis 1984/85 lediglich 160 Vorstellungen in 8 Inszenierungen aus.[212] Nachdem der heftige Sturm der Entrüstung innerhalb der öffentlichen Meinung abgeflaut ist, wird Hochhuths Stück in den Kanon der deutschen Spielpläne integriert. Adorno kritisiert in diesem Zusammenhang Hochhuths „traditionalistische Dramaturgie von Hauptakteuren" und

---

[210] Hochhuths Erfolgsstück wird in der Spielzeit 1962/63 lt. Feinbergs Aufführungsstatistik 117-mal in der Bundesrepublik aufgeführt. Die Spielzeit 1963/64 weist allein für die BRD insgesamt 410 Aufführungen in 10 verschiedenen Inszenierungen auf. Vgl. Feinberg, a.a.O., S. 126.

[211] Konrad Wünsche: Schwierigkeiten mit den Szenen von Nelly Sachs. In: Nelly Sachs zu Ehren. Zum 75. Geburtstag am 10. Dezember 1966. Gedichte, Beiträge, Bibliographie. Hrsg. vom Suhrkamp Verlag. Frankfurt am Main 1966, S. 163-170, hier S. 164. [Im folgenden sigliert als *Ehrengabe II*]

[212] Feinberg, a.a.O., S. 126.

setzt den Gedanken dagegen, dass jede künstlerische Befassung mit diesem Thema sich nicht nur der realistischen Abbildung des Geschehenen enthalten muss, sondern dass sie eine Form verlangt, „welche die realistische Fassade zerschlägt".[213] Die Reaktionen der Zuschauer auf den von Nelly Sachs vorgelegten dramatischen Versuch zeigen, dass die Bereitschaft, gewohnte Seh- und Erzählweisen angesichts des Themas aufzugeben, ungeheuer schwer fällt: Sie verlassen schweigend, ohne Applaus, den Dortmunder Theatersaal.[214]

Die richtungsweisende Tendenz der zitierten Rezensionen lässt sich bis in die jüngste Vergangenheit hinein nachverfolgen. Die eingesetzten Mittel des Dramas werden nicht in ihrer radikalen Umdefinition gattungsgeschichtlicher Traditionen gesehen, sondern als epigonale Entlehnungen verworfen. Die Etiketten der bisherigen *Eli*-Rezeption werden bruchlos übernommen und damit notwendigerweise die Perspektive und die damit verbundenen Intentionen des Stückes verkannt:

> Doch – und das scheint mir das Problem – gerade die lyrisch-expressive und dazu aggressionsfreie Behandlung dieses ungeheuerlichen Themas verhindert – angesichts der furchtbaren und unumstößlichen Realität der Shoa – den Erfolg dieses Stückes. Aktualität verweigert sich der Überhöhung (nicht der Verfremdung), ganz besonders diese Aktualität. Ein Mysterien-Spiel des Zeitgeschehens ist ein Widerspruch in sich selbst, mehr noch, hier und heute in Deutschland ein *Mysterienspiel* über die Shoa ist undenkbar.[215]

Die Forderung nach einer aggressiven Behandlung des Themas aus jüdischer Sicht käme den kataklytischen Projektionen entgegen, die an den Texten von Hauptmann, Weisenborn und Borchers herausgearbeitet wurden und vom deutschen Publikum dankbar aufgenommen werden konnten. Der Gedanke an einen jüdischer Rächer auf dem Theater relativiert das Ausmaß des tatsächlich Geschehenen; Gerechtigkeit kann niemals mehr hergestellt werden, ihr kann sich bestenfalls im unabschließbaren Erinnern an die Opfer angenähert werden. Nelly Sachs' Schreibverfahren ist die ungeheure Anstrengung, zu dieser Erinnerungsarbeit Gültiges aus jüdischer Perspektive für Juden wie Nichtjuden beizutragen. Jedoch wird dieser Perspektivwandel bis heute nicht reflektierend nachvollzogen und kommentiert, was negative Folgen für das Verständnis und die Beachtung nicht nur der szenischen Werke von Nelly Sachs hat, wie Strobl zu Recht ausführt:

> Weil sie kein Wort des Hasses schrieb – was immer wieder betont wird – beutet man sie aus, feiert sie als Vergeberin. Keiner sieht, daß sie zu er-

---

[213] GS 11, S. 595.
[214] Naumann, a.a.O., S. 108.
[215] Gabriele Fritsch-Vivié: Der biographische Aspekt in den Szenischen Dichtungen der Nelly Sachs. NI: S. 271-282, hier S. 273.

schöpft ist für den Haß. Daß sie es vielleicht ein wenig leichter gehabt hätte, hätte sie hassen können.[216]

3.8 Der literaturwissenschaftliche und geschichtsphilosophische Standort des *Eli*

Das Bemühen um die Festsetzung der geschichtsphilosophischen Relevanz dieses Dramentextes, seines singulären Standpunkts innerhalb jüdischer wie nichtjüdischer Diskurse um jüdisches Geschichtsverständnis und Erinnerung nach dem Holocaust steht bis heute noch aus. Es soll hier, zumindest ansatzweise, der Ort sein, den Text von Sachs in einen grundsätzlichen Bezug zu setzen zu Positionen, die in zwei kontroversen Monographien jüdischer Denker über verbliebene Möglichkeiten jüdischer Erinnerung und damit neuer jüdischer Identitätsfindung entwickelt wurden.[217]

Richard Lowell Rubenstein und Emil Ludwig Fackenheim gehören mit ihren Mitte und Ende der 60er Jahre entstandenen Beiträgen zu den ersten Exponenten einer theologisch-philosophisch fundierten Diskussion über die Holocaust-Problematik, bei der es besonders um Stellungnahmen zu einer angemessenen Form der Erinnerung sowie um Fragen zur jüdischen Identität nach Auschwitz geht.[218] In ihren besonders im anglo-amerikanischen Sprachraum rezipierten Schriften findet sich auf überraschende Art die bis heute andauernde innerjüdische geschichtstheologische Theodizee-Kontroverse wieder, welche durch Nelly Sachs bereits Jahrzehnte vorher durch den eingeschriebenen Imperativ der Erinnerung im *Eli* in dramatischer Form einen ersten gültigen Ausdruck fand.

Münz kondensiert Rubensteins Position zu drei Worten: Gott ist tot.[219] Diese radikale Synthese erschließt sich für Rubenstein notwendig aus der Gegenüberstellung von traditionell-religiösem Judentum und historischem Faktum:

> (1) Gott, [...], kann es unmöglich erlaubt haben, daß der Holocaust geschehen ist, (2) der Holocaust ist aber geschehen. Deshalb (3) existiert Gott, so wie er in der jüdischen Tradition gedacht ist, nicht.[220]

---

[216] Strobl, a.a.O., S. 136.

[217] Vgl. zum folgenden: Christoph Münz: Geschichtstheologie und jüdisches Gedächtnis nach Auschwitz. Über den Versuch, den Schrecken der Geschichte zu bannen. Hrsg.: Stadt Frankfurt am Main – Arbeitsstelle Fritz Bauer Institut – Studien- und Dokumentationszentrum zur Geschichte und Wirkung des Holocaust 1994 (=Materialien 11), S. 10ff.

[218] Richard Lowell Rubenstein: After Auschwitz. Radical Theology and Contemporary Judaism. New York 1966.; Emil Ludwig Fackenheim: God's Presence in History. New York 1970.

[219] Münz, a.a.O., S. 11. Vgl. dazu auch Nietzsches Diktum: „Gott ist tot! Gott bleibt tot! Und wir haben ihn getötet!" Friedrich Nietzsche: Die fröhliche Wissenschaft. Zweites Buch (Abschnitt 125, S. 127). In: Ders.: Werke in drei Bänden (hrsg. v. Karl Schlechta), Bd. II, Darmstadt 1997.

[220] Steven T. Katz: The Post-Holocaust Dialogues. Critical Studies in Modern Jewish Thought. New York 1983, S. 174. Die hier zitierte Übersetzung nach Münz, a.a.O., S. 11.

Damit aber suspendiert Rubenstein die jahrtausende währende innige Verbundenheit der Juden mit Gott. Die Linearität der auf ein utopisches Ziel hin ausgerichteten Konzeption geschichtlichen Denkens kann danach nicht weiter gedacht werden. Daraus folgend steht für ihn auch die alle bisherige Geschichte des Judentums prägende Kategorie der kollektiven, in den kanonischen Texten aufgehobenen Erinnerung zur Disposition. Rubenstein entwickelt alternativ dazu eine Vorstellung vom Judentum, das sich „einem zyklisch-naturorientierten, mythischen und zukunftsgerichteten Denken" hin öffnet.[221] Die Radikalität des Geschehenen, dem jede Sinnzuschreibung zuzuordnen misslingt, provoziert zwingend eine ebensolche radikale Revision jüdischen Denkens.

Fackenheims Gegenposition versucht der Negation Gottes und der Abkehr von einer Religion der Geschichte hin zu einer religiösen Naturanschauung dadurch zu entgehen, indem er den Holocaust als ähnlich geschichtsmächtige Offenbarung Gottes wie den Auszug aus Ägypten oder die Sinai-Offenbarung betrachtet, die zu den basalen Grunderfahrungen jüdischer Identitätsstiftung (*root experiences*)[222] gehören.

Es ist für Fackenheim bedeutend, die unerklärbare Singularität des Holocaust zu betonen. Will jedoch religiöses wie auch säkulares Judentum fortexistieren, muss es sich der unabschließbaren Aufgabe stellen, eine Antwort auf Auschwitz zu geben. Diese Antwort kann aber nur so wie seit Jahrtausenden in der vergegenwärtigenden Arbeit des Erinnerns liegen. Gott selbst ist es als „gebietende Stimme von Auschwitz", der Juden zu dieser Arbeit verpflichtet:

> Es ist den Juden verboten, Hitler nachträglich siegen zu lassen. Es ihnen geboten, als Juden zu überleben, damit das jüdische Volk nicht untergehe. Es ist ihnen geboten, der Opfer von Auschwitz zu gedenken, damit das Andenken an sie nicht verlorengehe. Es ist ihnen verboten, am Menschen und seiner Welt zu verzweifeln und Zuflucht entweder im Zynismus oder der Jenseitigkeit zu suchen, damit sie nicht dazu beitragen, die Welt den Mächten von Auschwitz auszuliefern. Schließlich ist es ihnen verboten, am Gott Israels zu verzweifeln, damit das Judentum nicht untergehe. Ein säkularisierter Jude kann nicht durch einen bloßen Willensakt zum Gläubigen werden, noch kann dies von ihm gefordert werden. [...] Und ein religiöser Jude, der seinem Gott treu geblieben ist, kann sich vielleicht zu einer neuen, möglicherweise revolutionären Haltung zu Ihm gezwungen sehen. Eine Möglichkeit jedoch ist gänzlich undenkbar. Ein Jude darf auf Hitlers Versuch, das Judentum zu vernichten, nicht antworten, indem er selbst an dessen Vernichtung mitarbeitet. In alten Zeiten war die undenkbare jüdische Sünde der Götzendienst. Heute ist es die, auf Hitler zu antworten, indem man sein Werk verrichtet.[223]

[221] Münz, a.a.O., S. 11.
[222] Ebd., S. 13.
[223] Emil L. Fackenheim: Die gebietende Stimme von Auschwitz. In: Michael Brocke und Herbert Jochum: Wolkensäule und Feuerschein. Jüdische Theologie des Holocaust. Gütersloh 1993, S. 73-110, hier S. 95.

Jüdische Religion und jüdisch-säkulares Leben, so der Appell Fackenheims, steht in der Pflicht, der „gebietenden Stimme von Auschwitz" Gehör zu schenken. Denn in ihr kommt zum Ausdruck, dass der Plan der Mörder, alles jüdische Leben und alle Erinnerung daran aus der Menschheitsgeschichte zu tilgen, zuletzt doch nicht gelang. Indem Juden dem Gebot der Stimme folgen und von den Verbrechen Zeugnis ablegen, beharren sie auf ihrem unveräußerlichen Recht auf Leben. Damit negieren sie den Vernichtungsplan der Nazis und stehen, so Fackenheim weiter, „für die ganze Menschheit".[224]

Nelly Sachs' *Eli. Ein Mysterienspiel vom Leiden Israels* kann nach dem Vorgenannten als der dramatische Text der deutsch-jüdischen Literaturgeschichte bezeichnet werden, der zum ersten Mal mit originär jüdischen Inhalten (historischen, religiösen, mystischen) explizit auf die Schrecken des Holocaust reagiert. Damit ist eine grundlegende Revision der literaturgeschichtlichen These Feinbergs zum jüdischen Schicksal im deutschsprachigen Nachkriegsdrama eingeleitet.

> Bis Mitte der 50er Jahre wurde kein Drama geschrieben oder aufgeführt, in dem das jüdische Schicksal im Dritten Reich im Brennpunkt stand. In den frühen Stücken, welche Vergangenheitsbewältigung zu leisten versuchten, ist die Judenverfolgung nur eine Nebenhandlung, gekennzeichnet durch den Auftritt eines jüdischen Opfers oder Überlebenden.[225]

Als erstes Holocaust-Drama versucht es in der hier dargestellten Art eine Diskussion anzustoßen, die nur eine Voraussetzung hat: sich vor dem Hintergrund der Geschichte mit den angewandten ästhetischen Mitteln ernsthaft zu befassen. Die Gründe für die verfehlte Rezeption des Stückes sind nicht dem Stück anzulasten, sondern liegen einerseits im zähen Widerwillen des deutschsprachigen Publikums neben sich noch andere Opfer des Krieges zu akzeptieren, andererseits am fehlenden Engagement der Bühnen, *Eli* in die Repertoires aufzunehmen. Ein Drama, das nicht aufgeführt wird, ist dem Vergessen anheimgegeben.

Das Stück zeigt überlebende Juden aktiv beim Wiederaufbau ihrer zerstörten Häuser, es zeigt sie bei der Aneignung ihrer eigenen leidvollen Geschichte sowie bei dem Versuch der Reetablierung ihrer Traditionen in den rituellen Handlungen. Dies alles geschieht unter dem allgegenwärtigen Eindruck der drückenden Last der Vergangenheit. Der dramatische Text funktioniert als das Medium, in dem das kulturelle Gedächtnis der Menschen bewahrt und sogleich immer wieder fortgeschrieben werden muss. Darauf verweist er formal mit der bewussten Umdefinition einer aus der judenfeindlich-christlichen Tradition kommenden Gattungsform sowie durch sein offenes Ende, dass die Apotheose des *Zaddik* zeigt und damit die jüdische Dorfgemeinschaft von nun an ihrer eigenen selbstbewussten Verantwortung überlässt. Inhaltlich kommt dem künstlerischen Text diese Funktion durch die zitierende Verwendung kanonischer Ursprungstexte und Quellen jüdischer Mystik zu. Im erkannten Autoritätsverlust

---

[224] Ebd., S. 96f.
[225] Feinberg, a.a.O., S. 18.

der heiligen Texte und im erinnernden Schreibverfahren des fiktionalen Stückes konstituiert sich der Versuch, jüdisches Denken und Leben nach dem Holocaust in deutscher Sprache sowie überhaupt möglich zu erhalten.

4. *Abram im Salz. Ein Spiel für Wort – Mimus – Musik*

4.1 Poetik des *Totaltheaters* als neues Dramenparadigma

Mit ihrer unkonventionellen Art Dramen zu schreiben erarbeitet Sachs ein un-hierarchisches intermediales Konzept aus den szenischen Ausdrucksweisen Wort, Mimus (Tanz) und Musik. Im Briefwechsel mit Berendsohn stellt sie ihre Auffassungen vom neuen Drama den Erwartungen an dramenästhetische Konventionen des Mentors entgegen:

> Wir müssen einfach mithelfen, die Welt der Materie oder des Durstes in die vergeistigte Welt der Sehnsucht zu heben. Gewiß ist dies an und für sich kein dramatisches Thema, aber ich gab mir Mühe ein Kleid dafür zu finden. Es gibt doch so viele gute handfeste Theaterstücke, darf man nicht einmal von außen nach innen arbeiten? [...] Eine katholische Freundin sprach mir gestern von Claudels Seidenschuhe, auch das soll ein Mysterienspiel sein, was von außen nach innen führt. Lorca hat in unserer Zeit die herrlichsten richtigen Dramen geschrieben, aber sie sind „hiesig". Wie soll man den Anschluß an das „Andere" finden, die Vieldeutigkeit aufweisen wollen, ohne in ein Dogma zu geraten, ohne den Rahmen zu durchbrechen, den runden Kreis? Darin bleibt der Mensch mit seinem Liebeskummer, seiner Eifersucht, seinem Mordgelüst, aber weiter, weiter?[226]

Totaltheater ist als bewusster Gegenentwurf zu traditionellen dramen-ästhetischen Konzeptionen angelegt, als der Versuch, dem unausdeutbaren „Anderen" in seiner „Vieldeutigkeit" Ausdruck zu geben und es damit ins Recht zu setzen. Um dieses Ziel zu erreichen besteht Sachs darauf, dass in den Szenen Wort, Mimus und Musik nicht zur Unkenntlichkeit/Beliebigkeit miteinander verschmelzen, sondern dass sie als einander komplementäre Differenzen in ihrer Eigenständigkeit wahrgenommen werden. Dem Autor und Freund Konrad Wünsche schreibt sie am 18. Juni 1966 unter konkreter Bezugnahme auf ihr Stück *Abram im Salz* genau dies:

> Schwer über das Theater was ich erträume Bestimmtes zu sagen. Ein Theater mit Wort, Mimus, Musik. In der Frühzeit, der Antike, Mondkult in Ur, war die Bewegung der erste Ausdruck des Suchens wofür man noch keine Sprache hatte, für mich ist das Wort das schöpferisch wird und nach seiner Ausatmung in Mimus und Musik verlängert wird. Auf der Bühne soll der ganze Mensch leben. Ohne das Wort zu stören sollen diese Ausatmungen geschehen.[227]

Die Bühnenrealisierung dieser Stücke findet – von sehr wenigen, zumeist kaum wahrgenommenen Aufführungen kleinster Theater abgesehen – nicht statt. Wünsche reflektiert in einem Beitrag zum Theater der Sachs über Gründe der

---

[226] Unveröffentlichter Brief, zitiert nach Dinesen, S. 175.
[227] Unveröffentlichter Brief, Kungliga Biblioteket, Stockholm. Brev från Nelly Sachs, Signatur L 90:2 Sv-Ö. [Orthographie und Interpunktion im Original]

Rezeptionsschwierigkeiten ihrer späteren Szenen und thematisiert den Kontext zwischen Dramaturgie und Religiosität:

> Was macht die Dramaturgie schwierig? Die scheinbar zufällige Reihung der Bilder, die auch nicht plausibler wird, wenn man von Visionen spricht. Ein unübersichtliches, von keiner Geschichte zu fassendes Vielerlei an Mimus und Sprache, Bild und Musik.

> Was macht die Religiosität schwierig? Man kann sie mit keiner bestimmten Religion identifizieren, Spuren finden sich, aber keine Lehren, wie sonst bei religiösen Dramatikern. Spricht man von Mystik, gibt das auch nicht mehr her.[228]

Dass von einem überaus kritischen geschichtlichen Bewusstsein in den Szenen ausgegangen werden muss, hat die Untersuchung zum *Eli* bereits gezeigt. In den hier zu untersuchenden Dramen, so wird zu zeigen sein, ist geschichtsphilosophisches Bewusstsein in äußerst sublimierter Form als ständig anzutreffender Untergrund vorhanden.

4.2 Zur Entstehung des Stückes in Briefen

Abram im Salz. Ein Spiel für Wort – Mimus – Musik, wie das Stück im Untertitel weiter heißt, ist ursprünglich integraler Bestandteil eines mehrteiligen, als *Totaltheater* konzipierten Großprojektes mit dem Titel *Das Haar*. Unter dieser Überschrift existiert in der Kungliga Biblioteket zu Stockholm ein Konvolut mit den nachgelassenen Arbeiten dieses um 1946 begonnenen und laut Dinesen am 28. April 1951 fertiggestellten Stückes.[229] In einem unpublizierten Brief vom 30. August 1947 gibt eine Anmerkung der Dichterin über ihr neuestes Projekt einen ersten Beleg für ein weiteres Drama:

> Dir will ich nun noch sagen, daß ich wieder bei einem großen Drama bin. Aber noch ist alles nur im Kopf und da es ein gewaltiger Stoff ist, so zittere ich vor der Ausführung. Dazu weiß ich einfach nicht, wann ich schreiben soll und die Zeit zum Nachdenken gewinnen. Aber es muß, muß werden.[230]

An Max Rychner richtet Sachs einen publizierten Brief ähnlichen Inhalts. Ihn prägt deutlich dichterisches Sendungsbewusstsein und einkalkuliertes Scheitern vor der selbstgestellten Thematik, aber auch engagierte Freude darüber, „daß die Stummen endlich reden dürfen."

> Nun bin ich bei dem Drama, dessen Vorspiel in der Urzeit spielen soll, jene Sehnsucht des ersten Menschen (Abraham), die Zinnen des Unsichtbaren zu erklimmen. Während Nimrod der große Gegen- und Todesspieler sein soll. Dies führt dann hinüber in die letzte verflossene Zeit. Aber dieser

---

[228] Konrad Wünsche: Schwierigkeiten mit den Szenen von Nelly Sachs. In: Ehrengabe II, S. 165.

[229] Nelly Sachs: Das Haar. Ein Spiel rund um die Mitternacht. Kungliga Bibiloteket, Stockholm. Signatur L 90:5:7. Siehe zur Datierung Dinesen, S. 179.

[230] Brief an Gunhild Tegen vom 30. August 1946. Zit. nach Dinesen, S. 165.

gewaltige Stoff erfordert Demut und Ausdauer, und wer weiß, ob ich äußerlich und innerlich zureiche. Aber versuchen will ich.[231]

Das „große Drama" und sein „gewaltiger Stoff", vor dessen Ausarbeitung die Dichterin „zittert", umspannt die großangelegte szenische Auslotung anthropologischer Konstanten von der mythologischen Vorgeschichte der Menschheit bis in die aktuelle Gegenwart hinein: „Dieses furchtbare Spiel zwischen Jäger und Gejagtem – Henker und Opfer", wie Sachs an anderer Stelle selbst anmerkend schreibt.[232] Die Vorgeschichte bezieht sich dabei auf den biblischen Text von *Abrams* Auserwählung durch Gott, an dessen Ende Gott ihn im Alter von neunundneunzig Jahren zum „Stammvater einer Menge von Völkern" bestimmt: „Man wird dich nicht mehr Abram nennen. Abraham (Vater der Menge) wirst du heißen".[233] Dieser historische Zeitpunkt markiert im Stück den geschichtsphilosophischen Übergang von der animistischen Götzengemeinschaft hin zum monotheistischen Individuum, das nurmehr einem Gott verantwortlich ist. Nelly Sachs nennt an anderer Stelle als Stoffquelle die Übertragung Herders dieses jüdischen Legendenstoffes um *Abraham* in einer 1879 publizierten Fassung.[234] Dort weigert sich der junge *Abram*, die Herrschaft des Gotteslästerers *Nimrod* anzuerkennen und zerschlägt dessen Götzenbilder mit einer Axt. *Nimrod* lässt *Abram* daraufhin verfolgen, lebendig begraben und will ihn, nachdem *Abram* auf wundersame Weise aufersteht, in einem Feuerofen verbrennen. Sachs transponiert diesen Stoff jedoch aus seinen mythologischen und biblischen Zusammenhängen hinaus und verschafft ihrem Stück so eine weitere Bedeutungsebene. Eingebettet zwischen Prolog und Epilog, in denen der Traum eines Archäologen an der historischen Stätte Ur in Chaldäa (im heutigen Irak) entwickelt wird, führen die Szenen symbolisch zurück in die Zeit des Mondkultes um die Gottheit *Sin* und der Herrschaft des mächtigen Jägerkönigs *Nimrod*.[235]

Bahr vermutet, dass die Gegenwart, in die das Stück seiner ursprünglichen Intention nach hineinreichen soll, durch eine Massenszene in einem Ghetto szenisch dargestellt werden soll. Sachs selbst spricht in einem Brief vom 1.9.1946 an Berendsohn von dieser Idee,[236] jedoch findet sich im *Haar*-Konvolut der Kungliga Biblioteket, wie auch Dinesen berichtet, keinerlei Hinweis auf eine schriftliche Realisierung dieses Vorhabens.[237] Am ausführlichsten äußert sich Sachs über

---

[231] Briefe, S. 69.

[232] Zit. nach Dinesen, S. 163.

[233] Genesis 12,1-9 und 17,1-6.

[234] Johann Gottfried Herder: Abraham's Kindheit. In: Herder's Werke. Sechster Theil: Morgenländische Literatur. Hrsg. von Heinrich Düntzer. Berlin 1879, S. 50f.

[235] Vgl. dazu Robert von Ranke-Graves, Raphael Patai: Hebräische Mythologie. Über die Schöpfungsgeschichte und andere Mythen aus dem Alten Testament. Reinbek 1990, S. 157-159, S. 166-171 und S. 174-176.

[236] Berendsohn, S. 139f., hier S. 140: „Dann könnte die Neuzeit beginnen. Vielleicht mit der Massenszene des Ghettos, [...]."

[237] Vgl. dazu Bahr, S. 172 und Dinesen, S. 172.

die konzeptionellen und inhaltlichen Überlegungen ihres Projektes in einem Brief an Berendsohn:

> Es hat mich ein sonderbarer Stoff für ein Drama übermannt und will mich nicht loslassen. Es ist alles noch tief herauszuholen aus der Dunkelheit der jüdischen Vorzeit aber vielleicht kann es etwas Wesenhaftes für ein Vorspiel ergeben, das übrige soll in der Gegenwart spielen. [...] Ich sah den jungen Abraham, wie es die Sage erzählt, von Nimrod in eine Steinhöhle verbannt und zugleich stieg mir aus Steinen und Sternen gewoben, Abraham also als des ersten Menschen Sehnsucht nach der einzigen Gottheit auf, die ihn dazu veranlaßt die Holzmaterie der künstlichen Götter zu zerschlagen, während Nimrod auch als Jäger der Gegen- und Todspieler wäre, der zur Gestalt des Unholdes unserer Zeit führen könnte. Ich sehe unzählige tote Tierleiber am Wege, jenen Ofen der die Menschen verschlingen muß, die nicht an die Götter des Tyrannen glauben. Der schwache und zweifelnde Vater Abrahams, der gerne alles anbetet, wenn ihm nur die Ruhe seines Alltagsdaseins gewährleistet wird, und der sich erst dann zur Flucht entschließt, als man seinen Sohn in den Ofen werfen will. Und Abrahams, des ersten Heimatlosen Ausbrechen hin zu Gott und zur ewigen Sendung des jüdischen Volkes.
>
> Dies könnte das Vorspiel in wenigen Worten gesagt sein. Das Mysterium eines zerfallenden Tierleibes, Durchbruch der Gestirne in die Nacht der Höhle könnte den Beginn zu den Überraschungen des Gottesweges darstellen.
>
> [...] Im Grunde ergibt sich ja aus der Sage schon alles von selbst und Abraham „der Mann aus Ur" (wie es heißen soll) in seiner erst orphischen Verbundenheit (hier will ich Steine und Sterne reden lassen) und dann stufenweisen Erklimmung des Unsichtbaren, kann ja garnicht anders als unsere ewige herrlichste Sehnsucht bedeuten.[238]

Ein ähnliches Schreibverfahren wie sie es hier ankündigt hat Sachs während ihrer Arbeit an *Eli* erprobt. Früheste Texte der Menschheitsgeschichte werden zur klärenden Auskunft über den gegenwärtigen geschichtsphilosophischen Zustand herangezogen, um die Aufrechterhaltung einer utopischen, weil gewaltfreien, gerechten und erinnernden Zukunft als denkbare Möglichkeit zu retten.

Die Skizzierung ihres Vorhabens an Berendsohn macht deutlich, dass sie mit ihrem Stück versucht, grundlegende Veränderungen der Menschheitsgeschichte an einem einzigen Punkt, einer Kollision der Epochen, darzustellen, einem Punkt, an dem das Alte abgelöst wird durch eine hoffnungsvollere, qualitativ höher anzusetzende geschichtliche Epoche. Dies, so Sachs, sei Beginn der „stufenweisen Erklimmung des Unsichtbaren", eben der Moment des Aufbruchs nach überwundener Unterdrückung. Das prozesshafte dieser Entwicklung wird daran deutlich, dass Sachs an dieser Stelle ihres Briefes von dem Versuch spricht, modellhafte, aus Mythologie und kanonischem Text zusammengesetzte kollekti-

---

[238] Walter A. Berendsohn: Nelly Sachs. Einführung in das Werk der Dichterin jüdischen Schicksals. Darmstadt 1974. S. 135f. [Im folgenden sigliert als *Berendsohn*]

ve geschichtliche Erfahrung in einem zweiten, die aktuelle Gegenwart („Unhold unserer Zeit") befragenden Drama zu spiegeln.

Sachs teilt den fertiggestellten Dramentext *Das Haar* in das hier zu diskutierende *Abram*-Spiel für Wort, Mimus und Musik und in das ausgearbeitet vorliegende aber unpublizierte Gegenwartsdrama *Der Stein und das Blut* auf.[239] Szenische Elemente der Gegenwartshandlungen aus *Das Haar* und *Der Stein und das Blut* fließen schließlich zusammen in das nachmals publizierte und an späterer Stelle hier zu betrachtende Drama *Nachtwache*. Dinesen erscheint die Teilung des Großdramas in eigenständige Dramen als „Befreiung" der Dichterin, denn sie sieht in dem großangelegten polaren Entwurf des Stückes einen Widerschein der „zwei unvereinbaren Identitäten, mit denen sie kämpft."[240] Deutlich lässt sich Dinesens These anhand einer Briefstelle verifizieren, die aufzeigt, welch enorme körperliche und seelische Qualen die Dichterin bei der schriftlichen Ausarbeitung behindern und sie doch weiter in ihrer Arbeit vorantreiben:

> Mein Drama wächst. Aber erbietet mit seiner ganzen Komposition, in der Realismus mit wahren Höllengesichten und doch ein alpdruckhafter Traumzustand durchgehalten werden muß, oft die ungeheuersten Schwierigkeiten. So weiß ich noch nichts zu sagen wie alles glücken wird. Man ches scheint mir endgültig da zu sein und zu atmen manches wird noch Schmerz und Tränen kosten.[241]

Es ist ein notwendiger Versuch der Neubelebung künstlerischen Ausdrucks, der von Sachs sogar in die Nähe einer Geburtssituation gerückt wird. Deshalb gebraucht sie das Bild vom endgültigen, atmenden Dramenteil, das unter „Schmerz und Tränen" zu Papier gebracht wird. Doch was da *geboren* wird, ist bereits unauflöslich mit Vergangenheit behaftet, und Zweck des Dramas ist es somit, diese Vergangenheit zu bezeugen und neu zu vergegenwärtigen. Der Text verzichtet hierzu auf harmoniestiftende Versöhnung, wäre dies doch ein aussichtsloses Unterfangen, sondern legt den Blick frei auf verstörende Tatsachen außertextlicher Wirklichkeiten. Konzeptionell ist hierin der Versuch zu sehen, eine Balance zwischen Realismus und surrealem Traum zu erschreiben. Beide Sphären werden als bedrohlich erfahren, deren destruktive Kräfte nur durch bündiges Niederschreiben gebannt werden können. Wie stark schriftstellerische Intentionen und Ambitionen mit der alltäglich erfahrenen Welt konfliktreich ineinander verwoben sind, und wie eindeutig dabei Schreiben als Mittel den Tod – den eigenen, wie den der geliebten Mutter - zu bannen verstanden wird, davon gibt eine Briefstelle Auskunft:

> Ich will nun, sobald meine neue Gedichtsammlung abgeschlossen ist, will ich, falls es der Leidenszustand meiner geliebten Mutter irgendwie erlaubt,

---

[239] Vgl. dazu Dinesen, S. 162 sowie Nelly Sachs: Der Stein und das Blut. Ein Albtraumspiel von den Überlebenden. Kungliga Biblioteket, Stockholm, in: Nelly Sachs Manuskript: Dramer, Signatur L 90:5:6. Siehe dazu S. 242ff.

[240] Dinesen, S. 162.

[241] Berendsohn, S. 149. [Orthographie und Interpunktion im Original]

das Vorspiel niederschreiben, es ist mir nun aus der Nacht von Ur soweit herausgewachsen, ich sehe das Volk doppelt mondgezogen dem Tyrannen Nimrod huldigen am Zikkurat-Stufenturm mit einem gewaltigen Aufgebot der von unten aufsteigenden Priesterschar den Tierkreis des Sternenhimmels und den Tierkreis von Nimrods Jagdbeute ausfüllend. Ein Zwischenspiel auf einer niedrigen Vorbühne im Wirtshaus und auf der Straße noch einmal alles im niedrigsten Stadium symbolisierend dann am Ende die federleichte Handlung bei solcher endloser Barbarenbemühung eines kaum zum Jüngling erblühten Kindes.

Dann könnte die Neuzeit beginnen. [...] am Ende wieder, denke ich, im Schlußakt, auch eine federleichte Handlung die im Wind der Ewigkeit zittert. Ich meine noch über den wundervollen Widerstand des totgeweihten Haufens hinaus, wieder jene Einführung in die ewige Linie.

Ich habe Angst, ich leugne es nicht. Es geht ums Ganze, so muß man sich ganz in die Feuer werfen lassen. [...], ich weiß alles bisher war nur Vorübung.[242]

Berendsohn, an den der Brief gerichtet ist, bestärkt bei allen ästhetischen Meinungsunterschieden Sachs in ihrem Vorhaben, das projektierte Großdrama weiter zu bearbeiten. Seine genaue Kenntnis des lyrischen und dramatischen Werks sowie seine Rolle als väterlicher Freund und vertrauenswürdiger Mentor versetzen ihn in die Lage, die Angst vor den Dimensionen des Stückes zu mildern. Zusätzlich weist der Brief darauf hin, dass Schreiben nicht losgelöst von der erfahrenen Unmittelbarkeit des täglichen Lebens verstanden werden kann, sondern dass alle Erfahrungen grundlegend zur Konstitution des Textes herangezogen werden. Das Ziel von Sachs' Schreiben ist nicht die Verwandlung von Leben in Kunst, das Hinauseskamotieren aus den realen Zusammenhängen der Welt, sondern es verhandelt die leidvollen, aber letztlich vergeblichen Bemühungen über die Gewissheit der Sterblichkeit allen menschlichen Lebens zu siegen. So gelesen, gerät dieses Zitat zur poetologischen Selbstauskunft, nach der ihr Schreiben von Beginn an zu einer Tätigkeit mit bewusst einkalkuliertem Scheitern wird.

4.3 Kommentar *Abram*

Zu Beginn von *Abram im Salz* stoßen die Rezipienten auf die Aufzählung eines Personen- und Stimmenensembles, das die unvorbereiteten unter ihnen verstört. Am ehesten aus dem Bereich herkömmlichen Rollenspiels entstammen Figuren wie *Wächter*, *Ausgräber*, *Hohepriester*, *Jägerknechte*, *Vater* und *Mutter*. Neben diese hauptsächlich durch ihre soziale Einordnung gekennzeichneten Figuren treten solche aus biblischen, apokryphen oder mystischen Kontexten: *Abram*, *Nimrod* und *Lilitu*. Weitere Rollenbezeichnungen wie *Wasserorakelfrau* oder *Salzgeister* lassen Assoziationen an Volksmärchen oder Legendenstoffe aufkommen. Zuletzt komplettiert eine Reihe von Chören sowie eine *Helle Stimme* das Figurenensemble. Ein *Chor der Dürstenden* und einer *der Uralten*, ein *Chor der Wahnbesessenen* und ein *Chor der Mütter* evozieren Formierungen entindividualisierter

---

[242] Berendsohn, S. 139f.

Gruppen und stehen somit in Kontrast zu im Verlauf szenischer Handlung sich entwickelnden Figuren. Der Aufbau der sieben Szenen des Stückes verweigert seinen Protagonisten sich gemäß den Entwicklungslinien individueller Figuren aus der traditionellen Dramenästhetik zu entfalten. Vielmehr charakterisiert das Figurenensemble eine auf modellhafte Abstraktion des Dargestellten zielende „Entindividualisierung".[243] Durch Negierung und Neukonstellation traditioneller Figurenensembles gelingen dem Drama bisher unbekannte soziale, geschichtliche und literarisch-religiöse Konnotationen in Form modellhafter Sinnzuschreibungen.

Abram im Salz durchbricht nicht nur mit seinem unkonventionellen Personen- und Stimmenensemble dramenästhetische Traditionen: Das Stück operiert ohne eigentliche Fabel und verzichtet bis auf zwei noch näher zu betrachtende Momente auf traditionelles dialogisches Rollenspiel. In der Neukonstruktion des dramatischen Textes wird so eine Schaffung neuer Assoziationsräume und konnotativer Relationen angestrebt. Im Vorgenannten liegt bereits ein perspektivischer Verweis auf die Schwierigkeiten des Dramas in formaler wie auch stofflicher Beurteilung. Einer möglichen Erschließung des Textes geht deshalb die Forderung nach mehrmaliger intensiver Lektüre voran.

Expositorische Bedeutung liegt besonders in der ersten szenischen Anmerkung:

> Bei den Ausgrabungen in Ur fand man oft auf der Erde den Abdruck und das Muster von Gegenständen, die selbst gänzlich in Staub zerfallen waren. Es war die Schrift des schon unsichtbar Gewordenen, die man zu lesen versuchte.[244]

Sachs schreibt diesen kurzen Anmerkungen ihre Beschäftigung mit kabbalistischer Sprachmystik ein, die sie durch die Lektüre von Gershom Scholems Schriften zur jüdischen Mystik kennengelernt hat. Für den Kabbalisten ist Sprachmystik immer zugleich eine Mystik der Schrift. Daher existiert in der Sprachmystik der Kabbalisten der Unterschied zwischen Sprache und Schrift nicht mehr.

> Jedes Sprechen ist in der geistigen Welt zugleich ein Schreiben, und jede Schrift ist potentielle Rede, die bestimmt ist, lautbar zu werden. Der Sprecher gräbt gleichsam den dreidimensionalen Wortraum in das Pneuma ein.[245]

Hier wird im Medium der szenischen Darstellung der Versuch unternommen, die zerfallende Schrift der Vergangenheit zu lesen und auszudeuten. Der szenische Text nähert sich der Art jenes einritzenden „phonographischen Prinzips", von dem Scholem in seinem Aufsatz spricht. Die Umsetzung vergangener symbolischer Abdrücke in aktuell wieder lesbare Schrift gerät Sachs zur Ur-Signatur des dichterischen Wortes. Der zerfallende symbolische Sinn zeigt sich ohne jede

---

[243] Ostmeier, S. 40ff.

[244] ZiS, S. 95.

[245] Gershom Scholem: Der Name Gottes und die Sprachtheorie der Kabbala. In: Ders.: Judaica 3. Frankfurt am Main 1973, S. 7-70, hier S. 35.

verstehbare repräsentative Funktion, er ist jedoch nicht leeres Zeichen, sondern sein verstörender Gehalt vermittelt sich dem, der sich die Mühe der Rekonstruktion des im historischen Prozess verlorengegangenen Sinns macht, um Einsicht ins *unsichtbar Gewordene* zu erlangen. Den Spuren nachzugehen und damit die künstlerische Konstitution neuen Sinns zu erreichen gelingt nur dem Rezipienten, der es versteht, die sinnlich erfahrbare und die symbolische Welt in ihrer Gesamtheit zu lesen und auszudeuten. Benjamins sprachphilosophischer Aufsatz *Über Sprache überhaupt und über die Sprache des Menschen* führt zu diesem Problemrahmen aus:

> Die Übersetzung der Sprache der Dinge in die des Menschen ist nicht nur Übersetzung des Stummen in das Lauthafte, sie ist die Übersetzung des Namenlosen in den Namen. Das ist also die Übersetzung einer unvollkommenen Sprache in eine vollkommenere, sie kann nicht anders als etwas dazu tun, nämlich die Erkenntnis.[246]

Gott bürgt für die Objektivität dieser Übersetzung, da Gott die Dinge im Sprechen zugleich erschaffen und benannt hat. Dem Übersetzer der Sprache der Dinge in die Sprache des Menschen offenbart sich ihr sinntragender geschichtlicher Gehalt als spontanes, „lautloses Hervorstrahlen" in den Dingen.[247] Schrift wird Benjamin damit zum geheimnistragenden Ort einer Suche nach objektiver Wahrheit, in deren Folge der Suchende in jedem ihrer Grapheme – „jene Lineamente und Signaturen"[248] – das Wort Gottes eingeprägt findet. Alle empirische Welt wird so aufgefasst, dass sie von sich aus vollkommen in Gott vorgebildet ist und alle Sprache die „paradiesische Sprache des Menschen [...] die vollkommen erkennende" gewesen sein muss.[249] Mit dem Sündenfall, so Benjamin weiter, beginnt das Auseinanderfallen von Sprache und Schöpfung, beginnt der bis heute andauernde katastrophische Geschichtsverlauf:

> Nach dem Sündenfall, der in der Mittelbarmachung der Sprache den Grund zu ihrer Vielheit gelegt hatte, konnte es bis zur Sprachverwirrung nur noch ein Schritt sein. Da die Menschen die Reinheit des Namens verletzt hatten, brauchte nur noch die Abkehr von jenem Anschauen der Dinge, in dem deren Sprache dem Menschen eingeht, sich zu vollziehen, um die gemeinsame Grundlage des schon erschütterten Sprachgeistes den Menschen zu rauben. *Zeichen* müssen sich verwirren, wo sich die Dinge verwickeln. Zur Verknechtung der Sprache im Geschwätz tritt die Verknechtung der Dinge in der Narretei fast als deren unausbleibliche Folge.[250]

---

[246] Walter Benjamin: Über Sprache überhaupt und über die Sprache des Menschen. In: Ders.: Angelus Novus. Ausgewählte Schriften 2. Frankfurt am Main 1988, S. 9-26, hier S. 20. [im folgenden sigliert als *AS2*]

[247] Vgl. dazu AS2, S. 19.

[248] Scholem: Judaica 3, a.a.O., S. 35.

[249] AS2, S. 21.

[250] AS2, S. 23. [Hervorh. im Original]

Der Dramentext sucht jenen mythologischen Zeitpunkt auf, an dem Benjamins Analyse den Beginn der Verknechtung von Sprache und Dingwelt festmacht. Die mythologische Vergangenheit wird im Prolog des Stückes als ein unregelmäßiges, reimloses lyrisches Gebilde in vier Strophen vorgestellt:

Mutterwasser

Sintflut

die ins Salz zog – Gerippe aus Sterben –

Erinnerungsstein

gesetzt

unter des Mondgottes Silbertreppe

in Ur

da wo das Blut der Nachtwandlerschar

zu Chaldäa

stürzte

durch die blaue Ader der Finsternis.

Mittels der alle bisherige menschliche Geschichte umfassenden Gestaltung gelangen Urzeit und Gegenwart in den gefundenen Artefakten symbolisch zur Deckung. Wasser, so sagt der Text, erscheint als ambivalentes Naturelement, in dem Leben heranwachsen, von dem es aber auch vernichtet werden kann. Die Phänomene der Natur, deren Zusammenhänge der animistischen Gesellschaft unverständlich-dunkel bleiben und darob angebetet werden, setzen die gültigen Grenzen einer als schicksalhaft erfahrenen Zeit, in der im Bewusstsein der Unmöglichkeit individuellen geschichtlichen Eingreifens gelebt wird. Der Sturz der in dieser Epoche herrschenden *Nachtwandlerschar/zu Chaldäa*, markiert den historischen Ort des Prologs.

Da liest der Ausgräber

in der Bibel des Staubes

eingeküßtes Muster

königlich Gewebtes

und

sieht die Kette

golden

den Staub sonnen

Der Hals der traulich

zwischen dem Geschmeide einging

in seiner Nachtexistenz

ließ immer noch

nebelgraues Gedenken zurück.

Musizierende Gestirne

rauschten wie Wein

in Abrams Ohr

bis er rückwärts stürzte

abgerissen

getroffen

von einem Tod

der kein Tod ist.[251]

Der jähe temporale Umschnitt von mythischer Vorzeit auf die Gegenwart wird
evoziert durch den wissenschaftlichen Beruf des *Ausgräbers* und szenisch unter-
strichen durch die aufklärendes Licht ins Längstvergessene bringende Sonne.
Dem bloß wissenschaftlich-rational die Dinge betrachtenden Experten erschließt
sich das Vorgefundene nicht vollständig. Ein unverständlicher Rest verbleibt in
den Dingen, den Schriftzeichen, der sich nicht vollständig mit Methoden des
wissenschaftlichen Diskurses auflösen lässt. Es ist jenes im Prolog benannte
„nebelgraue Gedenken", welches sich in den Artefakten der vergessenen Kultur
als verwehende Spur niedergeschlagen hat. Benjamin spricht in den *Thesen über
den Begriff der Geschichte* von dieser aus den Dingen herauszuarbeitenden
Schicht als von der Arbeit des Historikers:

> Vergangenes historisch artikulieren heißt nicht, es erkennen ,wie es denn
> eigentlich gewesen ist'. Es heißt, sich einer Erinnerung bemächtigen, wie
> sie im Augenblick einer Gefahr aufblitzt.[252]

---

[251] ZiS, S. 95f.

[252] Walter Benjamin: Über den Begriff der Geschichte. In: Ders.: Illuminationen. Ausgewählte Schriften 1, Frankfurt am Main 1977, S. 251-261, hier S. 253. [im folgenden sigliert als
AS1] Es ist unwahrscheinlich, dass Nelly Sachs den 1942 von Max Horkheimer und Theodor
W. Adorno herausgegebenen hektographierten Sammelband „Walter Benjamin zum Gedächtnis", in dem die „Thesen über den Begriff der Geschichte" publiziert wurden, vor oder während
der Arbeit am *Abram* zur Kenntnis genommen hat. Auch in der erhaltenen und erschlossenen
Bibliothek der Dichterin im Nelly-Sachs-Raum der Kungliga Bibliioteket, Stockholm finden
sich lediglich zwei posthum veröffentlichte Werke Benjamins: Berliner Kindheit um Neun-
zehnhundert (Katalog över Nelly Sachs Bibliotek, Sigle NS/100) und Städtebilder (Katalog
över Nelly Sachs Bibliotek, Sigle NS/982). Spuren vom Denken Benjamins sind jedoch häufig
im Werk der Dichterin anzutreffen, was nicht verwundert, da beide, der philosophische Kriti-

Auf den Prolog übertragen meint diese Stelle, innerhalb der fragilen Textur der „Bibel des Staubes" jenen Moment einer blitzhaft möglichen geschichtlichen Erkenntnis festzuhalten.

Die sieben nachfolgenden Szenen sind im Augenblick erkennbare Gegenwart und ebenso schnell wieder verschwindende Vergangenheit. Es ist dieses in szenische Darstellung übertragene visualisierte Blitzhafte an ihnen, das unvorbereitet Einsetzende und wieder Abbrechende, wodurch die Möglichkeit der Rezipienten sich verstehend zu nähern im Verlauf des dramatischen Spiels extrem erschwert wird. Als konstruierendes Prinzip des Stückes sind diese unverhofft sich offenbarenden Erkenntnismomente von solcher Bedeutung, dass Sachs eine szenische Umsetzung dieses formalen Charakteristikums gleich an den Beginn der ersten Szene setzt. Die sich als Traumvision des *Ausgräbers* darstellende szenische Handlung wird wie folgt eingeleitet:

> Einer der Ausgräber ist eingeschlafen. Seine staubbedeckten Hände greifen einen Augenblick in die Luft, als wolle er etwas festhalten. Aus dem Abstand der beiden Hände wie aus einem Bilderrahmen steigen die folgenden Szenen gobelinartig auf.[253]

Am Modus rein mimischer Darstellungsweise wird erkennbar, dass in der Figur des *Ausgräbers* der Bogen über Zeitgrenzen hinweg gespannt wird. Ist sein Körper materiell an die aktuelle Gegenwart der Ausgrabungsstätte gebunden, so beginnt durch reduzierte Bewegung dargestellt das Traumbewusstsein seinen Weg, das Ende einer anderen Zeit zu erreichen. Was im Moment der mimischen Darstellung dem erkennenden Bewusstsein im Augenblick als Erkenntnis aufscheint, versucht der Ausgräber zu greifen, d.h. zu *be*-greifen, was als *Ein*-greifen im Sinne des Erinnerns/Verstehens geschichtlicher Abläufe verstanden werden kann. Auf die szenische Umsetzung des oben herausgearbeiteten erkenntnistheoretischen Schreibverfahrens folgt innerhalb derselben Szene ein fließender Übergang hinein in die symbolische Visualisierung des visionär Erblickten.

In einer „Salzlandschaft nach der Sintflut" erheben sich der Durstgeist *Lilitu* und ihr Dämonengefolge aus Salzsäulen

LILITU

Salz – Salz – Salz –

Gerippe der Sintflut

Ende –

SALZGEISTER

Durst – Durst – Durst –

Anfang –

---

ker und die späte Dichterin, in ihren Schriften auf kulturelle Traditionen des Judentums zurückgreifen.

[253] ZiS, S. 97.

Tanz. Muschelblasen.[254]

Die Figur des tanzenden und singenden Durstgeistes *Lilitu* ist derart konzipiert, dass ihre literaturgeschichtlichen Kontexte identifizierbar sind, jedoch gleichzeitig modifiziert werden. In Bubers chassidischer Legendensammlung ist *Lilith* als Männer verführende „Dämonin" beschrieben, gegen deren aktive Sexualität sich die keusch gebärdenden Männer mit Hilfe magischer Bannhandlungen zur Wehr setzen.[255] Nach talmudischer Überlieferung gilt sie als erste Frau *Adams*, vor *Eva*. Aber *Adam* vermag *Liliths* Stolz nicht zu brechen, da sie als Luftwesen von höherer Wesensart ist als der aus Staub geformte Mensch. *Lilith* entzieht sich *Adam* und flieht durch die Luft. Von da an weckt sie die sexuelle Begierde der Männer und zeugt Dämonen mit ihrem Samen. Neben Bubers literarischer Überlieferung einer aktiven, selbstbewussten Frauengestalt kommt als weitere literarische Vorlage eine Figur aus den Übertragungen jüdischer Legenden Herders mit Namen *Lilis* in Betracht.[256] Die Überschrift der Legende *Lilis* und *Eva* zeigt an, dass Herder anhand zweier gegensätzlicher Prinzipien die gottgefällige Wesensart der idealen Frauengestalt zu postulieren gedenkt. Dem eigentlichen Legendentext nachgestellt und durch Asterisken exponiert abgesetzt folgt die Explikation der moralisch-sittlichen Position Herders, die einerseits stark von der pietistischen Religiosität seines lutherischen Bekenntnisses zeugt, andererseits aber besonders den hier interessierenden grundsätzlichen Gegensatz von Gut und Böse thematisiert. Er schreibt:

> Darum, wenn Gott einen Jüngling liebt, so giebt er ihm die Hälfte, die sein ist, das Gebilde seines Herzens, zum Weibe. [...] Wer aber frühe nach fremden Reizen blickt und buhlt nach Wesen, die nicht zu ihm gehören, empfängt zur Strafe eine fremde Hälfte. In einem Leibe zwei verschiedene Seelen, hassen sie einander, zerreißen sich und quälen einander zu Tode.[257]

Konnotative Vielschichtigkeit kommt der Rollenfigur zusätzlich durch den Umstand zu, dass im Namen *Lilitu* auch der Kosename von Nelly Sachs, Li, mitgeschrieben ist, mit dem sie ausschließlich Briefe an ihre allerengsten Freunde unterschreibt.[258] Mit *Li* zeichnet sie vor allem Briefe, die ihre private gesundheitliche und schriftstellerische Verfasstheit thematisieren und daher oftmals von einem kummervollen Grundton durchzogen sind. *Li* ist die allerletzte reduzierte Möglichkeit der schriftlichen wie vokalisierbaren Repräsentation des eigenen Namens vor dem Verstummen: aus dem dreisilbigen Geburtsnamen *Leonie* ist die beibehaltene gewohnte Abkürzung aus Mädchenkindertagen *Nelly* geworden und daraus das nur noch bruchstückhafte *Li*, dem durch Hereinnahme in den künstlerischen Text vielfache Verweise und Bezüge neu zugeschrieben werden

---

[254] Ebd., S. 97.
[255] Buber: Die Erzählungen der Chassidim, a.a.O., S. 279.
[256] Johann Gottfried Herder: Lilis und Eva. In: Herder's Werke, a.a.O., S. 40f.
[257] Ebd., S. 41.
[258] Vgl. Briefe, 289ff.

können. Dem Text kommt daher auch biographische Bedeutung zu, die mitgedacht werden muss, wenn sich ihm kommentierend genähert wird.

Rede und Gegenrede gestalten sich in dieser ersten Szene rein substantivisch. Durch die völlige Abwesenheit jeglicher Verbform ist nicht auszumachen, ob das hier Gesagte Handlung, Zustand oder Prozess bezeichnet. Das im szenischen Dialog verwendete Wortmaterial steht einander antithetisch gegenüber. Im mineralogischen Bild scheint Stagnation und Erstarrung auf, der Vers setzt dies durch dreifache monotone Wiederholung sowie Dauer anzeigende Gedankenstriche auch im Schriftbild um. Ein Zustand, der mit dem Wort „Ende" an eine unüberwindbare Naturmächtigkeit nach der Katastrophe gemahnt. Die Annahme von Endgültigkeit aber wird durch das offen gelassene Ende der Verszeile sofort wieder in Frage gestellt. Der *Salzgeister* ebenfalls monoton wiederholtes „Durst – Durst – Durst –" steht für eine diametral entgegengesetzte Perspektive. Es bezeichnet ein absolut vorrangiges menschliches Grundbedürfnis. Dauerhaftes Verlangen nach Befriedigung der Grundbedürfnisse ist als dynamisierende Motivation menschlicher Geschichte zu sehen. Es geht dem Beginn eingreifender Veränderungen des Geschichtsverlaufes voraus. Im Gegensatz zur hier vorgetragenen These argumentiert Ostmeier wie folgt:

> Da ungesagt bleibt, was sich zwischen Ende und Anfang ereignet, ob sich überhaupt etwas ereignet oder ob der Anfang immer zugleich auch das Ende in sich trägt, wird das genealogische Schema, das die Folge des einen nach dem anderen bestimmen will, in Frage gestellt. Basiert es vielleicht auf einer Voraussetzung, die es selbst nicht begreift? Diese Frage betrifft das linear teleologische jüdische wie auch christliche Geschichtsverständnis, das das Ende der Geschichte mit der Ankunft des Messias identifiziert.[259]

Die Abwesenheit jeglicher Verbformen scheint Ostmeiers These von der Stagnation des linearen Geschichtsverlaufs zu bestätigen. Das jüdisch-christliche A – Ω, Signum dieser Linearität, verkehrt sich im Text tatsächlich zum Paradoxon. Im zu betrachtenden Textzitat kann jedoch christliche Geschichtstheologie nicht gemeint sein, denn mit Jesus ist nach christlichem Verständnis der Messias bereits auf Erden erschienen, die Menschheit also am Ende der Geschichte angelangt. Der Glaubensunterschied zwischen der ausstehenden Ankunft des Messias am Ende aller Zeit und des Glaubens an den bereits auf Erden gewesenen Gottessohn ist aber einer ums Ganze.[260] Tatsächlich beinhaltet die 1. Szene einen feststellbaren epochalen Aufbruch des verkrusteten Zeitverlaufs, der in der auf die ·rätselhaften Verse unmittelbar folgenden Szenenanweisung herausgelesen werden kann: „Tanz. Muschelblasen". Die rhythmische, mit Musik untermalte Bewegung des Geistergefolges, die im weiteren Verlauf des Stückes exemplarisch von verschiedenen Chören übernommen und ausgeführt wird, scheint wortlos

---

[259] Ostmeier, S. 42.
[260] Vgl. dazu Gershom Scholem: Zum Verständnis der messianischen Idee im Judentum. In: Ders.: Über einige Grundbegriffe des Judentums. Frankfurt 1970, S. 121ff.

vom Beginn einer neuen Zeit zu künden, die sich ihres sprachlichen Ausdrucks noch nicht bewusst geworden ist. In den Anmerkungen zu *Abram* schreibt Sachs:

> Die Bewegung des Leibes als erste Sprache vor dem Wort soll sich vor allem in den Chören zeigen. [...][261]

Die Verse *Lilitus* und ihres Geistergefolges werden gesprochen, nachdem sie sich aus Salzsäulen erhoben haben und bevor sie zu tanzen beginnen. Ungesagt bleibt nicht, was vor dem Ende geschah, sondern ungesagt bleibt an dieser Stelle des Dramas, was nach der Aufhebung des stagnierten Zeitverlaufs geschehen wird. Die Aufhebung des katastrophischen Naturzustandes gibt in den Salzsedimenten der Sintflut Eingeschlossenes frei. Es wird keine Aussage darüber gemacht, welches Ereignis diese Freigabe initiiert hat oder welche Kräfte sie bewirkten. Dem Ende der Stagnation folgt ein innerhalb der Szene nicht näher spezifizierter Aufbruch. Historisch situiert ist die Szenerie laut Szenenanweisung *„nach der Sintflut"*.[262] Gottes Zorn vertilgte bis auf *Noah* und seine Familie alle Menschen von der Erde. Mit *Lilitu* und ihrem Gefolge wurden die dämonischen Geister der Vorvergangenheit im Salz der zurückweichenden Flut konserviert. Die Wiederkehr der alten Dämonen lässt exakt an dieser Stelle des Dramas Gottes zweiten Bund mit den Menschen scheitern. Das Dämonische aber ist hier in seiner Funktion zu betrachten, den Menschen mit seiner objektiv erfahrbaren Welt in Beziehung treten zu lassen. Durch Hereinnahme des Dämonischen in sein Denken erschafft sich der erklärungssuchende Mensch die Möglichkeit zur Deutung unverständlicher, angsteinflößender Phänomene innerhalb seines Lebens und der äußeren Natur.

> Der Zwang, sich zurechtfinden zu müssen in der Unheimlichkeit und Rätselhaftigkeit des Lebens und Sterbens, erzeugt so den ‚Daimon' als den wahren ‚Zuteiler', dem griechischen Wortsinne nach.[263]

Erst das Dämonische ermöglicht es dem aus dem Paradies vertriebenen Menschen in differenzierte Auseinandersetzung mit der äußeren Welt zu treten. Löwenthal verweist in seiner hier zitierten Arbeit auf die „Unmöglichkeit einer inhaltlichen Erfassung" des Begriffes. Mit der Übertragung menschlicher Eigenschaften auf die Sphäre des Natürlichen kann dem Wirken der Natur verschiedene Bedeutung zugewiesen werden: so erscheinen dem Menschen das Sterben und die Unwetter als böse, Geburt und Regen nach Trockenheit als gut. Löwenthals Formbestimmung des Dämonischen unterstreicht, dass mit ihr „keine Letztheit" des Phänomens gemeint sein kann, sondern sein Verweis auf die Möglichkeit, dass es im Denken der Menschen sowohl gute als auch böse Dämonen gibt, er-

---

[261] ZiS, S. 346.

[262] Ebd., S. 97.

[263] Leo Löwenthal: Das Dämonische. Entwurf einer negativen Relgionsphilosophie. In: Ders.: Untergang der Dämonologien. Studien über Judentum, Antisemitismus und faschistischen Geist. Leipzig 1990, S. 10-25, hier, S. 14.

möglicht als katalytisches Prinzip ein unabschließbares Vorantreiben der Gedanken in ihrer Auseinandersetzung mit dem, was ist:

> Das Dämonische bedeutet ein Durchlaufen von Stadien. Es ist nicht der Teufel, es ist nicht Gott, auch nicht der jenseits und über aller Wertung wirkende Demiurg, es ist der Ausdruck des Dynamischen, das verflucht ist, in bestimmter Abfolge die Antinomien der Werte zu durchlaufen.[264]

In der Konzeption der *Lilitu*-Figur werden diese in äußerster Spannung aufeinander bezogenen Prinzipien von Gut und Böse, Unterwerfung und Auflehnung, Stillstand und Dynamik zusammengeführt und befragt. Sie, die aus der kanonischen Schrift verbannte Dämonin, übersteigt ihre althergebrachten, von Männern zugeschriebenen Sinngebungen und deren Kontexte und erhält dadurch die Möglichkeit, emanzipative Impulse auszusenden. Dies geschieht ganz konkret in dem Moment, wo sie das Schweigen nach der Sintflut durchbricht und die Möglichkeit schafft, die Phänomene des Lebens wie der Natur durch Benennung in ihrer bedrohlichen Unheimlichkeit zu mildern. Das Schweigen zwischen den monotonen Wiederholungen der Ein-Wort-Verse ist oben als Stagnation des geschichtlichen Verlaufs gedeutet worden. Szenisch dargestellt wird die Überwindung dieses Zustandes durch Verwendung mehrsilbigen Wortmaterials, wie es in den beiden paradox-antithetisch aufeinander bezogenen Zeitmodi in einem extrem ungewöhnlichen Spannungsverhältnis hervortritt.

Ende –

[...]

Anfang –

Die erste Szene zeigt den langsam tastenden Versuch – gleichberechtigt neben Mimus und Musik – parallel das gesprochene Wort als dialogisches Prinzip des Dramas verstanden, zu retten. Von dieser basalen Bedingung moderner dramatischer Texte heißt es in Szondis Dramentheorie:

> Die Ganzheit des Dramas schließlich ist dialektischen Ursprungs. Sie entsteht nicht dank dem ins Werk hineinragendem epischen Ich, sondern durch die je und je geleistete und wieder ihrerseits zerstörte Aufhebung der zwischenmenschlichen Dialektik, die im Dialog Sprache wird. Auch in dieser [...] Hinsicht also ist der Dialog Träger des Dramas. Von der Möglichkeit des Dialogs hängt die Möglichkeit des Dramas ab.[265]

Dialogisches Sprechen denkt im modernen Drama immer auch die Voraussetzungen und Hintergründe seiner Entstehung mit. Mit dem katalytischen Prinzip des Dämonischen ist hier dem Dialog als Träger des Dramas die Qualität und die „nützliche Rolle [...] als des restlos Fragenden"[266] eingeschrieben. Damit ist die

---

[264] Ebd., S. 15.

[265] Peter Szondi: Theorie des modernen Dramas (1880-1950). Frankfurt am Main 1953. S. 18f.

[266] Löwenthal, a.a.O., S. 25.

Frage nach Gelingen oder Scheitern des Dialogs vor dem Hintergrund seiner Entstehung als Möglichkeit von Drama überhaupt gestellt. Die ästhetische Verortung des vorliegenden Dramas und seiner stattfindenden Dialoge können mit einem Zitat Löwenthals vorläufig zusammengefasst werden, es

> zwängt sich hinein in den gottverfluchten und gottsuchenden Raum zwischen Paradies und Messias, zwischen die Antworten ohne Fragen und die völlige Negation aller jemals ketzerischen und verzweifelt gestellten Fragen, stellt sich hinein in diesen gähnenden Abgrund, um ihn zeitlich und prinzipiell zu durchforsten nach der Struktur der Gebilde, die das Fragwürdige und Unruhige, das Un-Endliche im schlechten – [...] – Sinne jeweils darstellen.[267]

Der in solch ungewöhnlichem Spannungsverhältnis stattfindende Dialog ist nie als hamoniestiftendes, rettendes Moment reklamierbar, sondern er muss als klarer Verweis auf die defizitären Zusammenhänge der Welt – der kommunikativen wie der natürlichen – gelesen werden.

Auch zu Beginn der zweiten Szene zeigt sich, dass die Autorin bei der Einbindung überlieferter Stoffe der Geistesgeschichte unkonventionelle, eigene Wege geht. Die Szenenanweisung situiert das Gezeigte in ein nächtliches Ritual der Mondanbeter der mystischen Mondgottheit *Sin*. Sie ist es, deren Allmacht anzubeten *Nimrod* seine Untertanen mit grausamen Regime anhält. Religionswissenschaftlich betrachtet handelt es sich bei *Sin* um den akkadischen Namen einer mesopotamischen Mondgottheit, deren sumerischer Name *Nanna* lautet.

> In the hyms and prayers there is a tendency to ascribe to Nanna nearly all the qualities attributed to the other celestial deities. He is unfathomable wise, the organizer of life, guardian and leader of mankind, judge of heaven and earth, master of destinies, helper of the destitute and the lonely and so forth. He is also associated with royalty. Nana has the ability to confer royalty on kings by means of a divine halo, the same luminious halo that was observed to surround the moon. Furthermore, kings often expressed the wish that the great gods would confer on them a life renewable every month like the moon.[268]

Dieser kurzen Zusammenschau der *Sin* zugeschriebenen positiven Potenzen setzt das Stück eine eigene Anschauung der mythischen Gottheit von Ur entgegen. Inmitten der Szenerie steht ein monumentales Standbild, das die Gottheit symbolisch darstellt: „einen Zahn, der das Dunkel kaut",[269] beschienen vom Mondlicht. Die im Kommentar der ersten Szene herausgearbeitete Dynamik, die als Begehren eines bislang nicht näher beschriebenen Aufbruchs zu deuten ist, wird angesichts des gegenwärtigen dramatischen Zeitbefunds abrupt wieder beendet. Unter der Herrschaft von *Sin* zeigt sich Zeit als die ständige Wiederkehr des Gleichen: Es ist die Stagnation einer Gesellschaftsverfasstheit, die sich unter

---

[267] Ebd., S. 15.
[268] Mircea Eliade (Hrsg.): The Encyclopedia of Religion. Vol. 10, New York 1982, S. 310.
[269] ZiS, S. 98.

dem mächtigen Regime der Gewalt auf Dauer eingerichtet hat, ohne Ausweg auf Veränderung und ob seiner machtgeschützten Indifferenz gegenüber seiner Bevölkerung voller selbstzufriedener Sattheit. Das Monument verdeutlicht diesen Zeitzustand, indem es seine Visualisierung dem alltagssprachlichen Sprichwort vom „Zahn der Zeit" entlehnt und brutal-grotesk ins Bild setzt. Wie zum Hohne wird den Unterdrückten vorgeführt, was Leben und persönliches Schicksal in dieser Gesellschaft bedeutet. Sie unterliegen dem monotonen Mahlwerk zyklischen Zeitverlaufs. Auch die Phasen der kosmischen Bewegungen des Mondes, Grundlage der verschiedenen Riten und Gebräuche, gerinnen so zur sinnleeren Wiederholung ihrer selbst, längst vergessen ist ihr urtümlicher identitätstiftender Sinn. Verschiedene Zeitebenen sind in der Barbarei vorstellbar. Vergangenheit, Gegenwart und Zukunft werden durch einen einzigen Modus der Zeit abgelöst, und das ist der ständig präsente des lebensbedrohenden Ausnahmezustandes. Dieser zeigt sich im szenischen Bericht von grausamen Ritualmorden, konkret der Ermordung von einhundertfünfzig Jungen durch ihren Einsatz als lebendige Grabbeigabe. *Wachter* verrichten vor der Grabeshöhle ihren Dienst ohne ihren tödlichen Taten Bedeutung beizumessen:

ZWEITER WÄCHTER

Abram der Hirtenknabe ritt auf seinem Widder

Als ich ihn herunterriß

Das Widdergehörn begann zu singen –

O – O – O –

An meiner Hand zuckt es noch wie Wind

als ich ihn warf

als Letzten in die Höhle – [270]

Das Ertönen des Schofarhornes an der Schwelle zum Tode ist hier als prospektiver Verweis seiner späteren Verwendung im Judentum verstehbar. Wenn es ertönt, wie bereits bei der Analyse des *Eli* erläutert, dann ist damit eine aufrüttelnde Aufforderung zur Erinnerung verbunden. Musik gerät an dieser Stelle des Dramas im Sinne des *Totaltheater*konzepts zum bedeutungstragenden Stilmittel. Dass der Schofar zur geplanten Ermordung *Abrams* singt, verdeutlicht dessen herausgehobene Stellung als Protagonist des Dramas und markiert ihn als modellhafte Figur des entstehenden Judentums.

Die dritte Szene versammelt „gezogen an den weißen Schnüren Sins, taumelnd" und „kreisend im Zick-Zack"[271] die entindividualisierten Chöre zu einer Liturgie der Marionetten. Das Lamento der chorischen Teilgruppen steht den tänzerisch auszuführenden Bewegungsabläufen gleichberechtigt zur Seite. Die Abstraktheit des Gesagten korrespondiert mit der Unwillkürlichkeit der Bewe-

---

[270] Ebd., S. 98.
[271] Ebd., S. 100.

gungen. Sie wollen nichts mitteilen oder erinnern. Der einzige Antrieb dieser ekstatischen Abläufe ist die Abhängigkeit vom Götzen:

> Unsere Zunge leckte Salz im Schlaf
>
> Sin tränke uns – [272]

Verdinglichte Sprache und fremdgesteuerte Handlungen sind daran erkennbar, dass alle Sprache und alles Tun dem absoluten Willen der Gottheit unterworfen werden. Die repressive Verfasstheit erscheint besonders deutlich in der Angst vor jeglicher Abweichung. Das Austreten aus der gleichförmigen Masse der Kultusgemeinschaft wird zur größten Sünde gegen *Sin* erklärt.

> Wehe wer deine weißen Schnüre loslässt
>
> Wehe wer rückwärts sucht in der Nacht![273]

Dem *Chor der Wahnbesessenen* widerfährt völlig unvermittelt und unmotiviert eine Unterbrechung des kollektiven Unterstromes.

> Einer hat Sins weiße Schnüre losgelassen
>
> Uhi – uhi –
>
> Einer sucht rückwärts in der Nacht – [274]

„Einer" – blitzhafter Umschlag vom entindividualisierten Objekt in ein subjektives Wesen – tritt aus der Kultusgemeinschaft heraus und stellt mit seiner bloßen Existenz die Grundlagen der herrschenden Weltzusammenhänge grundstürzend und nachhaltig in Frage. Die Verse lassen offen, was der einzelne „rückwärts in der Nacht" sucht. Mit dem Einbruch einer weiteren Dimension, der subjektiven Suche nach Vergangenheit, wird dem statischen Zeitgefüge *Sins* ein konkurrierendes Zeitverständnis entgegengestellt.

In der vierten Szene des Traumgeschehens wird der Repräsentant des Götzenkultes auf Erden, der Jägerkönig *Nimrod*, eingeführt. Er ist der mächtige, unangefochtene Repräsentant göttlicher Allmacht der barbarischen Gesellschaft. In dieser Eigenschaft hält er die Mittlerrolle zwischen der transzendenten Gottheit und der Welt, weshalb ihm die Chöre huldigen:

> Unser Blut steigt auf zu Sin
>
> Unser Durst steigt auf zu Sin –
>
> König mit dem Jägerblut
>
> nimm unser Blut – nimm unsern Durst
>
> auf zu Sin – [275]

---

[272] Ebd.
[273] Ebd.
[274] Ebd., S. 101.
[275] Ebd., S. 102.

Im rituellen Duktus steigern sich die beschwörenden Formeln der Anbetung. In „Wasserzeit" und „Feuerzeit" werden die ständig wiederkehrenden Phasen des als unüberwindbar und unwandelbar erfahrenen Naturzustandes benannt.[276] Ziel der Götzenanrufung ist es, *Nimrod* zu einer blutigen *unio mystica* mit dem Götzen zu treiben, auf dass ihr kultischer Bund erneuert werde. Mit dem *Hohepriester* ist *Nimrod* eine zur öffentlichen Bekräftigung des Rituals notwendige Figur beiseitegestellt:

> NIMROD *auf der höchsten Spitze des Tempelturmes*
>
> Ziehe mich, ziehe mich
>
> in dein Jagereich Sin
>
> Öffne dich Nacht
>
> Daß ich deine roten Zungen ergreife –
>
> HOHEPRIESTER
>
> Wie er stößt – wie er stößt
>
> Wie er die Nacht blutig stößt
>
> das Wild Feuer zu fangen – [277]

Wiederum operiert der Text an dieser Stelle mit einem plötzlichen Umschlag. Auf ihrem Höhepunkt wird die Kulthandlung durch folgende kurze Szenenanweisung unterbrochen:

> LILITU tanzt. Die helle Stimme singt.[278]

Der Einbruch des Unerwarteten verhindert die reglementierte Abfolge des Götzendienstes, *Nimrod* befiehlt seinen Jägerknechten, die Frevler zu fassen. Dabei soll ihnen das mit Spiegeln reflektierte Mondlicht helfen, doch die mondhelle Nacht verfinstert sich, *Sins* Kraft schwindet:

> Wir spiegeln – wir spiegeln
>
> die Nacht
>
> [...]
>
> Blauer Totenzahn im Spiegel –
>
> welk wird Sin – [279]

Die tanzende Dämonin und eine an dieser Stelle nicht näher charakterisierte Stimme stellen durch ihre bloße hereinbrechende Existenz das organische Gesellschaftsgefüge der Götzenanbeter in Frage. Die Macht des *Sin* ist als eine ab-

---

[276] Ebd.
[277] Ebd., S. 103.
[278] Ebd.
[279] Ebd., S. 104.

sterbende im Spiegel vorherzusehen. Das Unerklärbare der Phänomene veräng-
stigt die Anwesenden zutiefst; die mondhelle Nacht verfinstert sich, aus ihr ist
die Stimme wieder vernehmbar, „aber nun mit einer Kraft, die das Dunkel
durchbricht",[280] wie es heißt. An dieser Stelle der szenischen Handlung integriert
und modifiziert der Text exaktes Wissen um die Bewusstseinsstruktur innerhalb
des chaldäischen Mondkultes.

> A cause for considerable anxiety was the occasional occurence of an
> eclipse, which was considered a bad prognosis and spelled nothing but
> trouble. In the so called eclipse myth, the phenomenon is explained as
> resulting from an attack on the moon by seven evil demons. The moon's
> capture by these demons causes it's light to become cloudy. Prayers and
> sacrifices are therefore necessary to strengthen the moon and keep it free
> from future attack (i.e., from another eclipse).[281]

Innerhalb des dramatisch Gefügten retardieren und dynamisieren *Lilitu* und die
Stimme den szenischen Ablauf. Erreicht wird dies durch die gleichwertige Verwendung von Mimus, Musik und Sprache als formale Mittel und Handlungsträger. An dieser zentralen Stelle des Dramas verdeutlicht sich die Funktion der
neugeschaffenen *Totaltheater*konzeption als Überwindung verdinglichter Kom-
munikationsmodi. Den *Jägerknechten* offenbart sich die *Stimme* als aus dem
„Widdergehörn" stammend.[282] Sie verkündet aus der mondverfinsterten Nacht

> Erfüllt ist die eine Zeit
>
> die andere beginnt –
>
> Sehnsucht aus Durst –
>
> [...]
>
> Salz ist das Ende
>
> Knospe aus Salz – [283]

Rätselhaft und ungesagt bleibt, was Struktur und Qualität einer neuen Zeit anbe-
langt: Beginnt sie nur, weil die alte Zeit *erfüllt* ist? Wer kommt warum zu diesem
Urteil? Welche Macht setzt die neue Zeit ein, und wodurch legitimiert sie sich?
Allem Anschein nach wird sie nicht durch menschliches Handeln, sondern durch
eine machtvolle Transzendenz ins Werk gesetzt. Der Verszeile „Sehnsucht aus
Durst" ist die eigenwillige Ambivalenz abzulesen, mit der auf die unterschiedlichen Dimensionen verschiedener Lebenswelten rekurriert wird:

> Die Entstehung der religiösen Sehnsucht nach dem unsichtbaren und ein-
> zigen Gott wird in diesem Stück in Analogie zum Erwachen der Seele im
> naturgebundenen Körper des Menschen gesehen.[284]

---

[280] Ebd.
[281] Mircea Eliade (Hrsg.): The Encyclopedia of Religion. Vol. 10, a.a.O., S. 310.
[282] ZiS, S. 105.
[283] Ebd., S. 105.

Bahrs Feststellung kann hinzugefügt werden, dass sich im Vers auch ein Bewusstsein Ausdruck verschafft, welches auf Befriedigung physiologischer Grundbedürfnisse besteht und sich damit nicht mehr fatalistisch der Natur unterwirft. Durch die beiden abschließenden Verse wird das in paradoxen Wendungen gebrauchte Vokabular der ersten Szene wieder aufgegriffen: Salz, Ende, Durst. Die Dichotomie des Zeitbegriffes in die Gegensätze „Ende – Anfang" aus der ersten Szene ersetzt nun ein zweites, nicht weniger schwer zu deutendes Verhältnis „Salz, Ende – Knospe, Salz". Ostmeier schreibt von der Verunsicherung der „Tradition genetischen Denkens" und führt aus:

> Der Wandel kristallinisch mineralischer in pflanzlich evolutionäre Prozesse wird durch die Präposition „aus" zwar gesetzt, kann im Sinne grammatischer Logik auch gedacht werden, entzieht sich aber sonst der spontanen Zugriffsmöglichkeit der Vorstellung, da für ein evolutionäres Denken sozusagen ein „missing link" fehlt. Die Synekdoche „Knospe" verschweigt, wie die Potenz zum Leben, zur Fruchtbarkeit, zur Befruchtung und Geburt im „Ende", im „Salz" und in der Sphäre des Todes überhaupt zu denken ist. Gerade denkerischen Konstruktionen scheint sich das Prinzip des Lebens zu entziehen.[285]

Die Verschränkung von Ablösung und Neubeginn zweier entgegenstehender Epochen werden an dieser Stelle des Dramas von der unsichtbaren Stimme wiederholt und als Offenbarung ausdifferenziert. *Knospe* wäre in der Konsequenz der bisherigen Argumentation als genealogischer Ausblick auf das Wirken des späteren *Stamm*vaters der Juden, *Abraham*, lesbar, weniger als paradoxe Versifikation genetischer Evolution.

Was in Szene 1 überaus dunkel und abstrakt seinen szenischen Ausgang nimmt und sich in Szene 4 als neue geschichtsmächtige Kraft zu erkennen gibt, gerät in der folgenden 5. Szene zur symbolischen Darstellung. Expositorische Szenenanweisungen evozieren die *Abram-Nimrod* Legende. Sichtbares Zeichen, dass der Mondkult um *Sin* seine todbringende Kraft verloren hat, ist die Auferstehungsszene des Knaben *Abram* aus der Grabeshöhle, in die er mit einhundertfünfzig anderen Jungen als Opfergabe an *Sin* lebendig begraben wurde.

> Abram, etwa 15 Jahre alt, hat seine lebende Form wieder erhalten.[286]

Das Vermögen den Tod zu überwinden schreibt die Szene der *Stimme aus der Nacht* zu. Dieses Vermögen der *Stimme* liegt in der Kraft zum schöpferischen Wort, welches dem schöpferischen Wort Gottes gleicht, das Himmel und Erde erschaffen hat. In den Monographien von Ostmeier und Fleischer wird mit einigem Recht auf semantische Verknüpfungen dieser Szene mit dem christlichen Auferstehungsmythos hingewiesen.[287] Fleischers Arbeit konstatiert sogar deutliche Analogien der Figuren *Abram* und *Christus*, sie schreibt:

---

[284] Bahr, S. 175.
[285] Ostmeier, S. 44. [Hervorh. im Original]
[286] ZiS, S. 108.
[287] Ostmeier, S. 45.

In der Identifikation „Abrams" mit dem „Wort", die der Jäger „Nimrod" in der fünften Szene bei seiner Entdeckung vollzieht, klingt das christologische Motiv der Inkarnation an. Der Gegner erscheint als ‚Logos', sein Durchbohren wäre nicht nur ein Sieg „Nimrods", sondern die ‚Kreuzigung' der Sprache durch den Mythos überhaupt.

Ebenfalls assoziiert das Bild des „Grabes, aus dem Abram gerufen wird" – [...] – das Thema der ‚Auferstehung Christi'.[288]

An welcher Stelle der Text die Assoziation mit dem Kreuztod Jesu' evoziert, erschließt sich nicht. Die Assoziationskette Durchbohren (=Herzstich) =Kreuzigung übersieht, dass dies als Konsequenz die Typisierung *Abrams* zur messianischen Gestalt hätte. Damit wäre dem Text ein eschatologisches Moment implantiert, das der hier konstatierten dynamisierenden Epochenkollision diametral gegenübersteht. Ranke-Graves/Patai verweisen in ihrer Arbeit auf Kontaminationen des jüdischen Legendenstoffes um *Abraham* mit Entlehnungen aus christlichen Quellen.[289] Der Logik dieser Konstruktion folgend erscheint es plausibel, dass der Text mit der Auferstehungsszene eine solche Entlehnung vornimmt. Eine Identifikation *Abrams* mit dem christlichen Sohn Gottes widerspräche aber der hier herausgearbeiteten Intention des Textes, die mythologische Vorzeit der Menschheit szenisch zu befragen.

Indem die Stimme *Abram* beim Namen nennt, fallen Schöpfung (Wort) und Namen (Identität) in eins. Scholem spricht in diesem Zusammenhang vom „Doppelcharakter des göttlichen Wortes":

> Indem der Name Wort wird, wird er zum Bestandteil dessen, was man die Sprache Gottes nennen darf, in der sich Gott ebensosehr selbst darstellt, manifestiert, als auch sich seiner Schöpfung mitteilt, die im Medium dieser Sprache selber ins Dasein tritt.[290]

Schöpfung und Tod sind als Phänomene der Sprachenwelt zugeordnet. Damit ist eine basale Frage des kabbalistischen Judentums benannt, nämlich in welcher Weise sich Wahrheit offenbart:

> Wahrheit war in dem zuerst vom Judentum konstituierten Sinn das Wort Gottes, das akustisch = sprachlich vernehmbar war. Die Offenbarung nach dem Lehrbegriff der Synagoge ist ein akustischer, kein visueller Vorgang, oder mindestens auf einer Sphäre erfolgt, die mit der akustischen, sinnlichen, metaphysisch in Zusammenhang steht.[291]

Die unsichtbare aber hörbare Präsenz Gottes offenbart sich dem lebendig Begrabenen, dem auferstandenen *Abram*, und weckt in ihm eine unbedingte Sehnsucht dem neuen, anderen Gott zu folgen

> Du hast mich gerufen, Abram,

---

[288] Fleischer, S. 75. [Hervorh. im Original]
[289] Robert v. Ranke-Graves, Raphael Patai: Hebräische Mythologie, a.a.O., S. 173.
[290] Scholem: Judaica 3, a.a.O., S. 19f.
[291] Ebd., S. 7.

und ich sehne mich so nach dir!

Sternenzähne durchbissen das Grab

und ich sehne mich so nach dir!

Mit seinen Hörnern fuhr der Widder durch die Wand

und ich sehne mich so nach dir!

Wie eine Schotenhülse

rissest du den Tod auf

und ich sehne mich so nach dir!

Mit dem Blatt der Nacht

schützest du meine Augen vor dem Licht

und ich sehne mich so nach dir![292]

Durch das repetitiv-liturgische Schreibverfahren monologisiert *Abram* in diesen Versen die Tatsache seiner Auserwähltheit vor Gott. Gott richtet sein Wort direkt an den Menschen und ist selbst wiederum menschlicher Sprache zugänglich, es bedarf nicht mehr der Vermittlung durch Priester oder Priesterkönige. Hier wird von *Abram* eine monotheistisch strukturierte göttliche Realität erfahren, die in allen Sphären (Himmel, Erde, Leben, Tod) nur einen Gott walten sieht. In Abgrenzung zum chaldäischen Mondkult modifiziert die neue monotheistische Religionsauffassung ihre auf individuelle Freiwilligkeit beruhende Anschauung von Gott, sie imaginiert

> God as one, perfect, immutable, creator of the world from nothing, distinct from the world, all-powerfully involved in the world, personal, and worthy of being worshiped by all creatures. [...] [God as] a divine being with mind and will, fully personal, conceivable in images drawn from human life, and approachable through prayer. [...] Yahveh, the high god of the ancient Hebrews, showed himself as all-powerfull creator, absolute sovereign, and author of all norms and laws by which the earth functions.[293]

---

[292] ZiS, S. 108.

[293] Mircea Eliade (Hrsg.): The Encyclopedia of Religion. Vol. 10, a.a.O., S. 69. Erläuternd sei darauf hingewiesen, dass der künstlerische Text mit seinem religionsgeschichtlichen Material frei verfährt. Der tatsächliche religiöse Übergang zum Monotheismus ist zu Zeiten Abrahams noch nicht vollzogen: The religion of ancient Israel was not actually monotheistic in early times. Stories of the patriarch Abraham show that he worshiped the Canaanite high god El in a variety of forms in addition to the god of the clan, and when the people of Israel entered into a covenant with the high god Yahveh they did not exclude the existence of other gods. One might call early Israelite religion henotheistic or monolatrous in the sense that exclusive loyalty was to be given to Yahveh, but Yahveh's power was limited because other nations had their own gods. Ebd., S. 71.

Abram betet nach seiner Erweckung von den Toten Gott mit genau diesen Attributen an, in seinem Verlauf verwendet das liturgisch-repetitive Verfahren des Monologs paradoxe Wendungen, die der Verfestigung des neuen Bündnisses dienen sollen und besonders die anwesende Abwesenheit des neuen Gottes betonen:

> Du ziehst mich
>
> aber an keinem Seil
>
> und ich sehne mich so nach dir!
>
> Du jagst mich
>
> aber mit keinem Pfeil
>
> und ich sehne mich so nach dir!
>
> Du hast mein Blut entzündet
>
> aber mit keinem Feuer
>
> und ich sehne mich so nach dir! [...] [294]

Die Verse betonen die prinzipielle Freiwilligkeit des religiösen Bekenntnisses, dem missionarische Tendenzen fremd sind. Während *Abram* das Geheimnisvolle seines Bundes mit Gott hervorhebt, unterstreicht er damit das zutiefst persönlich-individuelle seines Glaubens. Dadurch wird ebenso die allgemeine Teilhaftigkeit jener Menschen, die der *unsichtbaren Stimme* folgen wollen, als Möglichkeit aufgezeigt.

Angesichts der todüberwindenden Macht der neuen, unsichtbaren Gottheit gerät *Sins* und *Nimrods* allmächtig und dauerhaft gewähntes Ordnungsgefüge an sein Ende. So reagiert der Jägerkönig auf den Einbruch der unreglementierten Sprache mit einem Angriff auf das Monument der vergehenden Epoche. Das Prinzip zyklischer Zeitläufte wird mit dieser Tat symbolisch negiert.

> Nimrod im Wahnsinn
>
> Sin durchbohren
>
> Ein Haar durchbohren
>
> Ein neues Wort durchbohren – [295]

In seiner Raserei wendet sich *Nimrod* auch gegen das *neue Wort*, welches bisher jedoch nur akustisch, nicht visuell wahrgenommen werden kann. Für *Nimrod* ist es nicht greifbar, und dadurch entzieht es sich seiner Autorität. Daraufhin folgt im Drama erstmals die Ahnung einer Umkehrung der bislang gültigen Konstellation von Jäger und Gejagten, und *Nimrod* versifiziert seine beginnend defensive Lage in der doppeldeutigen Zeile

---

[294] ZiS, S. 111.
[295] Ebd., S. 109.

Was gejagt wird, kann nicht König sein.[296]

Sie bezieht sich einerseits auf *Nimrods* Absicht, das Neue zu unterdrücken, andererseits aber liegt in dem Vers das aufkeimende Bewusstsein um den Verlust der eigenen zelebrierten Vergänglichkeit. Diese Ahnung wird im Text an einer der wenigen Stellen manifest, an denen szenisch-dialogische Interaktion stattfindet:

NIMROD

Wer bist du denn

Der mich, den Jäger, jagt?

LILITU

Ich bin der Durst auf eine neue Zeit –

NIMROD

Zeit ist was ich mit meinen Händen tue –

LILITU

Was da im Sande liegt ist neu –

Mit Feuer geschrieben –

NIMROD *bückt sich und entziffert*

Sehnsucht aus Durst![297]

Tanzend und singend entwindet sich die Dämonin den Versuchen *Nimrods*, ihrer habhaft zu werden. *Nimrods* Verständnis von Zeit basiert auf der Gewissheit, über die Geschicke der Menschen in seinem Reich objektiv zu jeder Sekunde verfügen zu können. Zeit, und das unterscheidet ihn von seinen Untertanen, ist in seinen Händen auf seinen persönlichen Zweck hin gerichtet strukturier- und formbar, und nicht ein Phänomen, dem letztendlich alle Lebewesen gleichermaßen unterworfen sind. Der Gegenentwurf offenbart sich ihm im kabbalistischen Bild der Feuerschrift:

> Die Schöpfung als ein Akt des göttlichen Schreibens, in welchem die Schrift die Materie der Schöpfung gestaltet; Offenbarung und Prophetie als Akte, in denen das göttliche Wort nicht nur einmal, sondern letzten Endes immer wiederholbar in die menschliche Sprache eingießt und ihr, wenigstens potentiell, den unendlichen Reichtum unermeßlicher Einsicht in den Zusammenhang der Dinge verleiht.[298]

Der geschriebene Text wird zum Medium menschlicher Erinnerungsmöglichkeiten an die Vergangenheit, die Gegenwart und die Zukunft. *Nimrod*, dem dies

---

[296] Ebd.
[297] Ebd.
[298] Scholem: Judaica 3, a.a.O., S. 58.

beim Anblick des Feuerschriftbildes geoffenbart wird, erweist ich in dieser Konfrontation als machtlos, seine Waffen taugen hier nichts:

> In die Wurzel der Nächte ziele ich
>
> in die Wurzel der Lüfte ziele ich
>
> Die Pfeile kommen zurück[299]

Der neue Gott ist wie oben zitiert nicht nur absoluter Souverän, sondern seine Gesetze sind sichtbar, er ist „author of all norms and laws by which the earth functions."[300] Indem die neue Religion sich erstmals im Medium der Schrift manifestiert, kann jeder, der dem göttlichen Wort, der Schöpfung, näherkommen will, sich um die Auslegung der heiligen Worte bemühen. Erinnerung an die Vergangenheit – die Sehnsucht, *rückwärts in der Nacht zu suchen* – ist daher nicht primär als Erinnerung an historische Taten einzelner verstehbar, sondern sie wird im unabschließbaren Kommentar der Schrift ermöglicht. Sehnsucht nach dem neuen Gott offenbart sich im Medium der Schrift.

Nachdem die fünfte Szene mit der Charakterisierung der neuen Religion als Schriftreligion abrupt endet, wechselt das Drama von der Perspektive der mystischen Ebene und gibt den Blick frei auf die Eltern *Abrams*, die laut Szenenanweisung den „Alltag verkörpern".[301]

> Wir sind Gejagte auf der Flucht –
>
> So werde wach, mein Abram –
>
> Nimrod ist hinter uns –
>
> Man sagt
>
> Er jage ein Wort – [302]

Die szenische Verknüpfung von Wort und Musik ist an dieser Stelle des Textes besonders bedeutungstragend, denn der Klang des Widderhorns wird eingesetzt zur Warnung der Gefahr zu entfliehen. Exemplarisch kommt ihm in dieser Szene die Bedeutung als Ursignal für die jüdische Grunderfahrung des Exils zu. Die Verse der *Mutter* bezeugen die Hast des Aufbruchs aus der angestammten Heimat:

> Wir sind ohne Hütte, Abram –
>
> Die Wäsche blieb am Tigris
>
> der Kuchen blieb im Ofen.[303]

---

[299] ZiS, S. 109.
[300] Vgl. Fußnote 55.
[301] ZiS, S. 114.
[302] Ebd., S. 116.
[303] Ebd.

Abrams Eltern sehen, dass ihr Sohn der von fern hörbaren Stimme vertraut, die ihn bei seinem Namen ruft. Da die rufende Stimme kein Ziel der Flucht benennt noch irgendeine andere relevante Information über sie verkündet, ist solche Sehnsucht des Glaubens grenzenlos, d. h. der neue Glauben ist nicht an einen Ort gebunden. Sicheren Halt gibt einzig die Autorität der Stimme, die ins Exil ruft. Hier nähert sich der Text einer weiteren identitätsstiftenden Grundlage des entstehenden Judentums an, dazu schreibt Witte:

> Die Ursprungserzählungen[...], mit denen die Geschichte des Volkes Israel einsetzt und auf die sich seine Identität gründet, sind die des Aufbruchs des Patriarchen Abraham aus seiner angestammten Heimat und die des Auszugs der Israeliten aus Ägypten und der anschließenden Gesetzgebung am Berg Sinai. Dieses das kanonische Schrifttum begründende Doppelereignis hat zur Folge, daß sich das Judentum von Anfang an nicht von einem Raum her definiert, den es erobert oder besetzt hält, sondern im Gegenteil durch den Entzug der irdischen Heimat und durch den Bezug auf das geoffenbarte Gesetz Gottes, die Tora, die ihm – wie Heinrich Heine so treffend wie witzig formuliert hat – zum „portativen Vaterland" wird.[304]

Die abschließende siebte Szene thematisiert Beginn und Prophezeiung der lebenslangen Prüfungen *Abrams* vor Gott. Formal betrachtet weist das Ende des dramatischen Geschehens eine ausgeprägte dialogische Struktur auf, hierin ist möglicherweise ein Hinweis darauf zu sehen, was in der späteren Herausbildung einer jüdischen Identität, als unabschließbares Gespräch der Juden mit Gott, bereits am *Eli*-Stück diskutiert wurde.

Geh zu der Hütte

geh zu der Herde

geh zu Wiese und Feld

geh in die Heimat

[...]

Geh, Abram!

Geh zum Brunnen unterm Dattelbaum

Laß Grenzsteine um deinen Acker setzten

denn wo das Ungesicherte beginnt

beginnt die Qual – [305]

Mit diesen Versen versucht die Stimme *Abram* zur Rückkehr zu den Eltern und in die angestammte Heimat zu bewegen. Der drängende Imperativ „Geh" bedeu-

---

[304] Bernd Witte: Kulturelles Gedächtnis und Geschichtsschreibung im Judentum. In: Der Rektor (Hrsg.): Jahrbuch der Heinrich-Heine-Universität Düsseldorf 2001, Düsseldorf 2002, S. 266-278, hier S. 267f.
[305] ZiS, S. 118.

tet hier das Verbleiben unter *Nimrods* Herrschaft, damit ist er als das absolute Gegenwort zum auffordernden „Komm" – hin zu einem bislang völlig unbekannten Zufluchtsort – benannt. Auf jedes „Geh" folgen präzise Vergegenwärtigungen aus *Abrams* bisher bloß körperlich erfahrener Existenz (*Hütte, Herde, Feld*), woraus Bahr schließt:

> Die Sehnsucht nach dem unsichtbaren Gott besteht in dem Ausbruch aus dem Körperlichen und der Flucht der Seele durch bildlose Sphären, bis Gott durch Leiden erreicht ist.[306]

Abrams Aufbruch markieren die folgenden antwortenden Verse. Mit ihnen setzt er den Lockungen „eines fast zerreißenden Heimweh[s]"[307] seinen Widerstand entgegen.

> Ich breche aus den Wänden
>
> aus den Dächern
>
> Ich breche aus dem grünumrandeten Schlaf
>
> Ich breche aus den Meeren
>
> Aus den Feuern – [308]

Das Ungesicherte, dem *Abram* sich nun aussetzt, gehört zwingend zu seiner ihn treibenden Sehnsucht, seinem Sehnen und innigem Verlangen nach Gott, das hier direkt mit zu erleidenden Qualen gekoppelt wird. *Abram* spricht aus, dass sein Ausbruch einen Ausbruch aus seiner bisherigen empirischen Welt bedeutet, seine Sehnsucht ruft ihn von außerhalb der real erfahrbaren Welt. *Abrams* erzwungener Aufbruch entwurzelt ihn daher der geographisch beschreibbaren Welt, er macht ihn ortlos. Seine Heimat wird überall dort sein, wo Gottes Wort ihn beim Namen nennt und zum Bleiben auffordert. In den Anmerkungen zum Stück bringt Sachs die irdische Ortlosigkeit der neuen Religion mit ihrem eigentlichen Bezugspunkt, dem geoffenbarten Wort Gottes, charakteristisch zusammen:

> Es wird gleichsam Blut mit den Sternen gewechselt. Bis die Wunde Gott erreicht ist. Abram ist zum Tode und zum Leben getroffen von der Wunde Gott.[309]

Abrams Ausbruch schließt der Anmerkung zufolge die Flucht vor Tod und Leben mit ein. Durch Gottes Wirken ist *Abram* dem Tod bereits einmal entkommen, ihm ist der Tod als Erfahrung seines Lebens präsent, der Schrecken vor ihm wird durch seinen Glauben gebannt. Seine schwersten Leiden sind deshalb – trotz der Freiheit von *Nimrod* – von irdischer Art.

---

[306] Bahr, S. 175.
[307] ZiS., S. 346.
[308] Ebd.
[309] ZiS, S. 346.

Diese verstörende Paradoxie, verstanden als ein ganz wesentliches sprachdramaturgisches Element des Stückes, gelangt durch die abschließende Prophezeiung an ihren eigentlichen Kulminationspunkt. Die Stimme, die sich anhand der beiden ersten Verse erstmals als Engel Gottes identifizieren lässt, spricht:

Ich will den Augenblick dir zeigen

wo Er dich greifen wird

M o r i a h

heißt er

da wird der Weg mit Flammen dir vom Leib gerissen werden

Ein Blitz

der alles Leiden

schrieb in dieses Wort –

Hier ist der Sohn

Hier ist der Strick

Hier ist die Opferstätte

Wo ist das Opfer?

schreibt der Blitz –

Was weiter wird, bedeckt dein eigner Schatten dir –

Dies ist der höchste Leidensberg der Erde –

Du trägst schon sein Gewicht in dir – [310]

Die schwerste Prüfung vor Gott ist nicht der zwangsläufig zu erwartende Tod, sondern es ist die permanente Prüfung des Lebens, eingeschrieben in einem einzigen Wort: *Moriah*, die Stätte an der Gott *Abrahams* Sohn *Isaak* zum Brandopfer fordert. Hier wird vorwegnehmend der Ort genannt, an dem *Abraham* über Leben und Tod entscheiden wird. Dass „der Weg mit Flammen dir vom Leib gerissen" wird zeigt, dass diese Prüfung eine augenblickhafte Entscheidung verlangen wird, ohne Rücksicht auf alle bis dahin ertragenen „Anfechtungen".[311] „Sohn", „Strick", „Opferstätte", in der äußersten Reduzierung der angewendeten Sprachmittel evoziert das Drama den kanonischen Text. Aber statt dem überlieferten Text zu folgen und auf Gottes Segen für *Abrahams* Opferbereitschaft einzugehen – „Segnen sollen sich mit deinen Nachkommen alle Völker der Erde, weil du auf meine Stimme gehört hast." – beschreibt das Drama mit den drei abschließenden Langversen einen diametralen Gegenentwurf von der im kanoni-

---

[310] Ebd., S. 119. [Sperrung im Original]
[311] Bahr, S. 175.

schen Text verheißenen Zukunft.[312] Die Offenbarung des Engels im Text „Was weiter wird, bedeckt dein eigner Schatten dir", setzt modellhaft die Unsicherheitskonstante aller nachfolgenden jüdischen Existenz.

Die aus den zitierten Versen herauszulesende erste Begegnung *Abrams* mit dem Bild der Schrift verläuft ungleich anders als die *Nimrods*. *Nimrod* erstarrt beim Anblick der Flammenschrift *Sehnsucht aus Durst*, erkennt er sie doch als Bedrohung seines Zeit- und damit Machtmonopols. *Abrams* Reaktion auf das blitzhaft aufscheinende und wieder verschwindene Schriftbild, mit dem ihm *alles Leiden* im Augenblick projiziert wird, entzieht sich eines eindimensionalen Bewertungsversuches. In der Konfrontation mit dem geschriebenen Wort liegt der Beginn des geoffenbarten kanonischen Schreibens, das als normative und gesetzgebende Schrift auf die Tora vorausverweisend den Rezipienten alle bislang nicht geschriebenen Wörter mitdenkbar werden lässt.

> Du hast mich mit dem Blatt deiner Hand bedeckt
>
> schenke mir M o r i a h
>
> denn ich sehne mich so nach dir![313]

Nichts ficht *Abrams* Glauben an. Das Verstörende an der *Abram*-Figur ist ihre absolut friktionslose Affirmation, ein unerschütterbares Urvertrauen, das in seiner Idealität deshalb glaubhaft wirkt, weil es aus den noch anzusammelnden Schrecken der Geschichte, dem „höchsten Leidensberg der Erde", die jahrtausende während jüdische Identität herausbilden wird. Das erwachsene unanfechtbare Loyalitätsverhalten zu Gott macht den Tod bedeutungslos, denn dieser setzt aller Bedeutung ein Ende. Wahrhafte Bedeutung vollzieht sich nur im augenblicklichen Leben, im Dialog mit dem sich offenbarenden und wieder entziehenden Gott. Folgerichtig endet die letzte Szene, musikalisch mit dem Widderhornmotiv bedeutungskonstituierend gestaltet, mit der Aufforderung an *Abram* der Stimme zu folgen. Dieses völlig offene Ende, die Flucht vor dem Verfolger, markiert den Beginn des Dialogs *Israels* mit dem überall anwesenden und gleichzeitig abwesenden Gott, einem ortlosen Gott, dem Juden stets dort nah sein können, wo das dialogische Wort an ihn gerichtet wird.

Mit dem Abschluss der szenischen Traumvision kehrt das Stück nach sieben Szenen im Epilog zu der die Binnenhandlung umfassenden Klammer zurück. Die im Prolog konstatierte paradoxe Gleichzeitigkeit von *Sehen/Lesen* und *Erkennen* wird hier wieder aufgehoben:

> *Der Ausgräber ist aufgewacht. Er erhebt sich, weitet seine Arme, lässt Sand aus den Fingern rinnen*
>
> Es fiel etwas aus mir fort –
>
> Es hat etwas begonnen in mir – [314]

---

[312] Genesis 22,15-18.
[313] ZiS, S. 120. [Sperrung im Original]

So schnell wie seine Traumvision einsetzte, so schnell ist der *Ausgräber* wieder in der aktuellen Gegenwart angelangt. Eine bedeutende Veränderung scheint in ihm stattgefunden zu haben, welche aus der mythischen Traumwelt hinüberreicht in seine aktuell erfahrbare Zeit. In der paradoxen Wendung von Wegfall und gleichzeitigem Beginn wiederholt sich die verstörende *Ende – Anfang* Fügung der 1. Szene.

> Die Figur des „Ausgräbers" kann demnach als die Personifizierung eines hermeneutischen Prozesses verstanden werden, bei dem die Wahrheitssuche in einen innerpsychischen Wirklichkeitsentwurf umschlägt. Damit intendiert „Abram im Salz" nicht die Identifikation des Lesers mit der Figur des Dramas, sondern weit mehr noch seine Identität mit diesen.[315]

Fleischers richtige Analyse kann um den entscheidenden Hinweis ergänzt werden, der *Wahrheitssuche* in der aktuellen Gegenwart möglich erscheinen lässt. Den entsprechenden Vers spricht der *Ausgräber* als eben der wahrheitssuchende Repräsentant dieser Jetztzeit: „Es hat etwas begonnen in mir – ". Die zentrale These des Stückes modifiziert anhand der epochalen Kollision von mythischem Geschichtsverständnis und jüdischem Ursprungsmythos überkommene Zeitkonstitutionen. Die in der ursprünglichen Konzeption des Großdramas ausstehende Epochenkollision mit der linearen Geschichtsauffassung der Neuzeit fände demgemäß vor dem Hintergrund der jüngsten Vergangenheit statt, die als eklatanter Bruch einer progressiven Geschichtsauffassung anzusehen ist. Konstruktion von Gegenwart geschieht über die Vergangenheit mit der Hoffnung auf eine Zukunft, in der Verfolgung und Exil aufgehoben sind.

Die dem Stück inhärente jüdische Geschichtsvorstellung funktioniert neben zyklischer und linearer Betrachtungsweise von Geschichte als zusätzliche Möglichkeit der Wahrheitssuche innerhalb der Dramatischen Dichtung, d. h. sie ergänzt und erneuert als bedeutungskonstituierendes Gestaltungsmittel szenische Darstellungsweisen. Erkenntnistheoretischer Kernpunkt der mit der *Abram*-Legende beginnenden jüdischen Geschichtsbetrachtung wird, das hat das Stück gezeigt, „die Jetztzeit oder der erfüllte Augenblick, in dem Vergangenheit und Zukunft in eins fallen."[316] Mit dieser erkenntniskritischen Methode soll versucht werden, in der plötzlichen, blitzhaften Wendung und Aufladung des dramatischen Geschehens das Element des Rettenden möglich zu erhalten. Der dramatische Text entlehnt Zitate aus ihrem ursprünglichen Kontext und fügt sie nach rein subjektiven Intentionen wieder zusammen. Das so Arrangierte, die Neuschreibung, steht, obwohl auf den kanonischen Schriften aufbauend, immer schon im konflikthaft-dynamischen Dialog mit den alten Quellen und gleichzeitig mit seiner eigenen Gestalt als künstlerischer Text. Daher wird der *Ausgräber* zur Allegorie auf den Dichter, der die Reflexion über die Vergangenheit benutzt,

---

[314] Ebd., S. 122.
[315] Fleischer, S. 78. [Hervorh. im Original]
[316] Bernd Witte: Kulturelles Gedächtnis und Geschichtsschreibung im Judentum, a.a.O., S. 275.

um über Gegenwart und Zukunft Auskunft zu erlangen. Die oben zur Kommentierung des Prologs herangezogene These Benjamins über den Begriff der Geschichte schließt in diesem Sinne, wenn sie von der Arbeit des *Geschichtsschreibers* spricht:

> Nur *dem* Geschichtsschreiber wohnt die Gabe bei, im Vergangenen den Funken der Hoffnung anzufachen, der davon durchdrungen ist: auch die Toten werden vor dem Feind, wenn er siegt, nicht sicher sein. Und dieser Feind hat zu siegen nicht aufgehört.[317]

Abram im Salz ist als ein entscheidendes Rezeptionsangebot der in der Dramenhandlung angelegten und hier skizzierten jüdischen Geschichtsauffassung weitestgehend unbeachtet geblieben. Das Drama selbst scheint das Problem dieser Nichtbeachtung zu sein, denn es bietet keine Antworten, sondern nur eine Aufforderung zum bedeutungskonstituierenden Dialog an. Weiter repräsentiert es zwar die szenische Umsetzung eines nach subjektiven Vorstellungen modifizierten jüdischen Ursprungsmythos, beharrt aber gleichzeitig darauf, diesen in seiner Unerschließbarkeit zu belassen. Zuletzt finden sich in diesem Drama keine konkreten konsensfähigen Werte oder Normen, weder religiöser noch mystischer Art. Diese Beziehungen sind, um mit Wünsche zu sprechen, „formaler Art"[318]: Aus der im blutigen Mythos erstarrten Salzlandschaft gelingt *Abram* die ungesicherte Flucht in die menschenbeherrschte Natur. Er steht seitdem modellhaft für jüdische Existenz überhaupt. Diese Grunderfahrung wird von Sachs in eine verstörend unübersichtliche, oft paradox anmutende und fragmentarisierte Dramaturgie aus Mimus, Wort und Musik eingeschrieben.

---

[317] AS1, S. 253.
[318] Konrad Wünsche: Schwierigkeiten mit den Szenen von Nelly Sachs. In: Ehrengabe II, S 165.

5. *Nachtwache. Ein Albtraum in neun Bildern*

5.1 Zur Entstehung

Erstmals nachvollziehbar erwähnt wird das Stück *Nachtwache* in einem von Dinesen in ihrer Sachs-Biographie zitierten unveröffentlichten Brief an Moses Pergament, aus dem hervorgeht, dass Nelly Sachs frühestens ab Januar 1952 von einem neuen eigenständigen „Oratorium" oder „Traumvorspiel", hier noch unter dem Arbeitstitel *Die Überlebenden*, spricht.

> Aber mein Drama habe ich geteilt, [...] Oratorium ‚Abraham' und dann mit dem Marionettenspiel als Traumvorspiel, ein modernes Drama ‚Die Überlebenden'.[319]

Das neue, „modern" genannte Drama wird in einem Brief an Kurt Pinthus mit dem Arbeitstitel *Wer hat überlebt* erwähnt.[320] Anzumerken ist, dass es sich hierbei um ein Teilstück des Dramengroßprojektes handelt, welches Sachs über einige Jahre hinweg unter dem Arbeitstitel *Das Haar* verfolgte. Offensichtlich hat sie dieses Projekt aus verschiedenen formalen und inhaltlichen Gründen zugunsten kleinerer, szenisch besser umzusetzender Dramen aufgegeben. In einem Brief an Alfred Andersch vom Oktober 1957 nennt Sachs ihr Stück erstmals bei seinem späteren Titel *Nachtwache* und geht auf inhaltliche Aspekte ein:

> Da ist die „Nachtwache". Das ruhelose Thema zwischen Henker und Opfer: hier setzt die Nabelschnur direkt mit dem Aufwachen zweier Erschossener, nicht zu Ende Erschossener an. Das Spiel zwischen Henker und Opfer, soeben auf furchtbarste Weise durchlebt, setzt sich auf innerster Ebene fort, dieses Mal zwischen den beiden Opfern. Ein Alptraum, der in einem Kuhstall sein Augenlid aufschlägt, alle Wände zerbricht, um in einem unsichtbaren Universum, darin sich die Sprache unseres Blutes einzeichnet, zu enden.[321]

Wie *Abram im Salz* vor dem Hintergrund der geschichtlichen Kollision von mythischer Naturverfallenheit und monotheistisch fundierter Weltschau bereits Konstellationen wie: Flucht-Rettung, Jäger-Gejagter oder durch die Exilerfahrung entwickeltes Geschichtsbewusstsein thematisiert, so greift auch *Nachtwache. Ein Albtraum in neun Bildern* auf diese Motive zurück. Der Untertitel verweist darauf, dass Sachs den Aufbau ihres Stücks auf der Basis verschiedener Sinnebenen konstruiert und so zu einer ähnlich gebrochenen Darstellungsweise gelangt wie bei *Abram im Salz*. Jedoch zeigt der Dramenverlauf in *Nachtwache* die Verwebung des realen Handlungsverlaufs mit visionären Traumszenen sublimer als dies im *Abram*-Stück geschieht. Dort gab es reale Handlungszusammenhänge in den Szenenanweisungen der ersten *Ausgräber*-Szene, auf die im Epilog des Stückes zyklisch rekurriert wurde. In *Nachtwache* findet eine Verwe-

---

[319] Briefe, S. 143, Anmerkung 6.
[320] Ebd., S. 144.
[321] Ebd., S. 171.

bung verschiedener Darstellungsebenen asymmetrisch innerhalb des dritten, siebten und achten Bildes statt.

5.2 Schuld und Lager: Kommentar *Nachtwache*

Die dem Lager entflohenen Freunde *Heinz* und *Pavel* erwachen angeschossen in einem verschneiten Waldstück. *Pavel*, in den Rücken getroffen, ruft nach seiner Braut *Anila*. Er bittet *Heinz* um Hilfe für sich und einen weiteren in einem Sack an einem Baum hängenden, verletzten anonymen Flüchtling. *Heinz* verweigert diese Hilfe und wird so zum Verräter an seinem Freund und dem Unbekanntem: Er setzt die Flucht alleine fort.

Zuflucht findet *Heinz* im Viehstall *Rosalies*, der Tochter des *Schmieds*, der jene Lagertore herstellt, hinter denen *Heinz*, *Pavel* und die vielen anderen gefangengehalten wurden. *Heinz'* bohrendes Gewissen verhindert die Heilung seiner Schusswunde, zudem befürchtet er, dass sein Versteck entdeckt und er somit zur tödlichen Gefahr für *Rosalie* werden könnte. So beschließt er am Ende des Stükkes, in das Lager zurückzukehren, dem er unter Lebensgefahr entflohen ist. Beim Übersteigen des gerade fertiggestellten neuen Lagertores stürzt *Heinz* sich in die dornigen Eisenzacken der Torkrone. *Rosalie*, die sich in *Heinz* verliebt hat, folgt ihm auf gleiche Weise in den Freitod. Ihr Vater, der *Schmied*, sieht stumm und tatenlos zu, wie die beiden an seinem Tor hängend verbluten.

Den exakten Punkt des Verrates an *Pavel* sowie an dem unbekannten Leidensgenossen versifizieren folgende Worte *Heinz'* im ersten Bild des Stückes:

> Auf meinen Rücken steigst du nicht
>
> du überschwemmst ja alles
>
> mit Blut
>
> meine Hände sind
>
> weißes Eisen –
>
> meine Wunde
>
> am Kopf
>
> hat nicht meinen Verstand
>
> ausgelöscht
>
> Ich renne – [322]

Die Fragwürdigkeit dieser schroffen Verweigerung der Hilfeleistung wird durch die in dieser Situation geradezu makaber pragmatisch anmutende Argumentation, dass ja sonst er und seine Kleidung von *Blut überschwemmt* würden, hervorgestrichen. Gleichzeitig beinhaltet dieses Bild auch schon den Verweis auf die folgende unausweichliche Schuldsituation. Gerade durch seine Weigerung wird *Heinz* all dies Blut unabwaschbar, unentrinnbar mit sich tragen. Die Schuld be-

---

[322] ZiS, S, 131.

ginnt dort, wo *Heinz* nicht mehr der solidarischen (Zwangs-)Gemeinschaft der Fliehenden angehört und sich allein zu retten sucht: „Ich renne – ".

Mit beinahe lakonischem Unterton befragt Nelly Sachs die auf scheinbar rein rationaler Ebene gegründete Entscheidung zur Selbsterhaltung und stellt sie in einen universalen Zusammenhang:

> Der Mensch, das unentwirrbare Universum mit blutdurchlaufenen Sternstraßen, wird immer schuldig werden; das ist seine Tragik auf Erden. Warum? Darum!

> Der Grad seines Schuldanteils ist verschieden – je feiner veranlagt, je zerreißender sein eigenes Schuldgefühl.[323]

Die erneute Thematisierung dieses seit ewigen Zeiten tradierten und fortwirkenden Motivs setzt der Dramentext bereits stilistisch durch die Verwendung der Lautanalogien der Namen *Heinz* und *Pavel* mit den biblischen Namen *Kain* und *Abel* und zitiert so den Beginn aller Schuld einer gewalttätigen Menschheitsgeschichte.[324]

Heinz und *Pavel* verkörpern im Drama jedoch keineswegs bloße Folien der biblischen Erzählung, gleichsam anthropologische Konstanten, sondern die Gründe ihres Handelns und Leidens sind eindeutig in der katastrophischen Verfasstheit der Gesellschaft eingebettet und daher dort zu suchen. In diesem Sinne negiert der Text jedwede Idealität, sie ist von vornherein durch die gesellschaftliche Verfasstheit dem Tode anheimgegeben:

> Der reine Mensch – durch seine Umwelt zum Sterben verurteilt.[325]

Mit dieser von Nelly Sachs bereits zuvor verwendeten aktualisierenden Schreibmethode gelingt es dem Stück, Verbindungslinien von biblischer Urzeit hin zur krisenhaften Gegenwart zu ziehen. Damit bietet das Stück die Möglichkeit, es als Modell menschheitsgeschichtlicher Gewaltverhältnisse zu lesen. Des weiteren kehrt mit dem Thema Flucht und Verfolgung ein weiteres zentrales Motiv des *Abram*-Stückes – die Unmöglichkeit, der Unsicherheit zu entkommen – wieder, diesmal szenisch eingebettet in die Geschehnisse der jüngstvergangenen Zeit.

Im zweiten Bild zeigt sich der oben von Sachs angesprochene graduelle Unterschied der Schuldgefühle. So ist *Heinz* in seiner Zufluchtstätte, dem Stall nicht wirklich der schrecklichen Verfolgung entkommen, vielmehr überlagert die Erinnerung an die Flucht jeden Gedanken an eine gewaltfreie Zukunft und die Gewissensqualen wachsen mit dem Ansteigen seines Fiebers:

> Gib mir noch einen Korn
>
> und dann
>
> alles was nach innen wächst

---

[323] Ebd., S. 348.
[324] Fleischer, S. 105.
[325] ZiS, S. 349.

soll sich zum Teufel scheren – [326]

Die äußere Situation des totalen Zwangs des Lagers gegen die momentane Sicherheit seines Stalls eingetauscht zu haben, bewirkt keine innere Erlösung. Durch die mit seiner Flucht verwobenen Schuld hat sich die äußere vormalige Hölle in eine innere totale Hölle gewandelt. Von hier geht das subjektive, „zerreißende" Schuldgefühl aus, das Sachs' zitierte Anmerkung zum Stück in Relation zur „feinen Veranlagung" des Subjekts stellt. Mit der Fähigkeit, das Geschehene zu abstrahieren und es zu reflektieren, ist Vergangenheit nicht als abgeschlossen zu betrachten. So spiegelt das Stück die Tragik der Geschichte paradigmatisch in den seelischen Vorgängen von *Heinz* als:

> [...] Tragödie eines inneren Schuldgefühls [...] in allen seinen Phasen bis zum Sühnetod.[327]

Die langsam bis zur Eskalation sich steigernde Ausweglosigkeit des Schuldgefühls treibt Schritt für Schritt in den Selbstmord. Die Übertragung dramentechnischer Termini auf die inneren Zustände des Individuums paraphrasieren einen leitmotivisch dem gesamten Stück vorangestellten Satz Tolstois:

> Nur was in der Seele geschieht
>
> verändert die Welt.[328]

Das Drama ist die Probe auf die Gültigkeit dieses Satzes, denn er ist der Nachhall einer Zeit vor den Lagern.

Bild drei führt als erste Fiebertraumszene *Heinz, Pavel* und dessen Verlobte *Anila* zusammen. Laut Szenenanweisung ist dieses Bild innerhalb einer bedrohlich-surrealen Traumwelt angesiedelt:

> Nacht. Mondenschein. Heinz auf dem Wege. Der Weg ist eine Hand mit schwarzen Schattenlinien. Man bemerkt sie kaum. Nur dann und wann bewegt sie sich an einer Wegscheide.[329]

Bewohner dieser Traumwelt sind bienengleiche *Gefangene*, deren kollektives Summen von Einsamkeit und Trauer um eine vergangene Zeit spricht:

> Wir haben keine Rückenlehne
>
> Niemand hält uns
>
> Wir vergehen
>
> Jeder in seiner Zelle
>
> Verlassen![330]

---

[326] Ebd., S. 139.
[327] Ebd., S. 348.
[328] Ebd., S. 123.
[329] Ebd., S. 140.
[330] Ebd., S. 141.

Anila ist die tote Bienenkönigin, sie erinnert stellvertretend die Grauen der Vergangenheit, als das Blut gemordeter Kinder die Kleidung der Henker färbte. Nach Anbruch des Morgens zeigt die Szene *Anila* in einer psychiatrischen Klinik. Die *Krankenschwester* weiß um die Ursachen der zwanghaft wiederholten Handlungen der traumatisierten *Anila*:

Ja so ist sie immer

baut mit den Steinen und reißt wieder ein

Das mußten sie im Lager so machen

einen Platz pflastern

und wieder aufreißen

[...]

Die Sehnsucht nach ihrem Bräutigam

hat ihr den Rest Verstand genommen

den die Henker ihr noch gelassen haben.[331]

Jedoch ist die Krankenschwester unfähig, *Anilas* Handlungen Sinn zu unterlegen. Aber es ist nicht fehlende Empathie für das Leid der *Anila*, was hier gezeigt wird. Diese rückte den Text in die Nähe des Versuchs Mitleid zu erregen, also die Hoffnung auf ein kathartisches Moment. Das genaue Gegenteil ist Sinn der Szene. Sie verdeutlicht die Unmöglichkeit aller ästhetischen Einfühlung. Die Erfahrungen des Lagers, so zeigt es das Drama hier, sind planmäßig darauf ausgerichtet das menschliche Individuum mit seinem (rationalen) Verstand und von diesem geschaffenen sinnstiftenden Zukunftsmöglichkeiten zu negieren. Diese Erfahrungen sind so tief und für die Opfer realitätsgründend und dabei in ihrer Essenz absolut jegliche Gesellschaft konstituierende Regeln negierend, jede sinnvolle Zukunftsmöglichkeit ausschließend, dass deren Auswirkungen nur denen in ihrer allumfassenden Gänze erschließbar bleiben, die zu den Überlebenden gehören. Darum zeigt der Szenenverlauf auch, dass diese Erfahrung unumkehrbar ist. Heilung ist ausgeschlossen, daher kann für die Überlebenden in der neuen Gesellschaft kein Platz sein. Im Sinne der Verdrängungslogik werden die Überlebenden erneut ausgegrenzt, dann psychiatrisiert und mit Medikamenten handhabbar gemacht – so fallen sie innerhalb der verdrängenden Gesellschaft nicht auf – ihr Anblick provoziert keine Fragen:

Wenn zwei Verrückte zusammen kommen

wirkt es fast natürlich –

[...]

das ist ein Krankenhaus

---

[331] Ebd., S. 145f.

unsere Liebe

ist in Schlafmittel gesät.[332]

Aus dem Zynismus von *Krankenschwester* und *Arzt* spricht die Logik instrumenteller Vernunft. Erlebnisse und Leiden der Überlebenden werden von ihnen in der Pose von Wohltätern mit Psychopharmaka sediert:

Da haben sie die Welt

wie sie blüht und gedeiht:

Henker und Opfer

und Opfer als Henker

[...][333]

Präzise wiederholen die Worte des *Arztes* die allgemeine Sicht auf die Opfer.[334] Unter dem Einfluss der Medikamentengabe wird alles ununterscheidbar, alles löst sich in Gleichgültigkeit auf. Gegensätzliches, Unvereinbares wird nivelliert, um damit jeden potentiellen Konflikt unterdrückbar zu machen. Über die Opfer wird weiter verfügt, sie bleiben der Möglichkeit, und des Rechts, auf ihre Fragen Antworten zu erhalten, beraubt.

Nach der Rückkehr des Handlungsverlaufs zur realen Handlungsebene im vierten Bild – der *Schmied* will, dass *Heinz* seinen Stall verlässt – eröffnet sich im fünften Bild eine gespenstische Szenerie mit einem riesenhaften Sarg in der Bühnenmitte. Um ihn als Mittelpunkt herum entspannt sich ein Dialog zwischen Rosalie und der nur als Stimme anwesenden *Anila*. Die Tochter des *Schmieds* versteckt Heinz in diesem Sarg vor seinen Verfolgern. Für *Anila* jedoch bedeutet der Sarg Ort und Möglichkeit nach dem Tod mit ihrem Verlobten vereint zu sein:.

Stimme *jammernd*

Pavel, Pavel

ich grabe dich aus dem Stein

der Nacht

Aber wir haben kein Zuhause

darein ich dich betten kann

Gib mir doch meinen Sarg![335]

Der Besitz des Sarges entscheidet darüber, ob *Heinz* vor seinen Verfolgern versteckt werden kann, und *Rosalie* die Zukunftsmöglichkeit ihrer Liebe hat oder

---

[332] Ebd., S. 147.
[333] Ebd., S. 148.
[334] Ebd.
[335] Ebd., S. 153.

der jenseitigen Verzweiflung *Anilas* genüge getan und ihrer Liebe zumindest ein fester Ort in der Gesellschaft als erinnerte Geschichte zugewiesen werden kann. Seine Ambivalenz als aktuelle Möglichkeit, den Jägern zu entgehen, sowie als Medium der Erinnerung, macht ihn zu einem zentralen Scharnier über verschiedene Handlungsebenen hinweg. *Rosalie*, sie will den lebenden *Heinz* schützen, lässt sich nicht erweichen. Sie erfährt von *Anila*, dass sie es war, die als Opfer im Sack am Baum hing und die der schwerverwundete *Pavel*, der Hilfe des flüchtenden *Heinz* beraubt, retten wollte:

Er wollte mich abschneiden

aus dem Sack der Nacht

aber er reichte nicht hinauf [...][336]

Heinz, im Sarg, erkennt seinen doppelten Verrat und entscheidet, sein Leben zu beenden. Er verlässt gegen den bittenden Wunsch *Rosalies* die prekäre Sicherheit vor den Verfolgern und beschließt, sich zumindest die Freiheit eines selbstbestimmten Todes nicht mehr nehmen zu lassen.

Ohne Haus

ist der Tod größer

freier

Man kann wählen

Heiliger oder Schurke

Wählen verstehst du

Wählen –

Hier ists wieder

in der guten Stube

Wände

eine Decke

O dieses feige Zuhausesein – [337]

Die Verfasstheit des in den zitierten Versen negierten „Zuhausesein[s]", seine Mikro- wie auch seine Makrostruktur, sind Thema der folgenden Bilder sechs und sieben. Bahr verweist auf die biblische Symbolik, nach der der Beruf des Schmieds negativ besetzt ist, bedeutet der Name Kain seiner Etymologie nach doch *Schmied*.[338] Der *Schmied* erscheint im Stück als der gewissenlose Mitläufer, der mit jedem System konform geht, solange seine Erwerbsmöglichkeit nicht be-

[336] Ebd., S. 152.
[337] Ebd., S. 156.
[338] Bahr, S. 177.

einträchtigt wird. *Heinz* erkennt in ihm den typischen Opportunisten der als Kollektivcharakter Voraussetzung war für die Errichtung des Lagersystems.

> Ein harter Mann
>
> gediegene Arbeit
>
> und hinter der Gittertür
>
> die er höher macht
>
> und spitzer
>
> mit soviel Fleiß
>
> und hinter der Gittertür
>
> O! O! O!
>
> Ist dein Vater kurzsichtig
>
> oder liebt er nur seinen Schlaf
>
> oder wirft er ihnen selber die Kartoffelschale hin
>
> um die sie sich den Nacken durchbeißen –
>
> Gediegene Arbeit
>
> und am Sonntag
>
> den Ruhetag, Frieden
>
> den frischgewaschenen Frieden[339]

Der Monolog des *Heinz* entlarvt die schuldhafte Verstrickung des Einzelnen in diesem System: wo er mittut, wo er wegschaut, wie er sich vom System seine wohlverdienten Ruhepausen absichern lässt. Mit Recht ist daher dieser Monolog als zentrale Stelle über Allgegenwart und Macht des mörderischen Systems, welches die KZ geschaffen hat, zu lesen. Gleichzeitig zeigt sich sein grausames und zugleich banales, Gesellschaft konstituierendes Element, charakteristisch für die Hoffnungslosigkeit, den Ablauf der Repression unterbrechen oder wenigstens verlangsamen zu können.

Erinnert der Duktus des Monologs entfernt an Borcherts expressionistisches Klagen über die Verfasstheit der Welt in und nach dem Kriege,[340] so bleibt doch ein fundamentaler inhaltlicher Unterschied im Blick auf Verfolger und Opfer festzuhalten: Im Gegensatz zu Borchert, dessen Klage historische Kausalitäten verwischt, beharrt *Nachtwache* darauf, dass die Opfer, auch wenn sie, wie *Heinz*, zu Verrätern werden, es einzig aus dem Drang heraus werden, dem Zwang der permanenten existenzbedrohenden Grenzsituation zu entfliehen. Die Unmöglichkeit, der einmal aufgepressten Opferrolle zu entkommen, zeigt die

---

[339] ZiS, S. 160.
[340] Siehe Kap. 2.4.

im Verlauf dieses Dramas geschilderte Umkehrung des äußeren Zwangs in eine innere Tortur, die durch die totale Amoralität der ersteren bedingt ist. Die Trennung von Verfolgern und Opfern bleibt in *Nachtwache* daher notwendig eine absolute und wird nicht, wie an Borcherts Text gezeigt werden konnte, einer unzulässigen harmoniestiftenden Relativierung anheimgegeben.

Die sechste Szene verlässt die reale Handlungsebene mit der Ankündigung des *Schmieds*, das „Zirkusspiel/hinter der Gittertür" anzusehen.[341] Die Szenen sechs und sieben werden so als Doppelszene lesbar, die Handlungsebenen gehen ineinander über, realer Handlungsverlauf vermischt sich mit surrealer Traumvision:

> Gittertür hat sich geöffnet. Kreisrunder Platz. Zirkus hat Traumcharakter. Wände aus Spielkarten, die im leisen Luftzug fallen. In der Mitte eine Art rauchender Altar mit eingebautem Lautsprecher. Im Hintergrund Pflasternde, die wieder aufreißen, im Vordergrund Häscher in rosa Trikots mit schwarzen Masken, die rhythmisch Angelhaken auswerfen und im Tanzschritt gehn. Kaleidoskopartiges Marionettenspiel.[342]

An den Szenenanweisungen wird bereits erkennbar, dass das Marionettenspiel einen grotesk-bizarren Blick auf die Lagerwelt wirft, weil deren Darstellbarkeit mit realen Mitteln sich niemals erreichen lässt. Die Sinnlosigkeit des Leids wird in der Herabsetzung der Opfer zur dressierten Verfügungsmasse gezeigt, von der nicht einmal mehr profitorientierte Sklavenarbeit benötigt wird. Ihr alleiniger Daseinszweck ist Qual bis zum Tod. Dazu stehen in Kontrast die hinter Masken anonymisierten Häscherfiguren, die in gleichförmiger Monotonie ihren Grausamkeiten nachgehen.

> Die wirklichen Henker der *Nachtwache* morden, weil es ihnen aufgetragen – am Ende mit der Raubtierlockung, sich auf Hilfloses zu stürzen. Mit dem Hintergedanken der Feigen, ungestraft zu bleiben.[343]

Hier zeigt das Drama den Grund zur gesamtgesellschaftlichen Schuldabwehr in der Nachkriegszeit. Die autoritätshörigen, politisch eingenommenen und jeglicher moralischen Verantwortung ledigen Täter, lassen ihren barbarischen Urinstinkten freien Lauf. Dies geschieht im ordnungsliebenden Rhythmus militaristisch inhumaner Pedanterie, wodurch den Grausamkeiten ihre besondere Perfidie verliehen wird. Zusammen betrachtet, lässt sich aus solch kollektivem Bewusstsein eine gesellschaftliche Verfasstheit ablesen die jederzeit die Automatismen reflexhafter Berufung auf Befehl und Gehorsam, auf persönliche Unkenntnis (Maske) des Geschehenen zu konstruieren und abzurufen bereit ist.

Heinz, *Pavel*, *Rosalie* und *Anila* versuchen, ihre persönlichen Schuldverstrickungen aus den Geschehnissen der jüngsten Vergangenheit diskursiv aufzu-

---

[341] ZiS, S. 161.
[342] Ebd., S. 161.
[343] Ebd., S. 348.

lösen und scheitern daran. So versucht *Heinz Pavel* zu erklären, dass er nicht wußte, dass in dem Sack am Baum *Anila* hing

> Ich habe dich falsch verstanden Pavel
>
> Deine Kehle war im Salz verbrannt – [344]

Ähnlich wie im *Abram*-Spiel steht *Salz* hier metaphorisch für die Stagnation von Zeit und die Verdinglichung von Sprache ein, diesmal sind diese Zustände jedoch bedingt durch den Albtraum des 20. Jahrhunderts. Szenisch nimmt die Entlarvung in der allegorischen Darstellung von Lagerwelt und *äußerer* Welt als Zirkuswelt breiten Raum ein.

> Der Drahtzieher in diesem Marionettenspiel ist ER, der das Raubtier im Menschen weckte.

> Um diese ausübenden Bösen gruppieren sich in der Zirkusszene die Pharisäer. Auch sie sind aktiv *böse*, obgleich sie nicht direkt morden.[345]

Im Stück wird die Verstrickung der Rezipienten (der fiktiven Zuschauer im allegorischen Marionettenteil sowie der real Zuschauenden im Theater) in die gewalttätigen Handlungen der Mordenden eindrücklich vor Augen geführt. Die Marionettenfigur *Knabe* imitiert das Ausgraben seiner ermordeten Mutter mit bloßen Händen. In ihrem Grab verbarg er sich vor den Verfolgern. Eine *Fischfrau* macht sich an dem Kind schuldig indem sie Hilfe vor Verfolgung verweigert:

> Sieh nur, sieh nur
>
> diesen Bengel
>
> Vor dem großen Polizeihund
>
> soll ich ihn schützen
>
> Der kratzte ihn aus dem Grab seiner Mutter
>
> darin er sich versteckte
>
> Aber alle Versteckten werden gefunden
>
> Aber um nicht mein bestes Kleid zu verderben
>
> fort mit deinen schmutzigen Fingern – [346]

Die zweifache Schuld gegenüber den Verfolgten entsteht einerseits aus der Gleichgültigkeit in der konkreten Verfolgungssituation. Aus ihr leitet sich in Folge die Verweigerung ab, dem Grabenden bei dem Versuch Kenntnis über seine Geschichte zu erlangen, zu helfen. Die Geschichte der Opfer ließe die zwingende Zurkenntnisnahme der eigenen Geschichte unausweichlich werden. In den

---

[344] Ebd., S. 163.
[345] Ebd., S. 348.
[346] Ebd., S. 164.

Versen der *Fischfrau* ist jene Gewissenlosigkeit sichtbar gemacht, die nach der Zeit der offenen Verfolgung weiterhin tradiert werden wird.

Im Verlauf der Szene wandelt sich der Fleck aus Graberde zum Symbol der Schuld, das die *Fischfrau* los werden möchte: „Wenn es nur nicht Graberde wäre/die haftet so fest".[347]

Pavel, der die Gestalt eines *Hausierers* verkörpert, bietet der Frau Geld für den Fleck an. Die *Fischfrau* erhofft sich ein Geschäft und beteuert mehrmals, dass sie der Fleck nicht beschwert. So taktiert sie, um einen hohen Preis zu erlangen:

> Das Kleid ist noch gut
>
> Der Fleck geniert mich gar nicht
>
> nicht im allergeringsten geniert mich der Fleck[348]

Am Ende des Verkaufs zeigt die Szene die *Fischfrau* in äußerster Verzerrung und setzt ihre Geldgier in die Nähe tierischen Blutrausches

> *Fischfrau beginnt zu lachen ohne aufzuhören – zuletzt bellend wie eine Hyäne – keuchend*
>
> Soviel Geld, soviel Geld
>
> für einen Fleck![349]

Erinnern und Erkennen, was war, bilden sich im Symbol der Verfolgung ab. Für die Täter und Mitläufer ergibt sich zu der Weigerung, Erkenntnis ins Geschehene zu erlangen, zusätzlich die Gelegenheit, sich aus der Verantwortung herauszuverkaufen. Alles, was mit dem Symbol einhergeht, wird daher einzig ein Thema der Überlebenden, wird allein ihnen zum bestimmenden Mittelpunkt ihrer Welt.

> *Heinz zum Hausierer:*
>
> Pavel was tust du mit dem Fleck?
>
> *Hausierer*
>
> Ich lege ihn genau in die Mitte
>
> vom Zirkusrund
>
> Das ist von nun an der Nabel der Welt – [350]

Der Fleck aus Graberde wandelt sich zum Mittelpunkt der von nun an herrschenden Zeit. Das Symbol von Schuld und Verfolgung ist so als universales Prinzip des Weltgeschehens vor aller Augen sichtbar gemacht. Dargestellt wird,

---

347 Ebd., S. 168.
348 Ebd., S. 171.
349 Ebd., S. 172.
350 Ebd., S. 173.

dass selbst die Symbole der Verfolgung Warencharakter erhalten. Damit ist die allgegenwärtige Verfasstheit der Welt auf den Punkt gebracht. Der Glaube an einen geschichtlichen Fortschritt der Menschheit wird negiert, weil ihm noch das Unaussprechliche zur Ware gerinnt. Zum Tanz der *Häscher* ruft der *Chor*, die Szene abschließend, das Manifest der statischen Zeit aus:

> [...]
>
> Eine Zeit aus Ende
>
> Wie interessant
>
> Verkürzung der Nabelschnur
>
> Zum Grab –
>
> Noch einen Kuß
>
> Von der Lippenrotindustrie
>
> [...][351]

Von der allegorischen Marionettenszene wechselt das Stück in der achten Szene zurück in den surrealen Raum des weißen Waldes aus *Heinz'* Fieberphantasien. Der jähe Umschnitt zwischen den irrealen Sphären bedeutet eine Modifikation im Zugang zur Stückproblematik: von der Makroebene anonymer, gesellschaftlicher Gewaltstrukturen aus die Hinwendung zur Mikroebene, wo die erfahrene Gewalt und Verfolgung am Individuum gezeigt wird. Dass beide Ebenen bis ins Detail miteinander verflochten sind, bleibt dabei ständig präsent.

In paradoxen Verswendungen danken *Anila* und *Pavel Heinz* für seinen Verrat, der sie beide das Leben kostete. *Heinz* reagiert immer verständnisloser auf die Verse seiner Freunde, die ihm entdecken, dass erst seine Tat ein glückliches Beisammensein des Paares ermöglicht hat:

> Ich verstehe nicht
>
> meine schwärzeste Tat.[352]

Anila und *Pavel* wurden um acht Uhr morgens erschossen. Diese Zeit wird nun zum Zeitpunkt ihrer Apotheose. Auf die Frage von *Heinz*: „Wo wohnst du/und in welcher Zeit?", antwortet *Pavel*: „Es ist Engel acht Uhr– ". Die Acht wird, quergelegt gelesen, zum Ewigkeitssymbol und so zu Ort und Zeitmodus, in dem die Liebenden unerreichbar für jeden Verfolger geworden sind. Ihr Reden erscheint als „Sprache aus einer anderen Welt", unverständlich denen, die dem Hier und Jetzt verhaftet bleiben[353].

> Es ist die Acht mit den Ewigkeitsaugen
>
> Um acht Uhr habe ich euch erschossen

---

[351] Ebd., S. 173.
[352] Ebd., S. 177.
[353] Berendsohn, a.a.O., S. 59.

Im Sack hing die Acht – eine Windrose

Sieh nur die beiden umschlungen

glückliche Acht

Aber ich war das Appetitelixier

dankt mir, dankt mir, dankt mir![354]

Das paradoxe Aufscheinen ewigen, jenseitigen Glücks, geboren aus einer Mordtat und einem Verrat, erlösen den *Henker* hier in seinen Versen von jeglichen Gedanken an persönliche Schuld, versetzen ihn in einen Moment trügerischer Katharsis. Im überlebenden Opfer bleibt nur das ohnmächtige Unverständnis zurück, in dieser Gesellschaft, aufgebaut auf radikalen moralischen Verwerfungen, einen Ort zum Leben zu finden. Schließlich treiben ebendiese Verwerfungen den ratlosen *Heinz* im finalen neunten Bild in den Selbstmord:

O mein Schöpfer

O mein Vernichter

Was ist das?

Was ist das?

Ist der Henker geboren

Heilige zu machen?

O mein Schöpfer –

du

hinter Kains Augenlid Versteckter

Was ist das?[355]

Das Drama versifiziert an dieser Stelle, was als der „ewige Seufzer der Menschheit", zum ständigen Thema des Werkes der Nelly Sachs gehört. So formuliert sie in ihren Anmerkungen zur *Nachtwache*:

Jene furchtbarste Frage, eine der Kernfragen der Menschheit, zieht durch das Ganze: Warum es des Bösen bedarf, um den Heiligen, den Märtyrer zu schaffen. Niemand wird darauf Antwort geben können [...][356]

Es ist nicht das vereinzelte Ich – der Mensch als *Abstractum*[357] – aus der expressionistischen Dramentheorie, das sich ohne zwischenmenschliche Beziehungen einer zunehmend verständnislosen Welt gegenübersieht. Sondern das Paradigma der universalen Sehnsucht aller Überlebenden nach Antworten. *Heinz'* paradox

[354] ZiS, S. 178.
[355] Ebd., S. 181.
[356] Ebd., S. 349.
[357] Peter Szondi: Theorie des modernen Dramas, a.a.O., S. 108.

anmutende Verse erhalten bewusst keine Antworten, weil dies in keiner Sprache und mit keiner künstlerischen Anstrengung möglich ist. Es gibt keine Lösung dieser Frage, darum kann es auch keine Erlösung geben. Daher gelangt das Drama hier an die Stelle, wo es sein prinzipielles Scheitern der Suche nach Antworten feststellt.

In Fleischers Analyse des Dramas zeichnet sich ein vollständig anderes Bild ab. Den Schluss ihrer Untersuchung des Dramas fasst sie so zusammen:

> Kann „Nachtwache" auch nicht explizit als Erlösungsdrama bezeichnet werden, so endet es doch mit der Symbolik des mystischen Opfertodes, das wiederum eine Parallele der Figur „Heinz" zur Christusgestalt nahelegt, in der Lösung der Schuld. Das Motiv der Versöhnung erklärt sich jedoch nicht allein aus dem jüdisch-kultischen Hintergrund des Opfergedankens. Es wird von Nelly Sachs vor allem auch als die Möglichkeit einer Katharsis im Sinne einer seelischen Bewußtwerdung der persönlichen Tragik vorgestellt.[358]

Die zitierte Auslegung des Stückes erscheint problematisch. Fleischer verwirft die ausdrückliche Kategorisierung des Dramas als „Erlösungsdrama", um eben dieses in ihren nachfolgenden Ausführungen zu konstatieren. So unterlegt sie dem Freitod am Lagertor, gelesen als *mystischer Opfertod*, ein kathartisches Moment. Es erlöst und läutert den zur Schuld gepressten Lagerflüchtling von einer seelischen Not. Die eindeutige Markierung von Heinz als christologische Identifikationsfigur, wie Fleischer sie durchaus mit einiger Berechtigung vorträgt, vergisst bei näherer Betrachtung die bewussten Mehrdeutigkeiten des Textes. Diese Interpretation nimmt den Opfern zum zweiten Mal ihre wahren Identitäten. Welche logischen Schlussfolgerungen ließen sich aus dieser Feststellung für alle anderen Überlebenden ziehen?

Übersehen wird, dass diese Sicht die Thematik des Dramas auf ein Syndrom bloßer Innerlichkeit reduziert und nur der „Erlösung" von persönlicher Schuld Relevanz beigemessen wird. Doch von einer „Lösung der Schuld" kann nicht ausgegangen werden, da hierbei die Schuld der Täter und Verfolger zur Gänze außer Acht bleibt. Es sind die erfahrenen Demütigungen und Verbrechen, die ursächlich sind für die radikale Deformation der menschlichen Psyche. Sie müssen daher als ursächlich mitgedacht werden, wird sich dem Stück kommentierend genähert. Das Ergebnis der vorgestellten Lesart Fleischers bleibt einer eindimensionalen, nämlich rein theologisch grundierten, verengten Sicht verhaftet

---

[358] Fleischer, a.a.O., S. 105. [Hervorh. im Original] Durchbricht nicht die *Abraham*-Legende, wie im letzten Kapitel gezeigt werden konnte, genau diese kultisch-rituelle Tradition des Menschenopfers? Zu *Abrahams* Zeit, und weit über sie hinaus, wurden Menschenopfer jedoch bei Griechen, Germanen, Kelten, Römern und nachmals besonders bei den Christen aller Nationen (deren Gott seinen Sohn Jesus opfert) praktiziert. Gäbe es irgend einen *jüdisch-kultischen Hintergrund des Opfergedankens*, dann wäre dieser wohl in seiner konsequenten, nachgerade permanent anachronistischen, jahrtausendealten Ablehnung zugunsten des (Über-)Lebens zu suchen. [Aktuell ist die perverse Tradition, das eigene Kind zu opfern, in den Aufrufen zu Selbstmordattentaten von Hamas, Al-Aksa u. a. wiederzufinden.]

und unterschätzt das Drama in seinem Streben nach allgemeinen und multidimensionalen Ansprüchen.

Nachtwache handelt auch, aber nicht nur, von Juden, es ist kein *jüdisches* Drama, wie *Eli* oder *Abram*, die genau aus diesem Grund (und anderen aufgezeigten), abgelehnt wurden und werden. Das Drama versucht vielmehr, in szenischer Darstellung Grundkonstellationen der Opfer- und Täterexistenz zu erarbeiten. Schließlich spiegelt es die Unmöglichkeit einer auf traditionellen moralischen Maßstäben basierenden Katharsis und stellt fest, dass diese Kategorien neu gedacht werden müssen.

Wer die administrative Unmenschlichkeit der Lager überlebte oder wer ihm entfliehen konnte, war dadurch kein sittlich reiferer Mensch geworden: „Man schaut nicht dem entmenschten Menschen bei seiner Tat und Untat zu, ohne dass alle Vorstellungen von eingeborener Menschenwürde in Frage gestellt würden."[359] Vom inneren Wesenszustand der Opfer schreibt Améry, er sei „entblößt [...] ausgeplündert, entleert, desorientiert".[360] Die Angst des geflohenen *Heinz*, seine Unruhe und Gewissensbisse spiegeln reale Auswirkungen jener realen Gewalt wider, die Überlebende der Lager zwangsläufig erfahren haben. Es sind daher nicht Mystifikationen des Opfertodes und diesen verwandte metaphysische Gefühle, die aus *Nachtwache* kondensiert werden können, wie Fleischer meint, sondern deren Negationen. Selbst nach dem dreimaligen „Was ist das?" in den letzten gebethaften Worten von *Heinz*, darf auf keine Antwort Gottes gehofft werden, verweisen die Verse vielmehr und immer wieder auf die gesellschaftlichen Ursachen des Lagersystems. Die Gründe für die erfahrene Gewalt liegen jenseits von *Heinz'* und aller Opfer persönlicher Schuld, und sie lassen sich weder individuell noch durch ein transzendentes Wesen bewältigen.

Mit dieser, der einzigen und ausweglosen sozialen (und nicht metaphysischen) Erkenntnis, stürzt *Heinz* sich in den Tod. Jean Améry, selbst Überlebender von Auschwitz, begeht 1978 in Salzburg Selbstmord. In *Jenseits von Schuld und Sühne* schreibt er:

> Nicht das Sein bedrängt mich oder das Nichts oder Gott oder die Abwesenheit von Gott, nur die Gesellschaft: denn sie und nur sie hat mir die existentielle Gleichgewichtsstörung verursacht, gegen die ich aufrechten Gang durchzusetzen versuche. Sie und nur sie hat mir das Weltvertrauen genommen. Die metaphysische Bedrängnis ist eine elegante Sorge von höchstem Standing.[361]

Das Drama zeigt beharrlich auf die essentiellen Unterschiede schuldhaften Tuns ohne beide in eins zu vermischen und verweigert so, die wahren Henker aus ihrer Schuld zu entlassen. Von Katharsis, wie Fleischer es interpretiert, ist daher nicht sprechbar, wäre das doch die Parallelisierung von Verfolger und Opfer. Denn

---

[359] Jean Améry: Jenseits von Schuld und Sühne. Bewältigungsversuche eines Überwältigten. München 1988, S. 35.
[360] Ebd.
[361] Ebd., 121f.

eben nicht in mystisch-verklärender Absicht spricht das Drama, sondern es richtet den Blick sehr zielgerichtet auf die gesellschaftliche Verfassung der Jetztzeit (*unserer Zeit*), deren Realität sich das Drama im paradoxen, szenischen „Albtraum einer Henkerszeit" annähert.

> Das Ganze gehüllt in den Albtraum einer Henkerzeit – unserer Zeit – wo der zum Untier herabgesunkene Mensch, aber auch der gutartige Durchschnittsmensch fortlaufend Böses muß gebären. Das ewige Spiel von Jäger und Gejagtem, von Henker und Opfer wird ausgetragen auf innerster Ebene.

Auf die Verfassung der dargestellten Zeit übertragen besingt der Chor aus der brutal-grotesken 7. Szene „Eine Zeit aus Ende"[362]. Weder ein teleologisches noch ein theologisches Konzept wird, so drückt es der Vers hier aus, beabsichtigt, sondern allen solchen Entwürfen ist ihr brutales Scheitern zu(un)gunsten eines einzigen nachgewiesen, Sachs nennt ihn *Henkerszeit*.

Nelly Sachs betreibt mit ihrem Drama *Nachtwache* und den erläuternden Anmerkungen die permanente Selbstbefragung ihres Schreibens vor der erfahrenen Realität. Die Schuldgefühle der überlebenden Exilantin, die in den Hinweisen zum Stück verarbeiteten Selbstreflexionen manifest werden, sind jedoch nur jener Aspekt des Stückes, das in seiner Verwebung mit der ausgebreiteten Gegenwartsbeschreibung sowie mit dem Ringen um Erinnern gelesen werden muss. Das selbstreflexive Moment ist Movens des dramatischen Gefüges, löst sich aber mit fortschreitender Textbewegung in einer entschiedenen Täter-/Opferanalyse auf, in der auch Vergangenheits- und Gegenwartsanalyse einander kritisch befragen und erhellen.

Mit Bezug auf das Stück äußert Konrad Wünsche Sätze, die die hier vertretene These von der bewussten Offenheit des Dramas unterstützen und zudem deutlich werden lassen, dass das Stück sich einer traditionellen literaturwissenschaftlich-typologischen Einordnung verweigert

> Nelly Sachsens Anmerkungen sind zum Teil betrachtender Natur. Dann versuchen sie, den Sinn der Szenen zu erforschen, sind Fragen der Dichterin an sich selbst, zeugen von der Bemühung, sich selbst nachzuvollziehen probieren Antworten aus. Dabei zeigt sich ihr, daß diese Fragen nicht zu beantworten sind. Gewiß finden wir bei Nelly Sachs die Motive auch unserer Zeit, Henkerzeit, Jäger und Gejagter, aber nicht als „erschütternde Parabel", sondern ganz und gar unerlöst, nicht zu bewältigen.[363]

Aus dieser Perspektive gelesen wird *Nachtwache* zu einer ernsten zeitgeschichtlichen Probe auf die dramatische Form überhaupt, indem das Stück erstmals mit modifizierten dramaturgischen Mitteln auf die drängende Thematik der Opfer- und Täter-Existenzen eingeht. Bahr versucht daraus dem Drama einen ihm gültigen angemessenen literaturgeschichtlichen Ort zuzumessen:

---

[362] ZiS, S. 173f.
[363] Ehrengabe II, S. 166f.

Die Szene ist Sinnbild, nicht Abbild. Die Hofmannsthalsche „Bühne als Traumbild" ist zum Albtraum geworden. Die eingesetzten Mittel weisen über Frank Wedekind und Antonin Artaud hinaus und sind als ein wesentlicher Beitrag zur Dramaturgie des modernen Theaters zu bewerten, indem hier Elemente des Absurden, Grotesken und Grausamen zu einer mystisch bildhaften Aussage verbunden werden.[364]

5.3 Jörg Herchets Oper *Nachtwache*[365]

Der Dresdner Paul-Dessau-Schüler, Jörg Herchet, komponiert in den Jahren 1986/87 eine Oper nach dem Bühnentext der *Nachtwache*. Herchets Werk entsteht als Auftragswerk der Semperoper Dresden, deren Uraufführung unter der Regie von Ruth Berghaus und unter der musikalischen Leitung Ingo Metzmachers für den Dezember 1990 vorgesehen ist. *Nachtwache* ist, nach einer über zwanzigjährigen Kompositionserfahrung, in der zahlreiche Kammermusikwerke und Orchesterkompositionen entstehen, die erste Opernarbeit Herchets. In ihr verdichten sich exemplarisch die erarbeiteten vielschichtigen musikdramaturgischen Stilmittel, mit denen der Komponist „klassische Modelle durchbricht und umdeutet mittels moderner Techniken und Raumdeutungen".[366] Das anachronistische Moment seiner Musikkonzeption liegt in der konsequenten Anwendung und Weiterentwicklung musiktheoretischer Anschauungen, die mit der Wahl von *Nachtwache* in ihrer Komplexität erstmals künstlerische Umsetzung finden:

> Weil Oper als Gattung unmöglich ist, heute, ist Oper *die* Kunstform, in der das Wesentliche dieser, unserer Zeit zum Ausdruck gebracht werden kann wie in keiner anderen Form sonst.[367]

Nachtwache ist gemäß des Komponisten theoretischer Ausgangslage ein „Gegenwartstück", an dem der „zeitgemäße Bezug in viel tieferen Schichten als es das Tages- oder gar politische Bewusstsein wahrhaben will", erkennbar wird.[368]

Gegenüber dem ursprünglichen Dramentext zeigt Herchets Libretto einige wenige, jedoch sinnverändernde Varianten auf. So benennt er beispielsweise die Hauptfigur *Pavel* in *Peter* um, und eliminiert die oben konstatierte Lautanalogie *Pavel-Abel*. Gleichzeitig wird durch diesen Eingriff von der Lautanalogie *Heinz-Kain* und damit insgesamt vom semantischen Verweis auf die biblische Ursprungslegende abgelenkt.

Der *Altarmund* aus der Zirkusszene des grotesk-allegorischen siebten Bildes erhält mehr szenische Präsenz. Als Tonbandeinspielung geraten seine wenigen

---

[364] Bahr, S. 179.

[365] Erst nach Abschluß der vorliegenden Arbeit hat der Vf. von Alice Samters Vertonung des Stückes erfahren. Samters Kammeroper wurde am 9. November 2001 in der Lutherkirche zu Spandau uraufgeführt und am 10./16./17./23. sowie am 24. November 2001 wiederholt. Die kritische Würdigung ihres Werkes bleibt einer zukünftigen Arbeit vorbehalten.

[366] Vgl. dazu: Antje Kaiser: Werkinterpretationen. Jörg Herchet „Nachtwache". Komposition für das Musiktheater. In: Gisela Nauck und Armin Köhler: Positionen. Beiträge zur neuen Musik., Heft 5/1990, S. 17f., hier S. 17.

[367] Ebd.

[368] Ebd.

Verse zur Quintessenz der im übrigen Stück breiten Raum einnehmenden alltäglichen Gewaltsituationen:

> Wehe wer den Abendstern
>
> auf blauen Tüchern sucht
>
> Wehe wer „Meer" sagt im Traum.[369]

Die unsichtbare aber machtvolle ubiquitäre technisierte Gegenwart suspendiert hier als düsterer Kommentar jede Aussicht auf Hoffnung. Alles Glücksversprechen, dass sich einst in poetischem, traumhaften Sagen seinen Ausdruck verlieh, wird durch die institutionalisierte Sprache des Altars in seiner Ohnmacht vorgeführt als negative Utopie.

Hinzugefügt wurde dem Stück auch ein Moment der Selbstreferentialität, das in der Szenenanweisung zum achten Bild den inneren Aufbau der *Nachtwachen*-Musik thematisiert. Ausgehend von der Allegorie des Flecks als Nabel der Welt in der surrealistischen Zirkusszene (7. Bild), wird die Musik in den universalen Weltzusammenhang integriert, die als zyklisches Gefüge die Relationen von Individuum und Gesellschaft zum Universum widerspiegelt:

> Peter erklärt ihm [Heinz, d. Vf.] die Struktur der *Nachtwachen*-Musik:
>
> Der Fleck ist ein Fleck, auch ein Hase macht solchen Fleck in den Schnee, und die Sterne legen ihre Lächeln darauf. Der Henker beansprucht Dankbarkeit, denn aus der bösen Tat ist eine gute gewachsen.[370]

Die Verse der Spielhandlung greifen in selbstreferentieller Absicht diese Zusammenhänge gleich darauf erneut auf:

> Sieh her
>
> Nichts weiter ist notwendig
>
> Das ganze Universum ist gestützt
>
> kann nicht aus der Sternmusik fallen
>
> Nur das ist nötig – [371]

Es sind die ordnenden Zusammenhänge des Universums, die in ihrer unauflösbaren Verknüpfung von Makrokosmos und Mikrokosmos als allumspannend angenommen werden. Indem die Oper sich in diese Zusammenhänge stellt, eröffnet sie den Hörern die Strukturen ihrer Konzeptionen in Musik, Szene und Text und fordert so zum Dialog auf. Das kompositorische Prinzip dieser Szene ist da-

---

[369] ZiS, S. 165.
[370] Jörg Herchet: Nachtwache. In: Siegrid und Hermann Neef: Deutsche Oper im 20. Jahrhundert, DDR 1949-1989. Berlin u. a. 1992, S. 225-230, hier S. 227. [Hervorh. im Original]
[371] ZiS, S. 176.

her seiner Gestaltung nach, so Herchet, zu „Entfalten wie ruhiges Gespräch".[372] In ihr findet sich, so Kaiser in ihrer Interpretation der Oper, die

> Erkenntnis, daß gegenüber einem Lebens- und Weltzustand von verlorenen Zusammenhängen aus der kleinstmöglichen Einheit (dem einzelnen Menschen, der kleinsten musikalischen Keimzelle) das Universum entfaltbar ist. [373]

Herchets Oper verteidigt die Theorie auf eine in ferner Zukunft liegende mögliche Hoffnung auf eine von Gewalt befreite Gesellschaft, weil sie in solchen Denkzusammenhängen zumindest vorstellbar bleibt.

Den Schluss des Stückes verändert Herchet, indem er den sterbenden *Heinz*, am Lagertor verblutend, ein christlich-religiöses Bekenntnis sprechen lässt: „Soli Deo Gloria".[374] Die Hauptfigur gerät dadurch zur Allegorie einer nachdrücklich christlich fundierten Hoffnungs- und/oder Erlösergestalt, die den ehemals sittlich(-religiös?) nicht eindeutig verortbaren (und damit weitergehenden) Interpretationsspielraum, der dem Stück implizit ist, einengt. Der universale Gültigkeitsanspruch, den Musik, Szene und Text im achten Bild beanspruchen, wird durch diese eingreifende szenische Relativierung zurückgenommen.

Herchet ist sich der dialektischen Verfasstheit der aufgeworfenen Grundfragen bewusst, die darin zum Ausdruck kommen, dass sich das Individuum permanent in kritischen Bezug zur erfahrenen gesellschaftlichen Realität setzt:

> Die wunde Stelle liegt beim Einzelnen, der sich, aus welcherlei Gier auch immer, den unmenschlichen Gesellschaftssystemen anpaßt und unterwirft.[375]

Eine kurze Passage aus Herchets Aufsätzen ergibt die Möglichkeit, genauere Auskunft über seinen Kunstbegriff und dessen praktische Umsetzung zu erlangen:

> ich kann kunst nicht anders denn als religiös begreifen und üben. das bedeutet für mich als musiker: polyphonie ist die dem heutigen weltverständnis einzig gemäße gestaltungsform. dabei ist musik um so polyphoner, je vielsinniger ihr beziehungsgeflecht ist. [...] intensiviert heute polyphonie die wahrnehmung der zeitdimension, so führt sie auch zugleich weit tief ins räumliche, da sie wegen der kaum begrenzten möglichkeiten, strukturen zu setzen, eine wesentlich differenziertere mannigfaltigkeit erlaubt. zugleich liegt der weg offen, den raum der ordnungen zu durchschreiten und zu sprengen, denn sobald die bewegung ins unendliche dringt, wird das raumgefüge überschaubarer strukturen aufgehoben. das aber kommt wiederum einem triumph der zeit gleich, da die sprengung des

---

[372] Kaiser, a.a.O., S. 18.

[373] Ebd.

[374] „Gott allein die Ehre" als Abkürzung S.D.G. im Portalbereich christlicher Kirchen zu findendes Motto. [Hinweis von Dr. Thomas Blech]

[375] Kaiser, a.a.O., S. 18.

geschlossenen raumes in der zeit geschieht und gleichsam nur noch die raumlos strömende zeit übriglässt.[376]

Sprengung des geschlossenen Raumes in der Zeit als erkenntnistheoretisches Konzept ist auch den geschichtliche Anknüpfungspunkte suchenden Szenen von Sachs eingeschrieben. Sie trachten danach, einen ordnenden, strukturgebenden Raum (Orientierung/Identifikation) wiederzufinden, obgleich den Szenen ihr Scheitern vor der Realität fortwährend ablesbar ist.

Zweifel an Herchets zitierter religiöser Anschauungsweise von Kunst sind jedoch angesichts der Entstehungszeit des Werkes angebracht.
Durch ihre zeitgenössische Parallelität zur hohen Zeit der radikalen politischen Konzepte von Glasnost und Perestroika, ist Herchets Adaption durchaus mit einem geheimen gesellschaftskritischen Impuls grundiert, über den in der DDR offen zu reden die Zeit noch nicht gekommen war. Eine rein eindimensional grundierte Betrachtung des Ursprungstextes hätte sich im fertigen Opernwerk deutlicher in Rezeptionsfehlschlüssen, ähnlich denen, die an Fleischers christlich grundierter Interpretation festgestellt werden konnten, verfangen.

Die poetologischen Ausführungen des Komponisten erhellt ein Zitat, in dem szenische Dramaturgie gemeinsam mit einer avancierten Musiktheaterkonzeption sich dem Totaltheaterkonzept von Nelly Sachs annähern.

> Die Musik schafft auf ihre Weise – nämlich vorwiegend strukturell – am Geschehen mit: Es kommt zu klaren Gliederungen und Kontrastierungen, aber auch zu Parallelisierungen durch Instrumentengruppierungen. Solistisches Musizieren und Tuttipassagen werden so zueinander in Beziehung gesetzt, daß sich darin das Verhältnis von Einzelnem, Welt und Universum, spiegelt. Das betrifft auch den Charakter der Spielanweisungen: solistisches Musizieren mit klar konturierter Phrasierung und Tuttipassagen mit geräuschhaften Gebärden.[377]

Wort, Mimus und Musik unterliegen gemäß dieser Konzeption keiner Hierarchie, sondern ergeben ein gleichberechtigtes, homogenes, jedoch höchst sublimes Bühnenganzes. Herchets Oper trachtet danach, den separierenden Graben zwischen Bühnenraum und Zuschauerraum zu überspannen. Als Erweiterung der räumlichen Dimensionen soll nun einen vierte Dimension, die Raum-Zeit-Dimension, hinzutreten. Einer solchen Oper wäre das Amalgamieren der unterschiedlichen Künste gelungen. Sie wäre der Versuch, sich außerhalb tradierter Gattungsbedingungen neu zu konstituieren:

> wenn eine oper nicht mehr als exemplar einer historisch definierten gattung, sondern in einem prozeß ungeschützten suchens entsteht, wird es möglich, ihre verschiedenen konstitutionsmomente, statt sie in einem vorgegeben bezugsrahmen einzufügen, in ihrer spezifischen eigenständigkeit zu erfasssen und die beziehung zwischen ihnen erst aktuell herzustellen.

---

[376] Jörg Herchet: Polyphonie ist Aufgabe. In: Positionen. Beiträge zur neuen Musik. Hrsg. von Gisela Nauck und Armin Köhler, Edition Peters Leipzig, Heft 3/1989, hier S. 10.
[377] Sigrid Neef, a.a.O., S. 229.

das verhältnis bzw. un-verhältnis zwischen text und musik muß als offenes problem auskomponiert werden.[378]

Trifft die Opernkonzeption auf einen neuen Dramentext, der mit historisch konkreten Verweisen, vielschichtigen, ambivalenten Metaphern und Allegorien alten Klischees die Absage erteilt, dann entsteht, was Herchet „wahrhaft integrales Bewußtsein" nennt, wären Wort, Mimus und Musik in ein „konstruktives, durchgestaltetes Verhältnis" gesetzt.[379]

Die Aufführungsgeschichte des Dramas *Nachtwache* ist eine kurze. Nach einer ersten Inszenierung des Stückes am Landestheater Niedersachsen-Mitte (Soltau) im Februar 1972 bleiben nachfolgende inszenatorische Beschäftigungen mit dem Stück aus. Eine der raren Aufführungskritiken, erschienen in der Soltauer „Böhme-Zeitung", spricht von einer gelungenen Inszenierung und prophezeit dem Stück die ihm gebührende Bühnenpräsenz: „Der Weg über die Bühne kann beginnen."[380]

Jörg Herchets Musiktheaterwerk entsteht in den Jahren 1986/87 im Auftrag der Semperoper Dresden. Die Inszenierung der Oper soll ein Regieteam unter Ruth Berghaus ausarbeiten, zum musikalischen Leiter gewinnt man den Dirigenten Jörg Peter Weigle. Als Termin der Uraufführung von *Nachtwache* ist der Dezember 1990 angesetzt. Herchets avancierte Oper bedeutet einerseits eine ernsthafte künstlerische Herausforderung und ein Wagnis für das Dresdner Ensemble, andererseits die Wiederaufnahme einer lange fälligen Auseinandersetzung mit dem künstlerischen Erbe der Dichterin Nelly Sachs. Doch diese günstigen Konstellationen, die dem Stück durch eine engagierte Aufführung im würdigen Rahmen gerecht zu werden versprechen, sind zum Scheitern verurteilt. Drei Gründe sind es im wesentlichen, die das Zustandekommen des Projektes verhindert haben: Zunächst das unvorhersehbare und öffentlich unerklärt bleibende Ausscheiden des vorgesehenen Dirigenten vom Projekt, jedoch findet die Semperoper in Ingo Metzmacher schnell Ersatz. Sodann wird im Herbst 1989 durch die politischen Ereignisse jener Tage die Absetzung des Intendanten und Befürworters der *Nachtwache*, Gerd Schönfelder, betrieben. Letztendlich aber gibt die Weigerung des Dresdner Chorensembles Herchets Oper zu spielen den Ausschlag, die Aufführung endgültig scheitern zu lassen. Das Chorensemble sieht sich den Anforderungen der UA nicht gewachsen. Weniger aus Sorge um physische Überbelastung denn aus psychisch-künstlerischen Gründen, wie Kaiser kommentiert:

---

[378] Jörg Herchet: Identifikation und Distanzierung. In: Positionen. Beiträge zur neuen Musik. Hrsg. von Gisela Nauck und Armin Köhler, Edition Peters Leipzig, Heft 5/1990, S. 6-8, hier S. 7.

[379] Ebd., S. 8.

[380] Bahr, S. 176.

Denn was Inhalt und Musik der neuen Oper fordern, sind freie und individuelle Kreativität, die persönliche Bereitschaft, sich Unbekanntem und Unerprobtem zu stellen, Mut zum Risiko.[381]

Kaisers Anmerkung liest sich neben dem Befund der psychosozialen Konstitution des künstlerischen Kollektivs Chor und seiner fehlenden künstlerischen Identifikation mit dem Werk auch als eine Analyse der gesellschaftlichen Verfasstheit und des künstlerischen Stands der Semperoper in den Jahren 1989/90. Missverständnisse prägen das neue Demokratieverständnis und verwechseln gesellschaftliche Kritik mit dem Widerstand gegen ein künstlerisches Werk und seine „Abwertung zum Unsinn".[382] Die Aufführung von *Nachtwache* scheitert an erschreckend konservativen künstlerischen Einstellungen und an den politisch motivierten Umwälzungen „wie sie jetzt allerorten an Theaterhäusern der DDR stattfinden".[383] Die Ablösung von jahrzehntelanger gesellschaftlicher, kulturpolitischer und ideologischer Bevormundung erfolgt durch die Übernahme neuer, fragwürdiger Wertvorstellungen einer falschverstandenen Freiheit. Sie resultieren in blinder Ablehnung avancierter künstlerischer Stoffe und Formen und einer bloßen Ausrichtung am vermeintlich leicht zu erringenden materiellen Vorteil. Aber auch die Nichtbeachtung des Stückes in der alten Bundesrepublik zeigt, dass Widerstände und Verhärtungen gegenüber diesen nicht ausschließlich vom Gesellschaftssystem abhängig sind:

Auch woanders wäre ein Werk wie die Nachtwache nicht leicht durchzusetzen; nicht zuletzt legt es die Finger in die Wunde verlogener Gesellschaftsformationen überhaupt, fragt nach dem Boden realer Demokratie.[384]

Zur Uraufführung von *Nachtwache* kommt es schließlich am 25. Juni 1993 im Rahmen der Leipziger Opernfestspiele. Weder Herchets Oper als Ganzes noch Ausschnitte aus ihr sind bislang veröffentlicht. Die Oper Leipzig besitzt „ausschließlich für hausinterne Arbeitszwecke" einen Videomitschnitt der Aufführung: „Eine Tonaufnahme existiert nicht."[385]

---

[381] Antje Kaiser: Albtraum. Zur Absetzung einer Uraufführung in der Semperoper. taz, 05.04.1990, S. 10.
[382] Ebd.
[383] Ebd.
[384] Ebd.
[385] Marita Müller, Dramaturgin Oper Leipzig, Brief/eMail vom 16./20.05.2003 an den Vf.

6. Simson fällt durch Jahrtausende. Ein dramatisches Geschehen in vierzehn Bildern

6.1 Exkurs über das Theater der 50er und 60er Jahre

Bei kursorischer Betrachtung der ersten fünfzehn Jahre europäischen Nachkriegstheaters erhalten die Konzeptionen des absurden Theaters eines Beckett sowie die existenzialistischen Stücke Sartres paradigmatischen Charakter. Zweifelsohne gelten beide avancierte Konzeptionen als künstlerische Reaktionen auf die schockierende Realität des Krieges.

Bereits sehr früh, mit seinem 1943/44 entstehenden und 1947 publizierten Stück *Geschlossene Gesellschaft (Huis clos)*, zeigt Sartre, dass die Wirklichkeit nicht nur das Denken einer positiven Utopie suspendiert hat.[386] Die Sinnlosigkeit auch jeden solidarischen Handelns ist Resultat der stattgefundenen radikalen kollektiven Erfahrungen. Zwischenmenschliche Beziehungen werden ausschließlich durch die bloße Existenz des anderen negativ bestimmt. Jeder ist des andern Folterknecht, ist seiner Willkür ausgeliefert, den Blicken des anderen:

> Also das ist die Hölle. Ich hätte es nie geglaubt ... Wißt ihr noch: Schwefel, Scheiterhaufen, Rost ... Was für Albernheiten. Ein Rost ist gar nicht nötig, die Hölle, das sind die anderen.[387]

Die Vorwegnahme der Apokalypse ist bitteres Resultat der zum geschichtsmächtigen Handeln fähigen menschlichen Gattung. Angesichts der realen Schrecken verlieren daher die überlieferten Bilder der christlichen Mythologie ihre traditionsstiftende religiöse Wirkmächtigkeit.

Mit seinem berühmtesten Stück *Warten auf Godot (En attendant Godot)* kommt Samuel Beckett 1952 zu ähnlich radikalen Aussagen über die Entfremdung menschlicher Gesellschaft in der Nachkriegszeit. Menschliche Zeit wartet auf Sinngebung durch Erinnerung. Tatsächlich aber ist Sprache als Medium, in dem sich Geschichte manifestiert kein konstruktives Kommunikationsmittel mehr, sondern sie zeigt sich als Herrschaftsinstrument, das, statt Gewalt im diskursiven Prozess abzuwenden, sie immer wieder legitimiert.

> Pozzo *plötzlich wütend*: hören Sie endlich auf, mich mit Ihrer verdammten Zeit verrückt zu machen? Es ist unerhört! Wann! Wann! Eines Tages, genügt Ihnen das nicht? Irgendeines Tages ist er stumm geworden, eines Tages bin ich blind geworden, eines Tages werden wir taub, eines Tages wurden wir geboren, eines Tages sterben wir, am selben Tag, im selben Augenblick, genügt Ihnen das nicht? *Bedächtiger*. Sie gebären rittlings über

---

[386] Jean Paul Sartre. Geschlossene Gesellschaft. Stück in einem Akt. In: Ders.: Gesammelte Werke in Einzelausgaben. In Zusammenarbeit mit dem Autor und Arlette El Kaim-Sartre herausgegeben von Traugott König. Theaterstücke Bd. 3. Reinbek 1986.
[387] Ebd., S. 59.

dem Grabe, der Tag erglänzt einen Augenblick und dann von neuem die Nacht.[388]

Becketts Protagonisten *Lucky* und *Pozzo* spiegeln paradigmatisch das deformierte Bewusstsein der zum politisch-kollektiven Handeln unfähigen Gesellschaft. Stellvertretend reproduziert ihre Sprache ein Ohnmachtsbewusstsein, wie es die geschichtliche Entwicklung im 20. Jahrhundert ins kollektive Bewusstsein der Individuen eingeschrieben hat. In seinem Aufsatz *Versuch, das Endspiel zu verstehen* gelingt es Adorno, zum gesellschaftlichen Gehalt und Kern der beckettschen Dramen vorzudringen:

> Die protestlose Darstellung allgegenwärtiger Regression protestiert gegen eine Verfassung der Welt, die so willfährig dem Gesetz der Regression gehorcht, daß sie eigentlich schon über keinen Gegenbegriff mehr verfügt, der jener vorzuhalten wäre. [...] Der Mensch, dessen allgemeiner Gattungsname schlecht in Becketts Sprachlandschaft paßt, ist ihm einzig das, was er wurde. Über die Gattung entscheidet ihr jüngster Tag wie in der Utopie. Aber im Geist muß noch die Klage darüber reflektieren, daß sich nicht mehr klagen lässt. Kein Weinen schmilzt den Panzer, übrig ist nur das Gesicht, dem die Tränen versiegen.[389]

Im absurden Theater Becketts werden Gewaltverhältnisse und Sprachunfähigkeit zu formalen Prinzipien des szenischen Handlungsverlaufes und der Figurenkonstitutionen erhoben. Doch verweigert die Metaphorik seiner Stücke didaktische Ratschläge ebenso wie Lösungsvorschläge.

Von vergleichbarer Wirkmächtigkeit sind im deutschsprachigen Raum der angegebenen Zeitspanne neben Thomas Bernhard und Max Frisch besonders die Stücke des Schweizers Friedrich Dürrenmatt. Seine Erkenntnis aus den Schrekken des Jahrhunderts lässt ihn eine Theaterkonzeption erarbeiten, mit der bis dahin tradierte Poetiken überwunden werden sollten. Gleich Nelly Sachs und anderen Autoren erkennt Dürrenmatt, dass die Form der klassischen Geschichtstragödie, wie Schiller sie beispielsweise im *Wallenstein* vorstellte, nicht hinreicht, die Resultate der historischen Zäsur szenisch zu bearbeiten. Dürrenmatts konzeptionelle Antwort auf dieses Problem liegt in einer Ästhetik der Komödie:

> Die Tragödie setzt Schuld, Not, Maß, Übersicht, Verantwortung voraus. In der Wurstelei unseres Jahrhunderts, in diesem Kehraus der weißen Rasse, gibt es keine Schuldigen und auch keine Verantwortlichen mehr. Alle können nichts dafür und haben es nicht gewollt. Es geht wirklich ohne jeden. Alles wird mitgerissen und bleibt in irgendeinem Rechen hängen. Wir sind zu kollektiv schuldig, zu kollektiv gebettet in die Sünden unserer Väter und Vorväter. Wir sind nur noch Kindeskinder. Das ist unser Pech,

---

[388] Samuel Beckett: Warten auf Godot. Frankfurt am Main 1971. Hier S. 221.
[389] GS, Bd. 11, S. 289f.

nicht unsere Schuld: Schuld gibt es nur noch als persönliche Leistung, als religiöse Tat. Uns kommt nur noch die Komödie bei.[390]

Sichtbares Zeichen seiner hier formulierten Dramaturgie sind zuallererst die in den Titeln vorgenommenen Präzisierungen seiner frühen Stücke als *Ungeschichtliche historische Komödie*, *Fragmentarische Komödie* oder *Tragische Komödie*.[391] Basis dieses umgeschriebenen, erweiterten Komödienbegriffes ist die seit Shakespeare bekannte Dramenform der *Tragikkomödie*. Dürrenmatts Komödienstücke aber aktualisieren auf der Folie ihres jeweiligen historischen Ortes die Tragödien der aktuellen Vergangenheit:

> Ich beschreibe Menschen, nicht Marionetten, eine Handlung, nicht eine Allegorie, stelle eine Welt auf, keine Moral, wie man mir bisweilen andichtet, ja, ich suche nicht einmal mein Stück mit der Welt zu konfrontieren, weil sich all dies natürlicherweise von selbst einstellt, solange zum Theater auch das Publikum gehört. Ein Theaterstück spielt sich für mich in der Möglichkeit der Bühne ab, nicht im Kleide irgendeines Stils.[392]

Im Gegensatz zur ausgesprochen metaphernreichen Bilddramatik eines Nelly Sachs Stückes setzen Dürrenmatts modifizierte Komödienstücke auf eine für das Publikum eingängigere, nämlich vorrangig narrative Figuren- und Handlungsführung.

Überaus stilbildend, zuerst nur für die DDR, später dann für den gesamten deutschsprachigen Raum, ist Bertolt Brechts Theaterarbeit jener Jahre. Bemerkenswert hieran ist jedoch die Tatsache, dass Brecht nach seiner Rückkehr aus dem Exil im Jahre 1948 lediglich ein eigenes neues Theaterstück fertigstellt. Im Sommer 1954 beendet er *Turandot oder der Kongreß der Weißwäscher*,[393] das auf der Folie eines orientalischen Märchenstoffes eine satirische Abrechnung mit opportunistischen Verhaltensweisen von Intellektuellen darstellt. Hauptsächlich aber ist Brechts Beschäftigung mit dem Theater geprägt von der Inszenierung seiner älteren Stücke sowie der Inszenierung klassischer und zeitgenössischer Dramenvorlagen.[394]

Notwendige Auswirkungen auf jede zeitgemäße Beschäftigung mit dem Theater bringt Brecht zusätzlich seit jeher in seinen theoretischen Schriften zum Ausdruck. Brechts Modifikationen am theatertheoretisch Hergebrachten zeigen sich zuallererst in ihren grundsätzlichen Ausrichtungen an der sozialistischen

---

[390] Friedrich Dürrenmatt: Theaterprobleme. In: Ders.: Theater-Schriften und Reden. Hrsg. von Elisabeth Brock-Sulzer, Zürich 1966. S. 92-131, hier S. 122. – Siehe dazu auch Hans Mayer: Dürrenmatt und Brecht oder Die Zurücknahme. In: Über Friedrich Dürrenmatt. Essays und Zeugnisse von Gottfried Benn bis Saul Bellow. Hrsg. von Daniel Keel, Zürich 1980, S. 54-79, hier S. 61f. (= Friedrich Dürrenmatt. Werkausgabe in dreißig Bänden. Band 30).

[391] Vgl. dazu: Friedrich Dürrenmatt: Komödien I. Zürich 1957.

[392] Ebd., S. 341.

[393] Bertolt Brecht: Gesammelte Werke in 20 Bänden, Band 5, S. 2191ff., Frankfurt am Main 1967.

[394] Vgl. dazu: Wolfgang Emmerich: Kleine Literaturgeschichte der DDR. Erweiterte Neuausgabe. Leipzig 1996.

Utopie. In den 1953 parallel zur Regiearbeit an Erwin Strittmatters Stück *Katz-graben* verfassten Reflektionen diskutiert Brecht paradigmatisch sämtliche Fragen zur szenischen Realisation des dialektischen Verhältnisses aktueller Gesellschaftskonstellationen.[395] Von der Besetzung der Hauptrollen und der Anlegung einzelner Figuren und Figurengruppen, dem Arrangieren der Szenen und den Problemen während verschiedener Phasen der Regiearbeit und vielem mehr handeln die *Katzgraben*-Notate mit dem Ziel, das Theater als fortschrittlichstes Leitmedium der als neuen Zeit begriffenen Nachkriegsepoche zu etablieren. Der Zweck der Reflektionen ist aber keineswegs nur zum theaterinternen Gebrauch, sondern intendiert als Hauptziel, das Verändern des gesellschaftspolitischen Bewusstseins der Zuschauenden. Brecht definiert seine Zuschauer nicht als bloß passive Rezipienten, sein Theater soll zum aktiv politisch Handelnden erziehen:

> Das Stück zeigt nicht nur. Es zieht den Zuschauer mächtig in den großen Prozeß der produktiven Umwandlung des Dorfes, angetrieben durch den Dynamo der sozialistischen Partei der Deutschen Demokratischen Republik. Es erfüllt ihn mit dem Geist des kühnen Fortschreitens.
>
> [...]
>
> So müssen wir [...] das Stück aufführen, wir müssen einem proletarischen Publikum Lust machen, die Welt zu verändern(und ihm einiges dafür nötiges Wissen vermitteln).[396]

Als eines der schwierigsten Hindernisse in diesem didaktischen Prozess sieht Brecht u. a. die Einfühlung der Zuschauer in das Spiel des positiven Helden.

> Die bloße Einfühlung mag den Wunsch erzeugen, es dem Helden gleichzutun, aber kaum die Fähigkeit. Damit Verlaß ist auf die Gesinnung, muß sie nicht nur impulsiv, sondern auch verstandesmäßig aufgenommen werden. [...] Es ist die Aufgabe des Theaters, den Helden so vorzustellen, daß er zu bewußter, nicht blinder Nachahmung reizt.[397]

Brechts Ablehnung einer Dramaturgie der Einfühlung untermauert er u. a. in einer 1939 konzipierten und 1953 erstmals publizierten theoretischen Abhandlung. In *Über reimlose Lyrik mit unregelmäßigen Rhythmen* diskutiert der Dichter sein Bemühen, die lyrische Sprache entsprechend den modernen gesellschaftlichen Gegebenheiten zu modifizieren.[398] Die avancierte moderne Verssprache, also jene, die die „gesellschaftliche[n] Dissonanzen" reflektiert, hat „die neue gestische Rhythmisierung" zur „Voraussetzung".[399] Mit dem zentralen Begriff des *Gestus* oder der *gestischen Technik* können Brechts Verse auf die als unharmo-

---

[395] Katzgraben-Notate. In: Bertolt Brecht: Gesammelte Werke in 20 Bänden, a.a.O., Band 16, S. 772ff.

[396] Ebd., S. 780.

[397] Ebd., S. 813f.

[398] Sinn und Form. Heft 6/1953, S. 41-47.

[399] Über reimlose Lyrik mit unregelmäßigen Rhythmen. In: Bertolt Brecht: Gesammelte Werke in 20 Bänden, a.a.O., Band 19, S. 395-403, hier S. 399.

nisch erfahrene Gesellschaft reagieren. Im politischen Kampf kann avancierte Lyrik und/oder Bühnensprache nicht mehr die „ölige Glätte des fünffüßigen Jambus"[400] verwenden, sondern sie muss sich einer neuen Technik bedienen, um so ihre Haltung zur Welt auszudrücken. Dadurch, dass syntaktische, rationale Momente im Vers betont werden, zwingt sie den Rezipienten zum aktiven Nachvollzug der Sprache und zum kritischen Vergleich mit der erfahrenen Realität. Regelmäßige Rhythmen haben dagegen eine „einlullende, einschläfernde Wirkung wie sehr regelmäßig wiederkehrende Geräusche (Tropfen aufs Dach, Surren von Motoren)".[401] Statt eine kritisch-eingreifende Denkhaltung einzunehmen, müssen Rezipienten „sich immer erst einer alles nivellierenden, verwischenden, einordnenden Stimmung entreißen", wohingegen durch gestische Rhythmisierung „die Gedanken eher [...] die ihnen entsprechenden eigenen emotionellen Formen" bekommen.[402] Mit seiner Theorie entbindet Brecht Verssprache ihres rein emotionalen Stimmungsgehaltes und bestimmt sie als Moment gesellschaftlicher Praxis, in der Realität durch Sprache erkennbar wird.

6.2 Entstehung, Form und Inhalt: *Totaltheater* im *Simson*

Zwischen dem Beginn der Arbeit an *Nachtwache* und der erneuten Beschäftigung mit einem dramatischen Versuch lässt Nelly Sachs fünf Jahre vergehen. Ihre großen thematischen Motivationen, die zum Aufgreifen der dramatischen Form zwangen, erscheinen ihr gültig bearbeitet und damit eine Focussierung auf die lyrische Form gerechtfertigt. So verfertigt die Dichterin zwischen den Jahren 1952 und 1957 sieben Gedichtfolgen, die schließlich unter dem Titel *Und niemand weiß weiter*[403] publiziert werden. Ihre einzige nach 1945 erschienene Prosaarbeit *Leben unter Bedrohung*, veröffentlicht in der Zeitschrift Ariel, erscheint 1956.[404] Langsam findet die Dichterin Sachs ein Lesepublikum, das sich auf ihre lyrische Sprache einlässt und beginnt, dem Werk Anerkennung zu zollen.

Die Beschäftigung mit einem neuen Dramenstoff entsteht in einem Klima aus Krankheit, künstlerischen Selbstzweifeln und dem Verlangen, eng erscheinende Gattungsgrenzen zu überwinden. Sachs beschreibt am 23.4.1957 dem „Dichter und Freund" Peter Hamm ihr Befinden und teilt ihm erste Gedanken über ihr künstlerisches Vorhaben mit:

> Nun habe ich eine dramatische Dichtung vor [...]. Auch ich bin nicht recht gesund. [...] Ich habe mich schon vorher an einigen dramatischen Dingen versucht. Bin aber sehr ungeschickt im Aufbau für das Theater. Habe für Wort, Mim Musik eine Art Kulttheater etwas geschrieben. Abram im Salz. Dann etwas mit Schuld-Sühne auf innerster Ebene. Nun ein Neues: Im Schlafleib. Da alles sich auf zwei Ebenen abspielt, so glaube ich an keine

---

[400] Ebd., S. 396.
[401] Nachtrag zu: Über reimlose Lyrik mit unregelmäßigen Rhythmen. In: Bertolt Brecht: Gesammelte Werke in 20 Bänden, a.a.O., Band 19, S. 403f., hier S. 403.
[402] Ebd., S. 404.
[403] Hamburg und München 1957
[404] Ariel, Heft 3, Darmstadt 1956.

Bühnenmöglichkeit, aber es gibt Dinge, die einfach über die Gedichtform hinausspringen. Und darum versuche ich.[405]

Erneut scheint in diesem kurzen Briefzitat auf, wie eng der eigentliche Schreibprozess bei Nelly Sachs an außerliterarische Umstände gebunden ist. Bei der Untersuchung ihres Dramenerstlings *Eli* konnte gezeigt werden, wie stark die eigene biographische Erfahrung Einfluss genommen hat auf Form und Inhalt des Stückes. Bei dem hier zur Diskussion stehenden neuen Dramenprojekt sind solche Bezüge kaum mehr auf den ersten Blick feststellbar. Der Prozess des Absinterns von Biographischem ins Sediment des Textes hat somit seine Funktion als wichtiger Faktor zum Leseverständnis eingebüßt. So gerät das Herantragen der (überaus spärlichen) biographischen Fakten an den Text zunehmend hypothetisch. Interessant in diesem Zusammenhang ist jedoch eine Beobachtung Fritsch-Viviés, die einen Zusammenhang der *Simson*-Figur mit der Mutter von Nelly Sachs' herstellt:

> Nelly Sachs berichtet in einem Brief davon, daß ihre Mutter damals in Stockholm oft zusammenbrach, sie nennt es laienhaft „Gehirnkrämpfe, eine Art epileptischer Zuckungen und Bewußtlosigkeit", und daß sich die Mutter danach ganz unbefangen über die erschreckte Blässe der Tochter wunderte und sich ganz „wohl" fühlte.[406]

Aus persönlicher Anschauung eines erschreckenden und unerklärlichen Krankheitssymptoms entlehnt sie über die biblische Vorlage hinaus das zentrale Attribut ihrer Figur. Damit eröffnet sie sich eine plausible Gestaltungsmöglichkeit jener projektierten „zwei Ebenen", auf denen das Stück sich abspielen soll.

Das neue szenische Werk, dessen endgültiger Titel ab 1957 *Simson fällt durch Jahrtausende*[407] lauten wird, behandelt nur am Rande die in *Abram* und *Nachtwache* stark vorherrschenden Themenfelder Jäger und Gejagter oder Schuld und Sühne. Im *Simson*-Spiel exponiert Sachs ein Thema, dass in *Nachtwache* bereits erste szenische Beachtung fand ohne jedoch umfassend leitmotivisch hervorzutreten. Auf der Folie der biblischen Legende von *Samson* und *Delila*, deren Namen in den Gegenwartspartien des Stückes *Manes* und *Nina* lauten, handelt der Text auf narrativer Ebene von der Uneigennützigkeit einer Liebe und vom Verrat an ihr. Was hier verkürzt, aber zutreffend geurteilt auf den ersten Blick an Klischee erinnert, wird im dramatischen Text auf unterschiedlichen Realitätsebenen mit stark abstrakten Darstellungen und mit einem assoziativen und überaus bilderreichen Schreibverfahren äußerst sublimiert umgesetzt. Szenische Kontinuität, auch über die unmittelbare Fabel hinaus, ergibt sich weniger aus der Handlungsabfolge als aus den vorwärtstreibenden Reflexionen über die stark assoziativen Bilder und deren intertextuelle Verweismöglichkeiten.

---

[405] Briefe, S. 162.
[406] Gabriele Fritsch-Vivié: Der biographische Aspekt in den Szenischen Dichtungen der Nelly Sachs. In: NI, S. 269-282, hier S. 277. Vgl. auch Briefe, S. 282.
[407] ZiS, S. 185ff.

Das Stück ist formal aufgeteilt in ein Vorspiel und 14 Bilder, die in unvermittelt wechselnden Realitätsebenen einerseits auf die *Samson*-Legende rekurrieren und andererseits sein Schicksal in der Welt des 20. Jahrhunderts betrachten. Im Vorspiel führt der Text in die biblische Legende zwischen *Samson* und *Delila* ein. *Delila* raubt dem schlafenden *Samson* das Haar, Quelle seiner Kraft und sichtbarer Hinweis auf seine besonderen Bande zu Gott. In dem nun folgenden ersten Bild, das in einem von „irrealer Sonne" beschienenen „Zwischenreich" situiert ist, reflektieren die Stimmen der Personen aus dem Vorspiel die Intentionen ihrer Handlungen und deren weitreichende unabschätzbare Folgen. Die Bilder 2-14 unterteilen sich in solche, die einem Handlungsstrang in der Gegenwart folgen und solche, die in abstrakten Szenerien Reflektionen der stattgehabten Handlungen wiedergeben. Eine formale Ausnahme in dieser Unterteilung stellt Bild drei dar, da bereits in ihm ein abrupter Wechsel zwischen den Realitätsebenen vollzogen wird.

Die auffällig breite Schilderung der biblischen *Simson*-Erzählung wird im Stück durch die Materialauswahl der Dichterin auf die kriegerische Auseinandersetzung *Simsons* mit den *Philistern* reduziert: Dem von Geburt an gottgeweihten *Simson* wird prophezeit, dass er „Israel aus der Gewalt der Philister" befreien wird.[408] Die *Philister* versuchen, dem an Stärke unüberwindbaren *Simson* mit List beizukommen, indem sie mit *Delila* eine Frau in seiner Nähe haben, die das Geheimnis seiner Stärke herausfinden und an sie verraten wird. Durch die für biblische Legenden übliche Methode der verkürzenden Darstellung sowie weitestgehende Aussparung motivischer und psychologischer Beweggründe aller Handelnden verbleibt der Dichterin der nötige Freiraum zur szenischen Ausgestaltung.

Der in der Gegenwart angesiedelte Handlungsstrang kreist um alltägliche Situationen aus dem Leben des Schuldieners *Manes* (*Simson*) und seiner Frau *Nina* (*Delila*). Der gutmütige und starke *Manes* wird wiederholt von epileptischen Absencen heimgesucht. In den Phasen dieser Bewusstseinstrübung, hier als *Fallsucht* beschrieben, erinnert sich *Manes* an eine nicht näher bestimmte Vergangenheit, die unerklärlicherweise bis in sein aktuelles Leben fortzuwirken scheint. Seine Umwelt reagiert ängstlich und abwehrend auf *Manes'* Andersartigkeit. Trotzdem er bei einem Brand in der Schule 37 Kinder rettete, rückt die Gesellschaft ihn in die Marginalität. Seine Frau *Nina*, die vom sozialen Aufstieg an der Seite ihres Liebhabers, Oberlehrer *Werach*, träumt, lässt *Manes* in eine psychiatrische Klinik einweisen. Doch ihr von Konsumismus beherrschter Lebensentwurf scheitert.

Spezifische Schwierigkeiten bei der szenischen Umsetzung des Spiels werden bereits im Vorspiel benannt, wo der Text verlangt, Zeitmodi in szenisch Darstellbares zu überführen: „Die Schatten der Handelnden werden auf eine Leinwand geworfen, um den Abstand der Jahrtausende anzudeuten."[409] Thema

---

[408] Richter 13,5 und 16,4ff.
[409] ZiS, S. 187.

der dargestellten Handlung ist die Überwindung des schlafenden *Simson* und der Raub seiner Kräfte durch das Abscheren seiner Haare. Im Gegensatz zum ursprünglichen Text der Bibel wird nicht gezeigt, dass es *Simson* selbst war, der sein Geheimnis an *Delila* verraten hat:

> Simson heißt Sonne!
>
> Aus jedem Haar zieht die Sonne aus
>
> Schwarze Nachtstränge knistern, seufzen, sinken in Asche.
>
> Wieviel Klafter tiefer schläfst du
>
> als andere Menschen,
>
> mit Angeln ziehe ich deine Kraft aus deinem Haupt.
>
> [...]
>
> Ah – meine Finger versengt – habe ich deinen Gott angefaßt?
>
> Zuviel brennbaren Gott angefaßt?[410]

Die unmittelbare Gegenwart Gottes im Haar *Simsons* wird durch *Delilas* Handeln (Sachs verwendet die Namen in Analogie zu ihrer hebräischen Etymologie, wonach *Simson* mit Sonne und *Delila* mit *Kraftminderin* übersetzt werden kann),[411] erfahren und aufgebrochen. Vom Bild der ziehenden Angel, mit der im Gegensatz zum Abscheren des Haares im biblischen Text die Kraft geraubt wird hier das Zerbrechen der Einheit Gott-Mensch durch den Menschen beschrieben. *Simsons* Haare werden als Metonymie dargestellt, die nicht allein seine Beziehung zu Gott symbolisieren, sondern die selbst göttlichen Ursprungs sind. *Delila* löscht *Simsons* exemplarische Fähigkeiten aus, jedoch die göttliche Kraft in den Haaren bleibt erhalten. Das Geheimnis der Beziehung *Simsons* zu Gott bleibt ihr ebenso wie den verfeindeten *Philistern* verborgen. Der beraubte *Simson* schweigt sich trotzig über sein Geheimnis aus und gleicht daher einem „Toten/der niemals Antwort gibt – “[412]. *Delilas* Handeln stellt sich als im Zustand naiver Unkenntnis vollbrachte Tat dar. Ihre Naivität funktioniert aber als akzelerierende szenische Dynamik, die den Ausgang der nachfolgenden Szenen markiert. Das Vorspiel endet mit der Rede *Delilas* an die *Philister* in der sie ihren Lohn für den Verrat an ihrem Geliebten fordert: „Hier sind seine Haare – seine Sonnenkraft/wiegt sie mir auf in Gold – “[413]

Zu Beginn des ersten Bildes spricht eine *Frauenstimme*, „die einmal Delila war“:

> Eigentlich wollte ich nur das Weltall ein bißchen anritzen
>
> mit meiner Fragerei, eine Luke aufkratzen

---

[410] Ebd., S. 187.
[411] Bahr, S. 180.
[412] ZiS, S. 188.
[413] Ebd., S. 190.

Denn die Neugier plagt mich arg – hinter die Kraft zu gucken – [414]

Das Verlangen „hinter die Kraft zu gucken", um Antworten auf die Zusammen-hänge des Kosmos zu erhalten ist wie zur Entschuldigung vorgeschoben. In ei-ner alternativen Lesart kann in den selbstexculpierenden Versen der *Frauen-stimme*, „die einmal *Delila* war", das dynamische, nämlich geschichtliche Konti-nuität gewährleistende Moment liegen, das über den reinen Wunsch *Delilas* nach materiellen Vorteilen hinaus geht.

Die Figur der *Nina* zeichnet sich dadurch aus, dass sie die Fähigkeit zum Hinterfragen – ganz im Gegensatz zur Neugier der *Delila*-Figur – nicht mehr besitzt. Ihr größter Wunsch ist es, im allgemeinen bewusstlosen Streben nach der trügerischen bürgerlichen Idylle aufzugehen. Anders als bei der Figurenkon-stellation *Simson/Manes* ist *Nina* der Weg in ihre Vergangenheit verschlossen. Ihr Traum von einem Leben mit *Werach* bleibt ausschließlich der Gegenwart des Moments und der ungewissen Zukunft verhaftet.

Anhand ihrer Toten, den Honoratioren und deren Apologeten zeigt das er-ste Bild eine der Wiederholung des Immergleichen verfallene Gesellschaft. Bei-spielhaft und mit einer Lakonie, die aus einer opportunistischen Existenz auf Sei-ten der Macht gewachsen ist, rekapituliert der *Sänger* seine unterstützende Funk-tion innerhalb des Systems:

Man diente dem Starken

man sang dem Helden –

Auf der Morgenseite ging der Sieger auf

Meine Stimme umkreiste ihn bis zum Abend

Aber am Abend welkte meine Stimme

genau mit der des Siegers, der lag schon mit seinem Sand

im Schuh des neuen Eroberers der ihn zertrat – [415]

Mächtige lösen einander ab, ohne dass Bleibendes oder zu Erinnerndes der Nachwelt erhalten bliebe, denn mit den Besiegten verschwindet auch ihre Ge-schichte in den Sedimentschichten des Sandes. Die Sänger singen stets dem je-weils Mächtigen das Lob. In solcher Gesellschaft warten die Toten darauf, dass ihrer gedacht wird. Unterdessen treiben sie ruhe- und ziellos „Im Mutterleib Tod" durch das Dunkel.[416] Ihrer bangen Frage: „Treiben wir gegen Morgen?" bleibt der Text die Antwort schuldig.[417]
Entlarvend, weil sie die opferreiche Sinnlosigkeit der kriegerisch verfassten Ge-schichte decouvrieren, sind die Verse der *Stimme, die einmal einem Fürsten ge-hörte*:

---

[414] Ebd., S. 191.
[415] Ebd., S. 191.
[416] Ebd.
[417] Ebd., S. 192.

Die ganze Geschichte war eigentlich eine große Spielerei.

Wir stehn uns gegenüber

niemals zusammen – denn wir sind ja Feinde.

Die Sonne hat uns einmal so ausgebrütet

mit den Hahnenkämmen aus Verrat –

Einer muß fort

Da ich nicht will – mußt du – [418]

Deutlich spricht aus diesen Versen der vorgeschobene Geschichtsfatalismus, der alles Handeln an blinde Naturkräfte zurückbindet. Einsehen in die eigene Verantwortung verhindert der aporetische Vers „niemals zusammen – denn wir sind ja Feinde". „Hahnenkämme " sind in diesem Zusammenhang als Verweis auf die ausschließlich männliche Urheberschaft aller bisherigen Gewalt lesbar.

Die Verse des *Kriegsknechtes* ebenso wie die der anderen zu Wort kommenden Figuren zeigen, dass vertikal durch die vorgestellte hierarchische Gesellschaft Reflexionen über den gewaltsamen Gang der Geschichte einsetzen:

Als ich den Scherben an den Kopf bekam

ging mir ein Licht auf:

Warum können wir nicht einmal dem Gesang der Lerche

lauschen? [419]

Wie sinnlos für das Verstehen des Geschichtsverlaufs Innehalten und interesselose Kontemplation sind, zeigen die zitierten Verse daran, dass sie eine alte „Volksweisheit" – Der Mensch werde aus Schaden klug –, im Kontext der objektiven gesellschaftlichen Gegebenheiten gelesen, brutal der Lächerlichkeit preisgeben. Signum dieser sich unpolitisch gebenden, objektiv aber affirmativen Haltung ist der „Gesang der Lerche", der als popularisiertes Überbleibsel von der Weltflucht spätromantischer Poetiken zeugt. Sicher ist, dass dem *Kriegsknecht* das privilegierende Vorrecht eines Rückzugs von den Erforderlichkeiten des Alltags verweigert bleiben wird.

Im Benennen der Mängel steckt implizit die Hoffnung auf einen anderen Zustand der Welt. Damit konstatieren sämtliche in diesem ersten Bild sprechenden Figuren den Wunsch, über ihren jetzigen, als defizitär erkannten Zustand hinaus gehen zu wollen. Die erläuternden Beifügungen zu den Sprecherfiguren unterstreichen, dass die Figuren ihre alte Identität verloren haben und sich nun in einem ungewissen, schwebenden Zustand individueller und kollektiver Selbst- und Weltvergewisserung befinden. Die Toten können sich in diesem Bild mit ihren individuellen wie auch kollektiven Stimmen artikulieren. Die Annäherung

---

[418] Ebd.
[419] Ebd.

der Lebenden an die geschichtlichen Erfahrungen der Toten wäre somit eine Möglichkeit, über das Stück hinaus Selbstauskunft über sich und die Weltzusammenhänge zu erlangen.

Dies wird besonders in der zweiten Szenen anhand der *Simson*-Figur dargestellt, wo die szenische Vergegenwärtigung seiner Fallsucht den Schlaf des *Ausgräbers* im *Abram*-Stück evoziert.

Ich falle – ich falle

Jahrtausendbäume biegen sich

mit Sonnenlaub –

Ich falle durch Schlafwasser

Mein Leib ist nur ein Blitz – ein Schrei ... [420]

Fiel der *Ausgräber* in tiefen Schlaf, aus dem er nach einem intensiven Traum verstört erwachte, so ist hier von einem Bewusstseinszustand die Rede, der gemeinhin als Symptom eines Krankheitsbildes verstanden wird. *Simson*s ratio arbeitet, er besitzt die Fähigkeit, die eigene Absence als solche im Moment ihres Auftretens wahrzunehmen. Das Moment des plötzlichen Fallens und Hörens des eigenen Schreis wird durch die Verse so vermittelt, als beobachte sich *Simson* erschreckt aber auch interessiert bei dem, was ihm geschieht. Fast scheint es, als sehe und erkenne er jenen kippenden Punkt, wo das Einschlafen zwischen dem noch wachen Zustand des eingreifenden Verstandes und dem verborgenen Zustand des Schlafbewusstseins pendelt. Mit dieser singulären Fähigkeit schreibt der Text seinem Protagonisten ein Charakteristikum zu, das als potentielles Erkenntnismedium jedem Menschen zugeschrieben wird:

„Mensch" unter den Standard-Leuten. Noch gespeist vom Geheimnis des nächtlichen Mutterleibes in einer Endzeit der Menschheit. Wie ein Ertrinkender erinnert sich *Manes* in verschiedenen Grenzszenen der Fallsucht an seine Vorzeit. Sein wahrhaftes Sein erlebt er in seinem „Fall", im Hinwegsein (Totenszene). [421]

Das „wahrhafte Sein", ein Sein ohne Lüge jenseits von Gewalt und Mängel, erlebt *Simson* im blitzhaften Moment seines Falles. Genauso schnell und unvermittelt wie sie auftritt, verschwindet die Absence auch wieder. Hierin liegt das Beängstigende seiner unkontrollierbaren Fähigkeit.

Aus dieser Perspektive gelesen erfüllt die Fallsucht des *Simson* die Funktion eines Scharniers zwischen verschiedenen Realitätsebenen und Zeitmodi. Die Relation zur Welt als Relation zum Selbst und umgekehrt die Relation zum Selbst als Relation zur Welt wird so *artikulierbar*. Hierbei sind jeweils beide Wortbedeutungen von Artikulation, nämlich als *Verknüpfung* sowie als *Ausdruck* zu beachten. Jetzt erst ist die Möglichkeit vorhanden, sich selbst als historisch-

---

[420] Ebd., S. 193.
[421] Ebd., S. 350.

kritisches Individuum sowie Kollektivwesen zu definieren. Die Toten können erinnernd vergegenwärtigt werden. Aus ihrer Geschichte kann gelernt werden, ihre verloren gegangenen Erfahrungen nutzen die Lebenden konstruktiv zur Herausbildung neuer geschichtsmächtiger Individuen.

Das bewusst offen gelassene abrupte Ende des ersten Bildes akzeleriert den Fortgang des Stückes. *Simsons* Fall durch die Jahrtausende führt, gleichsam fließend, hinüber zur Jetztzeit, in der *Simson Manes* und *Delila Nina* ist. *Ninas* sprachlicher Duktus ist der Hektik der Zeitläufte angepasst. Er repräsentiert die leere Betriebsamkeit moderner Menschen, die in ihrer Ausbreitung über die industriellen Arbeitswelten hinaus einen beherrschenden Charakter bis in den privaten Bereich gefunden hat:

> Meine Übungen – eins und zwei und drei
>
> Leichter werden – leichter werden –
>
> Auf und ab
>
> Arme-Beine rollen –
>
> Hüften eine Wendung links –
>
> [...]
>
> Zarter – schlanker – für wen – für wen – [422]

Ninas Übungen sind als Anpassung an die Moden und Strategien innerhalb der modernen Industriegesellschaft zu bewerten. Der atemlose Rhythmus der reimlosen Verse ist dem Sprachgestus des Militärischen entlehnt. In ihm dient Sprache zur Unterdrückung von kritischem Bewusstsein und Individualität. Die Zurichtung zur manipulierbaren, gleichförmigen Masse ist Zweck dieser Sprache, ihr letztes Organisationsziel der Krieg. Hier, zum Jargon geronnen, ist diese Sprache zum Signum der durchökonomisierten Gesellschaft geworden.

In der von Horkheimer und Adorno 1947 in Amsterdam veröffentlichten *Dialektik der Aufklärung* findet sich wohl zum ersten Mal der wichtige Theoriebegriff von der *Kulturindustrie*. In der darin enthaltenen kurzen Schrift, *Résumé über Kulturindustrie*, charakterisieren die Autoren sie als trügerische „Ersatzbefriedigung", geeignet, den Menschen zu suggerieren, die Welt so wie sie sich ihnen in der Realität darstelle sei die beste aller vorstellbaren. Zusammenfassend erklärt er:

> Der Gesamteffekt der Kulturindustrie ist der einer Anti-Aufklärung; in ihr wird, [...], Aufklärung, nämlich die fortschreitende technische Naturbeherrschung, zum Massenbetrug, zum Mittel der Fesselung des Bewußtseins. Sie verhindert die Bildung autonomer, selbständiger, bewußt urteilender und sich entscheidender Individuen. [423]

---

[422] Ebd., S. 194f.
[423] GS, Bd. 3, S. 345.

Mit Anpassung der eigenen Identität an die Gesetze des Marktes wird der Selbstwert durch den persönlichen Marktwert bestimmt. Einziges Hindernis für *Nina* auf dem Weg zur bürgerlichen Existenz ist ihre Ehe mit *Manes*, die jedoch im Vers „Zarter – schlanker – für wen – für wen – " bereits suspendiert wird.

Konsequenterweise lässt sich im Text kein Beleg dafür finden, dass *Nina Manes'* Handlungen oder Worte anders als befremdlich, später dann als bedrohlich empfindet. Nie erwidert sie seine Verbundenheit oder geht auf seine deutlich geäußerten Ängste eines Missverstandenen ein. Hinter dieser stringent durchgehaltenen asymmetrischen Kommunikation verbirgt sich die fundamentale Kritik des Stückes an herrschenden Verhaltens- und Sprachmustern. Der Verrat der karrierebewussten Frau an ihrem schutzbedürftigen Mann durchbricht gängige Rollenklischees und deutet daher um so mehr auf die Defizite einer Gesellschaft, in der Marginalisierte nicht ohne Angst anders sein können.

Manes' sozialer Status als Schulwart und Sonderling wird für ihn an dem Punkt zur bedrückenden Krise, an dem er der unaufhaltsamen Wandlung *Ninas* gewahr wird. Ihrer sich steigernden Abneigung ihm gegenüber entgegnet er in einem kurzen Monolog:

> Ja für wen – für wen sind wir eigentlich hier geboren worden – Diese Erde würde sich auch ohne uns drehen – Wenn man sich bloß entsinnen könnte für wen – für was –
>
> Ich weiß es nicht – aber manchmal glaube ich, wir müssen diesen dicken Fels durchschmerzen – bis wir durch sind – dann tagt es –[424]

Der innere Widerspruch des biblischen *Simson* wird im Stück relativiert, aber nicht aufgelöst. Sinnfällig verkörpert *Simson* nicht mehr seinen widersprüchlichen Charakter, den die Bibel ihm zuschreibt. Dort wird *Simson*, der ja ein gottgeweihter *Nasiräer* ist, ein Richter, und damit der Enthaltsamkeit verpflichtet wäre, als Ehebrecher dargestellt, der selbst wiederum von zwei Frauen (nämlich von seiner Ehefrau und eben von *Delila*) betrogen wird.[425] Die von Gott verliehenen Kräfte und *Simsons* Naivität gegenüber Frauen bilden darauf einen konfliktträchtigen Widerspruch aus.

Spricht *Manes* im Zitat als jemand, der nur darauf wartet, von der als irdisches Jammertal erkannten Realität bald Abschied nehmen zu dürfen? Sachs verortet ihr Stück laut der oben zitierten Anmerkung in der „Endzeit der Menschheit". Der Monolog des *Manes* stellt die ästhetische Sublimierung dieser Anmerkung dar. Teleologisch gesprochen, wäre *Manes'* Irrweg bald an sein Ende gekommen. „Durchschmerzen" darf in diesem Zusammenhang nicht als passivisches Erdulden oder als indifferente Kontemplation gedeutet werden. Es ist eine Haltung zum Leben die permanent das Bewusstsein vom menschenunwürdigen Zustand der Welt wachhält. Es ist ein zielgerichtetes, hoffendes Leben. Der Tod kann jederzeit eintreten und es beenden, aber Angst kann deshalb nicht der

---

[424] ZiS, S. 195.
[425] Richter 14,1-20 und 16,4-22.

ständige Unterstrom des Lebens bleiben. Nach dem Verlust der *raison d'être*
muss Erinnertes zum Grundstock eines anderen Geschichtsverlaufs werden. Erinnerung an eine Zukunft ohne Gewalt treibt sein ihn befremdendes Leben vor-
wärts, daher steckt ein Rest Hoffnung in den Schlussworten des oben angeführten Zitats, wenn es darin heißt: „dann tagt es."

Als abstrakter Einschub fungiert im Fortfahren des Stückes das dritte Bild.
In ihm soll laut Bühnenanweisung eine besondere Hermetik szenisch herausgearbeitet werden: „Wir wandeln alle in Geheimnissen."[426] Inhaltlich nimmt es Bezug auf die dialektischen Verhältnisse von gesellschaftlicher Verfasstheit. In seinen zeichentheoretischen Aussagen wird das Auseinanderfallen von Zeichen und
Bezeichnetem konstatiert, der Verlust aller bisherigen Bedeutungen. Das zukünftige Bedeutungssystem zur neuen Geschichte, die noch nicht begonnen hat,
liest sich als Wiederaufnahme der sprachphilosophischen Positionen des *Abram*-
Dramas. Das Drama ist vom permanenten, starken Verlangen geprägt, das
unausdeutbar gewordene materielle Zeichen mit neuem Sinn (und damit erst der
Möglichkeit neuer Geschichte) zu unterlegen. Dazu charakterisiert die Figuren
eine ununterdrückbare Sehnsucht, sich an Dinge zu erinnern, von denen sie wissen, dass sie sie wissen. Das Drama versifiziert diese These im dritten Bild rein
auditiv und anonym als *Stimme aus der Ecke*:

> Die Welt ist voller Zeichen.
>
> Diagramme im Sand, Tetragramme – vier Buchstaben die vor Geheimnis
> lodern.
>
> Bogen-Kreuzlinien.
>
> Dazwischen fliehen Menschen, jagen Menschen, werden gejagt.[427]

Die hier sprechende schattenhafte Gestalt, in einer Ecke auf der Erde mit ausgebreiteten Armen liegend weckt Assoziationen an christliche Ikonographie und
beansprucht dadurch beinahe Manifestcharakter. Dieser kommt im weiteren
auch durch die allegorische Gegenüberstellung der Figuren *Greis* und *Weib* zum
Ausdruck. Strebt dieser danach, sein irdisches Leben in einem würdevollen Sterben vollenden zu können, so ist die junge Frau trotz aller Widrigkeiten des Daseins gewillt, ihre Lebenszeit voller Hoffnung auf ein gutes Morgen zu verbrin-
gen. Der *Greis* dagegen beklagt die Barbarei des aufgeklärten Zeitalters:

> Saß in meiner Studierstube als es kam: Der Weltschreck.
>
> Dann schlief ich, schlief. Schlaf ist ein Sechzigstel des Todes.
>
> Fehlt noch der kleinere Teil.
>
> Erwachen ist der Fluch der Welt.[428]

---

[426] ZiS, S. 196.
[427] Ebd., S. 196.
[428] Ebd.

In dieser Kritik an der Aufklärung schwingt die Resignation derer mit, die ernüchtert von aller Ideologie zu erkennen beginnen, dass alle angehäufte Studienweisheit nicht hinreichte, die geschehenen Katastrophen zu verhindern oder im Nachhinein für sie eine Erklärung zu finden. So gerät in dem hier Versifizierten auch der Lebensmut der jungen Frau zum bloßen Aufscheinen der ständigen Wiederkehr des Immergleichen.

Die Bilder 4 bis 7 thematisieren aus verschiedenen Perspektiven die Besonderheiten der *Manes*-Figur. Bild 4 zeigt *Nina* und ihren Geliebten *Werach*. Er ist es, der mit seinen Ratschlägen das Vorhaben *Ninas* vorantreibt, *Manes* in die Psychiatrie einweisen zu lassen. Dabei legt er alle Handlungen des *Manes* – die Rettung der Schulkinder vor dem Feuertod, das Füttern eines angeschossenen Wolfes im Wald – ohne zögerliche Skrupel fortwährend zu dessen Nachteil aus:

> Höchste Gefahr, Nina – Scheidung reichst du ein
>
> sobald er in der Anstalt ist – Geliebte – [429]

Anflüge von mitleidigem Verständnis für seine Besonderheiten zeigen dagegen in Bild 5 die Figuren *Hausierer* und *Rektor*. Der *Hausierer* sieht in *Manes* den liebenswürdigen tumben Tor, den es aufzuheitern gilt. Im Verlauf des Dialogs wechselt die persönliche Anrede des Hausierers vom förmlichen „Sie" hin zum gönnerhaften „Du": "Haben wohl ne Rauferei gehabt, Manes?"[430] und weiter „Willst du Branntwein Manes – gut für Blutverlust – ".[431]Analytisch distanziert sinniert der *Rektor* im Gespräch mit *Manes*:

> Aber schade um Ihren kraftvollen Körper
>
> der anderen Dienst auf Erden tun könnte –
>
> Man sah ja was er leisten konnte unter der Feuersbrunst
>
> Immer durch die Flammen – und wieder durch die Flammen –
>
> Ein ganzes Heer von Helden steckt in diesem Körper.[432]

So sehr der *Rektor* auf die physischen Besonderheiten hinweist und deren verschwendete Effizienz bedauert, so sehr bleibt ihm gerade deshalb *Manes* eigentümlich fremd und gefährlich, ein „armer, kranker Riese". Dennoch stellt diese Figur erstmals im Stück indirekt die Frage nach *Manes'* Vergangenheit und Biographie: "Wo sind Sie eigentlich zu Hause, Manes?". Zur Antwort erhält der *Rektor* ein lakonisches, dunkles: „Im Sand –".[433] Zu Hause sein *im Sand* heißt, Teil zu sein in den Sedimenten von Vergangenheit und Geschichte. Sand, darauf wurde bereits im *Abram*-Kapitel hingewiesen, ist der Konservator von Zeit, in ihm warten und hoffen die Dinge und Begriffe auf ihren erneuten Eintritt in den

---

[429] Ebd., S. 204.
[430] Ebd., S. 206.
[431] Ebd., S. 207.
[432] Ebd., S. 208.
[433] Ebd., S. 209.

Geschichtsverlauf. *Manes'* Zuhause sind nach dieser Lesart die Zeitreservoirs der Jahrtausende, alles das, was einmal gedacht wurde und geschehen ist, tritt ihm in seinen Absencen gegenüber.

Im Monolog des *Barbiers* werden die Bewertung der Äußerlichkeiten von *Manes* erneut aufgegriffen. Der *Barbier* erhebt im Plauderton konformistisch-affirmatives Verhalten zum Lebensmotto schlechthin:

> Haar weg – Bart weg – aber dafür kommt die Liebe zurück.
>
> Jawohl, das kommt sie – ist auch so'ne Modesache wie die Barttracht –
>
> Da heißt es angleichen – angleichen –
>
> nur nicht herausfallen – nur nicht Tag spielen wenn es Nacht ist[434]

Manes' äußerlicher wie innerlicher Versuch der Anpassung an die Erforderlichkeiten einer Gesellschaft, die ihn in seiner Art zu sein nicht akzeptiert, schlagen notgedrungen fehl. Wie sehr der Druck gesellschaftlicher Verblendung ihn mittlerweile beherrscht zeigen Verse, die er mit *geisterzarter Stimme* an seine Frau richtet:

> Aber wenn du mich nur schwach noch liebst
>
> So binde mich nur – Ich schenke dir meine Kraft
>
> Ich brauche sie nämlich gar nicht –
>
> [...]
>
> Wir müssen aufhören Gräber zu lieben – [435]

Selbstaufgabe und Preisgabe seiner geheimen Fähigkeiten markieren hier den endgültigen Verlust seiner moralischen Integrität. Der letzte Vers des Zitates beschwört die Anverwandlung an die geschichtsvergessene Haltung *Ninas* und aller anderen Mitbürger. Jedoch verhindert die abgezwungene Mimikry nicht seinen Untergang, sondern beschleunigt ihn vielmehr.

Bild 8 thematisiert in einer Psychiatrieszenerie die Gepeinigten und Vergessenen der Geschichte. Die Szene stellt dar, wie die Entmündigten und Machtlosen den Befehlen des Anstaltspersonals Folge zu leisten hat. Rudimente von Erinnerung und Selbstbehauptung blitzen in den Worten von verschiedenen der hier sprechenden Figuren auf. So verweigert eine *Stimme* medizinische Behandlung, weil lediglich gegenwärtige Symptome und nicht die Ursachen der Krankheiten im Fokus der Ärzte stehen.

> Arzt im weißen Rock
>
> du willst daß wir uns an vorgestern erinnern
>
> Aber wir – wir erinnern uns an Gott – [436]

---

[434] Ebd., S. 211.
[435] Ebd., S. 211 und S. 215f.

Transzendente Instanzen behaupten sich als einzig verbliebene Erinnerungs-fragmente gegen die drohende Depersonalisation durch die instrumentelle Ver-nunft der Medizin. In der erinnernden Bezugnahme eines blinden *Greises* auf geistesgeschichtliche Reservoirs wiederholt die Szene dieses Motiv:

Ich bin blind – Darum erinnere ich mich an Simson

drehe die Mühle – siehst du so – die Luft bekommt Schläge

damit sie aufwacht –

Erinnerung mahlt – so-so-so – [437]

Der deutliche Bezug zum biblischen Legendentext kann als Akt der Widerstän-digkeit und Beharrung auf persönliche Integrität gelesen werden. Der *Greis* setzt seine aktuelle Lage in Analogie zur Gefangenschaft des biblischen *Simson*.[438] Er-innerte Geschichte, so kann konstatiert werden, funktioniert bei existentieller Bedrohung als letzter Orientierung gebender Bezugspunkt, mit dessen Hilfe im Text ein individuelles Gegengewicht zur Allgegenwart der *Befehlenden Stimme*: „Ruhe, es wird zu Bett gegangen – "[439] geschaffen wird.

Zieht Bild 8 den Rezipienten in die gewalttätige Gegenwelt psychiatrischer Verwahrung, so reflektiert Bild 9 im Darstellungsmodus dunkel-abstrakter Alle-gorie erneut das Verharren in der Vergessenheit der Opfer aller Geschichte. An-gelehnt an mimisch-kommunikative Verhaltensmuster einer nordischen Fisch-auktion (fast wortlos, Handzeichen, Nicken, Augenblinzeln) wird dargestellt, dass *Manes/Simson* als Medium zur Wiedererlangung für verlorene Erinnerungen gebraucht wird. Nur ihm ist die Gabe gegeben, in Vergangenes abzutauchen. So wird er zum Köder am Angelhaken, der vom *Auktionator* mit den Worten ins Wasser geworfen wird:

Das ist der Köder

den der Tag in die Nacht wirft

um unsere Ernte aus Schweigen heraus zu ziehn

[...][440]

Die Szene deutet jedoch das Scheitern stellvertretender Erinnerung an, indem sie die Verbindung zur Vergangenheit misslingen lässt. Der letzte Vers des Auktio-nators: „Vergessen über dir – " unterstützt diese Lesart, belegt er doch die Brü-chigkeit und das Defizitäre aller Erinnerung. Ihre endgültigen Grenzen setzt der

---

[436] Ebd., S. 218.

[437] Ebd.

[438] Vgl. dazu Richter 16,21ff.: „Da packten ihn die Philister und stachen ihm die Augen aus. Sie führten ihn nach Gaza hinab und fesselten ihn mit Bronzeketten, und er mußte im Ge-fängnis die Mühle drehen. Doch sein Haar, das man abgeschnitten hatte, fing wieder an zu wachsen."

[439] ZiS, S. 218.

[440] Ebd., S. 220.

Tod, der hier mit bitterer Ironie über die Versuche, Auskunft über die Vergangenheit zu erlangen, spottet:

> Da liegen eure alten Kleider, liebe Käufer
>
> [...]
>
> Da liegen euren alten Gesichter
>
> liebe Käufer –
>
> [...]
>
> Da liegt er –
>
> erschlagen von Erinnerung – [441]

Im nachfolgenden Bild 10 reflektiert das Drama die Tatsache, dass es sein Thema, das rettende Neuordnen von Wirklichkeit, notwendig verfehlen muss. Der gescheiterte Versuch der objektiven Rekonstruktion von Gewesenem im Kunstwerk, zwingt zuallererst dazu, die sprachlichen Mittel und Darstellungsweisen als unzureichend anzuerkennen. Gleichzeitig wendet sich die *Manes*-Figur direkt an das Publikum und bezieht es in das nun offene Spiel mit ein. In der so geschaffenen unmittelbaren Gegenwart entdeckt der Protagonist vor dem Publikum seine Machtlosigkeit und suspendiert jede letzte Illusion daran, dass mit seinen Zeitgrenzen überwindenden Fähigkeiten eine stellvertretend für alle geltende konsensuale Erinnerung herstellbar ist. Erinnerung, so die notwendige Folge, muss zuerst vom einzelnen Individuum ausgehen, das ist die schmerzliche Arbeit, die jeder zu leisten hat:

> Wie finden Sie übrigens meine Stimme meine Herrschaften?
>
> Heldenhafter Tenor oder so etwas –
>
> Meine Lieblingsnahrung wollen Sie wissen?
>
> Salz – das frißt die Stille an –
>
> [...]
>
> Nun wollen Sie wieder alle aufstehn
>
> O ich habe ein feines Gefühl
>
> Unsichtbar soll die Folterung bleiben
>
> Höchstens ihr Blut in schwarzen Zeitungsbuchstaben verfärben –
>
> dann ist's zu ertragen –
>
> Ich sage Ihnen im Vertrauen:
>
> Das Salzkorn im Vergrößerungsspiegel
>
> ist eine galoppierende Erde

---

[441] Ebd., S. 223.

die singt vor Schmerz – [442]

Die Verse *Manes'* sind nicht an aktuell anwesende Personen im Zuschauerraum gerichtet, sondern er spricht exemplarische Typen von Besuchern an, wie sie in jedem Theatersaal anzutreffen sind. Das Publikum kann deshalb nicht eindeutig zwischen fiktivem oder realem Geschehen trennen. Mit Aufhebung der Distanz fällt die Möglichkeit des Publikums zu Neutralität oder Indifferenz weg. Doch sind diese Haltungen durchaus eindeutige Entscheidungen, nämlich die, das schlechte Bestehende zu affirmieren und somit zu verfestigen. In einer Gesellschaft, die ihre Werte über die Gesetze des Marktes definiert, wird der ökonomische Konkurrent zum „Feind" erklärt. Exemplarisch bestätigt die Reaktion eines fiktiven Zuschauers die Sehnsucht der Opportunisten:

Nicht immer das Höchste einmischen!

Haben hiesige Sorgen

Vorsprung des Feindes einholen

Im Züchten der blauen Mohrrübe

[...] [443]

Die kurze Situation in Bild 11 zeigt den *Hausierer* wie er den Psychiatriepatienten *Manes* eine Stellung als Zirkusangestellter vorschlägt: „Du bist gar nicht krank Manes – ". [444] *Manes'* Gedanken hingegen kreisen um das Schicksal eines zusätzlich in den Dramenkontext eingeführten Kindes das der Verbindung von *Nina* und *Werach* entstammt. *Manes* erfährt von ihm aus dem Monolog des *Hausierers*:

Deine Frau – zersprungenes Ringlein – Der feine Scheitelmann hat sie nicht geheiratet aber das Kind ist da – [...] – Das hat sie von der voreiligen Scheidung – und das Kind, nun ja, das sucht seinen Vater [445]

Ninas Lebensentwurf an der Seite des *Werach* ist gescheitert. Ein Wasserschaden hat ihre Wohnung verheert und sie in existentielle finanzielle Not stürzt. Angst ist an die Stelle von Hoffnung auf ein bürgerliches Leben getreten. Der reale Handlungsstrang des Dramas endet hier.

Eine letztmalige dramaturgische Wendung vollziehen daraufhin die abschließenden Bilder 13 und 14. Sie zeigen die Apotheose des *Manes*, der „wie eine Chagall-Figur auf einer Gewitterwolke über einer Meerlandschaft" [446] ruht. Eine *Alte* deutet ihm das Ende seiner machtlosen Jahrtausende an. Sie fordert in auf, mit Hilfe seiner wiedergewonnenen Kräfte Rache zu nehmen an der Welt, die ihn fortwährend getäuscht und abgelehnt hat:

---

[442] Ebd., S. 227.
[443] Ebd., S. 228.
[444] Ebd., S. 230.
[445] Ebd.
[446] Bahr, S. 182.

Schlag nur zu – [...]

schlag die Welt tot

wirf sie ins Meer – den Gierschlund – [447]

Der Provokation der *Alten* begegnet er mit der wortlosen Hinwendung zu einem *Kind*, das ihn „Vater" nennt und gleichgültig Zeugnis nimmt von *Simson/Manes* Kräften.

Laß doch rollen Vater

Ich werf dir den Ball wieder hinauf

So spielen wir –

Mir war so langweilig im Bett

alles schwarz zugeklebt

aber du liegst in der Sonne

die geht aus deinem Kopf – rot – grün – gelb –

Alles andere liegt schon im Grab –

Vater – an deinen Füßen hängen Würmer

Ich nehme einen mit und dazu ein bißchen Gewitter

Dann lege ich mich wieder in mein Bett

sonst glaubt die Mutter ich bin ins Meer gefallen – [448]

Simson/Manes abschließende Worte im Stück repetieren die symbolischen Gaben an sein Kind. Selbstzweifel ebenso wie auch die objektiven metaphysischen und gesellschaftlichen Widersprüche scheinen im Drama nicht aufgelöst. Doch scheint paradoxerweise der qualvolle Druck von der *Simson/Manes* Figur gewichen zu sein:

Das ist gut – nun kann ich eingehn – eingehn[449]

Die symbolisch aufgeladenen Versworte „Sonne" und „Gewitter" rekurrieren abermals auf die *Simson* zugeschriebenen geheimen Kräfte sowie auf seine Einheit mit Gott. In der erneuten Evokation der biblischen Urlegende gibt das Drama seine zyklische Struktur zu erkennen, die schon dem *Abram*-Stück zueigen war. Mit der Repetition formaler Charakteristika wird dem Drama trotz aller ungeklärten Fragen und Paradoxien – im Sinne seiner Konzeption als *Totaltheater* – eine komplexe intermediale Ganzheit eingeschrieben.

---

[447] ZiS, S. 236.
[448] Ebd., S. 238.
[449] Ebd., S. 238.

6.3 Gesellschaftliche Desintegration des *Anderen*

Der Intention Sachs' zufolge zeigt diese letzte Szene die *Simson/Manes* Figur als Allegorie auf die idealtypische Idee vom guten Menschen.[450] Der Text lässt jedoch nicht eindeutig erkennen, ob diese Idee als gescheiterte zu denken ist oder ob sie sich gerade wegen der dargestellten gesellschaftlichen und metaphysischen Antagonismen von selbst verbietet. Uneindeutigkeiten charakterisieren den auszuhaltenden Zwiespalt, den das Stück dem Rezipienten offenbart. Eindeutige Zuschreibungen wie die von *Simson/Manes* als „Erlösergestalt" schlagen schon deshalb fehl, da sie die Antwort darauf schuldig bleiben, wer hier von was und warum erlöst wird.[451] Kathartische Momente will das Stück nicht vermitteln, es drückt vielmehr durchgängig Kritik an der Aufklärung und an der damit in Zusammenhang stehenden leeren Transzendenz der Moderne aus. Zweifel bleiben aber bestehen, ob die Klage über den Verlust metaphysischer Instanzen eine Frage nach ihrer prinzipiellen Möglichkeit oder der Forderung nach Reetablierung beinhaltet. Nicht zuletzt vollzieht das Stück auf der Folie der heiligen Texte eine radikale Wendung hin zur säkularen Wirklichkeit und zurück. Die aktualisierten biblischen Themen und Konfliktkonstellationen befragen das gescheiterte Konzept der Aufklärung aber auf der Basis des Erbes der Moderne als aktueller geistesgeschichlichen Epoche. Das Stück kritisiert den geschichtlichen Verlauf der Epochen, ohne jedoch ihre aufklärerischen und emanzipatorischen Impulse zu denunzieren. Dabei entlarvt es den permanenten gewalttätigen Unterstrom aller bisherigen Geschichte als eigentlichen Motor des geschichtlichen Progresses.

Mit *Simson/Manes* wird dem Stück eine zwischen Sphären und Zeitdimensionen vermittelnde Instanz geschaffen. Erreicht wird dies durch die Krankheit, sie wird in *Simson fällt durch Jahrtausende* zu einem geschichtsphilosophischen Bewusstsein, das die Wechselbeziehungen von Vergangenheit, Gegenwart und Zukunft konstituiert. In der „Fallsucht" liegt der Reflexionsprozess, der in diesem Zusammenhang Kontinuität der Schöpfung garantiert. Zu einem ähnlichen Schluss kommt auch der Kommentar von Bühler-Dietrich, wenn sie schreibt:

> Nelly Sachs' dramatischer Versuch *Simson* verwundet die Sprache der Wörter auf Bilder und die Konventionen theatraler Wahrnehmung im Verunglücken. Ein Theatertext, der daran anschließt, hat diese Zäsur zu reflektieren.[452]

Die „Fallsucht" des *Manes*, denunziert als Wahnsinn, wird zu einem Merkmal des Abnormen und damit zum Signum einer Gesellschaft, die individuelles Verhalten zugunsten einer homogenen kollektiven Identität sanktioniert. Foucault sieht dieses kollektive Verhaltensmuster als grundlegend für gesellschaftliche Sichtweisen innerhalb des Abendlandes an, so schreibt er:

---

[450] Ebd., S. 350
[451] Fleischer, S. 111.
[452] Bühler-Dietrich, a. a. O., S. 185.

Die Wahrnehmung, die der abendländische Mensch von seiner Zeit und seinem Raum hat, lässt eine Struktur der Ablehnung erscheinen, von der aus man eine Rede denunziert, indem man sagt, sie sei nicht Sprache, eine Geste denunziert, indem man sagt, sie sei nicht Tat, und eine Gestalt denunziert, indem man sagt, sie habe kein Recht, in der Geschichte Platz zu nehmen. Diese Struktur ist konstitutiv für das, was Sinn und Nicht-Sinn ist, oder vielmehr für jene Reziprozität, durch die sie miteinander verbunden sind.[453]

Dem Zitierten zufolge ist es unmöglich, vernünftiges Handeln und Denken ohne Abgrenzung von unvernünftigem Handeln und Denken zu definieren. Kollektive Absprachen darüber, was Wahnsinn zu nennen ist, bedeuten den Anfang eines gegliederten Gesellschaftsaufbaus. Foucault kann daher zu Recht von der „Notwendigkeit des Wahnsinns" sprechen und an diesen die „Möglichkeit der Geschichte" binden.[454] In *Simson fällt durch Jahrtausende* werden Negativ und Positiv getauscht. Der Ausgegrenzte ist es, an dessen abnormes Verhalten die Hoffnung auf einen gewaltlosen Geschichtsverlauf geknüpft ist. Die gesellschaftliche Reaktion auf sein Denken und seine Taten geraten daher zur Probe auf die kollektive Fähigkeit zu einem erinnernden Aufbau humaner Strukturen im Kunstwerk.

Ein weiterer kommentatorischer Aspekt eröffnet die Möglichkeit, die *Simson/Manes*-Figur als Allegorie auf das moderne Kunstwerks zu betrachten. Im „Fallen" scheint eine Wahrheit auf, die im unversöhnlichen Widerspruch zur gesellschaftlichen Moral und Wahrheit steht. Sie manifestiert sich in *Simson/Manes* als Bewusstsein, das nicht in Begriffen zu fassen ist und in seinem Sein, das Herrschaft ablehnt. Das Schlussbild zeigt einen *Simson*, der das praktische Eingreifen in gesellschaftliche Zusammenhänge schlicht aufgrund der Erfahrung verweigert, dass jede seiner Handlungen und jedes seiner Worte unweigerlich die schlechten Zustände noch verfestigt haben. Zusammen betrachtet kann das Vorgenannte analog zu Adornos ästhetischer Theorie vom Kunstwerk als Phänomen gelesen werden:

Am nächsten kommt dem Kunstwerk als Erscheinung die *apparition*, die Himmelserscheinung. Mit ihr halten die Kunstwerke Einverständnis, wie sie aufgeht über den Menschen, ihrer Intention entrückt und der Dingwelt. [...] Es ist apparition κατ εξοχην: empirisch Erscheinendes, befreit von der Last der Empirie als einer der Dauer, Himmelszeichen und hergestellt in eins, Menetekel, aufblitzende und vergehende Schrift, die noch nicht ihrer Bedeutung nach sich lesen lässt.[455]

Was Adorno hier am für ihn Inbegriff des Kunstwerks, dem Feuerwerk, verifiziert, kann entsprechend auf die *Simson/Manes* Allegorie transferiert werden. In

---

[453] Michel Foucault: Wahnsinn und Gesellschaft. Eine Geschichte des Wahns im Zeitalter der Vernunft. Frankfurt am Main 1973, S. 12.

[454] Ebd.

[455] GS, Bd 7, S. 125.

der *apparition* wie auch im Fallen wird das Aufscheinen der entferntesten Erinnerungen integraler Bestandteil jener humanen Gegenwahrheit: „Erscheinung aber und deren Explosion am Kunstwerk sind wesentlich geschichtlich."[456] Ist die *apparition* „aufgehende und vergehende Schrift", so zeigt sich im Fallen ebensolche Erinnerung an Geschichte, „die noch nicht ihrer Bedeutung nach sich lesen lässt". Das unvermittelt Blitzartige dieser Erinnerung ist zugleich Augenblick und Ewigkeit. Die verbrennende Schrift und die begrifflose Erinnerung bilden im „Augenblick ihres Erscheinens in den Werken [...] die paradoxe Einheit oder der Einstand des Verschwindenden und Bewahrten".[457] Solange im Fallen das Aufblitzen von Erinnerungen an Geschichte Wahrheit ist, ist sie Ewigkeit, Stillstand der Zeit. Wenn aber im Fallen das blitzhafte Erinnern an Geschichte begrifflos bleibt, also wieder verschwindet, vergeht das Ewige augenblicklich: „Verewigt wird die stillstehende Bewegung im Augenblick, und das Verewigte vernichtet in seiner Reduktion auf den Augenblick."[458]

Noch ohne eine intensivere Betrachtung des Dramas *Simson fällt durch Jahrtausende* vorzunehmen, konzediert Berendsohn dem Stück „eine völlig selbständige Sonderstellung in der Literatur der Gegenwart",[459] und führt zusammenfasssend aus:

> Mit einer bis dahin unerhörten schöpferischen Phantasiekraft und einem erstaunlichen Erfindungsreichtum in den Einzelheiten hat Nelly Sachs hier eine Anzahl visionärer Geschehnisse im geheimnisträchtigen „unsichtbaren Universum" anschaulich dargestellt.[460]

Die Einengung des Dramas auf seine transzendenten Inhaltsebenen hat, trotz allem guten Willen des Rezensenten, eine adäquate Lektüre des Stückes nicht vorangebracht. Zumindest aber hat Berendsohn dem Stück Beachtung und Respekt bezeugt und für die Zukunft gewünscht. Auch Sachs sieht der Bühnenpräsenz ihres Werkes mit einiger Hoffnung entgegen. So schreibt sie im Frühjahr 1960 an ihre israelische Bekannte Etschi Horowitz:

> Andersch hat nun meine dramatischen Dinge mitgenommen. Der „Simson" wird nun im Herbst bei ihm ausgesendet, bevor er auf die Bühne kommt.[461]

Tatsächlich aber produziert der Südwestfunk erst 1966 unter der Regie von Bernd Rübenach eine Hörspielfassung des *Simson* die im darauffolgenden Jahr von Radio Basel ausgesendet wird.[462] In seinem die Sendung von *Simson fällt*

---

456 Ebd., S. 132.
457 Ebd., S. 124.
458 Ebd., S. 132.
459 Berendsohn, S. 65f.
460 Ebd. [Hervorh. im Original]
461 Briefe, S. 241. [Hervorh. im Original]
462 Die einzige Bühnenaufführung findet 1970 im Theater am Belvedere in Wien statt. Rezeptionszeugnisse konnten nicht ermittelt werden.

durch Jahrtausende einleitenden Text spricht der Theaterwissenschaftler Siegfried Melchinger:

> Dichtung wie diese trägt das Stigma des Leidens. Wenn Leidensfähigkeit, Mit-Leidensfähigkeit so tief geworden ist, wie hier, reißt sie Raum und Zeit auf, um nur noch das zu sehen, zu hören, zu fühlen, was leidet. Da wird Hiob ein Zeitgenosse.[463]

Trotz, möglicherweise auch wegen dieser emphatischen Fürsprache bleibt dem Stück seit seiner ersten Aussendung Aufmerksamkeit versagt. Hinter der bis heute ausstehenden Rezeption des Stückes kann erneut ein Hinweis über Bedingungen und Möglichkeiten des unreglementierten, avancieren Kunstwerks vermutet werden.

---

[463] Siegfried Melchinger: Vorrede an ein imaginäres Publikum. In: Das Buch der Nelly Sachs. Suhrkamp Hausbuch. Hrsg. v. Bengt Holmqvist, Frankfurt am Main 1968, S. 410-416, hier S. 413.

7. Vom *Totaltheater* zu den *mimischen Szenen*: Über das nicht mehr dramatische Theater bei Nelly Sachs

7.1 Krise als Motivation: Poetik des Fragments und neues Paradigma

Für die eingangs formulierte These, wie früh und intensiv Nelly Sachs ihr dramatisches Schreiben sowohl formal als auch inhaltlich weiter zu entwickeln trachtet, stehen die Arbeiten an den sogenannten *mimischen Szenen*.[464] Sie sind das Ergebnis des Bemühens, die Poetik des Totaltheaterkonzeptes durch eine bewusst offen fragmentarische Schreibweise zu transponieren und so parallel zu den bisherigen Stücken alternative relevante ästhetische Aussagemöglichkeiten zu finden. Die ersten Ergebnisse dieser avancierten Werkgruppe entstehen Mitte der fünfziger Jahre, also schon während der hohen Zeit ihrer Arbeiten an *Nachtwache* und *Simson fällt durch Jahrtausende*. In ihren stark konzentrierten hermetischen Körper-, Bild- und Bühnensprachen erheben Realität und visionäre Traumwelt gleichberechtigt Anspruch auf dichterische wie außerdichterische Relevanz und Autorität. So kann Bahr dem *Simson*-Stück stellvertretend für die bereits untersuchten Dramentexte *Abram* und *Nachtwache* konzedieren:

> Die Szene verdeutlicht, daß Nelly Sachs' Dramatik keine Handlungsdramatik, sondern vom Wort ausgehende Bilddramatik ist. Das Simson-Spiel vermittelt in konzentrierter Form ihre Vorstellung vom Totaltheater.[465]

Bahrs Urteil lässt sich in noch weitaus stärkerem Umfang auf die Poetik der *mimischen Szenen* anwenden. Der Anspruch, die modifizierte und konzentrierte Form von *Totaltheater* zu sein, kommt den *mimischen Szenen* zu, weil sie das in den bisher untersuchten szenischen Werken nachweisbar markant bestimmende Verhältnis von Wort, Mimus und Musik zugunsten der narrativen und reflexiven Momente des Textganzen zu erkennen und auszugleichen suchen. Zugleich wird jedoch das synthetisierende Verfahren des *Totaltheaters* aus disparaten Wirklichkeiten Momente von Wahrheit zu kondensieren beibehalten. Im Gegensatz zu postmodernen Poetiken und deren Absicht, im kritischen Gestus der Destruktion Differenzen zu denken, erhofft die Intention des *Totaltheaters* mit Hilfe der Aktualisierung von Erinnerungen zusammenzufügen, was gewaltsam getrennt wurde. Die poetologische *Intention* der *mimischen Szenen* muss daher bei Betrachtung ihres dramatischen Konzeptes dem doppelten Wortsinne nach verstanden werden, nämlich als zielgerichtetes Vorhaben sowie gleichzeitig als Prozess der Wundheilung.

Zusätzlich erfordert dieses Mitte der fünfziger Jahre sich parallel entwickelnde Schreibverfahren eine weitere Revision bisheriger formaler Mittel. Die *mimischen Szenen* kennzeichnet daher zum einen eine prägnante Kürze, was mit ihrem jeweils stark verringerten Personentableau korreliert; zum anderen manifestiert sich in ihnen eine fast vollständige Abkehr von Fabel und Handlungs-

---

[464] Bahr, S. 184ff.
[465] Ebd., S. 182.

dramatik, an deren Stelle Unabgeschlossenheit, szenisch-tänzerische Dynamik und andeutungsvolle Unhintergehbarkeit treten.

Das Risiko dieser dramatischen Werke liegt darin, dass sie mit besonders vielen literarischen (und damit auch gesellschaftlichen) Konventionen und Erwartungen brechen. Ihre hervorstechendste Motivation ist wohl darin zu finden, dass ihr theaterästhetischer Gehalt mehr einem Versprechen denn seiner Einlösung ähnelt. Sie verweisen auf eine Zukunft, in der aus Texten, Bildern und Bewegungen zusammenhängende Bedeutungen synthetisierbar werden. In dieser Überwindung aller Gattungsgrenzen liegt gleichzeitig Annäherung, Distanz und Hoffnung: Die gleichberechtigte Verbindung verschiedenster künstlerischer Ausdrucksmittel zu einer gemeinsamen szenischen Synthese stellt ein Experimentierfeld dar, in dem momenthaft das *Andere* aufblitzt, das von aller bisherigen Erfahrung Entfernteste.

7.2 Deskription der *mimischen Szenen*

In der folgenden kursorischen Aufzählung der *mimischen Szenen* liegt ein Beleg für den produktiven Drang und die schöpferische Phantasie der Dramendichterin Sachs. Die vielgestaltigen qualitativen wie quantitativen medialen Mittel und intertextuellen Verweise ihrer späten szenischen Werke zwingen dazu, eine Fokussierung auf zwei hervorstehende und literaturwissenschaftlich bisher wenig diskutierte Aspekte der veränderten dramatischen Schreibweise, nämlich auf Tanz und Musik, vorzunehmen. Unterstützt werden die als paradigmatisch herausgestellten inhaltlichen und formalen Aspekte durch kommentierende Betrachtungen.

Den Beginn dieser avancierten Kürzestdramen markieren zwei kurze Szenen, die 1955 unter dem Titel *Der Magische Tänzer. Versuch eines Ausbruchs. Für zwei Menschen und zwei Marionetten* geschrieben und 1959 in der Zeitschrift *Hortulus* veröffentlicht werden.[466] Wie sehr sich Sachs darüber bewusst ist, dass sie in einer noch weit verstörenderen, unkonventionelleren Art als bisher versucht, für ein Theaterpublikum zu schreiben, welches schon von ihren bisherigen Werken wenig wissen will, belegt ein kurzes Zitat aus einem Brief von 1959, gerichtet an den sie in ihrem Schreiben ermutigenden Berendsohn:

> Was hat es denn für Eile mit dem ‚Tänzer'? Den wirst Du doch kennenlernen. Das ist ein Experiment – vielleicht wirst Du ihn gar nicht mögen.[467]

Evoziert wird in diesem „Experiment" die biblische Legende vom Tanze *Davids* vor der Bundeslade.[468] Die antithetische Sphäre zur biblischen speist sich erneut aus dem Alltäglichem der Gegenwart: „Der mechanische Ablauf unseres Alltags im Heute", wie es in Sachs' Anmerkungen zum Stück lautet.[469] *Der Magische Tänzer*, dargestellt durch eine Marionette, choreographiert den (Todes-)Tanz

---

[466] ZiS, S. 239.
[467] Briefe, S. 227. [Hervorh. i. Original]
[468] 2. Samuel 14ff.
[469] ZiS, S. 351.

des einstmals erfolgreichen nun aber verarmten und psychisch verwirrten Tänzers *David Sylvano* als „Ausbruch aus dem Privaten ins Universum."[470]

Versteckspiel mit Emanuel. Ein Delirium aus Einsamkeit (1955)[471] lässt von allen szenischen Werken am deutlichsten die sonst so sorgfältig vermiedenen autobiographischen Züge erkennen. In der dargestellten Einsamkeit der alten Frau, ihrer psychischen Erkrankung und der Sehnsucht nach dem toten Geliebten zeigen sich deutliche Parallelen zu Sachs' Lebensweg.[472] Dinesens Charakteristik des Stückes als „erschütterndes Spiegelbild der delirierenden Verfasserin" trifft demnach exakt zu. Jedoch beansprucht die komprimierte Szenerie über die rein biographische Inhaltsebene hinaus künstlerische Objektivität. Das Trauma aus Terror und Verfolgung bildet trotz des Endes der nationalsozialistischen Gewaltherrschaft einen integralen Bestandteil der Lebenswirklichkeit aller Überlebenden.

Vergebens an einem Scheiterhaufen. Ein Spiel von der Freiheit (1959/60)[473] ist ein wiederaufgenommener Dramenentwurf um eine junge Frau, *Maja Wolkonskaja*, die ihrem Mann, *Fürst Wolkonski*, nach dem gescheiterten Dekabristenaufstand von 1825 freiwillig in die Verbannung nach Sibirien folgt. Der Text behält durchgängig eine dialogische Form, obwohl Sachs ihn in der Korrespondenz mit Rudolf Peyer und Alfred Andersch als „Monolog mit zwei fernen Antwortstimmen" oder als „Monolog mit Stimmen" vorstellt.[474] Die einzige auf der Bühne agierende Person ist ein *General*, der, während er auf seine Deportation wartet, persönliche Briefe verbrennt. „Schatten an der Wand stellen den dramatischen Inhalt der Briefe dar. Die Briefe erzählen knisternd.", so lautet es in der Szenenanweisung, und es wird deutlich, dass Sachs die schattenhaften, sprechenden Briefe als *dramatis personae* anlegt. In der Verschränkung von individueller Liebesgeschichte und geschichtlicher Faktizität sowie durch die äußerst knappe Form und dunkle Metaphorik wird das Thema des Stückes, Verrat, sublimiert und konsequent ausgeführt. *Majas* Freiheit zeigt sich in ihrer Entscheidung, dem Geliebten in die Verbannung zu folgen, obwohl dieser es ihr mit der Autorität des Militärs verbietet: "Du bleibst. Im Gehorsam ist Freiheit."[475]

Was ist ein Opfer?,[476] geschrieben 1959, greift das Thema des Verrates aus *Nachtwache* in zwei kleinen Szenen wieder auf. Gezeigt wird der Widerstand zweier Liebender gegen ein Gewaltregime. Das *Mädchen* widersetzt sich der Aufforderung zum Verrat an ihrem Geliebten. *Der Mann*, eloquenter Folterer des Mädchens, macht in langen Monologpassagen deutlich, dass jedes Widersetzen ihren Tod bedeutet, daher scheint der Verrat am Nächsten unausweichlich:

Es gibt solche Weltminute

---

[470] Ebd.
[471] Ebd., S. 253.
[472] Vgl. dazu: Ruth Dinesen: Spätfolgen der Verfolgung. In: NI, S. 283-297.
[473] ZiS, S. 261.
[474] Briefe, S. 233 und 235.
[475] ZiS, S. 270.
[476] Ebd., S. 273.

in einem jeden Leben

in dem ein jeder

eines jeden Henker sein soll

wenn er leben will![477]

Das Verhör endet ohne Verrat. Der Schluss des Dramas lässt die Hinrichtung der Geliebten vermuten.

Beryll sieht in der Nacht oder das verlorene und wieder gerettete Alphabet. Einige Szenen aus der Leidensgeschichte der Erde. (1961)[478]

> Der ewige Kreislauf vom Schöpfungsaugenblick an in Natur und Menschen aus- und eingeatmet. Aus dem Atem wurde der Buchstabe geboren und wieder entsteht neue Schöpfung aus dem Wort.[479]

Wie im ausführlichen Titel und dem nachfolgenden erläuternden Zitat von Sachs bereits mitklingt, ist *Beryll* stark von der Kabbala, insbesondere dem Buch Sohar und somit von jüdischer Schrift=Schöpfungsmystik geprägt. Situiert ist diese einzelne Szene in einer Vorzeit, die an die Einführungsszene aus *Abram* erinnert:

> Am Horizont taucht aus Nebel die Arche mit den Überlebenden nach der letzten Sintflut auf. [...] die Arche atmet wie eine schwarze Lunge aus Nacht geschnitten. [...][480]

In dem symbolischen Bildverlauf, tatsächlich findet hier keine Handlung statt, erläutert die Stimme des *Fernsehkommentators* den Grundkonflikt, um den die übrigen Figuren (*Beryll, Netzach, Azraela, Nacht, Zungenbaum, Stimmen*) gruppiert werden:

> Noch einmal:
>
> Wir auf einem Eiland im Äther
>
> Senden euch eure verruchte Geschichte –
>
> Wir wollen euch wecken:
>
> Es ist Sieger-und Besiegten-Zeit –
>
> Ihr habt euer Alphabet erschlagen –
>
> Eure Buchstaben vergessen –
>
> Sintflutertrunken ist euer Wort.
>
> Also gehört eure Welt uns[481]

---

[477] Ebd., S. 281.
[478] Ebd., S. 287.
[479] Ebd., S. 353.
[480] Ebd., S. 289.
[481] Ebd., S. 290.

Dem blinden *Beryll*, eine mystische Figur wie *Eli* und *Abram*, kommt die schöpferische Potenz zu, durch eine Opferhandlung die „Sieger- und Besiegten-Zeit" zu überwinden; von diesem Prozess der Erneuerung kündet die *Nacht*:

> Die Luft bereitet ihre Königszeichen
>
> Einer ist außer sich geraten
>
> Flügel hat der Stein bekommen
>
> Singe wieder Zungenbaum![482]

In der symbolischen Überwindung der verdinglichten, korrumpierten Sprache thematisiert *Beryll* anhand mystischer Denktraditionen die Neuschöpfung der Welt aus dem Geist der jüdisch-kabbalistischen Schriftmystik. Der kurzen Szene eignet – trotzdem sie jenseits aller empirischen Realität angesiedelt wird – angesichts der wirkenden Verheerungen durch die *Lingua Tertii Imperii*, der Sprache des Dritten Reichs, und dem wachsenden Einfluss der Kulturindustrie auf sämtliche Lebensbereiche (stellvertretend hierfür steht der *Fernsehansager* im Stück), ein deutlicher Aktualitätsbezug.[483]

Mit dem Jahr 1962 tritt Nelly Sachs in ein außergewöhnlich produktives Jahr ihres dramatischen Schaffens ein. Eingebettet und geprägt ist die hohe Produktion dieses Jahres, es entstehen allein fünf *mimische Szenen*, in eine weitere Phase mehrere Monate dauernder Krankenhaus- und Psychiatrieaufenthalte zwischen 1960-1963. Von Februar bis Dezember 1962 wird sie zum bereits dritten (und nicht letzten) Mal stationär in der Nervenklinik Beckomberga, nahe Stockholm, u. a. mit Elektroschocks gegen ihre Verfolgungsängste und -traumata behandelt.[484] Dort jedoch, in der relativen Geborgenheit der Klinik, reagiert sie auf ihre physischen wie psychischen Zusammenbrüche mit einer eruptiven Phase intensiver und konzentrierter Arbeit an neuen Dramenprojekten:

> Obgleich es ihr wohl unbewusst blieb, hat sie in den sechziger Jahren immer wieder die Krankheit provoziert, um schreiben zu können, indem sie Beruhigungsmedikamente verweigerte. Was sie dann schrieb, war der Krankheit abgewonnen und geistesklar.[485]

Zusätzlich beschäftigt Sachs das Problem, wie sie für ihre Dramen Bühnenpräsenz und ein interessiertes Publikum erreichen kann. Die bereits thematisierte erste Bühnenrealisation des *Eli* im März 1962 gibt Sachs Anlass zur Hoffnung, dass ihr der Durchbruch als Dramatikerin gelungen sei. Ebenfalls in den Kontext der hohen Produktivität des Jahres 1962 gehört die Erwähnung ihrer sicherlich

---

[482] Ebd., S. 292.

[483] Victor Klemperer. LTI. Notizbuch eines Philologen. 4. Aufl. Köln 1987.

[484] Vgl. zu den biographischen Kontexten u. a. Dinesen, S. 241ff.

[485] Ehrhard Bahr: Paul Celan und Nelly Sachs: Ein Dialog in Gedichten. In: Chaim Shoham und Bernd Witte (Hrsg.): Datum und Zitat bei Paul Celan. Akten des Internationalen Paul Celan-Colloquiums Haifa 1986. (= Jahrbuch für Internationale Germanistik, Reihe A, Kongressberichte Band 21), Bern u. a., S. 183-194, hier S. 187.

motivierend wirkenden Freude über die Stiftung eines ihren Namen tragenden Literaturpreises, den die Stadt Dortmund seit 1961 im zweijährigen Turnus auslobt, und deren erste Preisträgerin Sachs selbst ist. Zuletzt soll die geplante Veröffentlichung ihrer gesammelten szenischen Werke bei Suhrkamp die Dichterin als ernst zu nehmende moderne Theaterautorin vorstellen. So ist es charakteristisch für die Szenen des Jahres 1962, dass ihnen eine nochmalige formale wie inhaltliche Modifikation zueigen ist. Sie erscheinen gedrängter, fragmentarischer und oftmals hermetischer in ihren Formen und Aussagen als ihre vor 1962 geschriebenen Dramentexte.

Abschieds-Schaukel. Diese Szene ist auf der Netzhaut der Menschen zu suchen[486] so lautet der Titel der ersten Szene des Jahres 1962. Reale und visionäre Bildebenen vermischen sich miteinander zu einer eindringlichen Anti-Kriegsszene:

> Ein Haus in der Zeit, zerbombt, rauchend, ein Stück Erde darum, zwei schwarze Lilien daraus im Zerfall. Ein Vogelflügel zuckend, der frißt.[487]

Die zitierte Szenenanweisung eröffnet ein Spiel um das Kind *Johanna*, welches im Bombenhagel des Krieges verbrennt, und ihre verwundeten Eltern. Zwischen den Dialog der verzweifelten überlebenden Eltern werden als bloß hörbares Echo Vergangenheitsfragmente eingestreut. *Johanna* spricht als anwesend abwesende Tote: „Ich bin Asche – Mutter".

Mit *Verzauberung*[488] greift Sachs erneut auf die Bildsprache mystischer Vorvergangenheit sowie auf das Motiv der Verfolgung aus den Stücken *Abram* und *Nachtwache* zurück. Das unter hypnotischem Einfluss stehende *Mädchen* möchte mit Hilfe des *Zauberers* Kontakt mit ihrem ermordeten *Bräutigam* aufnehmen. Formal wird dieser Handlungsstrang durch die stark suggestive dialogische Frage- und Antwortsituation unterstützt. Aus den chorischen Passagen von Jägern und Jagdopfern wird der Status des *Mädchens* als Opfer abgeleitet. Sie versucht der anonymen und anonymisierenden Gewalt der Vereinnahmung zu widerstehen und besteht trotz der grundsätzlichen Vergleichbarkeit ihres erlittenen Schicksals auf der subjektiven Einzigartigkeit ihres Lebens und Sterbens:

> Ich fühle euch nicht
>
> Einsamsein ist Sterbeübung – [489]

Berendsohn charakterisiert diese knappe Szene als „eine der ungeheuerlichsten Visionen"[490] der Dichterin.

Die kurze Szene *Viermal Galaswinte*[491] greift auf einen frühen dramatischen Versuch der Dichterin zurück. Als Puppenspiel konzipiert, ahmt das frühe *Ga-*

---

[486] ZiS, S. 305.
[487] Ebd., S. 307.
[488] Ebd., S. 313.
[489] Ebd.
[490] Berendsohn, S. 101.
[491] ZiS, S. 323

laswinte-Stück einen naiven Hirtenmärchenstoff nach.[492] Außer der namentlichen Wiederaufnahme der Hauptfigur verbleibt allerdings nichts von Form und Inhalt des alten Entwurfs zurück. Radikal bündelt das Drama die Erfahrungen der Jahrzehnte zu einer getanzten und gesprochenen Todesvision. Wie immer wieder bei den Schriften von Nelly Sachs festzustellen, beantwortet der Text nicht die Frage, ob der Tod als Erlösung vom irdischen Leid angesehen wird, der endlich die erhoffte Wiederzusammenkunft mit den Toten bedeutet. Vielleicht liegt im Unterstrom des Textes selbst schon lebendiger Trost und somit Hoffnung, mit der unabschließbaren Arbeit permanenter Erinnerung fortzufahren?

Der Stumme und die Möve. Gespräch, das weiter gesprochen wird in Tanz und Musik[493] zitiert die Poetik des *Totaltheaters* bereits im Titel. Die *Möve* begleitet kommentierend den Tanz des *Stummen*. Es ist ein Tanz der Erinnerung und der Loslösung: „Mit deinen Händen zeichnest du das luftige Spiel von Umarmen und Loslassen – "[494] Die Choreographie der *Möve* endet im Tod des Tänzers. Der Tanz befreit den *Stummen* von den Gesetzen der Natur Jenseits von Leben und Tod entdeckt sich dem Tänzer eine Sphäre voller Paradoxien. Ohne Festlegungen und Grenzen erscheint sie als das genaue Gegenstück von der inneren und äußeren Determiniertheit des Lebens.

In der letzten veröffentlichten *mimischen Szene* des Jahres 1962 *Eine Scheidelinie wird weiter hinausgezogen*[495] entspannt sich ein knapper Dialog zwischen anonym bleibenden Figuren. Die Entfremdung im Gespräch zwischen Mann und Frau endet mit dem unvermittelt eintretenden Tod des Mannes, die Frau aber hat seine Sterbestunde gewusst. Der Mann lebt mit dem Bewusstsein aller Verfolgten. Die permanente Bedrohung ihrer Leben lässt keinerlei Gefühl zu, alles ist dem Kalkül des Überlebens untergeordnet: „In diesem Hotelzimmer stehen wie überall/die Vorzeichen des Todes – "[496] Aus der benannten Allgegenwart des Todes schließt Berendsohn, dass das Stück „eine wirkliche Szene aus dem Dritten Reich"[497] darstellt. Das Stück selber versifiziert in den Worten des Mannes das Singuläre der Verfolgung, die in Vernichtung endet:

> Automatisch laufen die Leidensstationen am Band
>
> verraten die Blutungen
>
> und decken sie schnell zu mit einer Umarmung von
>
> Nachtigallenmusik[498]

Im Dritten Reich konnten die Verfolgten in jeder Sekunde ihres Lebens vom Tod überrascht werden, im Herrschaftsbereich der Verfolger gab es keinen si-

---

[492] Berendsohn, S. 102.

[493] ZiS, S. 331.

[494] Ebd., S. 333.

[495] Ebd., S. 337.

[496] Ebd., S. 340.

[497] Berendsohn, S. 105.

[498] ZiS, S. 340.

cheren Ort. Dieses absolute Prinzip wird in der Chiffre von der Scheidelinie ausgedrückt, denn sie, so Bahr, „trennt nicht nur physisch das Leben vom Tod,
sondern auch ethisch das Opfer von seinem Verfolger [...]".[499]

7.3 *Tanz* als gleichberechtigter Handlungsträger

Hegels Ästhetik schreibt dem Tanz eine bloß sekundäre Rolle im Kanon der
Künste zu. Die primäre definiert Hegel aus fünf Künsten, die zusammen „das in
sich selbst bestimmte und gegliederte System der realen und wirklichen Kunst"
darstellen.[500] Malerei, Musik sowie die Kunst der Rede (Poesie), die ihrerseits
unterteilt wird in Epik, Lyrik und Drama, sind die eigentlichen ästhetischen Ge-
biete im System der romantischen Künste. Tanz wird innerhalb Hegels Systematik den lediglich „unvollkommenen Künsten" zugerechnet und ist damit gleichbedeutend etwa der Gartenbaukunst. Hegel unterstreicht in seiner Argumentation fortwährend die strikte Trennung der abgesteckten poetischen Gattungsgrenzen. In den Ausführungen über die dramatische Poesie und ihre historische
Herkunft stellt er für den hier zu betrachtenden Kontext klar, dass das gesprochene Wort Hauptträger dramatischer Kunst sei und Musik und Tanz als margi-
nales Beiwerk störend empfunden werden. In der intermedialen-
komplementären Vermischung dreier Künste (Wort, Tanz und Musik) zum
Dramatischen Kunstwerk sieht Hegel einen ästhetisch-historischen Irrweg, der
überwunden wurde:

> Unter Musik und Tanz jedoch leidet die Rede, [...], und so hat denn auch
> die moderne Schauspielkunst sich von diesen Elementen zu befreien ge-
> wußt.[501]

Eine berechtigte historische Ausnahme bilde der Tanz allerdings innerhalb der
höchsten Ausformung lyrisch-dramatischen Sprechens, der chorischen Lyrik des
antiken Dramas:

> Der Chorgesang kann mit einzelnen Stimmen wechseln, und die innerliche
> Bewegung begnügt sich nicht mit dem bloßen Rhythmus der Sprache und
> den Modulationen der Musik, sondern ruft als plastisches Element auch
> noch die Bewegungen des Tanzes zu Hilfe, so daß hier die subjektive Seite
> der Lyrik an ihrer Versinnlichung durch die Exekution ein vollständiges
> Gegengewicht erhält.[502]

Tanz wird innerhalb der chorischen Lyrik als Hilfsdisziplin, weil unfähig zu eigenständiger ästhetischer Aussage, gebraucht. Sein eigentlicher und einziger
Verwendungszweck besteht darin, an der „plastischen Veranschaulichung" der
„substantiellsten und gewichtigsten" Form szenisch-kultischer Darstellung, bei-

---

[499] Bahr, S. 189.
[500] Georg Wilhelm Friedrich Hegel: Ästhetik. Band II, Berlin u. a. 1965, S. 20.
[501] Ebd., S. 541. [Hervorh. im Original]
[502] Ebd., S. 507.

spielsweise mit der Aufführung der Oden Pindars, zur Preisung der Götter sowie der heroischen Taten der Kampfspieler teilzunehmen.[503]

Erst die Krise und Kritik des Logozentrismus werden am Ende des 19. Jahrhunderts die prägende ästhetische Position Hegels revidieren und dem Tanz eine angemessenere Stellung im nun nicht mehr so starren System der Künste zuschreiben. Im von den ästhetischen Poetiken noch unreglementierten Ausdrucksvermögen des Körpers wird ein starker Gegenentwurf zur diagnostizierten Sprachkrise entdeckt, die in Hofmannsthals *Chandos*-Brief paradigmatisch ihren Ausdruck findet:

> Es ist mir völlig die Fähigkeit abhanden gekommen, über irgend etwas zusammenhängend zu denken oder zu sprechen. [...] die abstrakten Worte, deren sich doch die Zunge naturgemäß bedienen muß, um irgendwelches Urteil an den Tag zu geben, zerfielen mir im Munde wie modrige Pilze. [...] Es zerfiel mir alles in Teile, die Teile wieder in Teile, und nichts mehr ließ sich mit einem Begriff umspannen.[504]

Doch der offenbaren sprachlichen Selbstentfremdung entspringt ein Prozess der Bewusstseinsfindung über ein bislang unbekanntes, zumindest nicht beachtenswertes Moment körperlicher Realität:

> Es ist, als bestünde mein Körper aus lauter Chiffern, die mir alles aufschließen. Oder als könnten wir in ein neues, ahnungsvolles Verhältnis zum ganzen Dasein treten, wenn wir anfingen, mit dem Herzen zu denken. Fällt aber diese sonderbare Bezauberung von mir ab, so weiß ich nichts darüber auszusagen; ich könnte dann ebensowenig in vernünftigen Worten darstellen, worin diese mich und die ganze Welt durchwebende Harmonie bestanden und wie sie sich mir fühlbar gemacht habe, als ich Genaueres über die inneren Bewegungen meiner Eingeweide oder die Stauungen meines Blutes anzugeben vermöchte.[505]

An die Stelle der zusammengebrochenen sprachlichen Bewegung tritt eine Körperwahrnehmung als „neues, ahnungsvolles Verhältnis", das die als unharmonisch erfahrene Welt zu heilen vermag. Dem erkannten Sprachverfall entsprechend kann diese körperliche Relation zur Umwelt nur tastend und unsicher mit Worten beschrieben werden. Das Subjekt empfindet die auf körperlicher Ebene statthabende Beziehung zu den als disparat empfundenen Weltzusammenhängen als extrem befremdlich und neu (Bezauberung), eben weil sie der gewohnten sprachrationalen analytischen Ebene entzogen ist.

Der Erkenntnis, dass es unmöglich ist die sprachlich vermittelte Welt als harmonische zu erfahren, entspringt der Impuls nach alternativen Ausdrucksmöglichkeiten, die den Erfahrungen und Widersprüchlichkeiten der modernen Welt angemessen sind. Die inneren und äußeren Bewegungen des Körpers erset-

---

[503] Ebd.

[504] Hugo von Hofmannsthal: Ein Brief. In: Gesammelte Werke in Einzelausgaben. Bd. 4: Prosa II. Hrsg. v. Herbert Steiner, Frankfurt a. M. 1951, S. 7-22, hier S. 12-14.

[505] Ebd., S. 18f.

zen das alte Bedeutungssystem, werden selbst zu „Chiffern",[506] und treten nun in Relation zur Welt um sie zu entschlüsseln, sie werden zur „Sprache der Seele".[507] Das betont Ungewohnte und Fremde an der neuen Selbstwahrnehmung charakterisiert seine ambivalente Form als zutiefst Vertrautes und zugleich extrem Verstörendes:

> Aus dem Körper scheinen bis dato unbekannte oder verheimlichte Energien entbunden zu werden. Er wird als seine eigene Botschaft und zugleich als das zutiefst Selbstfremde exponiert: das „Eigene" ist Terra Incognita – sei es, daß in ritueller Grausamkeit das Extrem des Erträglichen gesucht oder das dem Körper von sich aus Unheimliche und Fremde an die (Haut-)Oberfläche getrieben wird: impulsives Gestikulieren, Turbulenz und Tumult, hysterische Zuckung, autistischer Gestaltzerfall, Verlust des Gleichgewichts, Sturz und Deformation.[508]

In Folge der aus der Krise des Logos entstandenen ästhetischen Neuorientierung ist ein Vakuum innerhalb der traditionellen künstlerischen Gattungen entstanden, in das als neue Kunstform der moderne Tanz zum Medium der Transzendierung des Subjekts über die Welt Gestalt und Programm erhält: Sein thematischer Ort ist von Beginn an der Bereich des Irrationalen, des begrifflich nicht Fassbaren, in dem vor allem die extremen Verletzungen der Psyche Thema sind.

> Nicht der greifbare, der begrenzte und begrenzende Raum der konkreten Wirklichkeiten, sondern der imaginäre, der irrationale Raum der tänzerischen Expansion, der die Grenzen der Körperlichkeit aufzuheben vermag [...].[509]

Moderner Tanz postuliert nicht rational Sinn, er gibt nicht einmal vor dies zu können, sondern er „artikuliert"„Energie": Tanz „stellt keine Illustration, sondern ein Agieren dar."[510], so Lehmann.

Ergänzt werden soll für den hier zur Diskussion stehenden Kontext Lehmanns These vom bloßen „Agieren" dahingehend, dass selbst in der verdichtetsten Form modernen Tanzes, im Solotanz, strukturell ein Dialog von Körper und Raum angelegt ist und nachweisbar bleibt. Entweder findet der Dialog mit einem imaginierten Partner oder mit Objekten statt, oder der körperliche Ausdruck verhält sich dialogisch zu einem Thema abstrakter oder konkreter Natur. Alle Formen des Dialogs im Solotanz unterliegen ebenso wie der Körper selbst sozialen und kulturellen Prägungen, aus denen Rückschlüsse auf die jeweilige gesellschaftliche Ästhetik gezogen werden können. Schließlich findet auch der Tanz – wie jede künstlerische Ausdrucksform – in einem bestimmten kulturellen

---

[506] Vgl. Zitat Fußnote 494.

[507] Erika Fischer-Lichte (Hrsg.): TheaterAvantgarde: Wahrnehmung – Körper – Sprache. Tübingen 1995, S. 5.

[508] Hans-Thies Lehmann: Postdramatisches Theater. Frankfurt am Main 1999, S. 371. [Im folgenden sigliert als *Lehmann*] [Hervorh. im Original]

[509] Mary Wigman: Die Sprache des Tanzes. München 1986, S. 12.

[510] Lehmann, S. 371.

Rahmen innerhalb einer gewissen historischen Zeitspanne seinen Ort. Auch hieraus lassen sich von Rezipienten verifizierbare Kommentare ableiten. Körper, Räume und Zeiten umgeben daher als sinnsuchendes-konstituierendes Netzwerk jede Artikulation modernen Ausdruckstanzes.

Nelly Sachs' Gedanken zum Tanz stehen deutlich unter dem Einfluss der Moderne. Im Gegensatz zu Hegels historisch-philosophisch deduzierter Standortbestimmung des Tanzes innerhalb des tradierten Kanons der Künste prägen Sachs wesentlich ihre frühesten Kindheitserfahrungen. Dinesens Biographie berichtet von dem überaus innigen Verhältnis, welches das junge Mädchen zu ihrem Vater besonders wegen dessen Liebe zu musischen Dingen hatte. Darüber hinaus weiß die Biographin zusätzlich von der schwärmerischen Verehrung für die in der Weimarer Republik seit 1919 sehr erfolgreich auftretende Ausdruckstänzerin Niddy Impekoven zu berichten. Diese ist nach dem Vater die wohl prägendste künstlerische Beeinflussung der jungen Sachs. Impekovens selbst für die zwanziger Jahre unkonventionelle und in avantgardistischer Manier barfuß dargebrachte Tanzkunst werden die späteren Dramenarbeiten beeinflussen.

In einem ausführlichen Brief an den Freund und Förderer ihrer Werke Berendsohn erteilt die sonst in biographischen Fragen sehr zurückhaltende Schriftstellerin Auskunft über die Ursprünge ihrer Auffassungen über Musik und Tanz. Anlass zu ihrer Selbstauskunft ist einerseits Berendsohns Versuch, eine erste biographische Arbeit über Sachs zu erstellen, andererseits jedoch dem Mentor ihre avancierte, nicht immer zugängliche Art des dramatischen Schreibens näherzubringen. In seiner rezeptionssteuernden Funktion soll der Brief vor allem Berendsohn gegenüber ihr neues, moderneres Verständnis von Drama behaupten. Er ist daher in erster Linie als Lesehilfe für den Mentor gedacht, der die Dichterin stets dazu zurückbewegen will, tradierte Formensprachen und Inhalte in ihren dramatischen Werken zu belassen. Nebenbei belegt das folgende Zitat wie schwer und ungewohnt die neue Art der dramatischen Szenen selbst auf Kenner ihrer Arbeiten wirkt.

Lehnt Sachs anfangs Berendsohns Ansinnen nach persönlichen Auskünften beinahe flehentlich mit den Worten ab: „Ich bitte Dich nun: lassen wir es damit genug sein, denn ich könnte Dir mit Mitteilungen, die nur mein privates Leben betreffen, nicht mehr helfen.",[511] so führt sie Tage später über ihre Verzweigung von Biographie und Dichtungsauffassung aus:

> [...] es sind wirklich ganz andere Dinge, die etwas mit meiner ganzen Entwicklung zu tun hatten.
>
> Da ist in erster Linie die Musik meines Vaters, die er so oft stundenlang des Abends nach dem Beruf auf dem Klavier phantasierte und die ich mit Hingegebenheit und gänzlicher Fortgerissenheit von Kindheit auf im Tanze begleitete. Mein höchster Wunsch schon als Kind war: Tänzerin zu werden. Darum sind auch alle die tänzerischen und Musikgedichte am meisten charakteristisch für meine Jugendzeit, denn sie sind ganz aus dieser

---

[511] Brief v. 22.01.1959, Briefe, S. 198.

gemeinsamen Atmosphäre, die mein Vater und mich so gut wie wortlos und doch im Innersten verband, erwachsen. [...] Der Tanz war meine Art des Ausdrucks noch vor dem Wort. Mein innerstes Element. Nur durch die Schwere des Schicksals, das mich betraf, bin ich von dieser Ausdrucksweise zu einer anderen gekommen: dem Wort!

Mein Interesse für den Mimus und jene musikalische Art des Dichtens, die sich zuweilen wie lautlos über alle Grenzen beugt, beruht auf dieser meiner innersten Veranlagung.

Eine „Ausbildung" im Tanz habe ich nie genossen. Keinerlei konventionelle Art hätte diesen elementaren Bewegungen angepaßt werden können, aber in meinem Vater hatte ich auch in dieser Hinsicht den besten Lehrer, da er selber lange vor seiner Zeit jenen rhythmischen Takt der Bewegung mit dem des Atems in Verbindung brachte und für die damalige Zeit ganz revolutionäre Ideen hatte, die es jedem Menschen gestatteten, einen natürlichen und verlorengegangenen Rhythmus wieder zu gewinnen.

Du wirst nun vieles in den Mimus betonten dramatischen Versuchen wiederfinden.

Diese Dinge sind das Wesentlichste, was ich Dir überhaupt aus meiner Jugendzeit berichten könnte, bis dann das große Schicksal einbrach.[512]

Wenn Dinesen das beschriebene Vater-Tochter Verhältnis als „Verschmelzung der Seelen in der Musik"[513] charakterisiert, geht ihre Interpretation des Briefes an diesem Punkt nicht weit genug. Im unreglementierten, musikalischen Phantasieren des Vaters auf dem Klavier sowie im begleitenden, improvisierten Tanz der Tochter scheint bereits in Ansätzen auf, was Sachs später als ihre dramentheoretischen Ansichten postulieren wird: Simultaneität und Gleichwertigkeit aller eingesetzten dramatischen Stilmittel. Musik und Tanz sind, noch bevor das Wort hinzutritt, konstituierend für die (künstlerische) Auseinandersetzung mit der sichtbaren und unsichtbaren Welt. Das tanzende Kind spielt nicht bloß Tänzerin, sondern *es spielt auch* Musik und Traum und Sehnsucht. Sein Tanz visualisiert Ähnlichkeiten von abstrakten Gedanken ehe das Mädchen überhaupt in der Lage wäre sie zu verschriftlichen. In der frühkindlichen Selbstwahrnehmung des behüteten, sensiblen Mädchens entwickelt sich das Bewusstsein, sich wortlos/schriftlos, jedoch ausdrucksfähig, verhalten zu können. Exakt dieses Vermögen meint Benjamin, wenn er in einem frühen Aufsatz schreibt:

„Was nie geschrieben wurde, lesen." Dies Lesen ist das älteste: das Lesen vor aller Sprache, aus den Eingeweiden, den Sternen oder Tänzen.[514]

Benjamins Satz aus der kurzen Abhandlung *Über das mimetische Vermögen* benennt die hier zu Tage tretende erweiterte Intention von Sachs' dramatischen Schreibverfahren. Die vom Wort ausgehende (Neu-) Schöpfungsmystik, die ex-

---

512 Brief v. 25.01.1959, Ebd., S. 200f. [Hervorh. im Original]
513 Dinesen, S. 39.
514 AS2, S. 96-99, hier S. 99. [Hervorh. im Original]

emplarisch im *Abram*-Stück in Bezug auf ihren historischen Ursprung hin thematisiert wurde, wird durch den Tanz ergänzend modifiziert, damit vorschriftliche Ähnlichkeiten aktualisierbar werden. Die *mimische Szene* bedient sich einer uralten, den schriftlosen Kulten entlehnten ästhetischen Praxis, an der „blitzartig[,] die Ähnlichkeit in Erscheinung tritt", um die Gegenwart zu lesen.[515]

7.4 Kommentare zu ausgesuchten *mimischen Szenen*

7.4.1 *Der Magische Tänzer. Versuch eines Ausbruchs. Für zwei Menschen und zwei Marionetten*

Den *mimischen Szenen* ist vielen Stellen das oben diskutierte Verfahren eingeschrieben, intermediale Ausdrucksmöglichkeiten in einem ästhetischen Gesamtkontext auszuloten. Szenischer Tanz macht die Relationen von Zeit, Raum und Körper für die Rezipienten ästhetisch erfahrbar. Tanz als Körperkunst visualisiert Musik und Wort:

Hingeworfen in des Blitzes Syntax

lang – kurz –

lang – kurz –

Leben – Tod –[516]

In den hier zitierten, dem Stück *Der Magische Tänzer* vorangestellten Versen kondensiert ebendiese intermediale triadische Struktur der *mimische Szene* bei Nelly Sachs. Sie bilden gewissermaßen das *Incipit* ihrer neuen dramatischen Dichtungsweise. Indem in ihnen die Flüchtigkeit des Augenblicks und der Ausdruck des Dynamischen im aufblitzenden und vergehenden Hier und Jetzt gefasst sind, wird dem leitmotivischen Motto zusätzlich die räumliche Komponente des Tanzes eingeschrieben. In der Zeile „Leben – Tod –" werden begrenzende und irrationale Raumvorstellungen zusammengeführt. Repetitiven Rhythmus erhält dieser Raum durch die Zeile „lang – kurz": Exakt hier ist der neue Ort des Tanzenden in den *mimische Szenen*, der den oben zitierten modernen Tanztheaterbegriff einer Mary Wigman entscheidend erweitert. Zur entgrenzten Irrationalität des Wigmanschen Tanzraumes stellt Sachs deutlich hervor, dass Tanz ebenso und unvermeidlich im begrenzten Raum empirischer Wirklichkeit Platz nimmt. Ziel ist es, jene „entlegenere Vergangenheit" zu aktualisieren, von der Benjamin im folgenden Zitat spricht:

> Man muß grundsätzlich damit rechnen, daß in einer entlegeneren Vergangenheit zu den Vorgängen, die als nachahmbar betrachtet wurden, auch die am Himmel zählten. Im Tanz, in anderen kultischen Veranstaltungen, konnte so eine Nachahmung erzeugt, so eine Ähnlichkeit gehandhabt werden.[517]

---

[515] Ebd., S. 98.
[516] ZiS, S. 239.
[517] AS2, S. 97.

Tanz bleibt in den *mimischen Szenen* untrennbar mit seinen beiden komplementären Komponenten verbunden. Dem Wort wird nicht mehr Bedeutung als den anderen Komponenten beigemessen. Aus der erkannten Krise der Bedeutungsüberfrachtung des Wortes, die gleichbedeutend mit seinem Bedeutungsverlust zu sehen ist, folgt aber nicht die Banalisierung der Sprache, sondern die bewusste Forcierung der durch die theatergeschichtliche Tradition vernachlässigten ästhetischen Gehalte von Musik und Tanz.

> Hier ist der Nullmeridian
>
> alle Schnüre hinein
>
> Abwickeln, abwickeln
>
> alle Schnüre hinein
>
> auch der Wendekreis des Krebses
>
> dazu noch den ganzen Steinbock hinein
>
> immer den Bock an den Hörnern packen –
>
> So werden die Toten lebendig –[518]

Im Tanz des *David* fließen Körper, Zeit und Raumvorstellungen zusammen. Als symbolische Handlung erkennbar weicht die Profanität der Wäscheleinen, in die der ekstatisch sich windende *David* gewickelt ist, und wandelt sich zu den Meridianen der Erdkugel. Der Raum des Tanzes, ein enges Dachgeschoss, weitet sich zur Unendlichkeit des Weltalls, in dem auch der Möglichkeit gedacht wird, unwiderruflich Vergangenes erneut mit Leben zu erfüllen. In ihren wechselseitigen verfremdeten und sich überlagernden Relationen sollen sie zur künstlerischen Aussage und zur ästhetischen Erfahrung werden. Hierbei bleibt jedoch die Tatsache bestehen, dass Körper sich ihrer kulturellen und sozialen Prägungen mit ihren spezifischen Strukturen nicht entledigen können und sie daher auch im avanciertesten Ausdruckstanz notwendig präsent bleiben. Dass Tanz immer auch Rückschlüsse auf die ästhetischen Vorstellungen einer Gesellschaft in einem bestimmten historisch benennbaren Raum zulässt macht die Szene an der Tatsache deutlich, dass die Figur *Magischer Tänzer* als Marionette mit eingebautem Tonband konzipiert ist. Ihre dramaturgisch akzelerierende Funktion endet mit dem Tod des *David*:

> Heraus aus dem Gewirre – heraus sage ich –
>
> David, David – die Haut ist keine Grenze
>
> sprenge sie – sprenge sie![519]

Den stetigen, monotonen Rhythmus des chassidischen Gebets nachahmenden Versen des *Magischen Tänzers* entspricht die raumübergreifende Ekstase in *Da-*

---

[518] ZiS, S. 249.
[519] Ebd., S. 245.

vids Tanz. Er symbolisiert den imaginären entgrenzten Raum jenseits der rationalen Welt, jedoch ist *David* durch seine Biographie als Künstler, durch seine individuelle Geschichte an die Sphäre der Empirie gebunden.

Am Ende jeder (künstlerischen) Existenz steht unvermeidlich der Tod. Ihm mit dem Versuch zu entgehen, sein Leben in unreglementierte Sphären der Kunst zu entheben, – das versucht *David Sylvano* – schlägt notwendig fehl. *Davids* scheiternde Flucht vor dem Unvermeidlichen wird deshalb bereits im Untertitel des Stückes antizipiert, wo es lakonisch, nüchtern heißt „Versuch eines Ausbruchs"[520]. Wiederum ist bewusstes Scheitern von vornherein ein konstitutives Merkmal des dramatischen Gefüges. Ostmeiers wichtiger zeichentheorethischer Kommentar des *Magischen Tänzers* kulminiert in der folgerichtigen Frage:

> Wenn dieser ekstatische Tanz die Haut sprengt, [...], dann sprengt er Strukturen des Lebens und des Todes, und eröffnet deren Jenseits, das allerdings vollkommen undeterminiert bleibt, da es sich gerade jeder Eingrenzung durch Vor- und Darstellungen entzieht. Er weist einen Weg aus dem Geformten, Strukturierten, Körperhaften in das ihm Entgegengesetzte, sich keiner Strukturierung fügende. Doch ist ein Kontakt zum Jenseits des Körperlichen, zu einem Nicht-Körperlichen oder Anders-Körperlichen überhaupt möglich? Mit linguistischem Vokabular lautet die Frage: Kann Signifikantes sich aus sich selbst befreien?[521]

Der „Kontakt zum Jenseits des Körperlichen" mit den Ausdrucksmöglichkeiten des Körperlichen wird zur permanenten Aufgabe der Dramaturgie. Was zeichentheoretisch unmöglich erscheint, ist paradoxe Hauptintention: Befreiung aus der qualvollen Enge des begrenzten Lebens scheint erst der Tod zu versprechen. Tanzbewegungen funktionieren so als ästhetische Ausdrucksmöglichkeit der Lebenden, von der eine vage Hoffnung über das Unvermeidliche hinaus ausgeht.

7.4.2 *Viermal Galaswinte*

Tanz ist in dem 1962 entstandenen Stück *Viermal Galaswinte* ebenfalls als gleichberechtigter Träger der Dramaturgie angelegt. Szenische Dynamik erhält das auf realer Ebene in einem modernen städtischen Einkaufszentrum verortete Stück durch den Kontrast mit seiner deutlich als geistig Verwirrte gezeichneten Protagonistin. Vom Vorhandensein ihrer verborgenen, exzeptionellen Existenz ahnt *Galaswinte* bereits. Doch erst durch die Figur des *Mädchens* offenbart sich ihr ihr wahres geheimes Wesen in einem Akt der Verschmelzung:

> Ich fließe aus meinen Hautgrenzen zu dir hin aus dem Urahnengezweige der Adern – [...] – Mich suchtest du, denn wir sind Sternengeschwister – [...] Heute hat es dich gepackt, denn durch die geschrumpften Jahrtausende fädelt sich mein Blut zu dir –[522]

Die Entgrenzung aus *Galaswintes* dem Hier und Jetzt verhafteten Körperlichkeit verheißt ihr die Wiederentdeckung einer vergessenen und verborgenen Existenz.

---

[520] Ebd., S. 239.
[521] Ostmeier, S. 101.
[522] ZiS, S. 326.

Im Modus des gesprochenen Wortes entdeckt das *Mädchen Galaswinte* ihre geheime Identität. Im Modus des Tanzes wird der Versuch gewagt, den abgerissenen Kontakt zu diesem Sein zu restaurieren. Dem Tanz kommt in dieser Hinsicht die gleiche erkenntnisschöpfende Potenz zu wie sie am Fallen des *Simson* bereits herausgearbeitet wurde. Hinzu tritt an dieser wichtigen Stelle des Stückes die dritte Komponente des dramentheoretischen Konzepts: *Galaswintes* getanzter Monolog wird musikalisch unterstützt von einem Zymbalton:

> Ich erinnere mich, der Priester legte einen Mantel aus Schatten um meinen Leib, ehe er meine Adern öffnete – dieses schwere Anhängsel sollte mich mit Vergessen bedecken. Sie macht einige Tanzschritte: Mir ist so leicht – ich fliege wohl – Die Schwergewichte fallen ab und lassen mich allein. Nun hat sich die Nacht auf die Mauer gesetzt. Bröckelt und schläft. Der Blitz schreibt große Buchstaben weiße Adern auf seine Mutterhand. Ist das Hebräisch? König Salomo sitzt auf dem Thron. Der Thron ist ein Schwan und singt:
>
> Galaswinte du bist mein Schwanengesang
>
> Einmal warst du dem Bräutigam die Braut
>
> Ich segne dich mit Wüstensand[523]

Die minimalistische, auf das äußerste reduzierte Klanghandlung kombiniert Ton und Rhythmus des archaischen Instruments mit den die Körper- und Zeitgrenzen zu überwinden trachtenden Tanzfiguren. Auf der Wortebene vermischen sich verschiedenste intertextuelle Bedeutungsebenen wie z. Bsp. die Evokation der vorbiblischen Barbarei des Menschenopfers, biblische und antike Legendenstoffe sowie jüdische Schriftmystik zu einem sublimen Geflecht mehrschichtiger Verweisstrukturen.

Die weiße Schrift des Blitzes zitiert einerseits das Incipit des *Magischen Tänzers*, andererseits evoziert der Text kabbalistische Vorstellungen von Schrift und ihrer unendlichen Bedeutungsvielfalt in der Thora. Demnach besitzt die schriftliche Thora die Gestalten und Farben weißen Feuers, die mündliche Form der Thora jedoch wird mit den Farben schwarzen Feuers beschrieben. Andere kabbalistische Meinungen diskutieren, „dass die Tora ursprünglich mit schwarzem Feuer auf weißem Feuer geschrieben war."[524] Zusätzlich synthetisiert der Text die biblischen Geschichten um die Thronbesteigung des weisen und gerechten *König Salomon*[525] sowie das Gastmahl und den gewaltsamen Tod *Belschazzars*[526], der die Schrift an der Wand nicht zu deuten weiß.

---

[523] Ebd., S. 326f.

[524] Vgl. dazu Gershom Scholem: Der Name Gottes und die Sprachtheorie der Kabbala. In: Judaica 3, Frankfurt am Main 1973, S. 7-70, hier. S. 28. Moshe Idel: „Schwarzes Feuer auf weißem Feuer". Text und Lektüre in der jüdischen Tradition. In: Aleida Assmann (Hrsg.): Texte und Lektüren. Perspektiven in der Literaturwissenschaft, Frankfurt am Main 1996, S. 29-46, hier S. 39ff.

[525] Könige 1,38-53.

[526] Daniel 5,1-6,1.

In *Galaswintes* Satz „Der Thron ist ein Schwan und singt" schließlich verweist der Text auf die antike Sage, nach der der Schwan in Vorausahnung eines nahenden Endes singt bevor er stirbt. So wird *Sokrates'* gelassene Todeszuversicht im *Phaidon* mit der Schwanenlegende in Analogie gesetzt:

> Ihr glaubt offenbar, ich stehe mit meiner Seherkunst den Schwänen nach. Wenn diese nämlich spüren, dass sie sterben müssen, dann lassen sie, die auch in der Zeit vorher schon gesungen haben, ihre meisten und schönsten Lieder erklingen, vor Freude, dass sie zu dem Gotte abscheiden dürfen, dessen Diener sie sind.[527]

Die eigene Todesfurcht verleitet die Menschen dazu, den Schwanengesang als klagend und kummervoll angesichts des nahen Endes zu deuten, doch Sokrates argumentiert, „daß kein einziger Vogel singt, wenn er Hunger hat oder friert oder wenn er sonst ein Leid hat [...]".[528] So wird, ganz im Gegenteil, für ihn der Gesang zum Ausdruck freudiger Jenseitserwartung:

> [...] die Schwäne singen meiner Ansicht nach nicht vor Kummer; sondern ich glaube, weil sie als Vögel des Apollon die Gabe der Weissagung besitzen und daher zum voraus wissen, was für ein Glück im Hades sie erwartet, singen sie und freuen sich an jenem Tage wie nie zuvor.[529]

Das *Galaswinte* Stück aktiviert damit indirekt das seit antiken Zeiten wirkmächtige Sinnbild vom Schwan als Dichter. Der Gesang des Schwans wird so zum Kunstwerk, zum Schwanengesang. Der Text legt demnach nahe, dass *Galaswinte*, hier zum Schwanengesang des Throns geworden, als Allegorie auf das Kunstwerk lesbar wird. Mit Wüstensand gesegnet zu werden, bedeutete in diesem Zusammenhang, wie bereits besonders am *Abram*-Stück diskutiert, das Vermögen, Vergangenes aktualisieren zu können, die in den Sedimenten vergangener Epochen verborgenen geschichtlichen Reservoirs freizulegen. Aber es ist nicht das Vermögen, Vergessenes bloß zu erkennen, sondern es zugleich als Möglichkeit einer zweiten Schöpfung im Tanz darstellbar zu machen.

Als weitere intertextuelle Verweisebene wird im *Galaswinte* Monolog explizit auf die, nach Scholem, „älteste jüdische Mystik", die Thronmystik der Kabbalisten Bezug genommen.[530] In dieser Variante mystischer Anschauung reflektiert der Mystiker nicht über die allgemeine Eigenart Gottes, „sondern [...] die Schau seiner Erscheinung auf dem Thron [...] und [...] die Erkenntnis der Mysterien dieser himmlischen Thronwelt" sind Gegenstände der mystischen Betrach-

---

[527] Platon. Die großen Dialoge. Übersetzt von Rudolf Rufener. Mit einer Einführung und Erläuterung von Thomas Alexander Szlezák. München 1991. Hier Phaidon 84c-85b.

[528] Ebd.

[529] Ebd.

[530] Gershom Scholem: Die jüdische Mystik in ihren Hauptströmungen. Frankfurt am Main 1967 (Zürich 1957), S. 47. Ein mit vielen Unterstreichungen und Marginalien versehenes Exemplar der deutschen Erstausgabe befindet sich in der nachgelassenen Bibliothek der Dichterin im Nelly-Sachs-Raum der Kungliga Biblioteket Stockholm (Nelly Bib. Sigle NS/734).

tung.[531] Scholem beschreibt, dass in den erhaltenen Zeugnissen mystischer Literatur die verschiedenen Meinungen über die Thronwelt das „eigentliche[n] Zentrum[s] aller mystischen Betrachtung" ausmachen. Der Weg zur Thronwelt, *Merkaba* genannt, wird innerhalb der jüdischen Gnosis unterschiedlich, aber immer als sehr gefahrenvoller beschrieben, daher unterliegt er einer präzisen Vorbereitungsphase der jeder nach mystischer Erkenntnis Suchende sich zu unterziehen hat. Am Endpunkt der Wanderung befindet sich der Suchende im Zentrum aller mystischen Weltzusammenhänge:

> Der präexistente Thron Gottes, der alle Schöpfungsformen beispielhaft in sich enthält, ist Ziel und Gegenstand der mystischen Entrückung und der mystischen Schau.[532]

Das eigentliche erkenntnissuchende Ziel des mystischen Wegs hin zum Thron Gottes ist grundsätzlich ähnlich dem anderer gnostischer oder hermetischer religiöser Praktiken, es geht, so Scholem weiter, um

> [...] das Geheimnis von Himmel und Erde, die Maße und Dimensionen des Demiurgen und die geheimen Namen, die Gewalt über alle Dinge geben.[533]

Exakt an dieser alles umfassenden Intention der Mystiker jedoch verläuft der Unterschied zwischen den von Scholem beschriebenen mystischen Merkabatexten zu den dramatischen Texten von Sachs.

Es geht in den Texten nicht darum, „Gewalt über alle Dinge" zu erlangen, sondern sie spiegeln ihren eigenen Umgang mit dem vorgefundenen mystischen Material. Nicht Flucht in die mystische Weltschau ist es, was Sachs ihren szenischen Dichtungen einschreibt, sondern das Material wird vielfältigen Transformationen unterzogen, bis sie von der Gewissheit zeugen, das Leben hier annehmen und leben zu müssen. So schreibt Sachs mit Bezug auf Scholem, dessen Werke zum Judentum und besonders zur jüdischen Mystik ähnlich prägend sind wie die Schriften Bubers:

> Ich glaube man kann das Dunkel weit fortschieben wenn man zum Grunderlebnis dieses nimmt: diese Materie zu durchleiden, zu durchschmerzen als unsere Mission auf Erden wahrnimmt. Die Materie durchsichtig zu machen. Dies ist was mir Leben bedeutet. Scholem selbst schrieb mir einmal daß ich auch in den Sohar Gedichten einen für mich persönlichen Weg ging, die chassidische Mystik war ein Gruß auf diesem Weg.[534]

In den programmatischen Formulierungen, das Leben sei zu „durchleiden", zu „durchschmerzen", schwingt das Geworfensein existenzialistischer Haltung mit. Tatsächlich aber ist von einer gemeinsamen „Mission" die Rede, welche vom Dichter aktiv angenommen sein will. In den mimische Szenen ist diese poetolo-

---

[531] Ebd.
[532] Ebd.
[533] Ebd., S. 83.
[534] Unveröffentlichter Brief an Paul Kersten vom 29. 06.1966 [Orthographie und Interpunktion im Original], In: Brev från Nelly Sachs L 90:2 J-P. Kungliga Biblioteket Stockholm.

gische Intention ständig aktualisiert worden und daher bleiben sie dem Projekt der Aufklärung nach Auschwitz verpflichtet: Nicht als Anlass zur religiösen Ekstase oder zur Flucht in die Innerlichkeit werden vorgefundene Texte in neue Kontexte gestellt, sondern gerade aus den mystisch-religiösen Elementen schlagen sie Material für ein insistierendes Streben nach Antworten, nach „Durchsichtigkeit" derjenigen Fragen, die von den realen Weltzusammenhängen blutig aufgeworfen wurden.

Im tänzerischen Prozess entsteht etwas Neues, indem Altes durch tänzerische Vergegenwärtigung hinzukommt. Es handelt sich beim Tanz nicht um die bloße Kopie eines vorgefundenen Ausgangs, um die Mimesis von „Wirklichkeit", sondern um das Zusammentreffen disparater, gleichzeitiger Wirklichkeiten, in welchem Tote lebendig werden und eine ebenso momenthafte wie brüchige zweite Schöpfung konstruiert wird, worin eine Analogie zur sprachphilosophischen Ästhetik bereits angeführter szenischer Texte zu sehen ist. Bezzel-Dischner spricht in diesem Zusammenhang von der Artikulation einer „geistesgegenwärtige[r]n Simultaneität der Erinnerung".[535] Innerhalb dieser gänzlich anderen Strukturprinzipien und Ordnungen von Realität kollidieren innere und äußere Wirklichkeitswelten und werden gesteigert bis ins letzte Extrem: *Galaswintes* Tanz endet mit ihrem Tod.

Der Versuch, die konfliktreiche innere Gefühlswelt von Traumatisierten in tänzerischen Ausdruck zu überführen kann als besonders häufig anzutreffendes Motiv der späten Dramen bezeichnet werden. Die Protagonisten dieser Szenen sind zudem ganz gewöhnliche Individuen aus der Gewaltgeschichte des 20. Jahrhunderts und nicht mehr die exponierten Helden biblischer Legenden. Um das vorgenannte jedoch szenisch darzustellen, reichen, wie gesagt, Worte bei weitem nicht aus. Dennoch erhält Tanz seinen szenischen Sinn letztendlich aus sprachlich-narrativen Inhalten. Die kritisch-reflexiven Verweisebenen in den mimische Szenen äußern sich nicht ausschließlich als oder in der bloßen tänzerischen Gebärde. Die Rückgebundenheit an Sprachstrukturen bleibt nachweisbar, so dass die traditionelle textgebundene Dramenästhetik des Wortes Tanz als komplementäre ästhetische Praxis des Körpers in einem radikalen Entwurf beiseite gestellt wird.

7.4.3 Der Stumme und die Möve. Gespräch, das weiter gesprochen wird in Tanz und Musik

Beispielhaft zeigt von der erweiterten poetologischen Grundkonstellation die 1962 entstandene *mimische Szene Der Stumme und die Möve*: In einer ortlosen, dunklen und menschenleeren Szenerie kauert der *Stumme* in einem schwarzen Loch. Der Monolog der *Möve* choreographiert den Tanz des *Stummen*:

> Der Blitz hat dich durchfahren – alle deine Antworten verzehrt. [...] Nun tanze dein Leid![536]

---

[535] Gisela Bezzel-Dischner: Poetik des modernen Gedichts. Zur Lyrik von Nelly Sachs. Bad Homburg u. a. 1970, S. 20.
[536] ZiS, S. 333.

Es erscheint deutlich, dass der Angesprochene nicht immer stumm war, sondern dass sein Stummsein Resultat einer Abfolge von Begebenheiten ist über die nichts näher erfahrbar gemacht wird. Sein Leid kennzeichnet solch extreme Wucht, dass alle Versuche es in sprachlichen Ausdruck zu überführen gescheitert sind. Die Worte reichen nicht hin, das Trauma hat keine Worte, keine Sprache. Daraus folgt, dass wer nichts Formulierbares sagen kann, tanzen muss.

> Angler und Fisch wohnen in dem verweinten Labyrinth deines Tanzes. Mit deinen Händen zeichnest du das luftige Spiel von Umarmen und Loslassen—
>
> Als Geliebter stößt du deine Geliebte ins Grab –
>
> Als Liebender verstummst du unter dem Blutsturz der Liebe – [537]

Fragmente von Biographie, so individuell wie allgemein, werden in den Tanzbewegungen evoziert. Jedoch wollen diese Bewegung nicht bloß vorzeigen, sondern die Simultaneität der Gegensätze in einem getanzten Moment andeuten. Wurden in früheren Stücken gegensätzliche Konstellationen (Jäger-Gejagter, Täter-Opfer, Liebe-Verrat usw.) durch mehrere Protagonisten vorgestellt, so finden szenische Grundkonflikte nurmehr von einer einzigen Person dargebracht statt.

Der *Stumme* ist keiner hörbaren Sprache mehr mächtig. Dennoch gelingen ihm in seinen Bewegungen blitzhafte, unvermittelte Momente simultanen Erinnerns an Vergangenes, Gegenwärtiges und Zukünftiges „wo Ferne Strahl heißt".[538] Dieser Augenblick – „Du tanzt nun schnell/Die Zeit steht still"[539] – ist der Moment radikaler individueller Veränderung: der Tod. Herausgelöst aus dem Kontinuum der Zeit erfährt der Tanzende einen letzten Augenblick von Autonomie, die, so brüchig sie auch erscheint, das eigentliche und einzige Ziel der tänzerischen Bewegung ist.

> Aus Totenstille
>
> schluckst du den Augenblick
>
> gefüllt mit Galle
>
> und Verlassen!
>
> Dein Leib
>
> in seiner Sterbeschlacht – [540]

Jedoch umfassen die erwähnten radikalen Veränderungen nicht nur das sterbende Individuum, sondern ihr Ausmaß betrifft das gesamte Universum. Denn als Höhepunkt des Dramas formulieren die letzten Verse das paradoxe Bild einer

---

[537] Ebd.
[538] Ebd.
[539] Ebd., S. 335.
[540] Ebd.

andauernden, erinnernden ewigen Gegenwart als radikal denkbarster Gegenentwurf zur ubiquitären Physik des Universums:

> Das Wachen ist für dich entdeckt
>
> und nach dem Tanz das Stillestehn
>
> Schaudre!
>
> Möge das Weltall dein Wachen ertragen – [541]

Verstärkt wird dieses komplexe Bild zusätzlich durch die Etymologie des Imperativs, welche direkt auf die Ängste und seelischen Belastungen des *Stummen* rekurriert, aber zusätzlich jedes andere leidende Individuum mitdenkt. Nach dem abrupten, spurlosen Ende des Tanzes im Tod beginnt ein Zustand wachender Starre, der paradoxerweise keinerlei Zeitkonzeption zu unterliegen scheint und doch sämtliche umfasst. Die zitierten Verse evozieren Gedanken an eine durch kultischen Ritus hervorgebrachte Epiphanie, jedoch nicht Gott erscheint, sondern der Tanzende stirbt und paradoxerweise ist sein waches Bewusstsein auf das Universum gerichtet. Die Naturgesetze brechen zusammen, sie machen in dieser gedanklichen Konstellation keinen Sinn mehr. Und innerhalb dieses Gedankengebäudes, mit dem die Grenzen jeder naturwissenschaftlichen Erkenntnis überschritten sind, innerhalb dieser Sphäre, die kein Gestern oder Morgen mehr denkbar sein lässt, ist kein göttliches Eingreifen mehr möglich, es wäre auch gleichgültig. Die angehaltene Zeit erzwingt eine völlig leere, stillgestellte Transzendenz. Ohne die Zeitdimension aber lässt sich nicht mehr erkennen, ob ein Ereignis welcher Art auch immer bloß Sekunden dauert oder Jahrmillionen brauchte, prinzipiell nichts ist mehr erfahrbar oder artikulierbar.

Hier nähert sich der Text in einer verblüffenden Analogie grundlegenden Auffassungen der modernen Physik über die Strukturen von Raum und Zeit, wie sie sich erst seit Einsteins Relativitätstheorie entwickeln konnten.[542] Die raumgreifenden, expandierenden Bewegungen des (tanzenden) Körpers korrelieren mit ebenjenen des Weltalls und beeinflussen seine Raum- und Zeitstruktur ebenso wie wiederum der Einfluss des Weltalls auf den Tanzenden manifest ist. Eben dies führt Hawking mit Bezug auf Einsteins Theorie über die grundlegende Wende bei der Betrachtung der Relationen von Raum und Zeit aus:

> Wenn ein Körper sich bewegt oder eine Kraft wirkt, so wird dadurch die Krümmung von Raum und Zeit beeinflußt – und umgekehrt beeinflußt die Struktur der Raumzeit die Bewegung von Körpern und die Wirkungsweise von Kräften. Raum und Zeit wirken nicht nur auf alles ein, was im Universum geschieht, sondern werden auch davon beeinflußt. So wie man ohne die Begriffe von Raum und Zeit nicht über Ereignisse im Universum spre-

---

[541] Ebd., S. 336.
[542] Vgl. dazu u. a. Stephen W. Hawking: Eine kurze Geschichte der Zeit. Die Suche nach der Urkraft des Universums, Reinbek 1991; Hans Graßmann: Das Top Quark, Picasso und Mercedes-Benz oder Was ist Physik, Reinbek 1997. Richard P. Feynman: Sechs physikalische Fingerübungen. München 2002.

chen kann, so ist es in der allgemeinen Relativitätstheorie sinnlos, über Raum und Zeit zu sprechen, die außerhalb der Grenzen des Universums liegen.[543]

Raum und Zeit sind aus den zitierten Gründen nur als dynamische Größen denkbar, egal, ob sie auf die unvorstellbaren Ausmaße des Universums angewandt werden oder auf der subatomaren Ebene der Quantenmechanik Betrachtung finden. Der beendete Tanz resultiert in der Stillstellung der Zeit, und bedeutet gleichzeitig den Stop der Expansion des Weltalls sowie die Sinnlosigkeit jedes individuellen oder kollektiven Gedankens an jegliche Transzendenz. In dieser Darstellung des absoluten, irreversiblen Auseinanderbrechens der Raum-Zeit Dimensionen, ihrer Strukturen und Korrelationen kann das Postulat dieser Art von Stücken gesehen werden. Deutlich fasst ein später Brief, den Sachs 1968 an Andersch schreibt, dies in zwei kurzen Sätzen der Resignation zusammen: „Die Welt ist schlimm. Alle Hoffnung, die wir hatten, fliegt fort."[544] Angesichts einer Welt, die mit der Gewissheit des jederzeit möglichen Terrors des globalen Vernichtungspotentials leben muss, sind Sachs' Dramen und Briefaussagen keineswegs als private Konfession zu lesen. Für den Physiker Graßmann finden das ungeheure Bild mit der Thematik der stagnierten Zeit seine reale Entsprechung in einer Zäsur der jüngsten Geschichte:

> Das am nächsten kommende Bild der Neuzeit ist nichtsprachlich: die stehengebliebenen Uhren von Hiroshima.[545]

Dass in Stücken der besprochenen Art nicht vom Versuch bloßer tänzerischer Mimesis die Rede sein kann, von einem unreflektierten, sehnsüchtigen Brückenschlag in frühkindliche Harmonie, scheint offenbar. Benjamins „mimetische[s] Genie", dessen Kulthandlungen als „lebensbestimmende Kraft"[546] seit der Frühzeit der Menschheit zur Ausbildung des kulturellen Gedächtnisses konstituierend beitrug, findet sich in den *mimischen Szenen* ins krasse Gegenteil verkehrt. Im Tanz wird der Körper von der Last seiner Geschichte befreit, der Bürde seiner erlebten Qualen und seiner durch Alter und Krankheit hinzugekommenen Defizite. Gleichzeitig findet auch die Psyche ihre Befreiung vom Trauma des Erlebten. Es ist ein Tanzen in den Tod, gestaltet als ein letzter bewusster Akt zur Wiedererlangung selbstbestimmter Individualität, der die Grenzen des Körpers, des Ichs, zu überwinden sucht. Darin kann ein Moment der zögernden Kontaktaufnahme mit einer entfremdeten Welt gesehen werden, neben welcher das Individuum ein außenseiterisches, marginalisiertes Dasein fristet. Mit Recht und gutem Grund weiß es die Welt als feindlich-fremde Sphäre anzusehen, die niemals Schutz zu gewähren bereit war, ist und sein wird. Es besteht keinerlei Möglichkeit der Reintegration in die gesellschaftlichen Realitäten, sie bleiben dem Individuum fremd und verschlossen. Jedes Wort, jeder Ton, jede Geste gerät dem

---

[543] Hawking, a.a.O., S. 52.
[544] Briefe, S. 319.
[545] Graßmann, a.a.O., S. 26.
[546] AS2, S. 97.

Marginalisierten, in Analogie zum *Chandos*-Brief, zum modrigen Pilz. Es verbleibt nichts als Tanz als Ausdruck eines absoluten Fremdheitsgefühls in einer Welt der Kommunikationsverweigerung, aus der es gewaltsam vertrieben wurde und die ihm für immer verschlossen bleiben wird.

Die Tanzenden in den *mimischen Szenen* kennzeichnet daher eine äußerst ambivalente, extreme psycho-physische Disposition, welche Améry, die Situation der Überlebenden der Konzentrationslager analysierend, als den Verlust des Weltvertrauens bezeichnet. Bedeutsamer als die formale Bestimmung dieses für Amérys Denken zentralen Begriffs als „irrationale[n] und nicht zu rechtfertigende[n] Glaube[n] an unverbrüchliche Kausalität etwa oder die gleichfalls blinde Überzeugung von der Gültigkeit des Induktionsschlusses"[547] ist in diesem Zusammenhang seine weiterführende Beschreibung als die

> Gewißheit, daß der andere auf Grund von geschriebenen oder ungeschriebenen Sozialkontrakten mich schont, genauer gesagt, daß er meinen physischen und damit auch metaphysischen Bestand respektiert. Die Grenzen meines Körpers sind die Grenzen meines ichs. Die Hautoberfläche schließt mich ab gegen die fremde Welt: auf ihr darf ich, wenn ich Vertrauen haben soll, nur zu spüren bekommen, was ich spüren will.[548]

Was Améry hier mit wissenschaftlicher Reflexion als die „Grundkondition des Opferseins"[549] herausarbeitet, überträgt Sachs variantenreich in komplexe szenische Bruchstücke. Tanzen ist in ihnen der verzweifelte Ausdruck für das Fehlen jeder „Hilfserwartung, Hilfsgewißheit", und ohne diese als „Fundamentalerfahrungen" jedes Individuums eingeschriebene basale Konstante „endigt ein Teil unseres Lebens und ist niemals wieder zu erwecken."[550]

---

[547] Améry, a.a.O., S. 44.
[548] Ebd.
[549] Ebd., S. 122.
[550] Ebd., S. 45.

8. Von der *mimischen Szene* zum *synthetischen Fragment*: (Unbewusste) Intertextualitäten in den Werken von Nelly Sachs, Luigi Nono und Heiner Müller

Anders als in seiner Verortung des Tanzes als zweitrangige Kunstform rechnet Hegel Musik dem Bereich der „wahren Kunst"[551] zu. Musik hat laut Hegel ihre „eigentümliche Aufgabe" darin, dass sie ihre Inhalte erfahrbar macht, jedoch nicht in dem Sinne dass diese Inhalte im allgemeinen Bewusstsein oder als reale Gestalt eine Vorstellung erzeugen, sondern sie transportiert und transformiert ihren spezifischen Inhalt in eine besondere Bewusstseinssphäre, wo er erst ästhetisch erfahrbar wird. Von besonderer Bedeutung ist, dass zwischen einem allgemeinem Bewusstsein und einer Sphäre subjektiver Innerlichkeit, in welcher Musik ihre Inhalte als „in sich eingehüllte Leben und Weben für sich in Tönen wiederklingen"[552] lässt, differenziert wird. Darüber hinaus heißt es im Abschnitt „Allgemeiner Charakter der Musik" weiter,

> daß die Musik nicht darf für die Anschauung arbeiten wollen, sondern sich darauf beschränken muß, die Innerlichkeit dem Inneren faßbar zu machen, sei es nun, daß sie die substantielle innere Tiefe eines Inhalts als solchen will in die Tiefen des Gemüts eindringen lassen oder sie es vorzieht, das Leben und Weben eines Gehalts in einem einzelnen *subjektiven* Inneren darzustellen, so daß ihr diese subjektive Innigkeit selbst zu ihrem eigentlichen Gegenstande wird.[553]

Die im Zitat angesprochene transformatorische Kraft der Musik umfasst die Verwandlung von Denk- und Fühlbarem sowie Sichtbarem in Töne, „um sie für die Empfindung und Mitempfindung neu hervorzubringen".[554] Übertragen auf eine Poetik des Theaters bedeutet das Zitierte, dass an Musik u. a. die evident wichtige Aufgabe geknüpft ist, das szenisch gesprochene Wort sowie die dramatische Geste als verstärkenden Unterstrom zu unterstützen und der psychophysischen Gesamtverfassung des Rezipienten empfindbarer zu machen. Entsprechende Gedanken zum transformatorischen Vermögen der Musik finden sich in einer der seltenen poetologischen Äußerungen von Nelly Sachs. Sie entstammen ihren Anmerkungen zur *mimischen Szene Beryll sieht in der Nacht*, und lauten:

> Die Musik soll in der ihr eigenen Dimension die endgültige Vergeistigung der Materie, [...], zur Vollendung bringen. [...] Musik und Mimus sollen das nach innen verschwundene Wort aus blutender Stummheit und Schlaf hervorleuchten lassen.[555]

Die Aufgabe der Musik innerhalb des Theaters wie sie hier formuliert wird korrespondiert auf den ersten Blick mit Hegels These. Bei näherer Betrachtung je-

---

[551] Hegel, a.a.O., Bd. II, S. 272.
[552] Ebd.
[553] Ebd. [Hervorh. im Original]
[554] Ebd.
[555] ZiS, S. 354.

doch gibt es einen substantiellen Unterschied zu ihr. „Endgültige Vergeistigung" meint analog zu Hegel Verwandlung von Inhalt in Töne, markiert aber paradoxerweise gleichzeitig den Ausgangspunkt zu etwas Neuem. Gemeinsam mit der mimischen Gebärde soll Musik dem „verschwundene[n] Wort" verlorengegangene Signifikanz zumessen. Sachs sieht, dass musikalische Transformation nicht in einer „bewußtlose[n] Versenkung"[556] ihre ästhetische Aufgabe haben darf. Ihre spezifische Eigenart hat Sachs' These in der Überwindung der von Hegel gesetzten Beschränkung, welche besagt, dass „Musik nicht äußerlich veranschaulichen"[557] kann. Für Sachs jedoch verfügen Musik, Tanz und Wort über genau jene Potenzen, die laut Bezzel-Dischner in Anlehnung an Kafka und Rilke „die Metapher einer nicht mehr aussprechbaren Wirklichkeit"[558] hervorbringen. Ihren Niederschlag finden und behaupten die auf musikalischer Ebene in die Szene eingeführten gesellschaftlichen und geschichtlichen Sedimente als eigenständiges Strukturmerkmal des Theaters: „Die Verwandlung in Musik, ins Unsichtbare einer Wiedergeburt, bleibt den sterbenden Opfern in den Lagern als Hoffnung."[559] Bei den Rezipienten indes sollen durch Nach- und Erhören des musikalischen Sediments kein Moment der Verklärung evoziert, sondern die Möglichkeiten der Erinnerung an die Toten erweitert werden. Musik überwindet die Grenzen der Subjektivität, weil sie, anders als in der Auffassung von Hegel, explizit für die Anschauung arbeitet und wird zu etwas objektiv Äußeren im dramaturgischen Konzept der *mimischen Szenen*.

8.1 *Der Magische Tänzer* in der Bearbeitung von Heinz Holliger

Im Gegensatz zu den Bühnendramaturgen deutschsprachiger Theater haben gerade Komponisten den Versuch unternommen, ebendies Schwierige in eine musikalisch adäquate Form zu bringen. Neben den bereits kommentierten Vertonungen von Moses Pergament (*Eli*) und Jörg Herchet (*Nachtwache*) hat der Boulez Schüler Heinz Holliger ebenfalls eine intensive kompositorische Auseinandersetzung mit dem dramatischen (und lyrischen) Werk von Nelly Sachs vorzuweisen. Die Initiative zur Vertonung des *Magischen Tänzers* geht von einer Anfrage Holligers an die Dichterin aus. Dass das musikalische Exposé zum *Magischen Tänzer* bei Sachs Eindruck hinterlassen hat, belegt ein Brief an Enzensberger, den sie vier Tage nach ihrer Antwort an den Komponisten verfasst:

> Ein junger Schweizer Komponist, Schüler und Freund von Boulez, hat mir geschrieben, daß er meine Dinge so liebt, und bittet um Erlaubnis, den „Magischen Tänzer" zu komponieren. Er hat ein sehr interessantes Schema geschickt.[560]

Holliger selbst unterrichtet die Dichterin während des Kompositionsprozesses, und sie scheint hoch zufrieden mit dem, was sie erfährt:

---

556 Hegel, a.a.O., Bd. II, S. 273.
557 Ebd., S. 274.
558 Bezzel-Dischner, S. 27.
559 Ebd., S. 25.
560 Briefe, S. 290. [Hervorh. im Original]

Ich habe das Gefühl, daß Sie meinem Traum, in meinen Texten Wort-Musik-Mimus in Verbindung zu bringen, erfüllen werden. Ich habe ja Raum für solche Ausatmung gelassen [...].[561]

Auch für den Komponisten ist die kompositorische Beschäftigung mit der *mimischen Szene* eine wichtige künstlerische Weiterentwicklung hinaus aus seinen introvertierten musikalischen Kurzformen der Jahre 1961 und 1962. Daher spricht Holliger von einem:

Ausbruch aus dogmatischer Enge in äußerste Komplexität von Form und Syntax in eine vielfältig schillernde, aber doch streng kontrollierte Klangwelt, Ausbruch in Dimensionen, die für mich neu waren und die „auszumessen" mir nur der großartige Text von Nelly Sachs ermöglicht hat.[562]

Die sodann 1965 abgeschlossene Partitur trägt dem triadischen Dramenaufbau aus Wort, Mimus und Musik insoweit Rechnung als erkennbar keine Dominanz der musikalischen Komponente über die gesamte szenische Form angestrebt wird. In einer Analyse des Stückes schlussfolgert Holliger demnach richtig, dass die innovativen und avancierten Momente der Poetik der *mimischen Szenen* ein über rein ästhetische Fragen weit hinausgehendes Verweisgeflecht knüpfen:

Der formale Aufbau, die labyrinthischen Beziehungsnetze zwischen den Wörtern, die Zahlenkabbalistik, der gänzlich neuartige Zeit- Raum- Begriff dieser Szenen scheinen musikalischen Gesetzen viel näher zu sein als rein dramaturgischen. (Dies mag eine Erklärung dafür sein, warum sich der heutige Theaterbetrieb so geflissentlich um eine Beschäftigung mit den szenischen Dichtungen von Nelly Sachs herumdrückt, obschon heute, außer von Beckett, nichts von ähnlicher Tragweite und Bedeutung für die Szene erdacht wird.)[563]

Für die Aufführung hat Holliger die vier Personen des Stückes nach verschiedenen Stimmlagen eingeteilt. Der weiblichen Figur *Marina* ist eine Sprech- und Singstimme in Alt zukomponiert. *Davids* Rolle ist als Bass bestimmt. Der Gesang der *Mitbewohnerin* wird als Koloratursopran via Tonband eingespielt. Die Darstellung dieser Figur wird durch eine Grotesktänzerin gespielt. Im Gegensatz dazu ist für den *Magischen Tänzer* ein technisch meisterhafter Tänzer vorgeschrieben. Seine Worte werden ebenfalls, diesmal von einer Tenorstimme, über Tonband hörbar gemacht. Des weiteren gibt es während der Aufführung neben einem Orchester noch einen Chor sowie drei Ensembles A, B und C. Ensemble A und B bestehen aus Teilen des Orchesters, deren Spiel vor der Aufführung auf

---

[561] Heinz Holliger: Der Magische Tänzer (Uraufführung). = Programmheft des Basler Stadttheaters 1969/70•13, o. S., darin auch Josef Häusler: Zur Komposition des „Magischen Tänzers". Die Uraufführung findet am 26. April 1970 in Basel statt. Wiederholt wurde das Stück am 2., 6., 8., 12., 15. Mai und am 19 Juni. Veröffentlicht mit einer erweiterten Fassung des Häusler Aufsatzes als Heinz Holliger: Siebengesang, Der magische Tänzer auf: Orbis, Originalaufnahme Deutsche Grammophon, Bestell-Nr. 64 823.

[562] Ebd. [Hervorh. im Original]

[563] Ebd.

Band aufgenommen wurde und durch Einspielung die szenischen Aktionen der *Mitbewohnerin* und des *Magischen Tänzers* begleiten. Das Ensemble C setzt sich aus Mitgliedern des Chors zusammen und übernimmt unterstützend „die Aufgaben des mit dem Hauptorchester assoziierten Chores".[564] Die zugeteilten Rollenstimmen stellen einen bewussten Bruch mit der Stimmenzuteilung der klassischen Musiktheaterkonzeptionen dar, worin der Held des Stückes üblicherweise als Tenor und sein Gegenspieler als Bassstimme geführt werden.

Holliger geht in seiner Arbeit von dem Gedanken aus, dass Musik für das Theater unter Rückgriff auf symbolische Urformen komponiert werden muss. Im Einbezug dieser Tonsymbole werden besonders Relationen der *dramatis personae* untereinander sowie die verschiedenen Textebenen in ihrer Struktur deutbar. Häusler sieht in dieser Kompositionstechnik „eine moderne Version der Leitmotividee", wenn er relativierend schreibt:

> Zwar bleibt die Leitfunktion erhalten, wenn auch nicht im Sinn einer musikalischen Visitenkarte; aber es handelt sich nicht um thematische oder motivische Gebilde, sondern um Vorstellungen auf einer allgemeineren Ebene: um instrumentale Kombinationen und Strukturtypen. Leitinstrumentation aber bedeutet kein sklavisches Festhalten an ein und derselben Kombination; die Instrumentierung kann sich ausweiten oder kann reduziert werden, in ihrem Kern jedoch bleibt sie ständig erhalten.[565]

Hinzu kommt, dass das kompositorische Verfahren die Beschallung nach einer modernen Raumkonzeption vornimmt, bei der es von hoher Bedeutung ist, die Ausdehnung der Töne in der Zeit, ihren Ausgang von einer spezifischen Tonquelle, ihre Bewegungen sowie das klangliche Gesamtvolumen miteinzubeziehen. Für die konkrete Umsetzung des *Magischen Tänzers* bedeutet dies, dass durch den Aufbau der Szenentechnik eine exakt durchdachte Positionierung der Lautsprechergruppen die Akustik des Aufführungssaals ausreizt. Dadurch wird ein hohes Maß an räumlich-klanglicher Plastizität erreicht, welche mit der Dreidimensionalität des szenischen Konzeptes auf das Engste korreliert.

8.2 *Musik* als gleichberechtigter Handlungsträger: Über das Verhältnis Nelly Sachs' zum Werk Luigi Nonos

Seit den Ausdrucksmöglichkeiten und technischen Mitteln der *Neuen Musik* ist das Aufbrechen des gewohnten Hörens – und damit des Musikbegriffs allgemein – zum ästhetischen Paradigma geworden. Mit der grundsätzlichen Abkehr von Tonalität nach der Phase des Neoklassizismus hin zur gewollten Fremdheit und Dissonanz serieller Musik ist ein entscheidender Schritt getan, auf die Schrecken des Weltkriegs und die aktuellen Gefahren der antagonistischen Nachkriegsordnungen zu reagieren. Eine Avantgarde von Komponisten entdeckt mit der Hereinnahme elektronischen Equipments in das musikalische Kunstwerk neue Klangwelten, deren Einführung eine neue Betrachtungsweise von Klangstrukturen und kompositorischer Gestaltung setzt.

---

[564] Ebd.
[565] Ebd.

Mit diesen gattungsübergreifenden theoretischen und konkreten Neuerungen werden tradierte Hierarchien negiert. Bereits während der musikalischen Bearbeitung des *Eli* durch Moses Pergament gibt es bei Sachs ein deutliches Interesse an ebenjenen Möglichkeiten der musikalischen Avantgarde:

> [...] – ich hatte mir eine Hintergrundmusik gedacht, wenn überhaupt – so wie Nono, wo man Briefe des Konzentrationslagergefangenen im Vordergrund las, während weit fort eine Musik im Chor dann und wann wie ein stilles Licht aufleuchtet.[566]

Musik wird hier noch weitgehend im Sinne traditioneller Dramaturgie verstanden, als das Bühnengeschehen und Text untermalend und begleitend („Hintergrundmusik"). Als autonomer Ausdrucksträger setzt sie jedoch in der von Sachs als „stilles Licht" beschriebenen Weise eigene Akzente. Mit der Erwähnung des Namens des bekanntesten Vertreters der *Neuen Musik*, Luigi Nono, rückt Sachs ihr eigenes dramatisches Werk in die Nähe seines politischen und sozialen Engagements für eine gerechtere Welt. Dass sie hier als richtungsweisendes Vorbild eine (noch) nichtszenische Komposition Nonos, *Il canto sospeso*[567] wählt, zeugt für ihr Bewusstsein, dass Nonos ästhetische Verfahren ihrem eigenen Werk wirksame Impulse geben könnte. Der *canto sospeso* ist Nonos künstlerische Reaktion auf seine Lektüre einer Sammlung Abschiedsbriefe ermordeter europäischer Widerstandskämpfer, die von Thomas Mann mit einem Vorwort versehen wurde.[568] Welchen Eindruck diese Dokumente bei Nono hinterlassen haben, schildert er wie folgt:

> Die Botschaft jener Briefe der zum Tode verurteilten Menschen ist in mein Herz eingemeißelt wie in den Herzen aller derjenigen, die diese Briefe verstehen als Zeugnisse von Liebe, bewußter Entscheidung und Verantwortung gegenüber dem Leben und als Vorbild einer Opferbereitschaft und des Widerstands gegen den Nazismus, dieses Monstrum des Irrationalismus, welches die Zerstörung der Vernunft versuchte. [...] Das Vermächtnis dieser Briefe wurde zum Ausdruck meiner Komposition.[569]

Offensichtlich geht es nicht darum, durch eine öffentliche, musikalisch untermalte Verlesung der Briefe von der Vergangenheit zu zeugen, sondern, wie Stenzl schreibt, im wörtlichen Sinne um die „Umsetzung dieser Dokumente in Musik".[570] So zeigt das Stück an äußerst exponierten Stellen das Diffundieren von Musik und Text. Der Bericht der polnischen Jüdin Esther Srul bildet in dem dreiteiligen Werk den Mittelpunkt des zweiten Teils. Dort heißt es u. a. über die Deportation in den Tod:

---

[566] Briefe, S. 209.
[567] Entstanden 1955/56, UA: 24.10.1956 in Köln.
[568] Piero Malvezzi, Giovanni Pirelli (Hrsg.): Lettere di condannati a morte della resistenza europea. Turin 1954.
[569] Jürg Stenzl: Luigi Nono. Reinbek bei Hamburg 1998, S. 40.
[570] Ebd., S. 42.

[...] die Tore öffnen sich. Da sind unsere Mörder, *schwarz gekleidet*. Sie jagen uns aus der Synagoge.[571]

Das Orchester transformiert die im Zitat kursivierten Wörter in eine extrem reduzierte Tonfolge *Es* und *A*, womit synchron, durch Musik und Text, Organisationen der Verfolger und Mörder klar und benannt sind: SS und SA und zwar, so Stenzl, „genau in der Mitte, der Symmetrieachse dieses Satzes."[572] Nonos Kompositionsverfahren erweitert die streng rationale Ordnung und Zahlenfixiertheit orthodoxer serieller Kompositionstechniken um eine von ihm als wesentlich erkannte formale Notwendigkeit. Er strebt, und genau hier überschneiden sich die intermedialen Poetiken von Dichterin und Komponist, nach der dialektischen Vermittlung von (kompositorischer) Rationalität und dem Recht der leidenden Kreatur auf seine expressive Vision von Freiheit, dem Hoffen auf Überleben. Dazu aber muss die Technik der Komposition erweitert werden: „die Inhalte dringen in die Musik ein und bestimmen deren Faktur bis ins Innerste, und gleichzeitig dringt die Musik in die Texte ein."[573]

Dass Sachs ein dauerndes Interesse an Nonos Kompositionsweise entwickelt, belegt eine Reihe von Beispielen. Als Idee zu einem gemeinsamen Projekt schwebt ihr u. a. ihr Stück *Beryll sieht in der Nacht* vor. So schreibt sie im Juni 1961 an Enzensberger:

> Denk nur, heute erhalte ich Brief von Bengt und Margaretha und, rate nur: Luigi Nono. Sie sitzen alle drei zusammen in der Lagune von Venedig, und Bengt schreibt, wie sehr Nono meine Dinge liebt. [...] O Mang, wenn er die Musik dazu macht! Er schreibt, er wird mir bald ausführlich schreiben![574]

Zur von Sachs erwähnten Korrespondenz mit Nono lassen sich bis dato keine direkten Briefbelege finden. Weder ihr Nachlass in der Kungliga Biblioteket, Stockholm noch der Teilnachlass in der Stadt- und Landesbibliothek Dortmund noch das Archivio Luigi Nono in Venedig archivieren eine solche.[575] Nonos Kenntnis von Sachs Werk scheint jedoch unzweifelhaft festzustehen, da Alfred Andersch, seit seiner *Eli*-Bearbeitung für den Rundfunk ein ständiger Freund und Förderer ihrer Arbeiten, die deutsche Textfassung zu Nonos musikdramatischem Werk *Intolleranza 1960* erarbeitete. Eben dieses Werk wird am 13. April 1961 in Venedig uraufgeführt, also sehr zeitnah mit dem Zusammentreffen Nonos mit Margaretha und Bengt Holmqvist, Sachs' seit 1961 freundschaftlich verbundene Stockholmer Mäzene und die Herausgeber ihrer späten Gedichte. Zudem scheint er, so legt es jedenfalls das folgende Zitat nahe, die Publikation ihrer gesammelten szenischen Werke von 1962 gekannt zu haben. Denn in einem un-

---

[571] Ebd., S. 41. [Hervorh. v. Vf.]
[572] Ebd., S. 43.
[573] Ebd., S. 42.
[574] Briefe, S. 271.
[575] http://www.provincia.venezia.it/alnono/wwwde/fprefade.html

veröffentlichten Brief an ihren Herausgeber Unseld vom 24. November 1962 verfügt Sachs:

> Ein Buch senden wir dem Komponisten Nono. Bengt Holmqvist sendet es. Nono hat mir geschrieben. Er kommt zum Frühjahr her und dann hoffe ich es gibt eine Zusammenarbeit! Vielleicht „Nachtwache"?[576]

Nonos konsequente Weiterentwicklung seiner Musikdramaturgie führt ihn von der nichtszenischen Kompositionsweise des *canto sospeso* mit seinem neuen Werk *Intolleranza 1960* zur *Azione scenica* als Gegenentwurf zur traditionellen Literaturoper. Obwohl mit dem Zurückdrängen der Fabel eine deutliche Abkehr von herkömmlichen dramaturgischen Verfahren erkennbar ist, kann sein aktuelles Werk dennoch als Stationendrama beschrieben werden und erinnert mit dieser formalen Analogie an Sachs' *Eli*. Neu an Nonos Konzeption ist die Verwendung unterschiedlichsten Textmaterials. *Intolleranza 1960* verwendet neben Zitaten aus dem *canto sospeso* hauptsächlich lyrische Texte sowie Fragmente aus dokumentarischen Schriften, darunter solche von Brecht, Majakowski und Sartre.[577] Sein erklärtes Rezeptionsziel, das in deutlicher Nähe zu den hier bereits herausgearbeiteten Anstrengungen der dramatischen Werke Sachs' steht, formuliert er wie folgt:

> Ziel ist die Herausforderung des Hörers/Zuschauers, sein Stellungsbezug bezogen auf seine Gegenwart. Dieses Gegenwartsbewußtsein allerdings wird als Resultat eines geschichtlichen Prozesses verstanden: im musikdramatischen Gefüge werden Bezüge zwischen Vergangenheit (Faschismus, Resistenza) und Gegenwart hergestellt.[578]

In dieser ersten, von der thematischen Klammer Arbeitsmigration und Gesellschaft zusammengehaltenen *azione scenica* werden bisher geltende ästhetische Paradigmen und herkömmliche Gattungsgrenzen überwunden. Musikdramatische Gestaltungsmittel Textfragmente, Musik, Geste und Raum werden zu einer neuen, der intermedialen Dramenpoetik von Nelly Sachs vergleichbaren Konzeption verbunden. Sachs bemerkt die Analogien ihrer beider Auffassungen und beschreibt sie dem um Zusammenarbeit bemühten Heinz Holliger als vorbildlich:

> [...] Ich habe mir ja meine Szenen mit Mimus und Musik gedacht – den Text als Haltestelle und dann der lange Atem der Musik und Gebärde. Boulez und Nono gehören zu meinen tiefsten Erlebnissen [...].[579]

---

[576] Die angesprochenen Reise konnte nicht ermittelt werden. Die katalogisierte Bibliothek Nonos verzeichnet keinerlei Werke von Sachs, siehe oben. Brev från Nelly Sachs L 90:2 R-Su, Kungliga Bibliloteket, Stockholm. [Hervorh. im Original]

[577] Luigi Nono: Intolleranza 1960, Staatsoper Stuttgart, 1995 TELDEC 4509-97304-2.

[578] Jürg Stenzl: Azione scenica und Literaturoper. Zu Luigi Nonos Musikdramaturgie. In: Heinz-Klaus Metzger, Rainer Riehn (Hrsg.): Musik-Konzepte, Heft 20: Luigi Nono, München 1981, S. 45-57, hier S. 49.

[579] Heinz Holliger: Der Magische Tänzer, a.a.O.

Das Komponieren mit Sprache als Klangmaterial, die Aufhebung formaler Gattungsgrenzen und die Verwendung von fragmentarischem heterogenem Textmaterial sowie technische Verfahren der akustischen und visuellen Verfremdung amalgamieren in den Werken von Nono ebenso wie in denen von Sachs zu äußerst ambitionierten Dramaturgien. Unter diesen poetologischen Voraussetzungen wäre die bühnentechnische Realisierung einer *mimischen Szene* ein Vorhaben, das an alle Mitwirkenden höchste Anforderungen stellen würde.

8.3 Luigi Nonos Musiktheaterwerk als ästhetisches Scharnier zwischen Nelly Sachs und Heiner Müller

Bei Betrachtung der jüngeren Literaturgeschichte fällt auf, dass, sofern überhaupt eine Analogiesetzung des dramatischen Werkes von Nelly Sachs zu einem zeitgenössischen Werk stattfindet, dies mit den als paradigmatisch für das Theater der sechziger Jahre anzusehenden Dramen von Samuel Beckett geschieht. Ein charakteristisches Merkmal seiner Texte (bereits in Kapitel 4 wurde mit diesem Zitat Adornos darauf Bezug genommen) ist die „protestlose Darstellung allgegenwärtiger Regression".[580] Ostmeiers wichtige sprachwissenschaftliche Monographie zieht für beider Werk mit ebendieser These vor Augen die Schlussfolge:

> Bei beiden Autoren findet kein Dialog mehr statt. Wie Szondi und Benjamin richtig ausführen, wird Sprache selbst Gegenstand theatralischer Darstellung. [...] Das Vertraute – [...] – ist zugleich das Fremde und Andere. Dieser der Sprache wie den Dingen inhärenten Schizophrenie kann man nicht entfliehen. Samuel Becketts Szenen akzeptieren da, wo Nelly Sachs' Szenen revoltieren.[581]

Zusätzlich zu dieser im Zitat angesprochenen zeitgenossenschaftlichen Parallele weisen jedoch Sachs' intermediale dramatische Verfahren über ihren historischen Ort hinaus und lassen sich als unbewusste Intertextualitäten in den Texten eines Autors wiederfinden, deren thematische und formale Schnittmengen mit dem Werk Sachs' bislang undiskutiert blieb. Einer in der literaturwissenschaftlichen Forschung bisher noch nicht aufgestellten These nach kann Nonos Werk als ästhetisches Scharnier zwischen Sachs' dramatischem Schreibverfahren und der nicht weniger avancierten Theaterpoetik Heiner Müllers gelesen werden.

Im Interesse für Nonos Musiktheaterwerk, in dem der Einfluss benjaminschen geschichtsphilosophischen Denkens mit seinen explizit jüdischen Kategorien wie beispielsweise *Messianismus* oder *Eingedenken* evident ist, treffen und überschneiden sich Sachs' und Müllers Dramenparadigmen und besitzen somit eine gemeinsame Schnittmenge aus mystischen und säkular gewendeten jüdischen Denkbildern.[582]

Somit wird bereits deutlich, dass keine willkürliche Analogiefindung oder Parallelisierung stattfindet. Ihren Weg in die jeweiligen Schreibverfahren finden die intertextuelle Bezüge auf jüdische geschichtsphilosophische Kategorien und Denkmuster ausgehend von der Lektüre der Arbeiten Gershom Scholems (bei Nelly Sachs) und Walter Benjamins (bei Heiner Müller).[583] Bemerkenswert und

---

[580] GS, Bd. 11, S. 289f.

[581] Ostmeier, S. 150f.

[582] Vgl. dazu u. a.: Michael Opitz und Erdmut Wizisla (Hrsg.): Benjamins Begriffe. Frankfurt am Main 2000.

[583] Benjamins früher, prägender Einfluß auf Müller belegt u. a. ein Interview: Jetzt sind eher die infernalischen Aspekte bei Benjamin wichtig. Gespräch mit Heiner Müller. In: Michael Opitz u. a. (Hrsg.): Aber ein Sturm weht vom Paradiese her. Texte zu Walter Benjamin. Leipzig 1992, S. 348-362.

für die folgenden Überlegungen grundlegend ist dabei, dass durch die langjährige enge Freundschaft Scholems mit Benjamin deren dauerhaftes, gegenseitiges produktives Einwirken belegt ist.[584] Auf diesem Weg gelangen von der literaturwissenschaftlichen Forschung bisher unbemerkt formale und stoffliche intertextuelle Referenzen ins unbekannte Dramenwerk von Nelly Sachs sowie in das Heiner Müllers, dem neben Brechts Werk wohl wirkmächtigsten deutschsprachigen Dramenparadigma nach 1945.

Theater wird mit den *mimischen Szenen* zum Ort, an dem sich Geschichte als komplexes dramatisches Gefüge ganz neu verwandelt. Das unkonventionelle Bühnengeschehen sowie der konkrete Aufführungsort, Beleuchtung und Ton zielen auf einen szenischen Prozess, dem als Unterstrom Fragmente aus Urtexten und Texten der literarischen Moderne beigefügt sind. Darüber hinaus bzw. damit ist ihnen das Kollidieren geschichtlicher Epochen eingeschrieben.

Dramatische und dramaturgische Konstellationen ganz verwandter Art lassen sich im Werk Heiner Müllers und seiner geschichtsphilosophischen Poetik wiederfinden.[585] Müller verändert die literarische Form als Konsequenz aus seiner radikalen Erkenntnismethode der Zerstörung, Zerreißung, Freilegung und des Öffnens von Oberfläche hin zu einer Montage von Fragmenten. Das dem Autor bewusst gewordene Scheitern der Geschichte als progressiver Fortschritt sowie das Eingeständnis eigenen subjektiven Scheiterns wird zu einem konstitutiven, wohlüberlegten Bestandteil in seinen dramatischen Texten. Dazu führt Maier-Schaeffer aus: „Die Selbstverständigung des Autors wird nicht mehr ausgeklammert, sondern wird als Intention, als Zweck, als Mittel, als Teil der Produktion anerkannt."[586] In einem Brief von 1975 an den Theater der Zeit-Redakteur Martin Linzer erläutert Müller die Form, Notwendigkeit und Funktion des Fragments am Beispiel der Schlacht/Traktor-Montage: "Formal ist SCHLACHT/TRAKTOR eine Bearbeitung von 20 und mehr Jahre alten Texten bzw. der Versuch, ein *Fragment synthetisch* herzustellen."[587] Da die Realität nicht mehr in die traditionellen literarischen Gattungsformen passt, muss sie in einem anderen ästhetischen Formenentwurf ausgedrückt werden. Das avancierte Konzept versucht, der „Aushöhlung von Geschichtsbewusstsein durch einen platten Begriff von Aktualität"[588] gegenzuarbeiten. Zur Funktionsweise des *synthetischen Fragments* schreibt Müller:

---

[584] Vgl. dazu Rolf Tiedemann: Erinnerung an Scholem. In: Gershom Scholem: Walter Benjamin und sein Engel. Vierzehn Aufsätze und kleinere Beiträge. Hrsg. v. Rolf Tiedemann. Frankfurt am Main 1992, S. 211-221, hier bes. 218f.

[585] Die folgenden Ausführungen zu Heiner Müller und Luigi Nono basieren auf modifizierten Thesen der unv. Magisterarbeit Vf.: Lyrische Texte Heiner Müllers, Düsseldorf 1998.

[586] Francine Maier-Schaeffer: „Noch mehr Fragment als das Fragment". Zur Fragmentarisierung in Heiner Müllers Theaterarbeit. In: Horst Turk, Jean-Marie Valentin (Hrsg.): Aspekte des politischen Theaters und Dramas von Calderón bis Georg Seidel: deutsch-französische Perspektiven. Bern u. a. 1996, S. 368.

[587] Heiner Müller: Theater-Arbeit, Berlin 1975, S. 125 [Kursivierung vom Vf.]

[588] Ebd., S. 124.

> [...] die Fragmentierung eines Vorgangs betont seinen Prozeßcharakter, hindert das Verschwinden der Produktion im Produkt, die Vermarktung, macht das Abbild zum Versuchsfeld, auf dem Publikum koproduzieren kann.[589]

Die veränderte ästhetische Konzeption belässt das Kunstwerk bewusst in deutlicher Unabgeschlossenheit und gewährt so Einblick in die Denkbewegungen des Autors. Im Zueinanderfügen von Texten, die zu verschiedenen Zeiten entstanden sind, entsteht ein intertextuelles Beziehungsgeflecht, aus dem der aktive Leser einen neuen Sinn herauslesen/-schreiben kann. Das synthetische Fragment verknüpft demnach die Zeit vor seiner Herstellung mit der aktuellen historischen Erfahrung zum Zeitpunkt seiner Herstellung sowie der historischen Erfahrung einer zukünftigen Zeit, wenn es auf ein „koproduzieren[des] Publikum" trifft. Als Gegenkonzept zu den tradierten literarischen Gattungsformen ist das *synthetische Fragment* ein bewusst offen gelassener Text, ein ästhetisches Angebot an Theater und Rezipienten zur Produktion und Reproduktion. Es nimmt den Dialog mit der geschichtlichen Vergangenheit auf, wie sie in den Texten noch wirkend vorhanden ist und vermittelt diesen Dialog weiter an das Publikum. Dazu Müller:

> Daß die klassischen Texte noch wirken, hat mit ihrem Reservoir an Utopie zu tun; daß sie nicht mehr geschrieben werden können oder noch nicht wieder, mit der Gefährdung bzw. dem Schwund der Utopie.[590]

Zukunft soll als Möglichkeit vorstellbar bleiben, aber die krisenhaften ästhetischen und politischen Gegebenheiten sowie die individuelle Kette der Niederlagen lassen keine konkrete, eindeutige Sinnzuweisung mehr zu. Diese wäre Ideologie. Statt dessen fordert (nötigt) der Autor durch ein verändertes Schreibverfahren und eine veränderte Dramaturgie den Rezipienten zur eigenen Entscheidung über das Rezipierte heraus. Dass Müller zur Umschreibung seines Verfahrens die Katastrophen evozierende Vokabel Überschwemmung gebraucht, unterstreicht die Krisenhaftigkeit der Gegenwart einmal mehr:

> Ich habe, wenn ich schreibe, immer nur das Bedürfnis, den Leuten soviel aufzupacken, daß sie nicht wissen, was sie zuerst tragen sollen, und ich glaube, das ist auch die einzige Möglichkeit. Die Frage ist, wie man das im Theater erreicht. Daß nicht, was für Brecht noch ein Gesetz war, eins nach dem anderen gebracht wird. Man muß jetzt möglichst viele Punkte gleichzeitig bringen, so daß die Leute in einen Wahlzwang kommen. D.h., sie können vielleicht gar nicht mehr wählen, aber sie müssen schnell entscheiden, was sie sich zuerst aufpacken. Und es geht nicht mehr einfach so, daß man ihnen eine Information gibt und sagt, jetzt gibt es aber auch noch das. Es geht, glaube ich, nur noch mit Überschwemmungen. Und ich meine, daß es relativ langweilig wird, wenn man diese Prosatexte und die Szenen

---

[589] Ebd., S. 125.
[590] Material, S. 100.

trennt, weil die Leute immer Zeit haben, sich zu beruhigen. Man muß immer eins in das andere reinziehen, damit beides zur Wirkung kommt.[591]

Deutlich treten in dieser durch Katastrophen aus der Vergangenheit, Krisen der Gegenwart und beinahe trotzigem Beharren auf Zukunft kondensierten Konzeption des *synthetischen Fragments* Bezüge zur Geschichtsphilosophie Benjamins hervor, wie sie ebenfalls schon für das frühe Werk von Nelly Sachs nachgewiesen wurden.[592] Immer noch, das belegt das Zitat, geht es Müller in seinen Werken darum, auf andere geschichtliche Möglichkeiten zu verweisen, „Wirklichkeit unmöglich" zu machen.[593]

Seine früheren Versuche, „im Vergangenen den Funken der Hoffnung anzufachen",[594] wie es bei Benjamin heißt, sind gescheitert. Durch die Betonung des Prozesscharakters des Kunstwerks, seiner prinzipiellen Unabgeschlossenheit, der Notwendigkeit zur kollektiven Rekonstruktion sowie der Auflösung der Gattungsgrenzen („eins in das andere reinziehen") erhält er, so Maier-Schaeffer, „die Hoffnung auf eine Möglichkeit einer neuen Erscheinung der Utopie am Leben":[595]

> Das Fragment ist die Form, in der das löchrige Gedächtnis, das brüchige Bewußtsein und Geschichtsbewußtsein Raum finden, und zugleich auch das Mittel, gegen das Vergessen zu kämpfen.[596]

Als Folge der konzeptionellen Änderung ist die Form des *synthetischen Fragments* nun selbst Ort von Utopie. Indem dort eins in das andere diffundiert, werden konventionelle Gattungsstrukturen aufgelöst und geöffnet, wodurch Stücke eines „neuen Typus"[597] entstehen:

> Die Theaterpraxis ist so, daß Inhalte transportiert werden. Es werden Mitteilungen gemacht mit Texten, es wird aber nicht der Text, die Form mitgeteilt. Die Stücke werden nur nach ihren Inhalten beurteilt.: In dem Stück steht das und das, also das ist ein trauriges Stück, und das macht mich traurig. Es wird überhaupt nicht transportiert, daß es ein formulierter Text ist und daß die Formulierung eines Tatbestandes schon die Überwindung eines Tatbestandes ist. Das utopische Moment liegt in der Form, auch in der Eleganz der Form, der Schönheit der Form und nicht im Inhalt. Wobei die Form natürlich nur der letzte Widerschein der Möglichkeit einer Überwindung sein kann. Sie ist ja nicht die Überwindung schlechthin, sondern deutet nur an, daß Überwindung möglich ist.[598]

---

[591] Heiner Müller: Gesammelte Irrtümer 1. Interviews und Gespräche, Frankfurt am Main 1986, S. 20.

[592] Vgl. dazu Kapitel 4.

[593] Heiner Müller: Material, Leipzig 1989, S. 100.

[594] AS1, S. 253.

[595] Maier-Schaeffer (1996), a.a.O., S. 372.

[596] Ebd., S. 371.

[597] Ebd., S. 368.

[598] Müller: Gesammelte Irrtümer 1, a.a.O., S. 180f.

Die Stücke neuen Typs zu inszenieren und rezipieren ist ungewöhnlich anspruchsvoll, da gerade die langen, hermetischen lyrischen Knotenpunkte offen lassen, welche Funktion oder Person die gehörte/gelesene Textstelle repräsentiert. Texte, die literarische Gattungsstrukturen öffnen und auflösen, wie *Leben Gundlings Friedrich von Preußen Lessings Schlaf Traum Schrei* (1976)[599], *Die Hamletmaschine* (1977)[600], *Verkommenes Ufer Medeamaterial Landschaft mit Argonauten* (1982)[601] oder *Bildbeschreibung* (1984)[602] sind bereits inszenierte *synthetische Fragmente*, die dramatisierbare lyrische Knotenpunkte enthalten oder sind. Es sind bewusst offengehaltene Textgeflechte, bestehend aus Zitaten, literarischen Anspielungen, dunklen Metaphernfolgen, die den einzelnen Autor im klassischen Sinne nicht voraussetzen, da originale Texte zu schreiben nicht mehr möglich ist. Krasse, unvermittelte Brüche lassen die Reihenfolge des Stückablaufs beliebig erscheinen. Weder gibt es den klassischen Dramendialog noch wird überhaupt so etwas wie eine durchgehende Fabel abgehandelt. Die Sprache der Texte evoziert Bildvorstellungen, die mehrere Sinnschichten ineinander projizieren. Damit wird eine Deutung oder mögliche Sinngebung dem kreativen und produktiven Rezipienten abverlangt. Wie an Zitaten aus dem letzten Textstück von Müllers *Verkommenes Ufer Medeamaterial Landschaft mit Argonauten* – ein „eher der Lyrik als dem Drama zuzuordnende[r] Text"[603] – belegbar ist, wird im *synthetischen Fragment* „Scheitern bewußt zur Komponente gemacht".[604] Durch seine extrem metaphorische Versgestaltung erinnert gerade *Landschaft mit Argonauten*[605] stark an lyrisches Sprechen:

> Soll ich von Mir reden Ich wer
>
> Von wem ist die Rede wenn
>
> Von mir die Rede geht Ich Wer ist das [606]

Die zitierten Anfangsverse illustrieren die grundsätzliche Fremdheitserfahrung des Individuums in der von Verwertungszwängen bestimmten Gesellschaft, wie sie mit Arthur Rimbauds *Seher*-Brief an Paul Demeny – „Denn Ich ist ein anderer" – zum Topos der literarischen Moderne geworden ist.[607] Die moderne Gesellschaft gerät mit all ihren politischen Konstellationen zur autoritären Gewaltgesellschaft, in der das *Ich* keine Existenzmöglichkeit findet und darum sich selber fremd wird: „Ich Wer ist das" (Vers 3). Die Auslöschung und das Scheitern des schreibenden, sprechenden Ich machen zusammenhängende, in sich ge-

---

[599] Ders.: Herzstück. Berlin 1983, S. 9ff.
[600] Ders.: Mauser. Berlin 1978, S. 89ff.
[601] Ders.: Herzstück. Berlin 1983, S. 91ff.
[602] Ders.: Shakespeare Factory 1. Berlin 1985, S. 7ff.
[603] Norbert O. Eke: Heiner Müller. Apokalypse und Utopie. Paderborn u. a. 1989, S. 216.
[604] Maier-Schaeffer, a.a.O., S. 368.
[605] Müller: Herzstück, a.a.O., S. 98ff.
[606] Ebd., S. 98.
[607] Arthur Rimbaud: Gedichte. Französisch und deutsch. Herausgegeben und mit einem Essay von Karlheinz Barck. Leipzig 1991, S. 153-158, hier: S. 154.

schlossene Texte unmöglich. Im vorliegenden Zitat ist der Verweis auf Rimbaud über die Krisenhaftigkeit des gegenwärtigen Zustands zusätzlich radikalisiert worden. So fehlt im gesamten Text jegliche Interpunktion und somit gibt es auch keine abgeschlossenen Sätze. Die Verse ebenso wie ihre möglichen Bedeutungen fließen ineinander über. Der Text verweigert, so Eke, eindeutige „Orientierungs- und Haltepunkte", „die eine konkrete Geschichtszeit und Wirklichkeitswelt"[608] erschließbar machte. Zur einzigen Konstante im Text gerät der permanente Verweis auf geschichtliche Katastrophen und auf den Tod als letzte Niederlage des ausgelöschten Ich:

Das Theater meines Todes

War eröffnet als ich zwischen den Bergen stand

[...]

Und Schüsse knallten in meine torkelnde Flucht

Ich spürte MEIN Blut aus MEINEN Adern treten

Und MEINEN Leib verwandeln in die Landschaft

MEINES Todes

IN DEN RÜCKEN DAS SCHWEIN

Der Rest ist Lyrik Wer hat bessre Zähne

Das Blut oder der Stein [609]

Noch einmal gerät in diesen letzten Versen von *Landschaft mit Argonauten* in den Blick, wie radikal die Wirklichkeit die Utopie verabschiedet hat. So

> reflektiert der Text mit dem Tod des Ich im Kugelhagel einer im Gewand des technischen Fortschritts wiederkehrenden mythologischen Gewalt zugleich auch den Schiffbruch engagierter Kunst im allgemeinen und des Theaters im besonderen.[610]

Ekes Lesart des Textes muss um den Hinweis ergänzt werden, dass mit der Nennung der Gefährten und der Großmütter im Textgefüge auch das Leiden der vergessenen Opfer mitbedacht ist, ein permanent nachzuweisendes Grundmotiv in Müllers Werken, das in den *synthetischen Fragmenten* laufend aktualisiert wiederkehrt. Erst im Moment des Sterbens erfährt das *Ich* seine von den geschichtlichen Katastrophen gewaltsam unterdrückte Individualität: „Ich spürte MEIN Blut aus MEINEN Adern treten/ Und meinen Leib verwandeln in die Landschaft/ MEINES Todes."

---

[608] Norbert Otto Eke: Heiner Müller. Apokalypse und Utopie, a.a.O., S. 216.

[609] Müller: Herzstück, a.a.O., S. 101. Ein nachgelassener Dramentext von Nelly Sachs ist überschrieben: *Der Stein und das Blut. Ein Albtraumspiel von den Überlebenden.* Vgl. dazu Kapitel 9.3.1. [Hervorh. im Original]

[610] Norbert Otto Eke: Heiner Müller. Apokalypse und Utopie, a.a.O., S. 223.

Die abschließende Verswendung formuliert keine ideologisch konnotierte Frage, sondern verwendet offene, ambivalente Metaphern. „Das Blut oder der Stein" verweist auf eine Wahlmöglichkeit, die zeigt, dass der geschichtliche Prozess nicht notwendig unaufhaltbar ist. Die dilemmatische Situation verrät aber nicht, ob die Metaphern für geschichtliche Dynamik oder Stagnation stehen. Oder ob die Verse auf Gewalt verweisen und Stein darin den Ort geduldigen Verharrens markiert, an dem die utopische Geschichte auf den Moment der Realisierung wartet, wie Müller schon einmal voller Optimismus in einem Gedicht aus den fünfziger Jahren, *Der glücklose Engel*, in semantischer Nähe zu Benjamin schreibt:

> [...] Dann schließt sich über ihm der Augenblick: auf dem schnell verschütteten Stehplatz kommt der glücklose Engel zur Ruhe, wartend auf Geschichte in der Versteinerung von Flug Blick Atem. Bis das erneute Rauschen mächtiger Flügelschläge sich in Wellen durch den Stein fortpflanzt und seinen Flug anzeigt. [611]

Müller bindet die Ahnung von einer anderen Wirklichkeit an Produktion von Kunst als Gegenentwurf zur ständigen Wiederkehr des Gleichen. Darum wendet er die bekannte *Hamlet*-Phrase, „Der Rest ist Schweigen"[612] in „Der Rest ist Lyrik" und fordert den kreativ-produktiven Rezipienten auf, diese Frage mitzuentscheiden, wie auch Eke feststellt:

> Nicht die fatalistische Feststellung und Festschreibung der Ohnmacht steht damit am Schluss von Verkommenes Ufer Medeamaterial Landschaft mit Argonauten, sondern die appellativ an das Publikum delegierte Frage nach dem Ausgang der Geschichte, die den Zuschauer in einen Denk- und Entscheidungszwang hineinversetzen soll.

Der Appell in Müllers Text ist einer gegen die eigene Sprachlosigkeit. Mythologische Geschichte und aktuelle Geschichte kollidieren und spannen dabei einen mitzudenkenden Bogen über alle Zeiten hinweg. Im Bewusstwerden der eigenen Ohnmacht liegt die paradoxe Hoffnung des Textes, eine Entscheidung gegen die Gewalt der übermächtigen Herrschenden aller bisherigen Geschichte zu treffen.

---

[611] Heiner Müller: Gedichte. Berlin 1992, S. 48.
[612] Ders.: Shakespeare Factory 2., Berlin 1994, S. 122.

8.4 Ein *synthetisches Fragment:* **Heiner Müllers** *Bruchstück für Luigi Nono*

Zu den szenisch bisher unrealisierten *synthetischen Fragmenten* Heiner Müllers gehört das *Bruchstück für Luigi Nono*, das im Erstdruck mit Ort und Datum seiner Entstehung Milano, 14. September 1985, publiziert ist.[613]

BRUCHSTÜCK FÜR LUIGI NONO

DAS GRAS NOCH

MÜSSEN WIR

AUSREISSEN DAMIT

ES GRÜN BLEIBT

In Auschwitz

Die Nagelspur

Mann über Frau

Über Kind

Die zerbrochnen Gesänge

Der Kirchenchor

Der Maschinengewehre

Gesang

Der zerschnittenen

Stimmbänder Marsyas

Gegen Apoll

Im Steinbruch der Völker

Das Fleisch der Instrumente

---

[613] Wolfgang Storch (Hrsg.): Explosion of a memory. Heiner Müller DDR. Ein Arbeitsbuch. Berlin 1988, S. 177f. Wiederabdruck in: Heiner Müller: Werke 1. Die Gedichte. Hrsg. von Frank Hörnigk, Frankfurt am Main 1998, S. 211. [Hervorh. im Original]

Unerhört

Bereits einer oberflächlichen Betrachtung fallen mehrere Aspekte auf, die den Text als *synthetisches Fragment* im hier skizzierten Sinne charakterisieren. So ist die eigene Formbenennung „Bruchstück" im Titel ein Hinweis auf die fragmentarische, unabgeschlossene Kunstkonzeption und verweist bereits auf den Prozesscharakter des folgenden. Das Textbild wird aus Vers*stücken* gebildet, die zu Gruppen oder einzeln deutlich voneinander getrennt angeordnet sind, aber wiederum durch ihre bildlich-theatrale Züge evozierende, hermetische Metaphernsprache zusammengehalten werden. Thematisch, so der erste Eindruck, handeln die Verse von der ganz konkreten Gewalt und dem Tod in Auschwitz, von deutscher Geschichte und antiker Mythologie. Da all dies innerhalb eines ästhetischen Rahmens geschieht, wird zudem die Frage nach der Rolle der Kunst und der Künstler in solchen Kontexten aufgeworfen. Somit stellt sich hier bereits sehr deutlich der gleiche Spannungskreis dar innerhalb dessen die *mimischen Szenen* von Nelly Sachs sich bewegen, mit dem Unterschied, dass ihre Texte weit mehr auf biblische Legendenstoffe denn auf solche aus der Antike rekurrieren. Datum und Name Luigi Nonos im Titel sind Rezeptionshinweise, die bestimmend sind für die nachfolgende Lesart.

Nono bildet das intertextuelle Scharnier zwischen den Schreibverfahren von Nelly Sachs und Heiner Müller. Offensichtlich wird mit dem Text die Zusammenarbeit Müllers mit Nono an dessen Musiktheaterstück *Prometeo* angesprochen. Heiner Müller wirkt als Sprechstimme, Hölderlin lesend, an der Uraufführung von *Prometeo* am 25. September 1984 in Venedig, San Lorenzo sowie an der ein Jahr später in Mailand (Stabilimenti Ansaldo) als geänderte Fassung aufgeführten Vorstellung mit. Prometeo, so der Musikwissenschaftler Mateo Taibon,

> besteht nicht aus Szenen oder Sätzen oder Teilen im traditionellen Sinn [...], sondern aus Inseln, von denen der Weg erst gesucht werden muß, abgetastet in der [...] Musik aus der Stille, in einer fragmentarischen Struktur, in der jeder einzelne Ton ein Fragment ist [...].[614]

Nonos avantgardistischer Kompositionsstil und Müllers dramatisierbare *Bruchstücke* besitzen also in der gemeinsamen intermedialen Verwendung von Fragmenten (Schrift, Ton) ebenfalls strukturelle Ähnlichkeiten. Die Unabgeschlossenheit und das Synthetische des Werkes lassen viele Rezeptionszugänge offen und schreiben nicht etwa nur einen einzigen vor. Mit der neuen Kompositionsweise geht eine Veränderung in der Dramaturgie Nonos einher, die keine Personen und Rollen mehr besetzt, sondern versucht, durch eine spezielle Architektur der Klangeinrichtung den „Raum" „wie eine *dramatis persona*" zu „füh-

---

[614] Mateo Taibon: Luigi Nono und sein Musiktheater. In: Maske und Kothurn. Beiheft 16. Berlin u. a. 1993, S. 177f.

ren".[615] Das Visuelle mit Ausnahme von Licht wird in diesem Projekt zurückgedrängt, um dem bewussten Hören absoluten Vorrang einzuräumen. Der selten von Tönen begleitete Text ist ebenso wie die Stückstruktur und die Musik eine bewusste Zusammensetzung/Synthetisierung aus Heteronomem, zu dem der Komponist anführt:

> In diesem bevorstehenden Werk, dessen lyrischer Text von Massimo Cacciari stammt, finden wir Aischylos, die griechischen Lyriker, Benjamin, die Philosophie des 16. Jahrhunderts, Hölderlin, Nietzsche. Aber vor allem den Wunsch, den abgestandenen Rationalismus, die abgestandene Wissenschaftlichkeit, die abgestandene Dogmatik zu überwinden.[616]

Nono redet keineswegs dem Irrationalen und der Esoterik das Wort. Im Gegenteil, sieht er doch im Hören (von Musik, Texten usw.) einen Vorgang, der ebenso wie alles andere menschliche Verhalten auch gesellschaftlichen Einflüssen unterliegt. Daher ist seine Intention mit *Prometeo* das Hören radikal zu verändern, gesellschaftspolitisch unterlegt. Dem Rezipienten soll mit dem Werk die „Freiheit seines eigenen Hörens" und die Freiheit über das Gehörte selbstbewusst zu urteilen ermöglicht werden.[617] Programmatisch wird deshalb von Nono die Änderung des stagnierenden gesellschaftspolitischen Zustands angestrebt, aber nicht, um ihn durch einen bloß reformierten zu ersetzen, sondern im Sinne des Festhaltens an der Utopie, an das mögliche „Andere":

> Der Prometeo, [...], ist nicht der Mann, der das Feuer brachte, die Freiheit. Prometheus ist vor allem ein großes Problem: der Wille nach dem Anderen. Die anderen, die Institutionen, wollen das gleich nehmen, blockieren. Aber man muß weiter suchen, irren, vorwärtsgehen; man reist wie auf dem Wasser, ohne Autobahn. Es gibt nur das vielleicht . [...] Ich glaube, daß der Mensch mehr denn je die Möglichkeit und die Fähigkeit besitzt, zu studieren, andere Wege zu öffnen, um den Gipfel zu finden, zu entdecken, die weiter als der Himmel sind, andere Räume, andere Erden, andere Abgründe, andere Phantasien.[618]

Dem hier formulierten Widerspruch zwischen der Realität der verfehlten Geschichte und dem Möglichen in der Geschichte stellt sich Müllers *Bruchstück für Luigi Nono*. Der Text beginnt mit einer vierzeiligen Versgruppe in Großbuchstaben, die ein Zitat aus Müllers Dramentext *Mauser* sind.[619] Darin thematisiert Müller revolutionäre Gewalt als „Beispiel, an dem das aufzusprengende Kontinuum der Normalität demonstriert wird".[620] Die Revolution ist im Gange, aber sie hat noch nicht gesiegt. Die Gesellschaft in *Mauser* ist eine, die an der Schwelle zur utopischen Geschichte der Menschheit steht und aus Angst vor der Gegen-

---

[615] Ebd., S 179. [Hervorh. im Original]
[616] Ebd., S. 180.
[617] Ebd., S. 170.
[618] Ebd., S. 180.
[619] Müller: Mauser, a. a. O.
[620] Ebd., S. 68.

revolution zu den Mitteln brutaler Gewalt greift. Revolutionäre Gewalt wird im Text nicht etwa moralisch verworfen, sondern als notwendige „Arbeit unter anderen" qualifiziert, die „vom Kollektiv organisiert und das Kollektiv organisierend" zum Prozess der Umwälzung gehört.[621] Das *Wir* im Gedicht wäre demnach ein kollektives Subjekt, da jeder, der für die Revolution einsteht, auch verantwortlich ist für die Schrecken, die von ihr ausgehen. Die Gras-Metapher erinnert einerseits an die Taten der Mörder und an die Ohnmacht der Opfer, sie steht andererseits aber auch für die Gefahr der geschichtlichen Regression und das Vergessen. Trotz dieser ambivalenten Kontexte des *Mauser*-Zitates beharrt Heiner Müller 1983 in einem Interview auf dem utopischen Kern seines Stücks. Auf die Behauptung der Journalisten

> Ihre Verräter-Figuren – das extremste Beispiel ist MAUSER – sollen vor der Hinrichtung zu einer Bejahung des eigenen Todes gebracht werden, als ginge es nicht um politische Notwendigkeit, sondern um etwas Sakrales, um einen Opfertod.[622]

antwortet Müller mit Bestimmtheit

> Das sehe ich nicht so. Solange es Universalgeschichte nicht gibt, das heißt, eine globale Chancengleichheit, und das ist für mich Kommunismus – oder anders gesagt: Solange die Freiheit mit der Gleichheit bezahlt wird und umgekehrt, wird es immer wieder Situationen geben, wo Überleben Verrat an den Toten ist und auf der anderen Seite die Bejahung des eigenen Todes eine politische Notwendigkeit. Wenn das utopisch ist umso schlimmer für die Wirklichkeit. Sakral ist das vielleicht für Realpolitiker.[623]

Das Fragment aus *Mauser*, so Müllers Intention, markiert den Prolog zum Eintritt in die humane Geschichte und ist doch gleichzeitig der reale historische Zeitpunkt, an dem die revolutionäre Verlauf stagniert und in Gewalt umschlägt. Nach Genia Schulz' Analyse des Textes ist „der Eingangssatz, wenn man ihn als Parole wahrmacht, nur die Voraussetzung für das, was in der 2. Strophe geschieht".[624] Im folgenden wird zu zeigen sein, das der totalitarimustheoretische Ansatz, aus Müllers Werk Belege für eine Kausalität 1917 – Auschwitz zu kondensieren, einer genaueren Analyse nicht standhält.

Die auf das *Mauser*-Zitat folgenden vier Verszeilen stehen kommentarlos da. Sie sind Resultat der Spracharbeit Müllers mit verschiedenen Quellen, die Schulz anführt. So verweist sie auf Nonos Komposition *Ricorda cosa ti hanno fatto in Auschwitz* (Gedenke, was sie dir in Auschwitz angetan haben), die zu Pe-

---

[621] Ebd.

[622] Heiner Müller: Gesammelte Irrtümer. Interviews und Gespräche. Frankfurt am Main 1986, S. 130-140, hier S. 133. [Hervorh. im Original]

[623] Ebd.; S. 133f.

[624] Genia Schulz: Die Kunst des Bruchstücks. Über ein Gedicht von Heiner Müller. In: Paul Gerhard Klussmann (Hrsg.): Spiele und Spiegelungen von Schrecken und Tod. Zum Werk von Heiner Müller. Sonderband zum 60. Geburtstag des Dichters. Jahrbuch zur Literatur der DDR. Band 7, Bonn 1990, S. 160.

ter Weiss *Die Ermittlung* entstand[625], sowie auf ein Gedicht von Inge Müller, das dem Themenkomplex Auschwitz mit einem sozialistisch-feministischen Deutungsversuch beizukommen sucht:

In den Gaskammern

Erdacht von Männern

Die alte Hierarchie

Am Boden die Kinder

Die Frauen drauf Und oben sie

Die starken Männer

Freiheit und democracy.[626]

Müller intensiviert das grauenvolle Bild durch Weglassen aller Kontexte, die bei Inge Müller den Versuch einer Erklärung scheitern lassen. So wirkt besonders die anti-amerikanische Brecht-Anleihe „Freiheit und democracy" deplaziert[627], als ob Inge Müller nicht wüßte, wer und was für Auschwitz verantwortlich ist. Den reduzierten Versen ist anzumerken, dass sie das Äußerste an zulässigem Wortmaterial verwenden, bleibt doch der Versuch zumindest fragwürdig, dem, was Auschwitz bedeutet, eine ästhetische Form geben zu wollen. Müller, der Auschwitz gesehen hat, kennt die bleibenden Zeichen der Opfer, die für jeden, der das will, lesbar sind: „Wie grüßt man die Schönheit, wenn man auf der Netzhaut die Nagelspur an den Wänden der Gaskammern trägt. Mann über Frau über Kind."[628] Die Spuren des millionenfachen Mordens haben sich in die Netzhaut des Betrachters gegraben, und bei allem, was er künftig erblickt, liest er die Zeichen der Toten mit. Daraus leitet Müller eine basale Forderung nicht nur für die Kunst ab: „Die Grundfrage des Jahrhunderts ist es, eine Alternative zu Auschwitz zu finden."[629]

Die „zerbrochenen Gesänge" können in diesem Sinne als alle ästhetischen Versuche gedeutet werden, die notwendig an der Realität des Holocaust scheitern. Hölderlins Dichtung beispielsweise steht paradigmatisch für die Sehnsucht nach der Machbarkeit erfüllter Kunst. In seiner Kurzode *An die Parzen* kann er daher hoffend bitten

Nur einen Sommer gönnt, ihr Gewaltigen!

---

[625] Ebd., S. 161.
[626] Ebd., S. 162.
[627] BB, Bd. 10: Gedichte 3, S. 943ff.
[628] Wolfgang Storch: Explosion of a memory, a.a.O, S. 180.
[629] Heiner Müller: Gesammelte Irrtümer 2. Interviews und Gespräche. Frankfurt am Main 1990, S. 161.

Und einen Herbst zu reifem Gesange mir, [...][630]

Angesichts des katastrophischen Geschichtsverlaufs verbietet sich ein solches Sehnen von selbst. Es würde zwangsläufig scheitern, weil es alle Opfer denunzierte. Müllers Vers zitiert ein frühes und von Nelly Sachs als Vorbild angesehenes Werk Nonos, das oben bereits kommentierte *Il canto sospeso* (Die zerbrochenen Gesänge). Dadurch lässt der Vers eine durchaus konkrete Lesart zu. Claude Lanzmanns beispielloser Dokumentarfilm *Shoah* erscheint 1985, im selben Jahr also, in dem Müllers Text entsteht. Überlebende der KZ schildern u. a., wie sie zur Arbeit in den Gaskammern gepresst wurden, um dort die Leichen der Ermordeten zu beseitigen: „[...] Kinder und schwächere Menschen, ältere Menschen, die lagen unten. Und die kräftigsten, die waren oben."[631] Filip Müller, ein tschechischer Jude und Überlebender der fünf Liquidationen des Sonderkommandos Auschwitz, schildert in Shoah, wie die SS verschleppte tschechische Juden mit Knüppelschlägen zwingen will, sich im Auskleideraum der Gaskammern auszuziehen. Waren Juden unter der Naziherrschaft immer unmittelbar tödlichen Bedrohungen ausgesetzt, so fingen die sich weigernden Menschen nun unter den Schlägen an zu singen, wie Filip Müller, der ihre Leichen später aus den Gaskammern holte, berichtet:

> Die Mehrheit, die haben, die haben nicht diesen Befehl gef ... befolgt. Und plötzlich hörte ich, wie ein Chor fängt ... fängt an, wie ein Chor fängen an sich singen. Ein Gesang verbreitete sich in dem Auskleideraum, und da fingen an zu klingen, sich singen die tschechische Nationalhymne und die Hatikwa.[632]

Angesichts dieser Tatsachen zeugt das Satzfragment von Müllers bewusst eingestandenem Scheitern, den Schrecken in abgeschlossenen Versen zu verhandeln. Die bewusste Offenheit zwingt jeden Rezipienten zur eigenständigen Sinnunterlegung. „Der Kirchenchor/Der Maschinengewehre" evoziert, laut Schulz, ein Werk Nonos über Malcom X (*Contrappunto dialettico alla mente*), der einem Mordanschlag zum Opfer fiel.[633] Beiden Versen fehlt eine Prädikation, und das Versgefüge bekommt etwas Momentanes, Assoziatives, das durch Andeutungen den Rezipienten fordert.

Die säkularisierte Kirche als Ort der Aufführung ist in seiner ursprünglichen Funktion nicht nur ein Ort des Gebetes gewesen, sondern auch ein Ort, an dem die zu überwindenden gesellschaftlichen Gegebenheiten gerechtfertigt, gefestigt und damit reproduziert werden. Dies macht Kirchen zu Orten der Legitimation von Gewalt gegen alle Versuche, den Geschichtsverlauf zu ändern. Das Sakrale wird in solcher Lesart insgesamt als Hindernis bei dem Bemühen um eine

---

[630] Friedrich Hölderlin: Sämtliche Werke. Große Stuttgarter Ausgabe. Hrsg. v. Friedrich Beissner. Stuttgart 1946ff. Bd. 1: Gedichte bis 1800, S. 241, Vers 1,2.

[631] Claude Lanzmann: Shoah. Vorwort von Simone de Beauvoir. Ungekürzte Ausgabe. München 1988, S. 170.

[632] Ebd., S. 219.

[633] Schulz, a.a.O., S. 164.

humane Gesellschaft verstanden. Es ist durchaus möglich, dass hier Erlebtes im fiktionalen Text verarbeitet wird, dass z. B. eine (elektronisch erzeugte) Tonfolge aus Nonos Werk zur Maschinengewehr-Assoziaton geführt hat. So hätte sich das künstlerische Konzept Nonos der kollektiven, kreativen Hörerschaft direkt und produktiv im Gedicht ausgewirkt, hätte Musik sich wortwörtlich in Text verwandelt, ein Ideal, das Nono im inversen Sinne im *canto sospeso* umgesetzt hat. Gesang spielt eine außerordentlich wichtige Rolle im *Bruchstück*, denn in der folgenden fünfzeiligen Strophe kehrt dieser Topos erneut leitmotivisch wieder. Ebenso wird Müllers Affinität zu antiken Stoffen deutlich, indem hier der *Marsyas-Apoll*-Mythos anklingt: *Marsyas* beherrscht so vollkommen die von *Athene* gefertigte und dann verschwundene Doppelflöte, dass er *Apollon* zu einem Wettstreit herausfordert. Der selbstbewusste *Marsyas* verliert durch einen Trick gegen den Gott mit der Leier. Der Gewinner, so die Abmachung vor dem Vergleich, könne mit dem Verlierer nach Belieben verfahren: *Apollon* hängt *Marsyas* an eine Pinie und zieht ihm die Haut ab.[634]

Müller verwendet antike Stoffe und Mythen stets, um das Modellhafte an ihnen herauszuarbeiten, denn mythische Texte tradieren „sehr frühe Formulierungen kollektiver Erfahrungen".[635] Im gleichen Sinne verfährt Sachs mit den biblischen Legenden. Im Kontext des lyrischen Textes wird der Mythos zum Beispiel bewusster Auflehnung gegen die Mächtigen umgedeutet, wo das gescheiterte, betrogene Opfer noch unter der Folter den Gott durch Gesang an dessen Niederlage erinnert. Die exemplarische Klage des Ohnmächtigen, der „Gesang/Der zerschnittenen/Stimmbänder Marsyas" entlarvt die übermächtigen Kräfte des Gottes als bezwingbar und verweist so auf eine andere Möglichkeit von Geschichte. Im „Steinbruch der Völker" wird der Klagegesang vielleicht gehört, das Gedicht lässt darüber keinen Schluss zu, aber dass er keine Wirkung zeitigt – also nicht zum Grund für die Menschen wird, die Verfasstheit der herrschenden Welt in Frage zu stellen – ist der katastrophalen Wirklichkeit abzulesen. Im Vers selbst steckt das Warum dieser Wirkungslosigkeit: „Der Steinbruch der Völker" ist der Ort, an dem Menschen zu Völkern, zu *Material*, auseinandergebrochen werden, und diese Fragmente der Gattung sind unterdrückbar, können gegeneinander gehetzt und nach ihrem Marktwert eingeteilt werden. Deshalb lautet für Müller das Resultat aus Geschichte: „Selektion ist das Prinzip, nach dem überall in der Welt verfahren wird: in der Industrie, in der Ökonomie, in der Politik."[636] Im singulären Zusammenwirken von Industrie, Ökonomie, Politik und Bevölkerung erfuhr das Prinzip der Selektion in Auschwitz seine „konsequenteste Ausformung".[637]

Die drei letzten Verse greifen die Kompositionstechnik Nonos sowie die Thematik des *Prometeo*-Stückes auf:

---

[634] Michael Grant, John Hazel: Lexikon der antiken Mythen und Gestalten. München 1992, S. 237.

[635] Müller: Gesammelte Irrtümer, a.a.O., S. 149.

[636] Müller: Gesammelte Irrtümer 2, a.a.O., S. 161.

[637] Ebd.

Die Radikalisierung der Ornamentlosigkeit, der musikalischen Kondensa-
tion, der Absage an klangliches Behagen, führt hin zum Schweigen und zur
Erforschung der Stille als musikalischer Urgrund, mit der Aufmerksamkeit
weniger für die Existenz als vielmehr für das Werden, Verwandeln und
Vergehen der Töne, die Nono neu zu entdecken weiß [...] eine Stille, die
sein Schaffen in die Nähe, an die Grenzen des Schweigens gerückt hat.[638]

Den Instrumenten wird von Nono das Fleisch – klangliches Beiwerk für den me-
lodischen Hörgenuss – entfernt, um zum musikalischen Urgrund vorzudringen.
Das gleiche Verfahren wendet Müller literarisch in seinen Texten an. Die Welt
ohne Hammer verweist zusätzlich auf dieses reduzierende Prinzip, ist *Prometeo*
doch als Ergebnis kompositorischer Umorientierung auf dem Klavier erarbeitet
worden:

Bezeichnenderweise wählt Nono für die Komposition gerade jenes In-
strument, das mehr als alle anderen in Tonhöhe und Tonumfang sowie
Toncharakter gebunden ist, bis zur akustischen Unmöglichkeit, einen bereits angeschlagenen und vom Hammer nicht mehr berührten Ton noch zu
beeinflussen.[639]

Der angeführte Vers kann auch als indirektes Zitat der eigenen von Müller dramatisch bearbeiteten *Prometheus*-Thematik gelesen werden.[640] *Hephaistos*
schmiedet den aufsässigen *Prometheus* – er brachte den Menschen heimlich das
Feuer und nahm ihnen ihr Wissen um die Zukunft – auf Geheiß des *Zeus* an eine
Felsspitze am Rande des Weltstroms Okeanos. Die Knechte des *Zeus*, *Krato* und
Bia, beaufsichtigen den Schmied bei seiner Arbeit: „An den Berg nagle, kleid mit
dem Hammer/In sein Kleid ihn."[641] Die Schmerzensschreie des *Prometheus* bleiben, um wieder mit dem Gedicht zu sprechen, „Unerhört":

Seht, was von Göttern ich leid, ein Gott, zertrümmert

Mit solchen Mißhandlungen und gehalten

In die tausendjährige Zeit

In der schmählichen Fessel.

[...]

Das gegenwärtige Leid

Und das kommende schrei ich. Wo wird auftauchen

Meinem Elend die Grenze?[642]

---

[638] Mateo Taibon, a.a.O., S. 173.
[639] Ebd., S. 167. Hervorh. v. Verf.
[640] Heiner Müller : Geschichten aus der Produktion 2. Berlin 1974, S. 27ff.
[641] Ebd., S. 29.
[642] Ebd., S. 30.

Auf ein neues kehrt hier das Motiv der Klage wieder, und es wird deutlich, dass Trauer und Klage das gesamte *Bruchstück* leitmotivisch prägen. Der Wille nach dem Anderen, den Nono, siehe oben, an *Prometheus* festmacht, kann „angesichts soviel oberflächlicher Unterhaltung" nicht mit den tradierten Ausdrucksmitteln im Kunstwerk vermittelt werden, sondern es bedarf der Stille und des Schweigens im *Prometeo*-Stück, um ihn bewusst zu hören:[643]

> Die Lautstärke ist oft an der Schwelle zur Unhörbarkeit und fordert so die Aufmerksamkeit des Hörers. Viele Töne haben an den leisesten Stellen einen nicht präzisierbaren Eintritt oder Austritt aus dem Raum ... Kein Anfang kein Ende ...[644]

8.5 (Unbewusste) Intertextualitäten in den Poetiken von Nelly Sachs und Heiner Müller

Heiner Müllers dramatisierbarer lyrischer Text *Bruchstück für Luigi Nono* ist eine Aufforderung zu umfassender kollektiver Koproduktion an ein sehendes, lesendes, hörendes und schreibendes Publikum. Die hier zur Diskussion gestellte knappe, begrifflich orientierte Lesart belegt, dass der Text eine Synthetisierung aus Trümmern der verfehlten Geschichte ist und wiederum selbst Fragment bleibt. Eindringlich erinnern die Verse an die jahrhundertelange Kette der Zerstörungen und Niederlagen der Menschheit, die bis in unsere Gegenwart reicht und wirkt. Müllers *Bruchstück* attackiert daher den Gedanken des Fortschritts und überführt die Ideologien ihrer Schuld am Verrat gegen das Individuum. Militanz und Gewalt sind immer noch, allen Erfahrungen und allem Wissen zum Trotz, hervorstechende Merkmale der Geschichte. Die Form des Textes macht dies an der Gebrochenheit der Verse ablesbar. Auch Nonos Musiktheaterstück *Prometeo* besteht wie erwähnt aus einer fragmentarisierten Form, die noch eine weitere strukturelle Ähnlichkeit mit Müllers Text besitzt. So verdeutlichen die Zeilenabstände zwischen den einzelnen Versgruppen nicht nur den Fragmentcharakter des Ganzen, sondern sie zwingen den Rezipienten auch zum Innehalten zwischen den Textbrocken und verweisen so auf die Reflexion des Gelesenen. Bei Nono sind extrem lange Pausen zwischen den akustischen Eindrücken „über das stilistische Merkmal hinaus, ein gezielt eingesetztes Mittel der Hörerbeanspruchung".[645] In Müllers Arbeit sind sie wohldurchdachtes Mittel, den Rezeptionsvorgang zu fragmentarisieren: „Die Bühnenzeit [Lektürezeit; d. Vf.] ist eine andere Zeit als die reale oder scheinbar reale Zeit."[646] Der Text erreicht, ohne einen Gedanken zu Ende zu formulieren oder ihn in eindeutige Sinnzusammenhänge zu stellen, die reflexive Überfrachtung beim Publikum, und diese wird konstitutives Merkmal für die dramaturgische Konzeption des *synthetischen Fragments*. Bewusst zerstört die Gattungsgrenzen sprengende Form Gewohnhei-

---

[643] Mateo Taibon, a.a.O., S. 170.

[644] Ebd., S. 179.

[645] Ebd., S. 169.

[646] Heiner Müller: Krieg ohne Schlacht. Leben in zwei Diktaturen. Eine Autobiographie. Erweiterte Neuausgabe. Köln 1994, S. 332.

ten und Sicherheiten tradierter ästhetischer Anschauung. Hinzu kommt, dass die Dramaturgie des synthetischen Fragments im *Bruchstück* tradierte Theaterkonzepte der Rollenbindung an Figuren/Ensemble verändert und Stimmen und Geräusche zu *dramatis personae* macht. Das bekannte Bühnenspiel wird zugunsten des Hör- und Gedankendramas überwunden. Der Mittelteil des Textes (Vers 9 bis Vers 16) kann ganz in diesem Sinne sogar deutlich – „Die zerbrochnen Gesänge" – als dramaturgische Anweisung, Einsatzzeichen für Musiker/Vokalsolisten verstanden und szenisch umgesetzt werden. Damit wird eine Selbstauskunft über die prinzipielle Machtlosigkeit ästhetischer Sprache überhaupt getroffen, die als freizulegende Spuren literarischer Texte dem Bruchstück eingeschrieben wurde.

In der Schlussnotiz von Ekes überzeugender Monographie über den apokalyptischen und utopischen Gehalt in Müllers Werk wird eine vielsagende, unpublizierte Textvariante aus Müllers Inszenierungsanmerkungen zu einem anderen Drama, *Verkommenes Ufer Medeamaterial Landschaft mit Argonauten*, wiedergegeben.[647] Mit Bestimmtheit äußert Müller sich hier über die funktionale Notwendigkeit der „Thematisierung des Negativen der Katastrophen und des Untergangs" im Kontext des dramatisierbaren lyrischen Knotenpunktes *Landschaft mit Argonauten*. Um die grundsätzliche Relevanz von Müllers Äußerung für den dramatisierbaren lyrischen Text herauszustreichen, ersetzt das folgende Zitat den Stücktitel *Landschaft mit Argonauten* durch *Bruchstück für Luigi Nono*:

> Wie MAUSER eine Gesellschaft der Grenzüberschreitung, in der ein zum Tod Verurteilter seinen wirklichen Tod auf der Bühne zur kollektiven Erfahrung machen kann, setzt das BRUCHSTÜCK FÜR LUIGI NONO die Katastrophen voraus, an denen die Menschheit arbeitet. *Der Beitrag des Theaters zu seiner Verhinderung kann nur ihre Darstellung sein.*[648]

Die Darstellung der Leiden und Demütigungen des Individuums erreicht im *Bruchstück* die allgegenwärtige Klage und Trauer der unzähligen Opfer verfehlter Geschichte. Sie fällt dem Dichter wie auch dem Publikum permanent ins Wort und treibt die Gedankengänge ruhelos hin und her. Soll die Verhinderung der Katastrophen durch einen künstlerischen Beitrag vorangetrieben werden, der alle vorgenannten Aspekte des *synthetischen Fragments* umfasst, dann wird mit Recht wie Eke schreibt, „die Klage eine Funktion der Hoffnung, die Trauer eine der Utopie."[649] Das Bruchstück belässt mit dem ungewissen Ausblick – „Unerhört" – dieser Beschreibung des Anderen utopisches Denken in der Vorstellbarkeit derer, die Müllers und Nonos Angebote zur Koproduktion kritisch-bewusst übernehmen und gegen einen reglementierten Begriff von Kunst arbeiten. Denn, so Müller:

---

[647] Norbert O. Eke: Heiner Müller. Apokalypse und Utopie. Paderborn u. a. 1989, S. 276.
[648] Ebd., vgl. auch Heiner Müller: Herzstück, a.a.O., S. 101. [Hervorh. im Original]
[649] Ebd., S. 275.

Literatur ist auf jeden Fall so etwas wie Gedächtnis – und zwar auch Erinnerung an die Zukunft, also Erinnerung an etwas, das noch nicht existiert oder existiert hat.[650]

Auch mit dieser poetologischen Aussage überschneiden sich Müllers *synthetische Fragmente* (unbewusst) ihrem Sinn und ihrer Form nach mit der fragmentarischen intermedialen Konzeption der *mimischen Szenen* von Nelly Sachs. Theater *als* Musik, *als* Mimus, *als* Wort, synthetisieren gemeinsam die Aufgabe der Erinnerung, wobei es Musikalisierung ist, die Klanghandlung, welche das „Aliud gegenüber dem dramatischen Theater am schlagendsten manifestiert."[651] Das Glück ihrer dramatischen Inkohärenz liegt im gelungenen Moment, nämlich genau dann, wenn die gefügte triadische Struktur in einem Moment von Wahrheit aufgeht (und sofort wieder zerbricht).

---

[650] Heiner Müller: Gesammelte Irrtümer 2, a.a.O., S. 148.
[651] Lehmann, S. 158.

9. Unveröffentlichte Szenen

Dass Nelly Sachs' künstlerisches Bemühen, Gültiges für das moderne deutschsprachige Theater nach der Veröffentlichung ihrer gesammelten Dramen von 1962 zu schreiben, bis kurz vor ihrem Tod 1970 nicht nachgelassen hat, ist eine vielbezeugte, jedoch von der Literaturwissenschaft wenig beachtete Tatsache. So bezeugen etwa engste Freunde und Bekannte ihr produktives Arbeiten an Dramentexten, darunter auch Rose Wosk[652], die langjährige, ihr freundschaftlich verbundene Nachbarin und enge Mitarbeiterin von Nelly Sachs. Zwar kann sich Wosk an keinerlei konkrete Dramenprojekte, Titel o. ä. für die Zeit nach 1962 erinnern, jedoch hält sie die Konzeption neuer Stücke für sehr stark wahrscheinlich.[653] Zudem lassen sich nach der Lektüre der publizierten Korrespondenz noch für das Jahr 1968 dramatische Arbeiten belegen.[654] Eine spätere und aussagekräftigere Belegstelle als diese findet sich in einem der unpublizierten Briefen an Hans Magnus Enzensberger vom 1. Februar 1968, in welchem sie ausführt:

> Ob man sich noch einm[a]l im Theater an die Dinge traut weiß ich nicht. Da und dort versucht man auf Experimentbühnen[.] unser[en] Zukunftstraum mit Mimus den ganzen Menschen sprechen zu lassen. [...] Die Welt sieht furchtbar aus und ich bemühe mich in einer kleinen Scene ein großes Warum aufleuchten zu lassen. Ich kann in den Nächten nur noch die zerfetzte Menschheit sehen.[655]

Parallel zur produktiven Arbeit an neuen Stücken verfolgt Sachs intensiv wie immer jede Beschäftigung Dritter mit ihren Texten. Dabei handelt es sich eben keineswegs um ein bloß passives, wohlwollendes Zurkenntnisnehmen der (spärlichen) Realisation auf dem Theater, sondern sie koprojektiert ihre Dramen für das modernste, mit der Bühne konkurrierende Medium der Zeit: das Fernsehen. So berichtet sie dem Suhrkamp Herausgeber Unseld im Frühjahr 1969 mit spürbar ungebrochenem Enthusiasmus und Engagement von dem Projekt einer Fernsehbearbeitung des *Magischen Tänzers* durch den schwedischen Komponisten Ingvar Lidholm:

> Lieber Siegfried, nun war ich gestern endlich mit Ingvar Liedholm[!] zusammen. Es war ein großes Erlebnis. [...] Gleich zuerst: ich bin mit dem Componisten vollkommen einig. [...] Er wird mein Wort deutlich hervortreten lassen und jede Rücksicht darauf nehmen denn er liebt den Text und er ist ein großer Kenner moderner Dichtung. Ich sagte ihm auch daß der Verlag und ich soviele schlechte Erfahrungen gemacht haben mit dem komponieren[!] meiner Dichtungen daß wir ängstlich geworden sind. Ich habe absolutes Vertrauen zu ihm und habe von ganzem Herzen meine Zustimmung gegeben. Es wird etwas ganz besonderes im internationalen Maßstock[!] werden. Man wird die besten Persönlichkeiten als Regisseur,

---

[652] Vgl. Fritsch-Vivié, S. 112f.
[653] Gespräch mit Rose Wosk in Stockholm am 25.11.2000, Gedächtnisprotokoll.
[654] Briefe, S. 314.
[655] L 90:2 Brev från Nelly Sachs E-I. [Orthographie und Interpunktion im Original]

Produzent, Photograph nehmen und im Ausland sich überall umsehn, so das dieses Experiment mit den vielen Verwandlungen glückt. Liedholm[!] hatte zuerst die Idé[!] mit dem Theater aber das Visionäre wird besser im TV zur Geltung kommen meint er nun und ich glaube es auch. Hier kommt wirklich diesmal eine goße Zusammenarbeit hoffentlich zustande. Liedholm[!] ist ja international anerkannt als einer der führenden unter den modernen Komponisten unserer Zeit und wir werden immer in Zusammenarbeit bleiben. Das hätte ich ja früher niemals.[656]

Der Komponist Lidholm, der bereits 1967 mit der Fernsehoper *Holländarn* (*Der Holländer* nach August Strindberg) musikdramaturgisches Neuland betritt, fügt sich konsequent in die Reihe der von Sachs präferierten modernen avantgardistischen Musiker von Boulez über Nono bis Holliger ein und belegt damit erneut den anspruchsvollen intermedialen künstlerischen Kontext, in den sie ihre Werke selbstbewusst verortet wissen will.[657] Die Internationalität der Produktion sowie die Hoffnung, endlich von einem großen Publikum als Dramenautorin die bisher ausgebliebene Beachtung zu finden, stehen zudem für ihren Impuls, nie beim künstlerisch Erreichten zu verharren, sondern stets das Erarbeiten einer kollektiven Hoffnung weiterzutreiben. Darüber, dass diese künstlerische Intention über 1962 hinaus nicht nur auf lyrisches Gebiet beschränkt bleibt, geben die folgenden Ausführungen (notwendig zu kurze) Auskunft in der Hoffnung, diesen bisher unbetrachteten Beitrag zur modernen deutschsprachigen Dramatik in die (literatur-)wissenschaftliche Diskussion einzubringen.

9.1 *Nelly Sachs: Manuskript Dramer.* Der dramatische Nachlass in der Kungliga Biblioteket, Stockholm

Die hier vorgestellten Texte bilden den dramatischen (Teil-)Nachlass von Nelly Sachs, wie er Ende November 2000 in Archivboxen der Kungliga Biblioteket, Stockholm unter den Signaturen *Nelly Sachs—Manuskript: Dramer L 90:5:6* und *Nelly Sachs—Manuskript: Dramer: Das Haar L 90:5:7* vorliegt. Da Nelly Sachs für die Reinschriften ihrer Arbeiten vorwiegend die Schreibmaschine verwendet hat, bestehen die archivierten Textträger bis auf wenige Ausnahmen aus A4 Typoskripten auf Durchschlagpapier. Originale Typoskripte als Druckvorlagen befinden sich, zumindest was die publizierten Dramen betrifft, u. a. im Archiv des Suhrkamp Verlages Frankfurt.[658] Über den Verbleib der unpublizierten Originaltyposkripte konnte bisher nichts Belastbares ermittelt werden. Erste handschriftliche Entwürfe und Überarbeitungen sowie frühe Manuskriptfassungen ihrer publizierten Projekte finden sich in der Kungliga Biblioteket mit Ausnah-

---

[656] L 90:2 Brev från Nelly Sachs R-Su. [Orthographie und Interpunktion im Original]

[657] Vgl. dazu: Nelly Sachs: Den magiska dansaren. Försök till en utbrytning för två människor och två marionetter. Med: Första skiss till Den magiske dansaren för TV. http://www.muslib.se/hand/fort/lidholm_wallner.htm. Rezeptionszeugnisse oder ein Sendetermin konnten nicht ermittelt werden.

[658] Die Stadt- und Landesbibliothek, Dortmund verwahrt einen Teilbestand des Nachlasses, darunter u. a. umfangreiche Materialien zum *Eli*-Komplex.

me z. B. des *Merlin*-Konvolutes selten. Für zukünftige fundierte textgenetische Aussagen wären frühe konzeptionelle Textstufen jedoch unverzichtbar.

Angesichts von Fülle und Verweisvielfalt des nachgelassenen Materials wird es die komplizierte wie komplexe Aufgabe der Editoren einer zukünftigen historisch-kritischen Ausgabe der Texte sein, ausführliche abschließende Erläuterungen über Sachs' Arbeitsweise, zur Textüberlieferung, zur Textgrundlage und -konstitution zu finden. Zur Genese der Texte und ihrer Varianten im Kontext ihrer Entstehungsgeschichte kann an diesem Ort selbstverständlich nur heuristisch und deskriptiv-propädeutisch eingegangen werden. Auch bedingt die bloße Anzahl der Projekte, dass nur auf einige Aspekte der unpubliziert gebliebenen Dramenprojekte kommentierend eingegangen werden kann.

Wie nach der bloßen Aufzählung der aufbewahrten Texte ersichtlich werden wird, ist die Archivlage der vorgefundenen Dramentexte, gerade was die Problematik ihrer chronologischen Anordnung betrifft, äußerst schwierig. Dies ist besonders zu bedauern, da eine Chronologie der dramatischen Projekte nach 1962 einen aufschlussreichen Einblick über die stoffliche und formale Gesamtbewegung des dichterischen Schaffens von Nelly Sachs gewähren würde (vorausgesetzt es existierten keine weiteren bisher unbekannt gebliebenen Texte). Bahr, der als erster auf die Existenz der hier zu diskutierenden Dramen aufmerksam macht, zählt zur Textgruppe nach 1962, ohne sein Urteil jedoch näher zu verifizieren, folgende Projekte in zeitlicher Abfolge: *Unsichtbare Arbeit und Zwei unruhvolle Ballette, Die Raupe, Schreckliches Abendrot, Eisgrab oder Wo Schweigen spricht* und zuletzt *Ein Traumballett wird gemimt.*[659] Dinesen dagegen gibt beispielsweise für die wahrscheinliche Entstehungszeit von *Der große Anonyme* das Jahr 1964 an.[660] Korrespondenzen zu Fragen der Datierung ergaben keine befriedigende Auskunft. So antwortet Prof. Bahr auf Anfrage, dass er während seines Archivaufenthaltes in Stockholm bedauerlicherweise zu kurze Zeit mit den nachgelassenen Dramenprojekten verbrachte.[661] Margarete und Bengt Holmqvist, mit denen Sachs seit den sechziger Jahren ein fast als familiär zu bezeichnendes Verhältnis pflegte und die außerdem als Herausgeber für Sachs tätig waren, sehen sich ebenfalls außerstande, genauere Informationen zu den in Frage stehenden Aspekten beizutragen:

> [my wife and I], are completely unable to answer your questions about the chronology of unpublished texts and fragments in the Nelly Sachs archive. She was always busy with varying projects, but avoided reference to specific subjects while they were under treatment (or had been abandoned). [...] Consequently, we do not know more about these things than any student devoting himself to the material.[662]

---

[659] Bahr, S. 128.
[660] Dinesen, S. 78.
[661] Email vom 6. Juli 2001 an den Vf.
[662] Brief vom 01. August 2001 an den Vf.

Bahr wie auch die Holmqvists verweisen jedoch auf die Sachs Biographin Ruth Dinesen als kompetenteste Ansprechperson in Fragen des Gesamtwerkes. Auf die Frage nach einer Chronologie der vorliegenden Texte, antwortet sie:

> Meine unmittelbare Reaktion darauf: das ist nicht mehr möglich! Oder etwas freundlicher ausgedrückt: über eine mögliche Entstehungszeit liesse sich nur über Textanalysen und immer nur annähernd urteilen. Nelly Sachs hat ihre Arbeiten nicht datiert, sie hat bestimmte Themen immer wieder aufgenommen (Merlin z.B.) [...]. Da sie aber in ihren letzten Schaffensjahren wiederholt um Beiträge für Anthologien und Zeitschriften angegangen wurde, kann man wohl davon ausgehen, daß was unpubliziert blieb, eben sehr spät in ihrem Leben entstanden sei.[663]

Dinesens Antwort lässt die Fülle der Arbeit erahnen, welche auf eine Sachs-Philologie wartet. Mit einbedacht werden müsste ebenfalls immer, dass die von Sachs' Hand vorgenommenen Datierungen (tatsächlich finden sich solche auf einigen der hier vorgestellten Textträger) nicht in jedem Fall verlässlich sind. Dies konnte bereits bei der Diskussion der Datierungsfrage im *Eli*-Kapitel nachgewiesen werden. Somit wird zusätzlich die wichtige Frage einer Rezeptionssteuerung seitens der Autorin implizit virulent, was der wissenschaftlichen Argumentation zur reinen Faktenlage ein bleibendes, vermutlich unauflösbares Restmoment an Spekulation beiseitestellt.

9.2 Deskription unpublizierter dramatischer Projekte

In Archivbox *L 90:5:7* findet sich ein umfangreiches mehrteiliges Textkonvolut, welches in seiner Gesamtheit das Ende April 1951 fertiggestellte, jedoch unpubliziert gebliebene Großdrama *Das Haar* bildet. Dem Konvolut ist ein Vorblatt mit dem handschriftlichen Titel *Das Haar/Spiel um die Mitternacht* vorangestellt. Darauf folgt ein Blatt mit der maschinenschriftlichen Aufzählung der Personen im *Vorspiel*, der Personen im *Marionettenspiel* und der Personen im *Drama der Seelen*. Das *Vorspiel* ist *Die Wurzel* übertitelt und umfasst auf 17 maschinenschriftlichen Seiten 4 Szenenbilder. Figurentableau und Thematik lassen erkennen, dass es sich hierbei um eine frühe Fassung des späteren Dramas *Abram im Salz* handelt, von dem Sachs erstmals 1952 als eigenständiges Werk sprechen wird. Der erste Akt des Dramas ist als Marionettenspiel konzipiert und *Der Baum aus Asche* übertitelt. Er umfasst in 5 Bildern die Seiten 19-35. Es folgen im zweiten Akt – *Opfer der Opfer* betitelt – 3 Szenen. Der dritte Akt ist *Hier sind die Rosen schwarz geworden aber Dort?*[664] überschrieben. Handschriftlich ist dem Titel noch eine Ergänzung hinzugefügt worden, welche lautet: *oder ein Gedächtnis muss sammeln in der Angst*. Des weiteren sind zwei handschriftliche Motti dem Akt vorangestellt. Einmal heißt es „Die Kraft wird in der Schwäche zur Vollkommenheit" und dann „Die Engel sind[?] stark in[?] den Schwachen[?]"[665]. Der dritte Akt umfasst in 5 Szenen die Seiten 43-54. Akt zwei und

---

[663] Brief vom 25. Juli 2001 an den Vf.
[664] [Orthographie und Interpunktion hier und im folgenden im Original]
[665] Anmerkungen v. Vf.

drei bilden zusammen das im Personenregister erwähnte *Drama der Seelen*. In späteren Arbeitsphasen zerbricht Nelly Sachs diese Struktur zugunsten zweier eigenständiger Stücke, von denen nur eins, *Nachtwache*, veröffentlicht wird. Das andere, *Der Stein und das Blut* benannt, bleibt unpubliziert.

Archivbox *L 90:5:6* versammelt diverse nachgelassene Texte die in separaten Mappen voneinander getrennt liegen. Ihre Reihenfolge ist jedoch nach keinerlei erkennbaren thematischen, chronologischen oder textgenetischen Systematik angeordnet (dies gilt ebenfalls für die mappeninterne Anordnung der jeweiligen Textträger). Die Mappen werden deshalb im folgenden in der (erkennbar willkürlichen) Reihenfolge ihrer Aufbewahrung vorgestellt.

Mappe I in *Nelly Sachs—Manuskript: Dramer L 90:5:6* versammelt die kompletten Typoskripte von *Abram im Salz* und *Nachtwache* auf Durchschlagpapier in den originalen Druckfassungen. Daneben sind unter der Überschrift *Gedanken über meine dramatischen Versuche*, die später als Anhang von *Zeichen im Sand* beigefügten Anmerkungen von Nelly Sachs vorhanden. Des weiteren befindet sich in der Mappe ein unveröffentlichtes Gedicht mit dem Titel *Zircusscene aus Nachtwache*.

Mappe II beinhaltet das Drama *Der Stein und das Blut. Ein Albtraumspiel von den Überlebenden*. Ein handschriftliches Motto: „Deine Seele ist die ganze Welt/Upanischaden des Samarera[?]"[666] befindet sich auf dem Titelblatt. Es umfasst 25 paginierte Seiten (dazu ein weiters Blatt worauf einige Zusätze zu Seite 16 stehen) mit insgesamt 10 Bildern. Das Manuskript ist insgesamt nur mit wenigen handschriftlichen Anmerkungen versehen, was darauf schließen lässt, dass es aus unbekannten Gründen kurz vor seiner Vollendung liegen geblieben ist.

In Mappe III wird ein Stück in zwei Szenen verwahrt, das 8 paginierte Seiten, worauf einige Unterstreichungen und handschriftliche Hinzufügungen zu erkennen sind, umfasst. Der Titel des Projektes lautet: *Unsichtbare Arbeit und Zwei unruhvolle Ballette*. Vorangestellt ist dem Stück ein Blatt mit *Bemerkungen zur Regie der Dichtung für Wort-Mimus-Musik Unsichtbare Arbeit und Zwei unruhvolle Ballette* in sechs Punkten. Zudem trägt ein beiliegendes DIN A 5 Blatt die handschriftliche Widmung „Margaretchen – Bengt/ meinen Geliebten dieses Nachtstück in Liebe/ von Li/ Stockholm d. 18.8.64". Des weiteren beinhaltet Mappe III ein Titelblatt, *Unsichtbare Arbeit* überschrieben, dem auf zwei paginierten Seiten eine kurze, dreigeteilte dialogische Szene folgt.

Mappe IV enthält eine dialogisch gestaltete *Merlin-Nynianne* Szene und ist daher dem *Merlin*-Komplex zuzurechnen (s. u. *Der große Anonyme*). Die Arbeit umfasst vier Seiten, wovon eine die Seitenzahl 2 trägt.

Mappe V versammelt drei Kürzestdramen: *Nur eine Weltminute* umfasst drei paginierte Seiten mit einigen Anstreichungen und Korrekturen. Diese sind textidentisch mit dem Abdruck in der 1968 von Suhrkamp Verleger Siegfried Unseld besorgten Fragmentsammlung *Aus aufgegebenen Werken*.

---

[666] Anmerkung v. Vf.

Weiterhin befinden sich in Mappe V zwei unpaginierte Seiten die handschriftlich mit *Die Raupe* betitelt sind. Dieses Kürzestdrama scheint, da es lediglich die handschriftliche Korrektur weniger Tippfehler aufweist abgeschlossen. Eine weitere beiliegende kurze Arbeit, *Schreckliches Abendrot* betitelt, scheint ebenfalls druckfertig zu sein. Sie umfasst eine DIN A4 Seite.

Mappe VI enthält das Drama *Simson fällt durch Jahrtausende*.

Mappe VII enthält das Drama *Der magische Tänzer*.

Mappe VIII enthält die publizierte *mimische Szene Verzauberung*. Handschriftlich vermerkt Nelly Sachs auf dem Typoskriptdurchschlag: „Margareta – Bengt/verzeiht daß ich Euch dies [das?] gebe aber es war nur eine Falte in dem furchtbaren Gesicht/ Eure Li/ Ostern 62".

Mappe IX verwahrt das Typoskript von *Beryll sieht in der Nacht*. Die einzige Abweichung zur gedruckten Fassung ist, dass das in dem publizierten Stück vorangestellte Gedicht[667] hier nachträglich handschriftlich mit *Stimme der Nacht* überschrieben wurde Das Exemplar weist zusätzlich die handschriftliche Widmung „für meine geliebten Freund-Geschwister Margareta und Bengt!/Li/Juli 1961" auf.

In Mappe X lagern drei undatierte, paginierte Seiten Typoskriptdurchschlag betitelt *Eisgrab oder Wo Schweigen spricht*. Das Stück ist weder dialogisch noch monologisch aufgebaut, sondern es ähnelt dem ersten Eindruck nach einem längeren Prosagedicht. Nach einer einleitenden Prosapassage, in deren Verlauf das Stück als „Raummärchen ohne anderen Raum" klassifiziert wird, folgen drei durch Absätze voneinander getrennte stark lyrische Passagen. Diese ungewöhnliche Arbeit scheint in ihrer druckfertigen Fassung vorzuliegen.

Mappe XI bewahrt 3 unbetitelte aber paginierte Seiten mit einem dialogisch aufgebauten Stück auf. Als handschriftliche Widmung ist dem Text vorangestellt: „Für meine Familie gefunden in der Nacht! Li Frühling 1962". Der späteren Buchausgabe ist einzig der Titel *Abschieds-Schaukel* hinzugefügt worden.

Sieben paginierte Seiten unter der Überschrift *Ein Traumballett wird gemimt* bilden den Inhalt von Mappe XII. Der Typoskriptdurchschlag weist nur einige wenige handschriftliche Korrekturen von Nelly Sachs auf und scheint somit in einer späten Fassung vorzuliegen. Handschriftlich ist dem Text erläuternd „nach Beckomberga" vorangestellt und damit für den/die Adressaten auf jene Nervenklinik verwiesen, in der Sachs von 1960 bis 1963 diverse monatelange Aufenthalte verbringt.

In Mappe XIII befindet sich ein umfangreicheres Dramenfragment, das *Der große Anonyme. Ein Spiel für Wort Tanz Musik* betitelt ist. Es umfasst 10 paginierte Seiten Typoskriptdurchschlag. Ab Seite 6 häufen sich Streichungen, Ergänzungen, Korrekturen.

Mappe XIV beinhaltet zwei Blatt unpaginierten Typoskriptdurchschlag. Offensichtlich handelt es sich um Vorarbeiten zu zwei unterschiedlichen Dramenprojekten. Ein Blatt ist *Todeszahn zernagt die Zeit/ein Spiel für Marionetten* beti-

---

[667] ZiS, S. 289.

telt, das andere *Offene Türen in der Luft/ein Legendenspiel für Marionetten*. Beide Texte weisen eine große Anzahl handschriftlicher Marginalien und Streichungen auf.

Mappe XV beinhaltet ein umfangreiches Konvolut von verschiedenen Texten zum Motivkomplex *Marja Wolkonskaja* auf verschiedenen Textträgern.[668] Zuerst ein Spiralblock (Typenbezeichnung SV 4L) mit umfangreichen handschriftlichen Vorarbeiten zu einem langen Prosagedicht, von dem Fassungen in zwei unterschiedlichen Textstufen/Varianten vorliegen. Dazu ein dreiseitiges, paginiertes Typoskriptmanuskript mit (lediglich) zwei handschriftlichen Korrekturen sowie eine Seite Typoskriptmanuskript mit der Überschrift *Marja Wolkonskaja*, der eine kurze historische Einordnung des Folgenden vorangestellt ist. Dieses Blatt weist handschriftliche Ergänzungen auf, die in einem späteren Arbeitschritt in das oben erwähnte Gedichttyposkript eingearbeitet sind.

Weiter befinden sich in dieser Mappe zwei Blatt mit je einem kurzen unveröffentlichten handschriftlichen Gedicht, deren maschinenschriftliche Fassung jeweils auf der Rückseite vorliegt. Offenbar sind die Typoskripte von fremder Hand gefertigt, da der Typenanschlag markant kräftiger ausfällt, als es für die sonstigen von Nelly Sachs gefertigten Typoskripte typisch ist.[669] Außerdem sind handschriftliche Hinzufügungen und Korrekturen vorhanden, welche eindeutig nicht der Hand von Nelly Sachs zugeordnet werden können. Vermutlich handelt es sich hierbei um Schreibarbeiten von Dorothee Zimmermann.[670]

Zusätzlich befindet sich in der Mappe eine Prosaarbeit von Nelly Sachs, die neben dem Titelblatt sieben paginierte Seiten Typoskript auf Durchschlagpapier anderer Herkunft als das sonst vorliegende umfasst. Der Titel der Arbeit lautet *Marja Wolkonskaja* (handschriftlich ist *Von Nelly Sachs* dazugesetzt) und ist versehen mit dem Stempel der Stockholmer *litterär agent* Grete Berges. Nach dem Alter des Papiers und vor allem nach Stil und Duktus des Geschriebenen zu urteilen, handelt es sich hierbei um einen sehr frühen Versuch, im schwedischen Exil als Schriftstellerin Fuß zu fassen. In der Mappe finden sich Hinweise darauf, dass Nelly Sachs ihr Werk unter Einbezug einer Adaption des Puschkin Stoffes bearbeitet. Dabei handelt es sich um die Artikelserie *(Die Fürstin) Marja Wolkonskaja* von Paul Barchan, die am 29.-30. Dezember und am 12.-13. Januar 1913 im Berliner Tagblatt veröffentlicht werden.

---

[668] Zu diesem Motivkomplex Bahr, S. 129f. und Dinesen, S. 92 sowie S. 297.

[669] Sachs selbst bestätigt, dass sie zeitweise zu schwach ist, ein lesbares Typoskript anzufertigen. In einem Brief vom 9.3.1968 schreibt Sachs diesbezüglich an den für den französischen Verlag Gallimard tätigen Übersetzer ihrer Werke, Lionel Richard: „Ich sende Ihnen nun meine Bemerkungen einmal auf dem Fragezettel beantwortet und dann, noch deutlicher, auf den beigefügten Notizblättern, die ich sie bitte, mir nach Gebrauch zurückzusenden, denn ich habe jetzt nicht die Kraft, Schreibmaschinendurchschläge zu nehmen, [...]." In: NI, S. 331.

[670] Vgl. Briefe, S. 388.

9.3 Universalisierung und Engführung: Marginalien zu ausgesuchten nachgelassenen Texten

9.3.1 *Der Stein und das Blut. Ein Albtraumspiel von den Überlebenden*

Das Drama *Der Stein und das Blut. Ein Albtraumspiel von den Überlebenden* ist die szenische Visualisierung vergangener und fortwirkender Leiderfahrung. Hauptfiguren des Stückes sind, der Untertitel antizipiert es bereits, den Mördern Entkommene, deren Schicksale in realen und surrealen Handlungszusammenhängen dargestellt werden. Da dieses Drama als Teil des Großdramas *Das Haar*[671] konzipiert wurde, ist es möglich, die Entstehungszeit einzugrenzen ohne jedoch ein exakteres Datum angeben zu können. Dinesen verortet die Entstehungszeit des herausgebrochenen Fragmentes in den Entstehungszeitraum von *Nachtwache*:

> Stilistisch gehört dieses wahrscheinlich fertiggestellte und irgendwie liegen- oder versteckgebliebene Manuskript meiner Meinung nach in die Entstehungszeit von (Eli? und) Nachtwache, das hiesse frühe fünfziger Jahre.[672]

Anhand des Personentableaus fallen sehr deutliche Parallelen zu jenem von *Nachtwache* auf. Heißen dort die vier Hauptpersonen des Stückes *Heinz, Pavel, Rosalie* und *Anila*, so finden sich diese Namen mit Ausnahme von *Rosalie*, die nun *Lili* heißt, gleichlautend (und in fast identischen Rollen) in *Der Stein und das Blut* wieder. Diese erste Beobachtung lässt keine Rückschlüsse darüber zu, in welchem Zeitrahmen – vor, parallel oder nach *Nachtwache* – der hier vorliegende Text entstand. Dass beide Texte jedoch in engster Verwandtschaft zueinander stehen, zeigen die folgenden Ausführungen.

Das erste Bild zeigt die psychisch verwirrte *Anila* in ihrer Trauer um den ermordeten Geliebten *Pavel* sowie um den Tod des Kindes, das sie mit *Heinz*, ihrem jetzigen Ehemann und Freund *Pavels*, hatte. Diese Exposition des Dramas antizipiert den in den folgenden Szenen unauflöslichen Konflikt von der Schuld der Überlebenden. In den Versen der *Scheuerfrau* werden die gewaltsamen Ursachen für *Anilas* psycho-physische Verfassung benannt:

> Das hat sie noch von der Lagerzeit
>
> da haben sie gepflastert
>
> manches Mal legt sie alle Kissen
>
> und Decken auf den Fußboden
>
> und nimmt sie wieder fort
>
> das nennt sie ihren Bräutigam

---

[671] s. o.

[672] Ruth Dinesen, Brief v. 25.07.2001 an den Vf.

ausgraben –

[...]

Sie hatte einen Bräutigam

aber der kam um

mein Mann war Tierpfleger

[...]

der sagte: das ist der Rassenkrieg.[673]

Mit den Wortverwendungen der Nachbarin, die hier mit einer selbstverständlichen und wenig emphatischen Beiläufigkeit den Mitbewohnern des Mietshauses *Anilas* Schicksal erläutert, zeugt das Stück von der fortdauernden Wirkmächtigkeit nationalsozialistischen Sprachgebrauchs. Die über das gesamte Stück verstreuten überdeutlichen wörtlichen Hinweise auf die Nazidiktatur kommen in *Nachtwache* bis auf eine Ausnahme nicht vor. Dort ist es die *Krankenschwester*, die *Pavel* bei seinem Besuch *Anilas* im Krankenhaus die Ursachen für ihr Verhalten benennt: „Das mußten sie im Lager so machen/[...]“.[674] Verharmlosend lakonisch erscheint im obigen Zitat die Erwähnung der Lager, in denen die dorthin Verschleppten der „Vernichtung durch Arbeit“ anheimgegeben wurden. Besonders aber die Verwendung der Propagandafloskel vom Rassenkrieg, in dem *Anilas* Bräutigam umkam, lässt an dieser Stelle noch einmal die Perfidie eines Systems aufscheinen, das seine Verfolgungen und Morde im Stande putativer Notwehr verübt haben will und daher eigentlich als unschuldig anzusehen sei und dies in seiner kollektiven Selbstwahrnehmung weiterhin auch ist. Die *Frau mit Fischen* ist, ebenso wie in *Nachtwache*, diejenige Figur im Stück, an die dieses kollektive Bewusstsein exemplarisch gebunden wird:

Das war auch ein Knabe

ganz richtig

der hatte sich aus dem Grab

seiner Mutter hervorgestohlen

wo er sich versteckt hatte

vor der Polizei

und dann wollte er sich festhalten

an meinem Kleid vor der Polizei

aber ich machte seine Finger los

denn die waren voll Graberde

---

[673] Der Stein und das Blut, a.a.O., S. 1.
[674] ZiS, S. 145.

und es ist mein bestes Kleid

und der Fleck geht nicht heraus

denn da liegen sich Leben und Tod in den Haaren –

Aber was starren sie denn so – was starren sie denn so

[...][675]

Mit den interpunktionslosen Versen konstruiert der Text die dialektische Verzahnung von geschichtsphilosophischer Allegorie und individuell erlebter Geschichte. Aus der Perspektive der Berichtenden gelesen wird die Episode mit dem der Polizei überlassenen Kind – und damit seiner sicheren Auslieferung an den Tod, der Text braucht dies nicht ausdrücklich zu formulieren – zu einer möglicherweise als tragisch empfundenen, jedoch ausweglosen Situation. Aus dem Geschehen, so der Text weiter, leiten sich aber für niemanden der Nichtverfolgten Handlungsmaximen für die Gegenwart oder Zukunft ab. Die *Frau mit Fischen* versteht das Erlebte nicht einmal dilemmatisch, für sie ist jede praktische oder ideelle Solidarität mit dem verfolgten Kind außerhalb ihres Vorstellungsbereichs. Sie reproduziert stellvertretend jene Stereotypen der Abwehr, deren gesellschaftsanalytische Potentiale in den Stücken von Nelly Sachs dramatisch freigelegt werden. Die Akteure dieser Theaterästhetik verhandeln den objektiven tiefen Bruch aller Werte und Konventionen zwischen Überlebenden und Nichtverfolgten:

[...] ich bin eine saubere Frau

das Kleid ist noch gut

der Fleck geniert mich nicht

nicht im allergeringsten

geniert mich der Fleck [...][676]

Seine dramatische Spannung schlägt das Stück nun aus der Konfrontation mit der diesem Bewusstsein diametral entgegenstehenden Visualisierung des schuldbeladenen Opfers. Exakt mit dieser Intention wird der Monolog des *Heinz* als Manifest der Überlebenden lesbar:

[...] Wir sind Überlebende.

Wir leben rückwärts.

Sie verlor Pavel. Und dann: unser

Knabe starb.

Ihre Zeit ist gewesen; meine auch.

---

[675] Der Stein und das Blut, S. 4.
[676] Ebd., S. 23.

Aber sie hat die Zeit nur auf Tod gestellt

auf die Stunde da unser Knabe starb.

zögernd Und vielleicht auch Pavels Todesstunde

Sie sieht die Wahrheit

aber sie sieht sie zum T o d g e b o g e n – [677]

Die Sinnlosigkeit der Verluste und die Folgen der erlebten Gewalt werden an diesen Versen erkennbar. Sie sind die Paraphrase zum Untertitel des Stückes als *Albtraumspiel von den Überlebenden*. *Heinz'* Existenz ebenso wie die der anderen Überlebenden wird bestimmt vom Schmerz der Vergangenheit, sie leben keine Gegenwart und keine Zukunft mehr. Formal unterstützt der Text diese Lesart durch die (abschließende) Interpunktion, die für kurze, hermetische Sätze im Monolog sorgt. Dies zeigt, dass vom gesprochenen Wort keine Offenheit oder Entwicklung und damit Zukunft mehr ausgeht. Das zentrale Motiv einer statisch-unvergänglichen Schuld, die daraus resultiert, den Mördern entronnen zu sein, spiegelt sich in dieser Dramensprache wieder: Sie ist ihrer *raison d'être* beraubt.

In *Anilas* Todesaffinität ist dieses dramatische Konfliktmotiv auf seinen Extrempunkt hin gestaltet. Ihr Dasein richtet sich permanent aus an der Sphäre des Todes, sie ist der einzig verbliebene Fluchtpunkt, zu dem hin ihre Sehnsucht strebt, denn der Verlust des Geliebten und des Kindes haben ihren Lebenswillen gebrochen. *Anilas* gleichmäßig über das gesamte Stück verteilte und liturgisch wiederholte Sentenz „Engel acht Uhr"[678] verweist daher über die reale Welt hinaus und nimmt, ähnlich wie in Nachtwache, emblematische Funktion ein: Als sinnfälliges Gebet repetieren *Anilas* Worte die Todeszeit ihres Kindes (*Heinz*: „Und vielleicht auch Pavels Todesstunde"), und konzipieren so eine radikale Zeitästhetik: ein *memento* des Stillstandes, ein *phonetisches Abbild* statischer Zeit.

Im finalen 10. Bild treibt das Stück auf seinen geschichtsphilosophisch-mystischen Höhepunkt hin. Es zeigt einen trauernd verzweifelten *Heinz*, der von der Beerdigung seiner durch Suizid zu Tode gekommenen Frau *Anila* heimgekehrt ist. Nach der kurzen Verortung in reale Weltzusammenhänge nimmt die Szene einen überraschenden Umschnitt der Perspektive vor, welcher dialogisch mit dem Auftritt der Figur *Lumpensammler* gestaltet ist. Der *Lumpensammler* wird in Bild 4 in den dramatischen Gesamtkontext eingeführt und ist mit der biblischen Figur des *Daniel* zu identifizieren. Seine Eigenidentifikation als „Träumesammler"[679] sowie sein Erkennungslied „erinnert, erinnert/was aus dem Gedächtnis gefallen ist"[680] lassen schon an diesen frühen Dramenstellen erkennen, dass der Figur allegorische Bedeutung eingeschrieben ist. Im Verlauf des Dialogs

---

[677] Ebd., S. 10. [Sperrung im Original]
[678] Vgl. S. 1, 4, 14 und 20.
[679] Ebd., S. 11.
[680] Ebd., S. 6.

Heinz-Lumpensammler in der finalen Szene offenbart der Text seine geschichtsphilosophische Quintessenz:

Daniel, Daniel

wo bist du? welche Farbe im Stein?

Stimme des Lumpenhändlers: Menschenuntergangsfarbe

Eine Farbe die „überlebt" hat![681]

Heinz' bange Frage nach der Farbe im Stein sowie die Antwort des *Lumpensammlers* stehen an dieser exponierten Stelle am Ende des Dramas und versuchen
Auskunft über den aktuellen geschichtsphilosophischen Standort zu erlangen,
indem ein biblischer Urtext aktualisiert wird. Im Buch *Daniel* wird die Vision
erzählt, nach der Gott „ohne Zutun von Menschenhand ein[en] Stein vom Berg
losbrach und Eisen, Bronze und Ton, Silber und Gold zermalmte."[682] Die Aufzählung wertvoller Rohstoffe steht metaphorisch für unterschiedliche geschichtliche Epochen und Herrschaftsformen. Aus der *Stein*-Legende spricht demnach
die religiöse Gewissheit, dass Gott die ungläubigen Machthaber vernichten und
sein göttliches Reich errichten wird. Wie das übrige Buch *Daniel* ist auch diese
apokalyptische Legende gekennzeichnet durch einen wissenden Duktus, der sich
an einer Erschließung der als nah gewähnten göttlichen Himmelssphäre versucht
und Vermutungen über göttliche Geheimnisse im Hinblick auf das Ende aller
Zeiten anstellt. Die Farbe des gegenwärtigen Zeitalters wird laut *Daniels* Vers als
Menschenuntergangsfarbe gedeutet. Mit dieser Wortschöpfung fügt der Dramentext den biblischen Zeitaltern ein endgültig Letztes hinzu. Der blutige Untergang der Menschheit steht am Ende aller bisherigen blutigen Geschichte, so
der *Lumpensammler*. Das *Blut* erscheint als die bestimmende Konstante im bisherigen katastrophischen Geschichtsverlauf. Davon, dass sein Ende gleichbedeutend mit dem Erscheinen des Messias sei, handelt der Dramentext in bewusster
Abgrenzung zur biblischen Trostfunktion nirgends. Seine Funktion hat das
Stück darin, trostlos zu sein und dennoch, fast trotzig, die Frage nach einer ge-
glückten Liebe vor dem Hintergrund der geschichtlichen Erfahrungen zu stellen:

so sieht die Liebe aus – so – so – so

zerfressen im Mord

zerfressen in der Sucht zu überleben

und war doch

und war doch

eine Liebe![683]

---

[681] Ebd., S. 24. [Hervorh. im Original]
[682] Daniel 2,45.
[683] Der Stein und das Blut, S. 25.

Hier versifiziert das Stück ein letztes Mal den dilemmatischen Kern des dramatischen Konfliktes. In der Dopplung des Verses „und war doch" wird *Heinz'* auswegloses Beharren auf einer Vergangenheit, die keine Zukunft zuließ, sichtbar. Individuelle Geschichte, so heißt es etwas später im Stück weiter, wird zum „mordgepflasterte[n] Umweg"[684], auf dem das zu selbstbestimmter Geschichte unfähige Subjekt den Kontingenzen der Zeitläufte unterworfen zu sein scheint. Ziel dieses Weges ist jedoch nicht ein verheißungsvolles Jenseits. Das offenambivalente Ende des Dramas zeigt den in eine nicht näher spezifizierte Ferne grüßenden *Heinz*, in der das Echo der Stimme des *Lumpensammlers* verhallt. Ob dieser Schluss mit den Schlussversen der biblischen *Daniel*-Legende korrespondiert oder diese negiert, lässt sich absichtsvoll nicht eindeutig ausmachen. In der Bibel wird *Daniel* hoffnungstiftend prophezeit: „Du aber geh nun dem Ende zu. Du wirst ruhen, und am Ende der Tage wirst du auferstehen, um dein Erbteil zu empfangen."[685] Die allegorische Figur des *Lumpensammlers*, die im Personentableau des Stückes als *Lumpenhändler* geführt wird, verschwindet ohne jedes Versprechen auf die Zukunft. Der einzige Trost, der *Heinz* bleibt, ist die Gewissheit, dass der *Lumpensammler* auf seinem Weg dem Ende zu nun auch *Heinz'* und *Anilas* Schicksal vor dem Vergessen bewahrt. Darin ähnelt diese Figur dem Dichter, der die Schicksale der Opfer aufschreibt, sie so ins kollektive Gedächtnis integriert und darauf hofft, dass ein zukünftiger Leser durch aktualisierende Lektüre ihrer gedenkt.

Eine zusätzliche und richtungsweisende Bedeutungsebene erhält der Text, wenn das oben erwähnte und von Sachs' Hand auf das Titelblatt geschriebene Kennwort zur Rezeption des Stückes herangezogen wird. Mit der Erwähnung der *Upanischaden*[686], der altindischen religionsphilosophischen Schriften (um 800 v.u.Z.), werden die Fragen nach der intertextuellen Verweisvielfalt des Dramas noch einmal signifikant ausgeweitet. Als quasi mystisches Gegenmodell zum stark lebensbejahenden Chassidismus wird laut den Upanischaden das Leben zuallererst als leidvoll erfahren. Eine zentrale Denkfigur dieser Texte – *samsara* genannt – bezeichnet einen ewigen Kreislauf der Wiedergeburten. Jede erneute Existenz ist gebunden an und geprägt durch die in den vorhergegangenen Leben vollbrachten Werke – *karma* – gute wie böse, dies jedoch resultiert in einer starken Sehnsucht des Mystikers, den als sinnlos erkannten Zyklus unendlicher Wiedergeburten zu durchbrechen. Sachs' Texte formulieren ebenfalls diesen Erlösungsgedanken von einer dauerhaft als leidvoll erfahrenen Existenz, wenn sie mit einer von ihr oft benutzten Wortschöpfung davon sprechen, dass das Leben der Überlebenden durchlitten werden muss. So äußert *Anila*:

Grablegung

Auferstehung

---

[684] Ebd.

[685] Daniel 12, hier Daniel 12,13.

[686] Vgl. dazu *Indische Mystik*, in: Wörterbuch der Mystik, hrsg. v. Peter Dinzelbacher, Stuttgart 1989.

Grablegung

Auferstehung[687]

Auch in die Figur des *Heinz* ist diese Haltung zur eigenen Existenz deutlich eingeschrieben, jedoch weit weniger todesaffin. Seine pessimistische Weltsicht und Daseinsmüdigkeit korreliert mit einer Sehnsucht nach Befreiung im Leben, nicht im Tod. Aber dies ist kein bloß individuelles Unterfangen, sondern *Heinz* denkt bei der Erlösung die vielen anderen mit, die seine erlebte Geschichte teilen:

[...] vielleicht bin ich dazu ausersehen

eine Reihe von Schuttbeladenen

zum Abladeplatz zu führen –

Vielleicht – [688]

Die Verse negieren deutlich einen z. B. christlichen Erlösergedanken, demzufolge die Sünden der Welt durch Christus' Tod stellvertretend für alle Individuen gesühnt wird. In der hier zutage tretenden mystischen Selbstbeschreibung wird, mit gehörigem Restzweifel, ein psychagogisches Programm formuliert, das Überlebenden möglicherweise behilflich ist ihre Existenz zu durchleiden: Die Geschichte hat uns zusammengebracht, ihr seid nicht alleine, wir gehen denselben Weg. Die gewollte Ambivalenz der Wörter evoziert einerseits die objektiven inhumanen verbrecherischen Taten, andererseits jedoch auch eine psychophysische Deformation und Selbstwahrnehmung, die Resultat jener erlebten Gewalt sind. Das Weiterleben der Überlebenden prägt ein ständig anwesender Bewusstseinszustand aus Angst und Schmerz. Ihr allgegenwärtiger Albtraum wird erst mit dem Tod enden.

In Erweiterung zum thematisch wie personell verwandten Drama *Nachtwache* universalisiert Sachs in *Der Stein und das Blut* durch Schnittmengen aus geschichtlicher Realität, biblischem Urtext und indischer Mystik ihr dramatisches Ausdrucksrepertoire. Kann *Nachtwache* als, wie gezeigt wurde, äußerst sublime, hermetische Variante auf das Thema Verfolgung und Schuld gelten, so verhandelt *Der Stein und das Blut. Ein Albtraumspiel von den Überlebenden* die Schrecken des Erlebten mit einer Vehemenz und Unmittelbarkeit, die sie jeder relativierenden Einordnung entzieht. Das Drama erlaubt keine Versöhnung der Widersprüche, sondern verlangt nach kritischer Reflexion des in ihm eingeschriebenen geschichtlichen Reservoirs. Die Funktion des Dramas liegt in der allegorischen Visualisierung von Geschichte sowie in der kritischen Analyse der unterschiedlichen Lebenswirklichkeiten von Opfern und Nicht-Opfern mit den ohnmächtigen Mitteln der Literatur. Es zeigt eine weitere Engführung jener anprobierten Schreibverfahren, die einen integralen Bestandteil der szenisch-poetischen Selbstbegründung von Nelly Sachs bilden. Damit fügt sich dieses un-

---

[687] Der Stein und das Blut, S. 5.
[688] Ebd.

veröffentlicht gebliebene Stück nahtlos in den stofflichen und formalen Gesamt-kontext ihres dramatischen Werks ein.

9.3.2 *Der große Anonyme. Ein Spiel für Wort Tanz Musik*

In *Der große Anonyme*, einem aufgegebenen Dramenprojekt, das, so vermutet Dinesen, nach der Veröffentlichung von *Zeichen im Sand* 1962 begonnen wird, modifiziert Sachs ihre bisherigen Schreibverfahren, setzt sie in neue Kontexte und konzipiert eine szenische Collage von großer Aussagekraft über die gewalt-same Deformation der Welt.[689] Der zugrundeliegende Stoff ist ihr seit der frühen Jugendzeit vertraut sowie bereits in lyrischen Variationen von ihr erprobt.[690] Neu und ungewöhnlich an diesem Stück jedoch ist, dass es mit der aus der keltischen Mythologie entlehnten *Merlin*-Legende in Zitaten und entfernten Anspielungen Material zitiert, das in dieser Unmittelbarkeit in keinem ihrer veröffentlichten Dramen nachweisbar ist.

Der ursprünglichen Legende nach ist *Merlin* der von einer frommen Jung-frau geborene Sohn Satans. In der *Merlin*-Figur hält sich deshalb die Tugendhaf-tigkeit der Mutter antagonistisch die Waage mit den diabolischen Eigenschaften des Vaters. In der als Antipode zum christlichen Erlöser gezeichneten Figur, be-sonders aber in ihrer Liebesbeziehung zu der mit Satan verbündeten Fee *Nyni-anne*, liegt das große dramatische Potential für Sachs. Wie es für viele ihrer Stük-ke charakteristisch ist, enthält der einleitende Szenenkommentar Hinweise auf Duktus und dramatische Motivlage des Folgenden:

> Tanzsalong. Letzter Modetanz. Musik. Paare tanzend in Extase. Verwisch-tes chaotisches Bild. Zwischen Tag und Nacht. Zwischen Tod und Le-ben.[691]

Mit der Situierung des Bühnengeschehens in unterschiedliche, nicht deutlich voneinander abgegrenzte Sphären, setzt der Text die Voraussetzung für die sze-nische Kollision unvereinbarer Erfahrungsdimensionen. Ekstase und Chaos fun-gieren im Zusammenblick mit dem vorgegebenen Ort vordergründig als Signatu-ren der Moderne und ihres hektischen Treibens. Sie sind jedoch höchst ambiva-lent, da sie ebenfalls wichtige Kategorien in mystischen Kontexten sind. Raum und Zeit manifestieren sich in dieser Szenenanweisung in realen und irrealen Modi, die synchron an- wie abwesend sind und zwischen denen die beiden Hauptfiguren des Stückes mittels Tanz transfundieren. Am Beginn des dialogi-schen Bühnengeschehens zwischen einer männlichen und einer weiblichen Stimme, die ab Seite zwei des Manuskripts als *Der Nächtliche* und *Das Mädchen* individualisiert werden, wird der dilemmatische Grundkonflikt des Stückes of-fenbar. Auf die Frage der *Männlichen Stimme*: „Willst du zum Tod oder zum Le-ben?", antwortet die *Weibliche Stimme*: „Das weiß ich nicht/vielleicht in die grü-

---

[689] Dinesen, S. 78.
[690] Dinesen, S. 60f.
[691] Der große Anonyme. Ein Spiel für Wort Tanz Musik. S. 1. [Orthographie und Inter-punktion im Original]

ne Zeit/wo die Brunnen zwei Ausgänge haben – ".[692] Die hier in den szenischen Kontext eingebrachte dritte Sphäre ist dadurch gekennzeichnet, dass sie weder den Zwängen des Lebens noch dem Tod unterworfen zu sein scheint, sie wird daher in der Vorstellung des *Mädchens* zum mythischen Fluchtpunkt. Zur Begründung für eine Flucht aus der erlebten Realität folgen die Verse eines ebenfalls nur hörbaren *Chores*:

Der große Anonyme regiert die Welt

verteilt in unsere Atemzüge

wir nicken nicken nicken

[...]

wir wollen aus der Haut

aus unserer Stigmata-Haut

[...]

wir wollen aus dem Fell der Nacht[693]

Der kollektiv formulierte Widerspruch „wir wollen", den der *Chor* gegen die gegebenen Realitäten postuliert, wird von der *Weiblichen Stimme* aufgegriffen und individualisiert „ich will aus meiner Zeit//aus meiner Totenzeit//in grüne Zeit". In einer derart als verworfen erfahrenen Realität werden zwischenmenschliche Beziehungen, Liebe gar, nur in defizitären Zusammenhängen darstellbar. Szenisch umgesetzt zeigt sich das daran, dass der Geliebte des *Mädchens* ausschließlich abwesend anwesend ist. Wenn das Mädchen seiner gedenkt, geschieht dies in der Gewissheit, dass sie einander in der Welt des *großen Anonymen* niemals mehr begegnen werden.

In dem für Sachs' Stücke markanten Schreibverfahren wechselt die szenische Perspektive hier ab der zweiten Seite des Manuskripts unvermittelt in eine surrealistische Welt aus Legendenstoffen unterschiedlicher Traditionen, verwebt mit Gegenwartsproblematiken. Vorgestellt wird eine Typologie der Alltagsmenschen in ihrer Funktion als unfreie, anonyme *Tänzerlarven*, die der Fürsorge und Brutpflege durch den *Großen Anonymen* bedürfen[694]. Im Anschluss an diese szenische Illustration der Reproduktion immergleicher Gesellschaftsverhältnisse von Fremdbestimmtheit und konfektioniertem Dasein wechselt das Stück erneut seine Perspektive.

In einer idyllisch-grünen Landschaft erscheint der *Zauberer* verwandelt als *Nächtlicher als junger Edelknecht* dem *Mädchen*. Sie ist aus ihrer realen Welt in eine mythische geflohen. Des *Zauberers* Monolog insistiert auf dem Vermögen des *Mädchens*, sich ihrer individuellen aber vergessenen mythischen Vergangenheit zu vergewissern.

---

[692] Ebd.
[693] Ebd.
[694] Ebd., 6ff.

Erinnere dich – erinnere dich

siehe die grüne Zeit

im Wald von Dioflé

[...]

Schlafe zurück

weit – weiter

[...]

du bist in der Legende –

So so so

über die verwesenden Leiber

über deines eigenen Leibes Verweslichkeit

tanze hinweg

bis der Planet durchsichtig wird

Geist der Unruhestifter treibe dich weiter

(beschwörend)

Tanze[695]

In der Reaktivierung vergessener Erinnerungen an eine mythische Welt steckt laut *Merlins* Monolog das Versprechen, die eigene Existenz über Vergänglichkeit und Tod hinwegzuheben. Das dargestellte Schicksal ist hier aber nicht an einen Mythos oder eine Fabel gebunden, sondern wird an die unmittelbare szenische Präsenz des Körpers und seines unregelementierten tänzerischen Ausdrucks gekoppelt. Das *Mädchen* sieht tanzend eine Vision seines Todes und will mit „wilden Bewegungen"[696] fliehen. Aber diese Flucht ist so aussichtslos wie eben jene aus der Realität – „du bist in der Legende" – so heißt es im Monolog des verkleideten *Merlin*. Aber über den Ort mythischer Erinnerung herrscht alleine der Zauberer, genauso wie über die dargestellte reale Welt anonyme-ubiquitäre Zwangsverhältnisse herrschen.

Selbst die Flucht ins Kunstwerk, ins mythische Asyl, wird den Tod nicht fernhalten können. Ihm widerständig ist allein der Geist, wie es die Verse des *Nächtlichen* auf der letzten Seite des Typoskripts formulieren:

Und der Geist war unruhig

ist unruhig

---

[695] Ebd., 9.
[696] Ebd., 10.

wird unruhig sein[697]

Diese Verse sind aufgeladen mit literarischen, politisch-revolutionären, emanzipatorischen und religiösen Bedeutungsebenen. Ihnen ist zuerst der über den Wassern schwebende Geist Gottes aus den ersten Versen der Erschaffung der Welt eingeschrieben und zusammengebracht worden mit der Berufung *Mose* durch Gott.[698] Mit der selbstidentifikatorischen Wendung offenbart Gott sich vor *Moses*, und so stehen die biblischen Verse als Grundlage für die Entstehung und Geltung monotheistischer Religionsauffassung überhaupt. Zusätzlich, neben religiösen Kontexten, zitieren die Verse das Gedicht *Die Revolution* Ferdinand Freiligraths, wo es in der 6. Strophe, also an der exponierten Mittelstelle des 10-strophigen Gedichts, heißt:

[...]

Der Zukunft, die nicht mehr fern ist! Sie spricht mit dreistem Prophezein

So gut wie weiland euer Gott: Ich war, ich bin – *ich werde sein!*

Die folgende 7. Strophe offenbart, was sie, die Revolution, sein wird:

[...]

Befreierin und Rächerin und Richterin, das Schwert entblößt,

ausrecken den gewalt'gen Arm werd ich, daß er die Welt erlöst![699]

In diesem 1851 geschriebenen Gedicht ist der religiöse Gehalt einem deutlich politisch-sozialen gewichen. An die Stelle Gottes ist die Revolution als allmächtige geschichtliche Macht getreten. Sein revolutionäres Pathos und seine Autorität entlehnt das Gedicht jedoch einer säkular gewendeten biblischen Sprache. Auch in einem von Rosa Luxemburg 1919 geschriebenen Artikel aus dem revolutionären Deutschland finden die Verse Verwendung. In Anspielung auf die von der sozialdemokratischen Regierung Ebert/Noske niedergeschlagenen revolutionären Strömungen schließt Luxemburgs Artikel *Ordnung herrscht in Berlin* mit der Prophezeiung:

Ihr stumpfen Schergen! Eure „Ordnung" ist auf Sand gebaut. Die Revolution wird sich morgen schon „rasselnd wieder in die Höh' richten" und zu eurem Schrecken mit Posaunenklang verkünden: Ich war, ich bin, ich werde sein! [700]

---

[697] Ebd.

[698] Genesis 1,2 sowie Exodus 3,14: Da antwortete Gott dem Mose: Ich bin der „Ich-bin-da". Und er fuhr fort: So sollst du zu den Israeliten sagen: Der „Ich-bin-da" hat mich zu euch gesandt.

[699] Ferdinand Freiligrath: Werke in einem Band. Ausgewählt und eingeleitet von Werner Ilberg. Berlin und Weimar 1980. S. 136-138, hier S. 137. [Hervorh. im Original]

[700] Rosa Luxemburg: Politische Schriften II. Herausg. v. Ossip K. Flechtheim. Frankfurt am Main 1966. S. 203-209. Hier S. 209. [Hervorh. im Original]

Der Artikel erscheint in der Ausgabe Nr. 14 der Roten Fahne vom 14 Januar 1919. Freiligraths Verse beschließen somit Luxemburgs letzte Veröffentlichung vor ihrer Ermordung am 15. Januar 1919. In *Der große Anonyme* werden alle diese literarischen Konnotationen aktiviert und in den Dramentext eingeschrieben. Hier jedoch ist von der Hoffnung auf metaphysische oder soziale Erlösung kein Rest mehr nachweisbar. Das Drama versifiziert oder transportiert damit keine religiösen Gründungsmaximen oder revolutionären Politikansätze, sondern es konstatiert in Wort und Tanz den Trotz gegen die Unabwendbarkeit des Todes. Die letzten maschinenschriftlichen Versgruppen des Fragment gebliebenen Typoskripts zeugen ebenfalls für den geschichtsphilosophisch-poetologischen Gehalt des Stückes:

> Hier stehst du am Kreuzweg
>
> da küssen sich die Zeiten
>
> siehe wie sie einander entgegenlaufen
>
>
> Schreien
>
>
> Und durch die Jahrtausende schreien sie
>
> die Scheiterhaufen-Sonnen entzünden sie[701]

Wenn der *Nächtliche* dem *Mädchen* ihren Standpunkt als „Kreuzweg" benennt, handelt es sich um eine bewusste Kontrafaktur zu Texten der Vergangenheit und ihres abendländischen Traditionszusammenhangs. Mit diesem Kennwort wird einerseits *Christus* evoziert, dessen Kreuzweg voller körperlicher Torturen ist und der ihn hinauf führt zu seiner Hinrichtungsstätte, aber auch *Ödipus*, der am Kreuzweg im Jähzorn unwissentlich seinen Vater erschlägt. Beide Urtexte, christlicher wie antiker, sind in ihren verschiedenen wie veränderlichen Kontexten und Ambivalenzen bei Betrachtung des Stückes mitzudenken. Das offenbar charakteristische am Kreuzweg des *Mädchens* und des *Nächtlichen* ist die Kollision der Zeiten. Indem die Epochen „einander entgegenlaufen" entsteht ein dynamisches Moment, aus dem heraus ihre Differenzen, das Vergangene sowie das Zukünftige, erkennbar werden. Der Kreuzweg, an dem die Zeiten aufeinander treffen, ist geschichtsphilosophisch gelesen ein extrem exponierter Ort, den zu erkennen einem göttlichen oder angelikalen Privileg gleichkommt. Damit aber rückt das Stück in ganz besondere semantische Nähe zu Benjamins *Engel der Geschichte*, der seine weitgeöffneten Augen der Vergangenheit zuwendet und so den katastrophischen Verlauf gewahr wird, den menschliche Geschichte bisher durchlitten hat. *Sieht* Benjamins Engel „die Trümmer [...] die Toten und das Zerschlagene", so *hören* der *Nächtliche* und das *Mädchen* die Resultate verfehlter Ge-

---

[701] Der große Anonyme, S. 10.

schichte.[702] Diese Lesart wird durch die bewusste typographische Absetzung des Wortes „Schreien" durch Leerzeilen (=wortlos=stumm) bestärkt und plausibel. Stille ist dem Schreien gegenüber als antagonistischer szenischer Akteur eingesetzt, beide werden zu *dramatis personae*. Schreien wird zur audiblen Signatur aller bisherigen Geschichte, wie es heißt „durch die Jahrtausende". Die Stille, das Innehalten, die Verzögerung des zeitlichen Kontinuums, durch den Zeilenbruch erzwungen, bewahrt demgegenüber eine Hoffnung der Gattung, welche noch nicht in Worte gefasst werden konnte.

Das Vernehmen der Schreie an den Kreuzwegen der Epochen kann aber auch gelesen werden als das unabdingbare Vermögen des Dichters. An diesem allegorischen Ort registriert er fortwährend die Schrecken der Vergangenheit, die er sodann in seinen Werken konserviert und die Hoffnung auf andere, menschenwürdigere Weltläufte vorstellbar bleiben lässt. Somit wäre dem unveröffentlicht gebliebenen Dramentext das poetologische Beharren auf der Möglichkeit, in Kunstwerken ein Überdauerndes zu deponieren, eingeschrieben. Etwas, das über die Zeiten hinweg in ihnen verbleibt und darauf hofft, eines Tages aktualisiert zu werden. *Der große Anonyme* wäre in diesen Kontexten als allegorische Figur einer von ihm zwangsverfassten Welt zu lesen, deren politische und soziale Gegebenheiten als totaler Verblendungszusammenhang gestaltet werden. Nur das Nicht-Konforme, Störende, Unreglementierte im Kunstwerk, das, was in *Merlins* Monolog „Geist der Unruhestifter" heißt, verfügt über die Möglichkeit, diese Zustände in einem Moment zu suspendieren und den Blick auf das ganz andere freizugeben.

9.3.3 *Eisgrab oder Wo Schweigen spricht*

Die unverkennbar durchdachte ästhetische Organisation des unveröffentlicht gebliebenen Stückes *Eisgrab oder Wo Schweigen spricht* entfaltet eine verstörende Wirkung auf den Rezipienten. Bei dem von Sachs' übrigen dramatischen Schreibverfahren deutlich abweichenden Stück handelt es sich um ein ästhetisches Gefüge aus mythologischen und vieldeutigen sprachlichen Bildern. Formal aufgeteilt ist das Stück in einen narrativ gestalteten expositionsartigen Teil, in dem gehobene Prosasprache sich mit einem nüchtern dokumentarischen Tonfall abwechselt.

> In diesem Zwischenreich zwischen Leben und Tod oder in einer schon woanders auferstandenen Dimension soll dieses Raummärchen ohne anderen Raum, als den die menschliche Phantasie einräumt – spielen – [703]

In der hier explizit paradoxen Textsortenbestimmung treten eigene Raum- und Zeitkonzeption genauso zutage wie die für Sachs' Schreibverfahren typischen Großthemen Geschichte und Mythos. Daher verlangt der Text eine angemessene, geduldige Lektüre weit über seine realen stofflichen Verweisebenen hinaus. Nachdem in der Exposition die Nachricht eines archäologischen Mumienfundes

---

[702] AS1, S. 255.
[703] Eisgrab oder Wo Schweigen spricht. S. 1.

in den Bergen Südamerikas referiert wird,[704] fügt sich daran unvermittelt eine fiktionale Textpassage an, die als Handlung der eigentlichen kurzen szenischen Abfolge gelesen werden kann:

> Ein Adler (der am höchsten fliegende Vogel) hackt das Eis mit seinem Schnabel auf, bis das Schweigen ein Gesicht bekommen hat. Nun liest der Adler mit dem Adlerauge das Schweigen ab – und hält das Weltohr – eine Feder – die ihm verliehen wurde an den Mund des Schweigens. Die Worte die er liest und hört wandern durch die Spiralmuschel welche die Geheimnisse auffängt in die Nacht und werden in den unteren Regionen der Menschen aufgefangen und gesprochen. Die Feder vom urzarten Wind bewegt strömt die Musik der Weltkräfte aus. Eine Musik sakral und fern – an den Grenzen ertönend wo für das menschliche Ohr schon Schweigen herrscht und alle Worte verloren gegangen sind – beginnt – zuerst in der Abendröte–[705]

Die offengelegte Grabstelle, die die Welt der Toten sowohl zudeckt als auch kenntlich macht, zeigt die Frauengestalt als Wiedergängerin und Geheimniswahrerin. Das bruchstückhaft Freigelegte und Geoffenbarte verharrt jedoch in Nichtverstehbarkeit und wartet auf Sinngebung. Weder eine Inschrift noch ein Grabstein verweisen auf den Zweck des Ortes. Dadurch ist es ein Ort, der ohne hinweisende (Schrift-)Zeichen entweder dem Vergessen oder der zufälligen Entdeckung anheimgegeben ist. In diese willkürliche Verlassenheit hinein ist es ein Adler, der in allen Kulturen über mythologisch hoch aufgeladene Symbolik verfügt, der einen (zeitlichen, audiblen) Prozess in Gang setzt und der Szenerie ihre eigene, eigenartige Dynamik eingibt.

Deutlich abgesetzt von der (deskriptiven) Exposition des Stückes sind die folgenden beiden dialogisch organisierten und mittels Asterisken voneinander getrennten Passagen. Ein freirhythmisch prosa-lyrischer Text entwickelt die Dialektik von indirekter Rede, Musik und Schweigen, der Text selbst statuiert in seiner Exposition, dass kein Sprechersubjekt dingfest zu machen ist: „Schweigen herrscht und alle Worte verloren". Konsequenterweise handelt es sich deshalb um paradoxe Dialogkonstrukte in indirekter Rede und nachgestellten Sprechern. Der Duktus der Vortragenden, ihr Gesprochenes, ist hermetisch-lyrisch und repetitiv-liturgisch zu nennen. In der ersten Passage lauten die Namen der Sprechfiguren (in der Reihenfolge ihres Auftretens): *Schweigen*, *Nacht* und *Kraft der Liebe*. Die *dramatis personae* der zweiten Dialogpassage heißen *Schweigen*, *Nacht*, *Erde*, *Luft* und *Liebe*. Antike, jüdische wie christliche Mythologie verwischen die Spuren der Zeitgenossenschaft des Gesagten und liefern Bilder, die ohne Ratschlag bleiben, weil sie bewusst auf jede Handlungsanweisung verzichten: Sie wären bloße Ideologie, denn das Drama des 20. Jahrhunderts weiß keinen Rat

---

[704] Der belgische Jesuitenpater Padre Gustavo Le Paige fand in den sechziger Jahren eine von der Eiskälte der chilenischen Atacama Wüste vollständig mumifizierte, etwa 6000 Jahre alte weibliche Leiche. Diese archäologische Sensation wurde weltweit unter dem Namen „Miss Chile" bekannt.

[705] Eisgrab oder Wo Schweigen spricht. S. 1.

mehr. Bedeutungsvielfalt und Bedeutungsvakuum geraten zu paradoxen Merkmalen des hier angewandten Schreibverfahrens. Der Text stellt nämlich keine gefeierte Rückkehr der Frauenfigur ins Leben vor, der Text inszeniert keine Resurrektion, keine Wiedergeburt, sondern er stellt die Frauenfigur in den Kontext einer bloß wiederholenden, zyklischen Wiederkehr des Gleichen, deren immerwährende Kontinuität aufzusprengen wäre. Die abschließenden Verse des Stückes geben über diesen Befund genaue Auskunft, heißt es dort doch:

[...]

und Rizpa taucht aus ihrem Bibelkapitel auf wie sie die wilden

Tiere von den Leichen der getöteten Söhne vertreibt – [...]

sagt die Liebe

Und tiefer in Aschenzeit Antigone taucht aus der Schwärze

Und tut ein Gleiches den Brüdern –

sagt die Liebe

Unter dem Zeichen der Liebe stehn die Opfer –

sagt das Schweigen

Und es musiciert am Geheimnis – [706]

Die Frauengestalten im Text werden zu symbolischen Versuchen, das gleichsam naturhafte, zyklische des Geschichtsverlaufs stillzustellen. Ihr Auftauchen aus den Sphären längstvergangener Epochen ist als das Beharren darauf zu verstehen, die eigene Geschichte und das Gedenken an die Opfer dem Vergessen zu entreißen. Im offenen Ende des Stückes manifestiert sich die Prozesshaftigkeit und Unabschließbarkeit des Erinnerns als permanente Aufgabe. Hierin liegt gleichsam implizit eine Kritik des Bestehenden, denn die aufbewahrte Erinnerung an das messianische Geheimnis der Versöhnung wird aktualisiert, wodurch die Hoffnung auf eine allgemeine Emanzipation und die befreite Gesellschaft denkbar bleiben. Wichtiger als das einzelne Zitat, die Intertextualität des Dramas jedoch ist der im Stück anzutreffende Schreibgestus der Vermischung der Kulturen, Kontinente, Epochen und Gattungen, woraus globale Geschichte aus anspielungsreichen Zitaten synthetisiert wird.

Der eingangs zu diesem Kapitel zitierte unveröffentliche Brief Sachs' von 1968 an Enzensberger enthält eine Sequenz, die unmissverständlich auf ein neues, wahrscheinlich letztes Dramenprojekt hinweist. Sachs führt in diesem späten Brief aus:

---

[706] Ebd., S. 3.

> Die Welt sieht furchtbar aus und ich bemühe mich in einer kleinen Scene
> ein großes Warum aufleuchten zu lassen. Ich kann in den Nächten nur
> noch die zerfetzte Menschheit sehen.[707]

Die Schweigenden, die zerfetzten Menschen fragen Warum, ebenso die Überlebenden, jedoch wird keine der beiden Opfergruppen jemals eine hinreichende Antwort erhalten. Dahinter tauchen die Fragen nach Verantwortung und Schuld auf, die im Konflikt mit Zweifel und Trauer zusammen den motivischen Unterstrom des Stückes (wie auch des Gesamtwerks) bilden. Schuld, so Lehmann, ist „*die dramatische Zeitdimension schlechthin*"[708]:

> Schuld ist nicht nur in der Tragödie die Erinnerung daran, daß das Ich
> nicht auf sich beruht. Im postdramatischen Theater steht das Zerbrechen
> dieser Erfahrung selbst im Zentrum, weil das Theater immer weniger dem
> überlieferten dramatischen Kanon die Kraft zutraut, jene Zeitdimension
> der Verpflichtung zu kommunizieren.[709]

Eisgrab verhandelt auf das Genaueste eben dieses Zerbrechen der Schulderfahrung. Das zeigt sich an der fast vollständigen Abkehr von Fabel und Handlungsdynamik, jener aristotelischen idealen, strengen, übersichtlichen Form des Dramas. Und *Eisgrab* plaziert an die Stelle logischer Einheit die bewusste Unabgeschlossenheit sowie andeutungsvolle Unhintergehbarkeit, so dass diese anstelle der tradierten Vermeidung von Konfusion treten. Mit ihren sublimierten hermetischen Wort-, Mimus- und Musiksprachen erheben Realität und visionäre Traumwelt gleichberechtigt Anspruch auf ästhetische wie außerästhetische Relevanz und Autorität. Als Handlungsträger fungieren Stille und Musik, die einander jedoch nicht antagonistisch entgegenstehen, sondern komplementär und dialektisch die formale und inhaltliche Struktur der Szene bilden. Sie setzen damit den „Widerstand gegen eingespielte und gut geölte soziale Verständigungsformen".[710]

Auch hierin liegt ein signifikanter Unterschied zu dem thematisch verwandten Gedicht *Im Eingefrorenen Zeitalter*, das 1961 in der Gedichtsammlung *Fahrt ins Staublose* publiziert wird.[711] Sachs Anmerkungen zu ihrem Gedicht belegen den biographischen Anteil darin, der jedoch im Dramentext zugunsten der Universalisierung der Verweisebenen verschüttet scheint. Sie schreibt,

> das Gedicht beruht auf einer Zeitungsnotiz, ist aber hier auf die Geisteskranken im Krankenhaus gedeutet (wie der Versteinerte Engel u. der ganze Zyklus Noch feiert Tod das Leben)[712]

---

[707] L 90:2 Brev från Nelly Sachs E-I. [Orthographie und Interpunktion im Original]
[708] Lehmann, S. 351. [Hervorh. im Original]
[709] Ebd.
[710] Ebd.
[711] Gedichte, S. 355f.
[712] NI, S. 362

Ob es sich bei *Eisgrab* allerdings um die acht Jahre später erwähnte „kleine Scene" aus dem Briefzitat und damit um einen sehr späten dramatischen Text von Nelly Sachs handelt, lässt sich nicht exakt verifizieren, sondern lediglich vermuten. Tatsächlich jedoch ist das hier anzutreffende dramatische Schreibverfahren ohne Vergleich in ihrem szenischen Werkkatalog. Nochmals wird formal und stofflich alles Bisherige enggeführt, fragmentarisiert und daraus eine sublime, prosaisch-lyrische Textur aus mythischen und säkularen Textverweisen synthetisiert. Mit dieser Perspektive vor Augen schließlich ist *Eisgrab oder: Wo Schweigen spricht* jene *Zeitdimension der Verpflichtung*, von der Lehmann oben schreibt, eingeschrieben.

Im Dezember 1935 zeichnet der im schwedischen Exil lebende Kurt Tucholsky unter der Überschrift *Eine Treppe* auf die letzte Seite seines *Sudelbuches* drei aufsteigende Stufen, die von unten nach oben mit *Sprechen, Schreiben, Schweigen* beschriftet sind.[713] Diese Zeichnung gilt als eines der letzten Zeugnisse von Tucholskys Resignation am Ende seines letztlich doch erfolglosen Kampfes gegen das nationalsozialistische Deutsche Reich. Um dennoch aus den katastrophischen Bewegungen der Geschichte auszusteigen, muss das *Schweigen* wieder zum *Sprechen* gebracht werden: Deshalb *schreibt* Nelly Sachs.

---

[713] Am 19. dieses Monats nimmt er die Überdosis Schlafmittel, an der er am 21. Dezember in einem Göteborger Krankenhaus sterben wird. Vgl. dazu: Richard von Soldenhoff: Kurt Tucholsky: 1890-1935; Ein Lebensbild. Weinheim u. a. 1987, S. 256.

10. Schlussbetrachtung

Bis heute findet das Theater der Nelly Sachs nicht statt. Ihre hochartifizielle Dramatik der Verstörung und des Eingedenkens fand und findet weder Bühne noch Zuschauer. In der jahrzehntewährenden Verweigerung, in den szenischen Werken mehr als inszenierbare Versöhnungsgesten sowie die private Konfession einer alten, kranken Frau zu sehen, liegt die Missachtung aller ihnen bewusst eingeschriebenen Verweisebenen. Als größtes Rezeptionshindernis wird dabei offensichtlich ihr Anteil an vermeintlich unhintergehbaren mystischen Inhalten angesehen, die völlig ohne Aktualität und Bedeutung für heutige Bühnen und Rezipienten zu sein scheinen. Dagegen ist hier der mystische Gehalt in den szenischen Werken als ein solcher analysiert worden, der ohne wirkliche theologische Grundlage funktioniert, oder stärker formuliert, um ein Wort Scholems in Bezug auf Bubers Auffassung des Judentums heranzuziehen: Die Mystik der Nelly Sachs ist eine „atheistische Mystik".[714] Alle mystischen Elemente in den Dramen sollen dazu beitragen, das fundamentale Verhältnis der Menschheit zu objektiven, geschichtlichen Fakten in einer zerschlagenen Welt zu klären und taugen exakt deshalb nicht zur Weltflucht oder Innerlichkeitsfrömmelei. Falsch läge daher, wer aus den den Texten eingeschriebenen Fragmenten aus Chassidismus, Sohar, Kabbala und auch solchen aus fernöstlichen und christlichen Mystiken auf eine tief verwurzelte Religiosität der Autorin schlösse. Sachs selbst hat sich, wenn auch vergeblich und vielleicht sogar mit zuwenig Vehemenz, gegen diese eindimensionale Betrachtungsweise ihrer Werke verwahrt und dennoch der verfehlten Rezeption ihres Werkes kraft- und auch ratlos zuschauen müssen. In einem unveröffentlichten Brief an Professor Robert Kahn anlässlich eines Vortrages im Leo-Baeck Institut New York formuliert sie am 24. Februar 1967, nachdem Prof. Kahn in einem Vortrag anscheinend solch eindimensionale Sichtweise in Bezug auf ihr Werk vertreten hat, um „einige Mißverständnisse aufzuklären"[715], ungewohnt scharf:

> Zuerst: alles was ich geschrieben habe, ist entstanden immer nahe am Tod. Der Tod ist mein Lehrmeister gewesen. Er hat mir die Sprache die in Scherben lag aufs neue zusammengesetzt. [...] Sehr verehrter Herr Professor Kahn, wenn Ihr Wort, daß mein Werk ein religiöses Spielen sei, wahr wäre, so würde ich keinen Augenblick zögern und alles was ich geschrieben habe den Flammen übergeben.

> Wenn ich Sie um eine Antwort bitten darf wäre ich dankbar. [...][716]

Die Realität des Todes kann nicht geflohen werden: In dramatischen Texten, welche dieses unausweichliche Faktum permanent reflektieren, erschiene darum

---

[714] Gershom Scholem: Judaica 2, Martin Bubers Auffassung des Judentums, a.a.O., S. 163.

[715] Vgl. dazu L 90:2 Brev från Nelly Sachs J-P. Der angesprochene Vortrag konnte nicht ermittelt werden.

[716] Ebd. Eine Antwort von Professor Kahn konnte nicht ermittelt werden. [Orthographie und Interpunktion im Original.]

ein solches Ansinnen doppelt unmöglich. Daher lassen sie auch keine Schuld erträglich werden, weil ihnen die Bedeutungsebene einer unverbindlichen, transzendentalen Flucht durch die Vermittlung einer trostspendenden Religion oder Mystik fehlt. Was in den Szenen unversöhnlich kollidiert, ist das Bewusstsein als Verfolgte(r) *leben zu müssen* und andererseits ein Bewusstsein als (selbstexculptierter) Unbeteiligter (und/oder Rezipient) *leben zu dürfen*. Wenn die interessierten Leser aus Literatur-, Theater- und Musikwissenschaft die Dramen der Nelly Sachs inklusive ihrer radikalen Säkularisierung rezipierten und nicht mehr als „religiöses Spielen" abtäten, dann könnte über das dramatische Werk der ersten deutschsprachigen Literaturnobelpreisträgerin eine ihm angemessene Diskussion beginnen. Die szenischen Werke der Nelly Sachs charakterisiert elementar und unbestechlich ein tiefer ethischer Imperativ. Diesen permanent nachweisbaren Unterstrom in den Sedimentschichten der szenischen Werke freizulegen war basale Intention der vorliegenden Dissertationsschrift.

Mit dem kollektiv imaginierten nationalen Kataklysmus der Deutschen, der, wie gezeigt werden konnte, durch exemplarische Nachkriegsdramen ästhetisch-argumentativ gespeist wurde, ist Erinnerung an den Holocaust zur alleinigen Sache der Opfer geworden. Diesen Texten diametral entgegenstehend ist Nelly Sachs' szenisches Werk *Eli. Ein Mysterienspiel vom Leiden Israels* als der dramatische Text der deutsch-jüdischen Literaturgeschichte analysiert worden, der zum ersten Mal mit authentisch-unverfälschten jüdischen Inhalten (historischen, religiösen, mystischen) sowie jüdischem Personentableau explizit auf die Schrecken des Holocaust reagiert. Das *Eli*-Stück zeugt deshalb nachdrücklich von einem ersten Versuch, künstlerische Autonomie über die eigene schicksalhafte Geschichte zu erlangen, mehr noch davon, jüdisches Denken und Leben nach dem Holocaust in deutscher Sprache sowie überhaupt denkbar zu halten.

In der ihrem Dramenerstling *Eli* folgenden neuentwickelten intermedialen Dramenkonzeption des *Totaltheaters* vollzieht Sachs' Schreibverfahren auf der Folie von aktualisierten Urtexten und ihren darin enthaltenen prototypischen Konfliktkonstellationen eine Neuschreibung der Geschichte durch die kritische Befragung des gescheiterten Konzepts der Aufklärung. Die heiligen Texte werden in einer radikalen Transformation vor dem Hintergrund einer säkularen Realität befragt, um so den permanenten gewalttätigen Unterstrom aller bisherigen Geschichte als eigentlichen Motor seines Verlaufs festzustellen. Erstmals in ihrem szenischen Werk werden dafür in den frühen Stücken *Abram im Salz*, *Simson fällt durch Jahrtausende* und *Nachtwache* Wort, Mimus und Musik als sowohl gleichberechtigte als auch komplementäre Handlungsträger intendiert.

Der Anspruch, die sublimere, hermetischere Form des Konzepts *Totaltheater* zu sein, kommt seiner poetologischen Weiterschreibung in den *mimischen Szenen* zu. Zu den Kennzeichen dieser Kürzestdramen gehört die Überschreitung tradierter Gattungsgrenzen sowie die bewusste Einbindung lyrischer Knotenpunkte. Zusammen mit einer fragmentierten Dramaturgie soll Theater als Gedächtnisraum funktionieren, in dem eine künstlerische Auseinandersetzung mit der sichtbaren und unsichtbaren Welt stattfindet. Die intermediale Poetik der *mimischen Szenen* kritisiert den geschichtlichen Verlauf der Epochen, ohne jedoch ihre (gescheiterten) aufklärerischen und emanzipatorischen Impulse zu denunzieren.

Genau an dieser Stelle finden sich die formalen und inhaltlichen Schnittmengen mit dem Musiktheater Luigi Nonos. Seine musikdramatischen Gestaltungsmittel aus Textfragmenten, tonalen Elementen, Gesten und Raumverfremdungen generieren gemeinsam eine Kompositionstechnik der akustischen und visuellen Verfremdung. Damit formulieren sie ähnlich poetologische Aussagen, die sich – wie die Dramen der Nelly Sachs – durch ihre mehrdeutigen Verweisebenen teilweise am Rande der Unausdeutbarkeit positionieren.

Nonos Werk wurde in dieser Arbeit zudem als die ästhetisch-poetologische Gelenkstelle zwischen den dramatischen Werken von Nelly Sachs und Heiner Müller dargestellt.

Müllers dramatisches Angebot des *synthetischen Fragments* folgt durch die hier herausgearbeiteten formalen Analogien und (unbewussten) Intertextualitäten seinem Sinn und seiner Form nach der bruchstückhaften Konzeption der *mimischen Szenen*. In dieser durch Nonos Musiktheater gestifteten Verwandtschaft wurden das *synthetische Fragment* und die *mimische Szene als* Musik, *als* Mimus, *als* Wort begriffen. Das bekannte Bühnenspiel aus Text und Körpersprache wird somit zu einem Hör- und Gedankendrama hin erweitert, wird zusätzlich zu Klanghandlung und zu inszenierter (Geschichts-)Philosophie. Nelly Sachs wie Heiner Müller binden im Rekurs auf die Schriften von Gershom Scholem (Sachs) und Walter Benjamin (Müller) an ihre avancierten Dramenentwürfe die Ahnung einer anderen Wirklichkeit als Gegenentwurf zur ständigen Herrschaft der Gewalt.

Den nachgelassenen szenischen Projekten von Nelly Sachs, aus denen in der vorliegenden Dissertationsschrift zum ersten Mal ausführlich zitiert werden konnte, ist zu entnehmen, dass sie ebenfalls berechtigterweise Anspruch auf ästhetische wie außerästhetische Relevanz und Autorität erheben. Auch in ihnen sind Musik und Tanz sowie an einigen exemplarischen Punkten bedeutungstragende Stille als Handlungsträger intendiert. Das unvollendet gebliebene Stück *Eisgrab oder Wo Schweigen spricht* mit seiner im Kontext des szenischen Werkes von Nelly Sachs beispiellosen Struktur zeugt dabei exemplarisch für eine nochmalige Befragung der dramatischen Form überhaupt.

Als Dramatikerin der beschädigten Leben und ihrer verfahrenen (Liebes-)Beziehungen, die niemals den Freuden des Augenblicks zu ihrem Recht verhilft, finden sich auch innerhalb der verschiedenen Projekte des dramatischen Nachlasses keine konkreten alternativen Handlungsanweisungen für den Rezipienten. Sachs zeigt, dass ein Ordnen der komplizierten Beziehungskonstellationen unmöglich ist, denn die vorgestellten privaten Dramaturgien sind zuallererst Resultat der gewaltsamen Geschichte. Von daher ist eine Balance zwischen gesellschaftlicher Norm und jeder Abweichung von ihr an keiner Stelle der Texte herstellbar, sie ist unmöglich geworden. Insgesamt betrachtet kennzeichnet den szenischen Nachlass an einigen Stellen eine weitere Engführung jener anprobierten Schreibverfahren, die einen integralen Bestandteil der szenisch-poetischen Selbstbegründung von Nelly Sachs bilden. Damit fügt er sich nahtlos in den stofflichen und formalen Gesamtkontext ihres publizierten dramatischen Werks ein. Ihre große ästhetische Leistung zeigen die unveröffentlichten szenischen Werke darin, dass auch sie trotz der darin allgegenwärtigen Einsicht in die Begrenztheit des Lebens unbeirrt an ihm festhalten: Als einem Leben auf Abruf.

Das Fehlen eines Gesamtüberblickes auf das Werk von Nelly Sachs bleibt weiterhin ein literaturwissenschaftliches Desiderat. Mit einem ambitionierten Editionsvorhaben unter der Leitung von Ruth Dinesen und Günther Holz wurde Anfang 1992 versucht, diese Lücke zu schließen. Das Vorhaben einer schließlich auf drei Bände konzipierten Ausgabe der Gesammelten Werke mit insgesamt rund 1500 Druckseiten umfasste

> die Auflistung aller auffindbaren Drucke, Manu- und Typoskripte zu jedem in der Ausgabe präsentierten Text sowie den Abdruck der von diesem abweichenden Fassungen, wenn sie eine zum Abschluss gekommene Arbeitsphase sichtbar machen, im editorischen Anhang jedes Bandes. Dazu gehören auch Datierungshilfen und Briefzitate, die sich auf den jeweiligen Text beziehen.[717]

Stellte dieses Publikationskonzept – das ohne die von Nelly Sachs selbst zu Lebzeiten gesperrten frühesten Arbeiten auskommen mußte – bereits einen Kompromiß mit dem Verwalter des Nachlasses und den Inhabern der Rechte am Werk, Hans Magnus Enzensberger sowie dem Suhrkamp Verlag dar, so scheiterte die Realisation des Editionsvorhabens 1993 letztendlich komplett, ohne das hierfür dem interessieren Publikum nachvollziehbare Gründe genannt worden wären. Literatur-, Theater-, Medien- und Musikwissenschaften können daher weiterhin nicht auf einen einheitlichen Textkorpus zurückgreifen, der vor allem durch die Integration der nachgelassenen Schriften notwendige Erkenntnisse zur Textgenese und zum Kontext der poetologischen Entwicklung des (lyrischen und dramatischen) Gesamtwerkes ermöglichen würde.

Das der vorliegenden Monographie titelgebende Zitat – „Aber dies ist nichts für Deutschland, das weiß und fühle ich." – prägte Nelly Sachs in Bezug auf die Ablehnung ihres Dramenerstlings *Eli. Ein Mysterienspiel vom Leiden Israels*. Dass sich dieses Zitat bis heute auf ihr gesamtes publiziertes szenisches Werk übertragen lässt, ist traurige Ausweitung und Bestätigung ihrer negativen Prophetie. In den szenischen Vergegenwärtigungen der unzähligen Opfer verfehlter Geschichte verbindet die Protagonisten, dass sie keine geglückte Erfahrung in sich tragen. Ihr permanenter Schmerz und die erfahrenen Demütigungen des Daseins als ihre basale psycho-physische Disposition provozieren das Theater als Gattung insgesamt, werden doch so die Fragen nach seinen Grenzen virulent. Erst durch die Radikalität der dramatischen Paradigmen – Täter-Opfer, Exil, Schuld, das bloße Leben überleben – wird eine adäquate Gegenwartsanalyse

---

[717] Günther Holz: Mitteilung über ein verabschiedetes Projekt. In: NI, S. XXIf., hier S. XXI.

ermöglicht und werden Formen und Grenzen einer künftigen Gesellschaftspraxis kritisch hinterfragt. Theater als Ort solcher Praxis wäre unvereinbar mit terminiertem offiziellem Erinnern. Hierin liegen die Würde und Autorität der Szenen. Sie sind bewusst gesellschaftlich unterlegt und mit der Ahnung von einer utopischen Hoffnung versehen, deren Kern Auschwitz bildet und um den alles kollektive Handeln gruppiert ist. Die hier vorliegenden Untersuchungen verstehen sich daher bewusst als Beitrag in dem von den szenischen Werken der Nelly Sachs gestifteten Diskussionsprozess: Aus Verantwortung gegenüber einer Zukunft, der die Hoffnung auf Erlösung aus der schlechten Gegenwart nicht genommen werden kann.

Siglenverzeichnis

AS1 Walter Benjamin: Illuminationen. Ausgewählte Schriften 1. Hrsg. von Siegfried Unseld. Frankfurt am Main 1977.

AS2 Walter Benjamin: Angelus Novus. Ausgewählte Schriften 2. Hrsg. von Siegfried Unseld. Frankfurt am Main 1988.

Bahr Ehrhard Bahr: Nelly Sachs. München 1980.

Berendsohn Walter A. Berendsohn: Nelly Sachs. Einführung in das Werk der Dichterin jüdischen Schicksals. Darmstadt 1974.

Briefe Ruth Dinesen, Helmut Müssener (Hrsg.): Briefe der Nelly Sachs. Frankfurt am Main 1984.

Dinesen Ruth Dinesen: Nelly Sachs. Eine Biographie. Frankfurt am Main 1992.

Ehrengabe II Nelly Sachs zu Ehren. Zum 75. Geburtstag am 10. Dezember 1966. Gedichte, Beiträge, Bibliographie. Hrsg. vom Suhrkamp Verlag. Frankfurt am Main 1966.

Fleischer Burga Fleischer: Gebärde der Versöhnung. Die dramatische Dichtung der Nelly Sachs. Eitorf 1996.

Gedichte Nelly Sachs: Fahrt ins Staublose. Gedichte. Frankfurt am Main 1988.

GS Theodor W. Adorno: Gesammelte Schriften. Hrsg. von Rolf Tiedemann, Frankfurt am Main 1977.

Lehmann Hans-Thies Lehmann: Postdramatisches Theater. Frankfurt am Main 1999.

NI Michael Kessler, Jürgen Wertheimer: Nelly Sachs. Neue Interpretationen. Mit Briefen und Erläuterungen der Autorin zu ihren Gedichten im Anhang. Tübingen 1994.

Ostmeier Dorothee Ostmeier: Sprache des Dramas – Drama der Sprache. Zur Poetik der Nelly Sachs. Tübingen 1997.

ZiS Nelly Sachs: Zeichen im Sand. Die szenischen Dichtungen der Nelly Sachs. Frankfurt am Main 1962.

Literaturverzeichnis

Texte von Nelly Sachs

–   Leben unter Bedrohung. In: Ariel, Heft 3, S. 19, Darmstadt 1956.

–   Zeichen im Sand. Die szenischen Dichtungen der Nelly Sachs. Frankfurt am Main 1962.

–   Glühende Rätsel. Frankfurt am Main 1963, 1964.

–   Späte Gedichte. Frankfurt am Main 1965.

–   Das Leiden Israels. Eli/In den Wohnungen des Todes/Sternverdunkelung. Nachwort von Werner Weber. Frankfurt am Main 1965.

–   Ausgewählte Gedichte. Nachwort von Hans Magnus Enzensberger. Frankfurt am Main 1966.

–   Landschaft aus Schreien. Ausgewählte Gedichte. Berlin u. a. 1966.

–   Verzauberung. Späte szenische Dichtungen. Frankfurt am Main 1970.

–   Elf Briefe an Shin Shalom. In: Literatur und Kritik. Heft 118, Salzburg 1977.

–   Fahrt ins Staublose. Gedichte. Frankfurt am Main 1988.

–   Suche nach Lebenden – Die Gedichte der Nelly Sachs. Band 2. Hrsg. v. Margaretha Holmqvist und Bengt Holmqvist. 3. Auflage Frankfurt am Main 1993.

–; Celan, Paul   Briefwechsel. Hrsg. v. Barbara Wiedemann. Frankfurt am Main. 1993.

Unveröffentlichte szenische Texte und Fragmente aus Nelly Sachs Manuskript: Dramer (Sig. L 90:5:6)

–   Der große Anonyme. Ein Spiel für Wort Tanz Musik (11 Blatt Maschinenschrift [MS] mit handschriftlichen Anmerkungen [HS])

–   Todeszahn zernagt die Zeit, ein Spiel für Marionetten (1 Blatt MS, HS)

–   Offene Türen in der Luft, ein Legendenspiel für Marionetten (1 Blatt, MS, HS)

–   Eisgrab oder Wo Schweigen spricht (3 Blatt, MS)

–   Ein Traumballett wird gemimt (7 Blatt, MS, HS)

–   Merlin (4 Blatt, MS, HS); 4 Gedichtvarianten aus dem Merlin – Marja Wolkonskaja Komplex (6 Blatt, MS, HS); Prosaerzählung: Marja Wolkonskaja (8 Blatt, MS)

–   Unsichtbare Arbeit und Zwei unruhevolle Ballette (13 Blatt, MS, HS)

–   Der Stein und das Blut. Ein Albtraumspiel von den Überlebenden (28 Blatt, MS)

–   Schreckliches Abendrot (1 Blatt, MS)

–   Die Raupe (2 Blatt, MS, HS)

Varianten veröffentlichter szenischer Texte
-            Nur eine Weltminute (3 Blatt, MS, HS)
-            Abschieds-Schaukel (3 Blatt, MS, HS)

Unveröffentlichte szenische Texte und Fragmente aus Nelly Sachs— Manuskript: Dramer: L 90:5:7
-            Das Haar/Spiel um die Mitternacht (48 Blatt, MS, HS)

Tonträger

Enzensberger, Hans Magnus	Literarisches Portrait: Nelly Sachs. NDR 13. Februar 1959.
Holliger, Heinz	Siebengesang, Der magische Tänzer. Basel 1970, Orbis Originalaufnahme Deutsche Grammophon 64 823.
Nono, Luigi	Intolleranza 1960. Staatsoper Stuttgart 1995. TELDEC 4509-97304-2.
-	Prometeo. Tragedia dell'ascolto. Zeitfluss-Festival '93. EMI Classics Ricordi 1995. 7243 5 55209 2 0.
-	Il canto sospeso. CD Sony SK 53 369 (1993).
Sachs, Nelly	Eli. Ein Mysterienspiel vom Leiden Israels. Hörspiel, SDR 1958.
-	Eli. Ein Mysterienspiel vom Leiden Israels. Hörspiel, NDR 1961.
-	Simson fällt durch Jahrtausende. ein dramatisches Geschehen in vierzehn Bildern. SWF 1966.

Literatur zum Werk von Nelly Sachs

Arnold, Heinz L. (Hrsg.)	Nelly Sachs. Text und Kritik. Zeitschrift für Literatur. H. 23. 2., rev. u. erw. Aufl. München 1979.
Bahr, Ehrhard	Shoemaking as a mystic symbol in Nelly Sachs' Mystery Play Eli. In: The German Quarterly, Vol.45/1972, S. 480-483.
-	Nelly Sachs. München 1980.
-	Paul Celan und Nelly Sachs: Ein Dialog in Gedichten. In: Chaim Shoham, Bernd Witte (Hrsg.): Datum und Zitat bei Paul Celan. Akten des Internationalen Paul Celan–Colloquiums, Haifa 1986. Bern (u. a.) 1987. S.183-194.
Bahti, Timothy; Fries, Marilyn Sibley (Hrsg.)	Jewish Writers, German Literature. The Uneasy Examples of Nelly Sachs and Walter Benjamin. Michigan 1995.
Bartmann, Franz-Josef	„... denn nicht dürfen Freigelassene mit Schlingen der Sehnsucht Eingefangen werden ..." Nelly Sachs (1891-1970) – eine deutsche Dichterin. Zum 100. Geburtstag der Nobelpreisträgerin für Literatur und ersten Preisträgerin des Kulturpreises der Stadt Dortmund – Nelly –Sachs-Preises – Dortmund 1991.
Bauer, Gerhard; Holtz, Günter	Nelly Sachs und Paul Celan. Die lyrische Rede von dem Verbrechen, dem keiner entkommt. In: Manuel Köppen (Hrsg.): Kunst und Literatur nach Auschwitz. Berlin 1993. S. 39-55.

Beil, Claudia	Sprache als Heimat. Jüdische Tradition und Exilerfahrung in der Lyrik Von Nelly Sachs und Rose Ausländer. München 1991.
Berendsohn, Walter A.	Nelly Sachs, der künstlerische Aufstieg der Dichterin jüdischen Schicksals. Vortrag an der VHS Dortmund, 1961, Kulturamt der Stadt Dortmund (Hrsg.), o. J.
–	Nelly Sachs. Einführung in das Werk der Dichterin jüdischen Schicksals. Darmstadt 1974.
Berman, Russell A.	„Der begrabenen Blitze Wohnstatt": Trennung, Heimkehr und Sehnsucht in der Lyrik von Nelly Sachs. In: Gunter Grimm, Hans-Peter Bayerdörfer (Hrsg.): Im Zeichen Hiobs. Jüdische Schriftsteller und deutsche Literatur im 20. Jahrhundert. Frankfurt am Main 1985. S. 280-292.
Bezzel-Dischner, Gisela	Poetik des modernen Gedichts. Zur Lyrik von Nelly Sachs. Berlin, Zürich 1970.
Blumenthal-Weiss, Ilse	Begegnungen mit Else Lasker-Schüler, Nelly Sachs, Leo Baeck, Martin Buber. Privatdruck fuer die Freunde der Women's Auxiliary des Leo Baeck Instituts New York, 1977.
Braun, Michael	Phasen, Probleme und Perspektiven der Nelly-Sachs-Rezeption – Forschungsbericht und Bibliographie. In: Michael Kessler, Jürgen Wertheimer: Nelly Sachs. Neue Interpretationen. Mit Briefen und Erläuterungen der Autorin zu ihren Gedichten im Anhang. Tübingen 1994. S. 375-393.
–	Ikonen und Gedichte. Zum Briefwechsel von Gunnar Ekelöf und Nelly Sachs. In: Ders.: Der zertrümmerte Orpheus. Über Dichtung. Heidelberg 2002, S. 28-32.
Bühler-Dietrich, Annette	Auf dem Weg zum Theater. Else Lasker-Schüler, Marieluise Fleißer, Nelly Sachs, Gerlind Reinshagen, Elfriede Jelinek. Würzburg 2003.
Cassagnau, Laurent	Utopie et dialogue dans la poèsie de Nelly Sachs. Bern (u. a.) 1993.
Cernyak-Spatz, Susan E.	German Holocaust Literature. New York (u.a.) 1985.
Chapuis, Blandine	Écriture poétique alterité chez Nelly Sachs. Université de Lyon, 1998. (Diss.)
Dinesen, Ruth	Briefe der Nelly Sachs. Hrsg. v. Ruth Dinesen und Helmut Müssener. Frankfurt am Main 1984.
–	Naturereignis – Wortereignis. Übereinstimmung und Nicht-Übereinstimmung in Gedichten von Nelly Sachs und Paul Celan. In: Text und Kontext. H1/1985, S.119-141.
–	Verehrung und Verwerfung. Nelly Sachs. Kontroverse um eine Dichterin. In: Kontroversen, alte und neue. Akten des VII: Internat. Germanisten-Kongresses, Göttingen 1985. Bd.10. Tübingen 1986.S. 130-137.
–	Paul Celan und Nelly Sachs. In: Chaim Shoham, Bernd Witte (Hrsg.): Datum und Zitat bei Paul Celan. Akten des Internationalen Paul Celan-Colloquiums, Haifa 1986. Bern (u. a.) 1987. S.195-210.
–	Nelly Sachs-Briefregister. 3454 Briefe auf Mikrofiches. Stuttgart 1989. (Stuttgarter Arbeiten zur Germanistik 188).
–	Nelly Sachs. Eine Biographie. Frankfurt am Main 1992.

-, Kungliga Bibliotek Stockholm

Nelly Sachs 1891-1970. Utställning Kungl. Biblioteket 2.12.1991-2.2.1992.

–

Exil als Metapher. Nelly Sachs: Flucht und Verwandlung (1959). Exilforschung. Ein internationales Jahrbuch. Band 11: Frauen und Exil. Zwischen Anpassung und Selbstbehauptung. Hrsg. im Auftrag der Gesellschaft für Exilforschung/Society for Exile Studies von Claus-Dieter Krohn (u. a.). München 1993. S 143-155.

–

Spätfolgen der Verfolgung. In: Michael Kessler, Jürgen Wertheimer: Nelly Sachs. Neue Interpretationen. Mit Briefen und Erläuterungen der Autorin zu ihren Gedichten im Anhang. Tübingen 1994, S. 283-297.

Drews, Wolfgang

Sind die Studenten müde? Bericht von der 12. Woche der Studententheater in Erlangen. In: Theater heute, Heft 9/1962, S. 29f.

Enzensberger, Hans Magnus

Die Steine der Freiheit. In: Merkur 13 (1959), H. 7, S. 770-775.

Falkenstein, Henning

Nelly Sachs. Köpfe des 20. Jahrhunderts, Bd. 101. Berlin 1984

Fleischer, Burga

Gebärde der Versöhnung. Die dramatische Dichtung der Nelly Sachs. Eitorf 1996.

Freie Akademie der Künste Hamburg (Hrsg.)

Nelly Sachs. Eingeleitet von Paul Kersten (=Hamburger Bibliographien 7) Hamburg 1969.

Fritsch-Vivié, Gabriele

Nelly Sachs. Mit Selbstzeugnissen und Bilddokumenten. Reinbek bei Hamburg 1993.

–

Der biographische Aspekt in den Szenischen Dichtungen der Nelly Sachs. In: Michael Kessler, Jürgen Wertheimer: Nelly Sachs. Neue Interpretationen. Mit Briefen und Erläuterungen der Autorin zu ihren Gedichten im Anhang. Tübingen 1994. S. 271-282.

Fuchs, Elinor

Introduction. In: Dies. (Hrsg.): Plays of the Holocaust: An International Anthology. New York 1987. S. xi-xxii.

Gelber, Mark H.

Nelly Sachs und die jüdische Tradition: das Gebet und der religiöse Kalender in ihrer Dichtung. In: Michael Braun u. a. (Hrsg.): „Hinauf und Zurück/in die herzhelle Zukunft" Deutsch-jüdische Literatur im 20. Jahrhundert. Festschrift für Birgit Lermen. Bonn 2000, S. 371-378.

Gillmayr-Bucher, Susanne

„Eigentlich wollte ich nur das Weltall ein bißchen anritzen." Intra- und intertextuelle Bezüge in Nelly Sachs' szenischer Dichtung Simson fällt durch Jahrtausende. http://computer-philologie.uni-muenchen.de/jg97/gillmayr/Simson.html

Grittner, Sabine

„Aber wo Göttliches wohnt – die Farbe Nichts": Mystik-Rezeption und mystisches Erleben im Werk der Nelly Sachs. St. Ingberg 1999.

Hamm, Peter

„Unser Gestirn ist vergraben im Staub" Eine Rede zum 100. Geburtstag von Nelly Sachs. In: Ders.: Der Wille zur Ohnmacht. München u. a. 1992, S. 109-123.

Häusler, Josef | Zur Komposition des „Magischen Tänzers". In: Heinz Holliger: Der Magische Tänzer (Uraufführung). Programmheft des Basler Stadttheaters 1969/70·13, o. S.

Herchet, Jörg | Polyphonie ist Aufgabe. In: Positionen. Beiträge zur neuen Musik. Hrsg. von Gisela Nauck und Armin Köhler, Leipzig, Heft 3/1989.

– | Identifikation und Distanzierung. In: Positionen. Beiträge zur neuen Musik. Hrsg. von Gisela Nauck und Armin Köhler, Leipzig, Heft 5/1990.

Holz, Günther | Mitteilung über ein verabschiedetes Projekt. In: Michael Kessler, Jürgen Wertheimer: Nelly Sachs. Neue Interpretationen. Mit Briefen und Erläuterungen der Autorin zu ihren Gedichten im Anhang. Tübingen 1994, S. XXIf.

Holliger, Heinz | Der Magische Tänzer (Uraufführung). Programmheft des Basler Stadttheaters 1969/70·13, o. S.

Holmqvist, Bengt (Hrsg.) | Das Buch der Nelly Sachs. Frankfurt am Main 1977.

Jacob, P. Walter | Im Rampenlicht. Essays und Kritiken aus fünf Jahrzehnten. Hrsg. v. Uwe Naumann. Hamburg 1985.

Kaiser, Antje | Albtraum. Zur Absetzung einer Uraufführung in der Semperoper. In: die tageszeitung v. 05.April 1990. Auch in : Theater der Zeit, Heft 5, 1990, S. 3. [Nachtwache]

– | Werkinterpretationen. Jörg Herchet „Nachtwache". Komposition für das Musiktheater. In: Gisela Nauck und Armin Köhler: Positionen. Beiträge zur neuen Musik., Heft 5/1990, S. 17f.

Kant, Hermann | Die Gefährten. In: Neue Deutsche Literatur, Heft 10/1971, S. 59-74.

Kersten, Paul | Die Metaphorik in der Lyrik von Nelly Sachs. Mit einer Wort-Konkordanz und einer Nelly Sachs-Bibliographie. Hamburg 1970.

Kessler, Michael;
Wertheimer Jürgen (Hrsg.) | Nelly Sachs. Neue Interpretationen. Mit Briefen und Erläuterungen der Autorin zu ihren Gedichten im Anhang. Tübingen 1994.

Klingmann, Ulrich | Religion und Religiösität in der Lyrik von Nelly Sachs. Frankfurt am Main 1980.

Krämer, Michael | „Wir wissen ja nicht, was gilt". Zum poetischen Verfahren bei Nelly Sachs und Paul Celan – Versuch einer Annäherung. In: Michael Kessler, Jürgen Wertheimer: Nelly Sachs. Neue Interpretationen. Mit Briefen und Erläuterungen der Autorin zu ihren Gedichten im Anhang. Tübingen 1994. S. 35-67.

Krieg, Matthias | Schmetterlingsweisheit. Die Todesbilder der Nelly Sachs. Berlin 1983.

Lagercrantz, Olof | Versuch über die Lyrik der Nelly Sachs. Frankfurt am Main 1967.

Leiser, Erwin | Gott hat kein Kleingeld. Erinnerungen. Köln 1993.

Lermen, Birgit;
Braun, Michael | Nelly Sachs – „an letzter Atemspitze des Lebens". Bonn 1998.

Lerousseau, Andreé | Le personnage d'Abraham dans l'œuvre poétique et dramatique de Nelly Sachs. In: Germanica. Heft 24/1999: Bible et littérature de langue allemande au XXe siècle. Université Charles-de-Gaulle, Lille 3, S. 55-68.

Lorenz, Dagmar C. G.	Jewish women authors and the exile experience: Claire Goll, Veza Canetti, Else Lasker-Schüler, Nelly Sachs and Cordelia Edvardson. In: German Life and Letters. Exile Studies Special Number, Vol. LI No. 21998, S. 225-239.
Luckscheiter , Roman	Licht in Hiobs Welt. Zum Briefwechsel zwischen Nelly Sachs und Hilde Domin. In: Stimmen der Zeit, Heft 217,4, S. 281f.
Melchinger, Siegfried	Vorrede an ein imaginäres Publikum. In: Das Buch der Nelly Sachs. Suhrkamp Hausbuch. Hrsg. v. Bengt Holmqvist, Frankfurt am Main 1968, S. 410-416.
Merz, Veronika	Das Universum des Unsichtbaren: Kraftquelle und Vision der Dichterin Nelly Sachs (1891-1970), Arbon 2000.
Michel, Peter	Mystische und literarische Quellen in der Lyrik von Nelly Sachs. Diss. Freiburg/B. 1981.
Naumann, Uwe	Ein Stück der Versöhnung. Zur Uraufführung des Mysterienspiels Eli von Nelly Sachs. In: Exilforschung. Ein internationales Jahrbuch. Hrsg. v. Thomas Koebner u. a. , München 1986, S. 98-114.
Neef, Sigrid und Hermann	Jörg Herchet: Nachtwache. Komposition für das Musiktheater. Text von Nelly Sachs. In: Siegrid und Hermann Neef: Deutsche Oper im 20. Jahrhundert. DDR 1949-1989. S. 225-230.
Riede, Anita	Das „Leid-Steine-Trauerspiel": zum Wortfeld „Stein" im lyrischen Kontext in Nelly Sachs' „Fahrt ins Staublose" mit einem Exkurs zu Paul Celans „Engführung". Berlin 2001 [Berlin, Freie Univ., Diss. 2000]
Rospert, Christine	Kritik nach Auschwitz: Lesarten zu Nelly Sachs. In: Susanne Gottlob u. a. (Hrsg.): „Was ist Kritik?": Fragen an Literatur, Philosophie und digitales Schreiben. Hamburg 2000, S. 135-153.
Scheit, Gerhard	Verborgener Staat, lebendiges Geld. Zur Dramaturgie des Antisemitismus. Freiburg 1999.
Schwedhelm, Karl	Landschaft aus Schreien. Eckart, Heft 7, Juli-September 1958, S. 267-269.
–	Nelly Sachs. In: Hans Jürgen Schultz (Hrsg.): Der Friede und die Unruhestifter. Herausforderungen deutschsprachiger Schriftsteller im 20. Jahrhundert. Frankfurt am Main 1973. S. 166-180.
–	Nelly Sachs. Briefwechsel und Dokumente. Ges. Werke Bd.6, Hrsg. von Bernhard Albers. Aachen 1998.
Sowa-Bettecken, Beate	Sprache der Hinterlassenschaft. Jüdisch-christliche Überlieferung in der Lyrik von Nelly Sachs und Paul Celan. Frankfurt am Main u. a. 1991.
Strenger, Elisabeth	Nelly Sachs and the dance of language. In: Amy Colin, Elisabeth Strenger (Hrsg.): Brücken über dem Abgrund. Auseinandersetzungen mit jüdischer Leidenserfahrung, Antisemitismus und Exil; Festschrift für Harry Zohn. München 1994, S. 225-236.
Strobl, Ingrid	„Der Tod war mein Lehrmeister". Die Lyrikerin Nelly Sachs. In: Dies.: Das Feld des Vergessens. Jüdischer Widerstand und deutsche „Vergangenheitsbewältigung". Berlin, Amsterdam 1994. S119-139.

Strümpel, Jan	Vorstellungen vom Holocaust. George Taboris Erinnerungs-Spiele. Göttingen 2000.
Sucher, C. Bernd	Drama der deutsch-jüdischen Nacht. C. Bernd Sucher über Nelly Sachs' 1945 geschriebenes Mysterienspiel „Eli". In: Theater heute. Heft 11/1987, S. 26f.
Suhrkamp Verlag (Hrsg.)	Nelly Sachs zu Ehren. Gedichte Prosa Beiträge. Frankfurt am Main 1961.
–	Nelly Sachs zu Ehren. Zum 75. Geburtstag am 10. Dezember 1966. Gedichte. Beiträge. Bibliographie. Frankfurt am Main 1966.
Tau, Max	Das Land das ich verlassen mußte. Hamburg o. J.
–	Ein Flüchtling findet sein Land. Hamburg 1964.
Thompsen, Jane Hegge	The theme of rebirth in 5 dramas of Nelly Sachs. Diss. North Carolina at Chapel Hill 1980.
Thuswaldner, Anton	Nelly Sachs. In: Heinz Ludwig Arnold (Hrsg.): Kritisches Lexikon zur deutschsprachigen Gegenwartsliteratur. München 1978 ff.
Unseld, Siegfried (Hrsg.)	Aus aufgegebenen Werken. Frankfurt am Main 1968.
Vaerst, Christa	Dichtungs- und Sprachreflexion im Werk von Nelly Sachs. Frankfurt am Main 1977.
Wendt, Ernst	Sachs „Eli" in Dortmund. Theater Heute, Heft 4, 1962, S. 25f.
Wolf, Christa	„Und öffnete der Worte Adernetz". Was ist menschlich? Christa Wolf, Nelly-Sachs-Preisträgerin, liest die Dichterin heute. In: Frankfurter Rundschau v. 18.Dezember 1999.
Wünsche, Konrad	Schwierigkeiten mit den Szenen von Nelly Sachs. In: Suhrkamp Verlag (Hrsg.): Nelly Sachs zu Ehren. Zum 75. Geburtstag am 10. Dezember 1966. Gedichte. Beiträge. Bibliographie. Frankfurt am Main 1966, S. 165.
Zabel, Hermann	Zweifache Vertreibung: Erinnerungen an Walter A. Berendsohn, Nestor der Exil-Forschung, Förderer von Nelly Sachs. Essen 2000. (Beiträge zur Förderung des christlich-jüdischen Dialogs Bd. 18)

Weitere Literatur zum Thema

Adorno, Theodor W.:	Gesammelte Schriften. Hrsg. von Rolf Tiedemann. Darmstadt 1998.
Améry, Jean	Jenseits von Schuld und Sühne. Bewältigungsversuche eines Überwältigten. München 1988.
Arendt, Hannah	Eichmann in Jerusalem. Ein Bericht von der Banalität des Bösen. München 1986.
Assmann, Aleida	Arbeit am nationalen Gedächtnis. Eine kurze Geschichte der deutschen Bildungsidee. Frankfurt/New York 1993.
- (Hrsg.)	Texte und Lektüren. Perspektiven in der Literaturwissenschaft. Frankfurt am Main 1996.
–	Zur Metaphorik der Erinnerung. Ein Rundgang durchs historische Museum der Imagination. In: Neue Horizonte 97/98, Hrsg. Ernst Peter Fischer: Gedächtnis und Erinnerung. München 1998, S. 111-164.
Assmann, Jan	Das kulturelle Gedächtnis. Schrift, Erinnerung und politische Identität in frühen Hochkulturen. München 1997.

–	Der Tod als Thema der Kulturtheorie. Totenbilder und Totenriten im Alten Ägypten. Frankfurt am Main 2000.
Bauer, Yehuda	Geschichtsschreibung und Gedächtnis am Beispiel des Holocaust. In: Transit. Europäische Revue. Heft 22: Das Gedächtnis des Jahrhunderts (Winter 2001/2002), Frankfurt am Main 2002, S. 178-192.
Bayerdörfer, Hans-P. (Hrsg.)	Theatralica Judaica. Bd. 2. Nach der Shoah: israelisch-deutsche Theaterbeziehungen seit 1949. Tübingen 1996.
Beckett, Samuel	Warten auf Godot. Frankfurt am Main 1971.
Ben-Chorin, Schalom	Narrative Theologie des Judentums anhand der Pessach-Haggada: Jerusalemer Vorlesungen. Tübingen 1985.
–	Die Erwählung Israels. Ein theologisch-politischer Traktat. München 1993.
Benn, Gottfried	Statische Gedichte. Zürich 1948.
Benjamin, Walter	Illuminationen. Ausgewählte Schriften 1. Hrsg. v. Siegfried Unseld.
–	Angelus Novus. Ausgewählte Schriften 2. Hrsg. v. Siegfried Unseld. Frankfurt am Main 1988.
–	Ursprung des deutschen Trauerspiels. Hrsg. von Rolf Tiedemann. 5. Auflage. Frankfurt am Main 1990.
Borchert, Wolfgang	Das Gesamtwerk. Reinbek bei Hamburg 1949.
Böhme, Jacob	Von der Gnadenwahl. Stuttgart 1988.
Braese, Stephan (Hrsg.)	In der Sprache der Täter. Neue Lektüren deutschsprachiger Nachkriegs- und Gegenwartsliteratur. Opladen 1998.
Brandstetter, Gabriele	Tanz-Lektüren. Körperbilder und Raumfiguren der Avantgarde, Frankfurt am Main 1995.
_ (Hrsg.)	Grenzgänge. Das Theater und die anderen Künste. Tübingen 1998
Brecht, Bertolt	Gesammelte Werke in 20 Bänden. Frankfurt am Main 1967.
Brocke, Michael; Jochum, Herbert	Wolkensäule und Feuerschein. Jüdische Theologie des Holocaust. Gütersloh 1993.
Brumlik, Micha (Hrsg.)	Jüdisches Leben in Deutschland seit 1945. Frankfurt am Main 1988.
Buber, Martin	Die Chassidische Botschaft. Heidelberg 1952
–	Die Legende des Baalschem. Zürich 1955.
–	Werke. Dritter Band: Schriften zum Chassidismus. Heidelberg 1963.
–	Die Erzählungen der Chasssidim. 12. Aufl. Zürich 1996.
Bude, Heinz	Bilanz der Nachfolge. Die Bundesrepublik und der Nationalsozialismus. Frankfurt am Main 1992.
Burgauer, Erica	Zwischen Erinnerung und Verdrängung – Juden in Deutschland nach 1945. Reinbek bei Hamburg 1993.
Celan, Paul	Gesammelte Werke in fünf Bänden. Hrsg. v. Beda Allemann u. a. Frankfurt am Main 1985.
Coppersmith, Dina	Zurück auf „Los". An Rosch Haschana bekommen wir die Chance, uns selbst neu zu erschaffen. In: Jüdische Allgemeine Nr. 18/02 (Rosch Haschana 5763), S. 33.
Darmstädter, Tim	Die Verwandlung der Barbarei in Kultur. Zur Rekonstruktion der nationalsozialistischen Verbrechen. In: Michael Werz (Hrsg.): Antisemitismus und Gesellschaft. Zur Diskussion um

	Auschwitz, Kulturindustrie und Gewalt. Frankfurt am Main 1995, S. 115-140.
Döhl, Reinhard	Das neue Hörspiel. Geschichte und Typologie des Hörspiels. Darmstadt 1988.
Dürrenmatt, Friedrich	Theaterprobleme. In: Ders.: Theater-Schriften und Reden. Hrsg. von Elisabeth Brock-Sulzer, Zürich 1966. S. 92-131.
Eke, Norbert Otto	Heiner Müller. Apokalypse und Utopie. Paderborn u. a. 1989
Emmerich, Wolfgang	Kleine Literaturgeschichte der DDR. Erweiterte Neuausgabe. Leipzig 1996.
Fackenheim, Emil Ludwig	God's Presence In History. New York 1970.
–	Die gebietende Stimme von Auschwitz. In: Michael Brocke und Herbert Jochum: Wolkensäule und Feuerschein. Jüdische Theologie des Holocaust. Gütersloh 1993, S. 73-110.
Feinberg, Anat	Wiedergutmachung im Programm. Jüdisches Schicksal im deutschen Nachkriegsdrama. Köln 1988.
Feynman, Richard P.	Sechs physikalische Fingerübungen. München 2002.
Fischer-Lichte, Erika (Hrsg.)	Das Drama und seine Inszenierung. Vorträge des Internationalen Literatur- und Theatersemiotischen Kolloquiums. Tübingen 1985.
– (Hrsg.)	TheaterAvantgarde: Wahrnehmung – Körper – Sprache. Tübingen u. a. 1995.
–	Die Entdeckung des Zuschauers: Paradigmenwechsel auf dem Theater des 20. Jahrhunderts. Tübingen u. a. 1997.
– (Hrsg.)	Theater seit den 60er Jahren: Grenzgänge der Neo-Avantgarde. Tübingen u. a. 1998.
–	Theater im Prozeß der Zivilisation. Tübingen u. a. 2000.
Foucault, Michel	Wahnsinn und Gesellschaft. Eine Geschichte des Wahns im Zeitalter der Vernunft. Frankfurt am Main 1996.
Freiligrath, Ferdinand	Werke in einem Band. Berlin u. a. 1980.
Funkenstein, Amos	Jüdische Geschichte und ihre Deutungen. Frankfurt am Main 1995.
Graßmann, Hans	Das Top Quark, Picasso und Mercedes-Benz oder Was ist Physik, Reinbek 1997.
Gehring, Hansjörg	Amerikanische Literaturpolitik in Deutschland. 1945-1953. Ein Aspekt des Re-Education-Programms. Stuttgart 1976.
Genton, Bernard	Die Kultur des schlechten Gewissens. Drei Werke aus dem Berlin des Jahres 1946. In: Mittelweg 36, Zeitschrift des Hamburger Instituts für Sozialforschung, Heft 3/1996, S.31-43.
Giordano, Ralph	Narben, Spuren, Zeugen. 15 Jahre Allgemeine. Düsseldorf 1961.
Goodrich, Frances; Hackett, Albert	Das Tagebuch der Anne Frank. Ein Schauspiel. Frankfurt am Main 1958.
Grimm, Gunter E.; Bayerdörfer, Hans-P. (Hrsg.)	Im Zeichen Hiobs. Jüdische Schriftsteller und deutsche Literatur im 20. Jahrhundert. Königstein/Ts. 1985.
Halbwachs, Maurice	Das Gedächtnis und seine sozialen Bedingungen. Frankfurt am Main 1985.
Haug, Wolfgang Fritz	Der hilflose Antifaschismus. Frankfurt am Main 1970.
Hawking, Stephen W.	Eine kurze Geschichte der Zeit. Die Suche nach der Urkraft des Universums. Reinbek bei Hamburg 1991.

Hegel, Georg Wilhelm F.	Ästhetik. Band II, Berlin und Weimar 1965.
Heller, Ágnes	Vergessen und Erinnern. Vom Sinn der Sinnlosigkeit. In: Sinn und Form. Beiträge zur Literatur. Heft 2/2001, S. 149-160.
Hentges, Gudrun u. a. (Hrsg.)	Antisemitismus. Geschichte-Interessenstruktur-Aktualität. Heilbronn 1995.
Herder, Johann Gottfried	Abraham's Kindheit. In: Herder's Werke. Sechster Theil: Morgenländische Literatur. Hrsg. von Heinrich Düntzer. Berlin 1879.
Hermand, Jost (Hrsg.)	Nachkriegsliteratur in Westdeutschland 1945-49. Schreibweisen, Gattungen, Institutionen (=Argument-Sonderband AS 83), Berlin 1982.
–	Nachkriegsliteratur in Westdeutschland. Band 2: Autoren, Sprache, Traditionen. (=Argument-Sonderband AS 116), Berlin 1983
–	Kultur im Wiederaufbau. Die Bundesrepublik Deutschland 1945-65. München 1986.
von Hofmannsthal, Hugo	Ein Brief. In: Gesammelte Werke in Einzelausgaben. Bd. 4: Prosa II. Hrsg. Von Herbert Steiner, Frankfurt am Main 1951, S. 7-22.
Hölderlin, Friedrich	Sämtliche Werke. Große Stuttgarter Ausgabe. Hrsg. v. Friedrich Beissner. Stuttgart 1946ff. Bd. 1: Gedichte bis 1800.
Huyssen, Andreas	The Politics of Identification: „Holocaust" and West German Drama. In: New German Critique. No. 19/1980, S. 117-136.
Idel, Moshe	„Schwarzes Feuer auf weißem Feuer". Text und Lektüre in der jüdischen Tradition. In: Texte und Lektüren. Perspektiven in der Literaturwissenschaft, hrsg. von Aleida Assmann. Frankfurt am Main 1996. S. 29-47.
Jaspers, Karl	Die Schuldfrage. Heidelberg 1946.
Jonas, Hans	Der Gottesbegriff nach Auschwitz. Eine jüdische Stimme. Frankfurt am Main 1987.
Katz, Steven T.	The Post-Holocaust Dialogues. Critical thought in Modern Jewish Thought. New York 1983.
Kiedaisch, Petra (Hrsg.)	Lyrik nach Auschwitz. Adorno und die Dichter. Stuttgart 1995.
Kilcher, Andreas B.	Die Sprachtheorie der Kabbala als ästhetisches Paradigma. Die Konstruktion einer ästhetischen Kabbala seit der Frühen Neuzeit. Stuttgart und Weimar 1998.
–	Was ist ,deutsch-jüdische Literatur'? Eine historische Diskursanalyse. In Weimarer Beiträge, Heft 45/1999, S. 485ff.
Klemperer, Victor	LTI. Notizbuch eines Philologen. 4. Aufl. Köln 1987.
Klüger, Ruth	Dichten über die Shoah. Zum Problem des literarischen Umgangs mit dem Massenmord. In: Gertrud Hardtmann (Hrsg.): Spuren der Verfolgung: seelische Auswirkungen des Holocaust auf die Opfer und ihre Kinder. Gerlingen 1992, S. 203-221.
–	Gibt es ein „Judenproblem" in der deutschen Nachkriegsliteratur? In: Dies.: Katastrophen: über deutsche Literatur. Göttingen 1994. S. 9-58.
Kogon, Eugen	Der SS-Staat. Das System der deutschen Konzentrationslager. München 1974.

Kuhlmann, Anne	Das Exil als Heimat. Über jüdische Schreibweisen und Metaphern. In: Claus Dieter Crohn (Hrsg.): Sprache-Identität-Kultur: Frauen im Exil. München 1999, S. 198-213.
Kühnl, Reinhard; Spoo, Eckart (Hrsg.)	Was aus Deutschland werden sollte. Konzepte des Widerstands des Exils und der Alliierten. Heilbronn 1995.
Lange, Wigand	Die Schaubühne als politische Umerziehungsanstalt betrachtet. Theater in den Westzonen. In: Jost Hermand u. a. (Hrsg.): Nachkriegsliteratur in Westdeutschland 1945-49. Schreibweisen, Gattungen, Institutionen. Berlin 1982, S. 6-35.
Lanzmann, Claude	Shoah. Vorwort von Simone de Beauvoir. Ungekürzte Ausgabe. München 1988.
Lehmann, Hans-Thies	Postdramatisches Theater: Essay. Frankfurt am Main 1999.
Levi, Primo	Die Atempause. Hamburg 1964.
_	Das periodische System. München 1987.
_	Ist das ein Mensch? München 1992.
Lévinas, Emmanuel	Schwierige Freiheit. Versuch über das Judentum. Frankfurt am Main 1992.
Levy, Daniel; Sznaider, Natan	Erinnerung im globalen Zeitalter. Der Holocaust. Frankfurt am Main 2001.
Lichtenstein, Heiner; Romberg, Otto R. (Hrsg.)	Täter-Opfer-Folgen. Der Holocaust in Geschichte und Gegenwart. Bonn 1995.
Loewy, Hanno (Hrsg.)	Holocaust: Die Grenzen des Verstehens. Eine Debatte über die Besetzung von Geschichte. Reinbek bei Hamburg 1992.
Lonitz, Henri (Hrsg.)	Theodor W. Adorno-Walter Benjamin. Briefwechsel 1928-1940. Frankfurt am Main 1994.
Lorenz, Einhart	Exilforschung in Skandinavien. Geschichte, Stand, Perspektiven. In: Exilforschung. Ein internationales Jahrbuch. Band 14: Rückblick und Perspektiven. Hrsg. im Auftrag der Gesellschaft für Exilforschung/Society for Exile Studies von Claus-Dieter Krohn (u. a.). München 1996. S. 119-132.
Löwenthal, Leo	Das Dämonische. Entwurf einer negativen Relgionsphilosophie. In: Ders.: Untergang der Dämonologien. Studien über Judentum, Antisemitismus und faschistischen Geist. Leipzig 1990, S. 10-25.
Luxemburg, Rosa	Politische Schriften, Bd. II (Hrsg. Ossip K. Flechtheim). Frankfurt am Main 1966.
Malvezzi, Piero u. Pirelli Giovanni (Hrsg.)	Lettere di condannati a morte della resistenza europea. Turin 1954.
Mann, Thomas	Gesammelte Werke in 13 Bänden. Bd. 11: Reden und Aufsätze. Frankfurt am Main 1974.
Maier-Schaeffer, Francine	„Noch mehr Fragment als das Fragment". Zur Fragmentarisierung in Heiner Müllers Theaterarbeit. In: Horst Turk, Jean-Marie Valentin (Hrsg.): Aspekte des politischen Theaters und Dramas von Calderón bis Georg Seidel: deutsch-französische Perspektiven. Bern u. a. 1996, S. 368ff.

Matias Martinez: Dialogizität, Intertextualität, Gedächtnis. In: Heinz Ludwig Arnold und Heinrich Detering: Grundzüge der Literaturwissenschaft. München 1997, S. 441-445..

Mayer, Hans Dürrenmatt und Brecht oder Die Zurücknahme. In: Über Friedrich Dürrenmatt. Essays und Zeugnisse von Gottfried Benn bis Saul Bellow. Hrsg. von Daniel Keel, Zürich 1980, S. 54-79, (= Friedrich Dürrenmatt. Werkausgabe in dreißig Bänden. Band 30).

Meister Eckehart Deutsche Predigten und Traktate. (Hrsg. v. Josef Quint), München 1963.

Metzger, Heinz-Klaus;
Riehn, Rainer (Hrsg.) Luigi Nono. Musik-Konzepte, Heft 20, München 1981.

Michael, Friedrich;
Daiber, Hans Geschichte des deutschen Theaters. Frankfurt am Main 1990.

Mierendorff, Marta;
Wicclair, Walter Im Rampenlicht der „dunklen Jahre". Aufsätze zum Theater im „Dritten Reich", Exil und Nachkrieg. Hrsg. von Helmut G. Asper Berlin 1989.

Mitscherlich, Alexander
und Margarete: Die Unfähigkeit zu trauern. Grundlagen kollektiven Verhaltens. 12. Auflage. München 1979.

Mosès, Stéphane Spuren der Schrift. Von Goethe bis Celan. Frankfurt am Main 1987.

Müller, Heiner Werke. Berlin 1974 ff.
– Gesammelte Irrtümer 1. Interviews und Gespräche, Frankfurt am Main1986.
– Material, Leipzig 1989.
– Gesammelte Irrtümer 2. Interviews und Gespräche. Frankfurt am Main 1990.
– Gedichte. Berlin 1992.
– Krieg ohne Schlacht. Leben in zwei Diktaturen. Eine Autobiographie. Erweiterte Neuausgabe. Köln 1994.

Müller, Jürgen E. Intermedialität als poetologisches und medientheorethisches Konzept. Einige Reflexionen zu dessen Geschichte. In: Jörg Helbig (Hrsg.): Intermedialität: Theorie und Praxis eines interdisziplinären Forschungsgebiets. Berlin 1998, S. 31-40.

Münz, Christoph Geschichtstheologie und jüdisches Gedächtnis nach Auschwitz. Über den Versuch, den Schrecken der Geschichte zu bannen. Hrsg. Stadt Frankfurt am Main, Arbeitstelle Fritz Bauer Institut-Studien- und Dokumentationszentrum zur Geschichte und Wirkung des Holocaust 1994 (= Materialien 11).

Müssener, Helmut Exil in Schweden. Politische und kulturelle Emigration nach 1933. München 1974.
– Deutschsprachiges Exil in Skandinavien: „Im Abseits..."-Die Gastländer Dänemark, Norwegen, Schweden. In: German Life and letters. Exile Studies Special Number, Vol. LI, No. 2, 1998, S. 302-323.

Nietzsche, Friedrich Werke in drei Bänden. Zweiter Band. Hrsg. v. Karl Schlechta. Darmstadt 1997.

Öhlschläger, Claudia; Wiens, Birgit (Hrsg.)	Körper-Gedächtnis-Schrift. Der Körper als Medium kulturel- ler Erinnerung. Berlin 1997.
Opitz, Michael; Wizisla, Erdmut(Hrsg.)	Aber ein Sturm weht vom Paradiese her. Texte zu Walter Ben- jamin. Leipzig 1992.
–	Benjamins Begriffe. Frankfurt am Main 2000.
Piscator, Erwin	Das politische Theater. Reinbek bei Hamburg 1963.
Platon	Die großen Dialoge. Übersetzt von Rudolf Rufener. Mit einer Einführung und Erläuterung von Thomas Alexander Szlezák. München 1991.
Poschmann, Gerda	Der nicht mehr dramatische Theatertext. Aktuelle Bühnen- stücke und ihre dramaturgische Analyse. Tübingen 1997.
Rajewsky, Irina O.	Intermedialität. Tübingen und Basel 2002.
Reemtsma, Jan Phillip	Die Memoiren Überlebender. Eine Literaturgattung des 20. Jahrhunderts. In: Mittelweg 36. Zeitschrift des Hamburger In- stituts für Sozialforschung. Heft 4/1997, S. 20-39.
Reiter, Andrea	Die Erfahrung des Holocausts und ihre sprachliche Bewälti- gung. In: Literatur für Leser, Frankfurt am Main, Heft 3/1998, S. 275ff.
Romberg, Otto R.; Urbahn-Fahr, S. (Hrsg.)	Juden in Deutschland nach 1945. Bürger oder „Mit"-Bürger?. Bonn 2000.
Rosenfeld, Alvin H.	A Double Dying. Reflections on Holocaust Literature. London 1980.
Rousset, David	L'Univers concentrationnaire. Paris 1965 (1946).
Rubenstein, Richard L.	After Auschwitz. Radical Theology and Contemporary Judaism. New York 1966.
Rudnick, Ursula	Post-Shoa religious metaphors: the image of God in the poetry of Nelly Sachs. Frankfurt am Main (u. a.) 1995.
Samuelson, Norbert M.	Moderne jüdische Philosophie. Eine Einführung. Reinbek bei Hamburg 1995.
Sartre, Jean Paul	Geschlossene Gesellschaft. Stück in einem Akt. In: Ders.: Ge- sammelte Werke in Einzelausgaben. In Zusammenarbeit mit dem Autor und Arlette El Kaim-Sartre herausgegeben von Traugott König. Theaterstücke Band 3. Reinbek 1986.
Scheit, Gerhard	Am Ende der Metaphern. Über die singuläre Position von Jean Amérys Ressentiments in den 60er Jahren. In: Mittelweg 36. Zeitschrift des Hamburger Instituts für Sozialforschung, Heft 4/1997, S. 4-17.
Schoeps, Julius H.	Deutsch-jüdische Symbiose oder Die mißglückte Emanzipati- on. Berlin, Potsdam, Bodenheim 1996.
Scholem, Gershom	Judaica I. Frankfurt am Main 1963.
–	Judaica 2. Frankfurt am Main 1970.
–	Judaica III. Studien zur jüdischen Mystik. Frankfurt am Main 1973.
–	Die jüdische Mystik in ihren Hauptströmungen. Frankfurt am Main 1980.
–	Walter Benjamin und sein Engel. Vierzehn Aufsätze und kleine Beiträge. Frankfurt am Main 1983.

–	Walter Benjamin-Gershom Scholem. Briefwechsel 1933-1940. Frankfurt am Main 1985.
–	Tagebücher 1913-1917. Frankfurt am Main 1995.
–	Über einige Grundbegriffe des Judentums. Einmalige Sonderausgabe. Frankfurt am Main 1996.
–	„... und alles ist Kabbala"-Gershom Scholem im Gespräch mit Jörg Drews. München 1998.
–	Tagebücher 1917-1923. Frankfurt am Main 2000.
Schulz, Genia	Die Kunst des Bruchstücks. Über ein Gedicht von Heiner Müller. In: Paul Gerhard Klussmann (Hrsg.): Spiele und Spiegelungen von Schrecken und Tod. Zum Werk von Heiner Müller. Sonderband zum 60. Geburtstag des Dichters. Jahrbuch zur Literatur der DDR. Band 7, Bonn 1990, S. 160.
Schumacher, Claude	Staging the Holocaust. The Shoa in drama and performance. Cambridge 1998.
v. Soldenhoff, Richard (Hrsg.)	Kurt Tucholsky. Ein Lebensbild. Weinheim und Berlin 1987.
Sommerer, Gerald	Lyrische Texte Heiner Müllers. Düsseldorf 1998. (unveröffentlicht)
Steffen, Friederike	Theaterstücke zum Thema Holocaust in didaktischer Perspektive. In: Mitteilungen des Deutschen Germanistenverbandes, Heft 3/2001, S. 430ff.
Steinbach, Peter; Tuchel, Johannes (Hrsg.)	Widerstand gegen den Nationalsozialismus. Berlin 1994.
Stenzl, Jürg	Luigi Nono. Reinbek bei Hamburg 1998.
–	Azione scenica und Literaturoper. Zu Luigi Nonos Musikdramaturgie. In: Heinz-Klaus Metzger, Rainer Riehn (Hrsg.): Musik-Konzepte, Heft 20: Luigi Nono, München 1981, S. 45-57.
Storch, Wolfgang (Hrsg.)	Explosion of a memory. Heiner Müller DDR. Ein Arbeitsbuch. Berlin 1988.
Sznaider, Natan	Holocausterinnerung und Terror im globalen Zeitalter. In: Aus Politik und Zeitgeschichte. Beilage zur Wochenzeitung Das Parlament, 21. Dezember 2001, S. 23ff.
Szondi, Peter	Theorie des modernen Dramas (1880-1950). Frankfurt am Main 1965.
–	Das lyrische Drama des Fin de siècle. Hrsg. v. Henriette Beese. Frankfurt am Main 1975.
–	Schriften I, II. Frankfurt am Main 1978.
Taibon, Mateo	Luigi Nono und sein Musiktheater. In: Maske und Kothurn. Beiheft 16. Berlin u. a. 1993.
Töteberg, Michael	Günther Weisenborn. Kritisches Lexikon zur deutschsprachigen Gegenwartsliteratur. Hrsg. v. Heinz Ludwig Arnold. München 1978ff.
Traverso, Enzo	Die Juden und Deutschland. Auschwitz und die >jüdisch-deutscheSymbiose<. Berlin 1993.
–	Auschwitz denken. Die Intellektuellen und die Shoah. Hamburg 2000.
Urban, Susanne	Die Dämme sind gebrochen. Oder: Wie Vergangenheit entsorgt wird. In: Tribüne. Zeitschrift zum Verständnis des Judentums, Heft 165/2003, S. 91-105.

Valentin, Joachim; Wendel, Saskia (Hrsg.)	Jüdische Traditionen in der Philosophie des 20. Jahrhunderts. Darmstadt 2000.
Viertel, Berthold:	Studienausgabe in vier Bänden. Band 1: Die Überwindung des Übermenschen: Exilschriften. Hrsg. von Konstantin Kaiser u. a. Wien 1989.
Wagener, Hans	Vom Rampenlicht zum „kalten Licht". Zur Dramatik Carl Zuckmayers nach 1945. In: Nachkriegsliteratur in Westdeutschland. Band 2: Autoren, Sprache, Traditionen, hrsg. von Jost Hermand u. a., Berlin 1984, S. 73-88.
Weiler, Christel	„Verzeihung, sind Sie Jude?" Über einen möglichen Umgang des Theaters mit Geschichte. In: Erika Fischer-Lichte (Hrsg.): Theater seit den 60er Jahren: Grenzgänge der Neo-Avantgarde. Tübingen u. a. 1998, S. 375-387.
Weisenborn, Günther	Dramatische Balladen. Berlin 1955.
Weltsch, Robert	Tragt ihn mit stolz, den gelben Fleck. Zur Lage der Juden in Deutschland 1933. Nördlingen 1988.
Werner, Hans-Joachim	Martin Buber. Frankfurt am Main u. a.1994.
Werz, Michael (Hrsg.)	Antisemitismus und Gesellschaft. Zur Diskussion um Auschwitz, Kulturindustrie und Gewalt. Frankfurt am Main 1995.
Wigman, Mary	Die Sprache des Tanzes. München 1986.
Winnett, Susan; Witte, Bernd	Ästhetische Innovationen. In: Frauen Literatur Geschichte. Schreibende Frauen vom Mittelalter bis zur Gegenwart. (Hrsg. v. Hiltrud Gnüg u. a.) Frankfurt am Main 1989, S. 318-337.
Wirth, Andrzej	Vom Dialog zum Diskurs. Versuch einer Synthese der nachbrechtschen Theaterkonzepte. In: Theater heute. Heft 1/1980. S. 16-19.
Witte, Bernd	Zu einer Theorie der hermetischen Lyrik. Am Beispiel Paul Celans. In: Poetica. Zeitschrift für Sprach- und Literaturwissenschaft, 13. Band, Amsterdam 1981, S. 133-149.
–	„Die Welt allseitiger und integraler Aktualität". Die Säkularisierung jüdischer Motive in Walter Benjamins Denken. In: Der Deutschunterricht 37/1985, S. 26-37.
	Walter Benjamin. Reinbek bei Hamburg 1985.
–	Der Ursprung der deutsch-jüdischen Literatur in Heinrich Heines „Der Rabbi von Bacherach". In: Emile G. L. Schrijver (Hrsg.): Die Von-Geldern-Haggadah und Heinrich Heines „Der Rabbi von Bacherach". Wien und München 1997, S. 37-47.
–	Die Schrift im Exil. Sigmund Freuds „Der Mann Moses" und die jüdische Tradition. In: Vittoria Borsò, Gerd Krumreich, Bernd Witte (Hrsg.): Medialität und Gedächtnis. Interdisziplinäre Beiträge zur kulturellen Verarbeitung europäischer Krisen. Stuttgart u. a. 2001, S. 55-66.
–	Kulturelles Gedächtnis und Geschichtsschreibung im Judentum. In: Der Rektor (Hrsg.): Jahrbuch der Heinrich-Heine-Universität Düsseldorf 2001, Düsseldorf 2002, S. 266-278.
Yerushalmi, Yosef Hayim	Ein Feld in Anatot. Versuche über jüdische Geschichte. Berlin 1993.

Young, James Edward	Beschreiben des Holocaust. Darstellung und Folgen der Interpretation. Frankfurt am Main 1992.
–	The texture of memory: Holocaust memorials and meaning. Yale 1993.
Zuckermann, Moshe	Gedenken und Kulturindustrie. Ein Essay zur deutschen Normalität. Berlin u. a. 1999.
Zuckmayer, Carl:	Meisterdramen. Frankfurt am Main 1966.
–	Als wär's ein Stück von mir. Horen der Freundschaft. Frankfurt am Main 1966.

Nachschlagewerke

Adler, Leo	Die Bedeutung der Jüdischen Festtage. Eine Darstellung des Judentums Im Zyklus seiner geheiligten Tage. Basel o.J.
Die Deutschen Bischöfe (Hrsg.)	Die Bibel. Vollständige Ausgabe des Alten und des Neuen Testaments in der Einheitsübersetzung. Stuttgart 1991.
Dinzelbacher, Peter (Hrsg.)	Wörterbuch der Mystik. Stuttgart 1989.
Eliade, Mircea (Hrsg.)	The Encyclopedia of Religion. New York 1982.
Fromer, Jacob (Hrsg.)	Der Babylonische Talmud. Wiesbaden 6. Auflage 2000.
Grant, Michael; Hazel, John	Lexikon der antiken Mythen und Gestalten. München 8. Auflage 1992.
Hofmann, Jürgen	Kritisches Handbuch des westdeutschen Theaters. Berlin 1981.
Müller, Ernst	Der Sohar und seine Lehre. Einführung in die Kabbala. Vorwort von Prof. A. Bergman. 4.Auflage. Bern 1993.
– (Hrsg.)	Der Sohar. Das Heilige Buch der Kabbala. München 8. Auflage 1997.
Nünning, Ansgar (Hrsg.)	Metzler Lexikon Literatur- und Kulturtheorie. Stuttgart 1998 und 2004.
Ranke-Graves, Robert; Patai, Raphael	Hebräische Mythologie. Über die Schöpfungsgeschichte und andere Mythen aus dem alten Testament. Reinbek bei Hamburg 1986.
Schweikle, Günther und Irmgard (Hrsg.)	Metzler Literatur Lexikon. Begriffe und Definitionen. Stuttgart 1990.